보험계리사

1차 | 한권으로 끝내기

2권 경제학원론

(주)시대고시기획

목차

목차

목차

제1편

미시경제학

보험계리사 1차

www.**sdedu**.co.kr

01 | 경제학의 기초

제1절 경제문제와 경제학, 경제활동

---

1. 희소성과 경제문제

(1) 희소성의 원리

인간의 무한한 욕망에 비해 욕망의 충족수단인 자원은 제한적이라는 사실을 희소성(scarcity)의 원리라고 하며, 이로 인해 경제문제가 발생한다.

(2) 경제학

경제학(economics)은 경제문제를 해결하는 데 유용한 지식과 정보를 제공하는 학문이다. 본질적으로는 희소성과 선택(choice)에 관한 학문이다.

(3) 경제문제

① 경제문제는 제한된 자원의 효율적 배분문제(즉 자원배분 문제)로 새뮤얼슨(P.A. Samuelson)은 이를 세 가지로 분류한 바 있으나, 근래에는 또 하나의 문제를 추가하고 있다.

    ㉠ 무엇을 얼마나 생산할 것인가(what, how much to produce) : 생산물의 종류와 수량을 결정하는 문제, 즉 생산물의 배합문제이다. 소비자의 수요에 의해 해결된다(소비자 주권의 원리).

    ㉡ 어떻게 생산할 것인가(how to produce) : 생산방법(또는 생산기술)의 선택문제, 즉 생산요소의 결합문제이다. 생산비를 최소화하는 방법으로 해결된다.

    ㉢ 누구를 위하여 생산할 것인가(for whom to produce) : 생산물의 분배, 즉 소득의 분배문제이다. 시장경제에서는 생산요소의 기여도, 즉 한계생산에 따라 분배가 이루어진다.

    ㉣ 언제 생산할 것인가(when to produce) : 생산의 시기를 선택하는 문제이다. 인류가 지닌 자원이 고갈됨에 따라 새로 제시된 경제문제이다.

② 결국 경제문제는 희소성의 원리로 인해 발생하는 선택의 문제로 이때 선택의 기준이 되는 것을 경제원칙(경제원리)이라고 한다. 그리고 합리적 선택을 위해서는 기회비용(opportunity cost)을 고려해야 한다.

(4) 경제원칙

① 경제원칙은 최소희생(비용)의 원칙과 최대효과(만족)의 원칙으로 구분된다. 따라서 경제원칙은 최소의 희생(비용)으로 최대의 효과(만족)를 추구하는 행동원리로 이는 경제문제의 해결에서 가장 중요한 판단기준인 효율성을 의미한다.

② 경제원칙(economic principles) 또는 경제원리는 경제문제의 해결기준, 즉 자원배분의 기준이 된다.

③ 결국 경제문제 중 첫 번째와 두 번째 문제의 해결기준은 효율성(efficiency)이고, 세 번째의 분배문제에는 효율성과 함께 형평성(equity)이 고려된다.

(5) 기회비용

① 합리적인 선택

합리적인 인간이라면 여러 가지 선택가능한 대안 중에서 가장 큰 만족을 주는 최선의 가능성을 선택한다. 그러나 이 경우 다른 대안은 포기해야 하는데, 이때 포기된 것의 가치 중에서 가장 큰 것을 기회비용(opportunity cost)이라고 한다.

② 기회비용

기회비용은 선택의 문제에서 발생하는 비용 개념으로 경제학에서의 비용(경제학적 비용)은 기회비용의 개념이다. 즉 기업의 생산비는 생산요소의 기회비용을 의미한다. 모든 경제적 선택은 기회비용을 고려해야 합리적 선택이 된다.

2. 경제활동

(1) 뜻

재화와 서비스를 생산, 분배, 소비하는 데 관련된 인간의 모든 행위를 경제활동(economic activity)이라고 한다. 따라서 경제활동은 생산활동, 분배활동, 소비활동(또는 지출활동)으로 구분한다.

(2) 경제의 순환

가계, 기업, 정부, 외국 등 경제주체 간에 이루어지는 생산물과 생산요소, 화폐의 흐름을 경제의 순환이라고 한다.

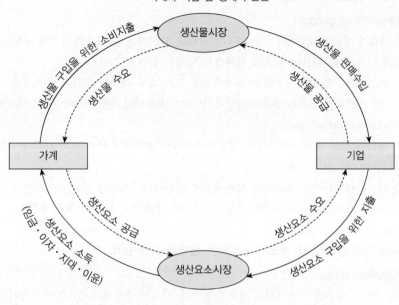

▶ 가계와 기업 간 경제의 순환

(주) 점선은 실물의 흐름을, 실선은 화폐의 흐름을 표시한다.

① 가계(household)

가계는 생산물의 수요자인 동시에 생산요소의 공급자이다. 가계는 생산요소를 제공한 대가로 소득 (income)을 얻는데, 이 소득을 소비하거나 저축한다. 가계의 소비는 기업의 수입(revenue)이 된다.

② 기업(firm)

기업은 생산요소의 수요자인 동시에 생산물의 공급자가 된다. 기업은 생산물을 판매하고 수입(revenue) 을 얻는데, 수입의 일부는 생산요소에 대한 대가로 가계에 제공되어 가계의 소득이 되고, 나머지는 기업의 이윤이 된다.

③ 정부(government)

정부는 소비와 생산의 주체가 된다. 또한 시장의 법질서를 형성하고 유지하며, 정부지출을 통해 사회간접 자본의 건설 등 공공재를 생산한다. 그리고 독과점문제, 공해문제, 불황 등 시장기구의 결함을 조정하기 위한 활동을 한다.

3. 재화의 종류

(1) 재화의 사용목적(용도)에 따른 분류

① 생산재

다른 재화의 생산을 위한 수단이 되는 재화로, 토지와 노동 등 재생산이 불가능한 생산재인 본원적 생산재, 기계와 도구 등 인위적인 생산재(즉 생산된 생산재)인 자본재로 구분한다.

② 소비재

최종적으로 소비목적에 사용되는 재화이다. 동일한 재화라도 생산과정에 투입되면 생산재이지만 최종소 비에 이용되면 소비재이다.

(2) 두 재화 간의 연관관계에 따른 분류

① 대체재(substitute goods)

    ㉠ 두 재화가 서로 대체관계에 있는 경우를 말한다. 대체재는 한 재화의 가격이 변화하는 방향과 대체관계에 있는 다른 재화의 수요가 변화하는 방향이 같다.

    ㉡ 즉 한 재화의 가격이 상승하면 대체관계에 있는 다른 재화의 수요는 증가한다.

    ㉢ 따라서 대체재는 수요의 교차탄력성이 양(+)인 재화이다. 예 커피와 홍차, 아파트와 단독주택 등

② 보완재(complementary goods)

    ㉠ 두 재화가 서로 보완관계에 있는 경우를 말한다. 보완재는 한 재화의 가격과 다른 재화의 수요가 반대방향으로 변화한다.

    ㉡ 즉 한 재화의 가격이 상승하면 보완관계에 있는 다른 재화의 수요는 감소한다.

    ㉢ 따라서 보완재는 수요의 교차탄력성이 음(-)인 재화이다. 예 자동차와 휘발유, 카메라와 필름 등

(3) 소비자의 소득이 증가할 때 수요가 변화하는 방향에 따른 분류

① 정상재(normal goods)

소득이 증가할 때 수요가 증가하는 재화를 말한다. 따라서 정상재는 수요의 소득탄력성이 양(+)인 재화이다.

② 열등재(inferior goods)

소득이 증가할 때 수요가 감소하는 재화를 말한다. 따라서 수요의 소득탄력성이 음(-)인 재화이다. 정상재와 열등재의 분류는 상대적이라는 데 주의해야 한다.

더 알아보기   기펜재(Giffen's goods)

- 가격이 하락할 때 수요량이 감소하는 재화로 수요곡선이 우상향한다. 즉 수요법칙의 예외현상에 해당하는 재화로, 이러한 현상을 기펜의 역설(Giffen's paradox)이라고 한다.
- 기펜재는 항상 열등재(절대적 열등재)이다. 그러나 열등재가 기펜재인 것은 아니다. 따라서 기펜재의 가격효과는 양(+)이다. 음(-)의 대체효과보다 양(+)의 소득효과가 더 크기 때문이다.

---

(4) 사적재와 공공재

① 사적재(private goods)

배제성, 경합성 등의 특성을 지닌 보통의 재화로 시장에서 자유롭게 거래된다.

② 공공재(public goods)

    ㉠ 국방, 치안, 사회간접자본 등 정부(또는 공공기관)에 의해 공급되는 재화를 말한다.

    ㉡ 공공재는 소비에서의 비배제성, 소비에서의 비경합성으로 인해 무임승차 문제를 야기하고, 그로 인해 시장의 실패(market failure)를 유발한다.

제2절 경제학의 분야

1. 미시경제학과 거시경제학

(1) 미시경제학(microeconomics)

① 가계, 기업 등 개별 경제주체의 행동원리를 주로 연구하는 분야이다. 그 내용은 가계의 효용극대화 원리 (소비이론), 기업의 이윤극대화 원리(생산이론), 시장에서의 가격결정 원리(시장이론), 생산요소의 가격 결정 원리(분배이론), 자원배분의 효율성 문제 등(후생경제학 등)이다.

② 가격론(price theory)이라고도 하며 고전학파에서 신고전학파에 이르는 전통적인 경제학(즉 케인즈 이전 의 경제학)의 주요 관심대상이다.

(2) 거시경제학(macroeconomics)

① 개별 경제주체가 모여 형성하는 국민경제의 총체적인 운동원리를 연구하는 분야이다. 주요 연구내용은 한 국가의 국민소득의 결정원리 및 고용, 실업, 물가, 경기변동, 경제성장, 경제발전 등이다.

② 국민소득론(income theory)이라고도 하며, 케인즈(J.M. Keynes)의 일반이론(1936) 이후 보편화된 관심 분야이다.

> **더 알아보기** 구성(합성)의 오류와 절약의 역설
>
> - 논리학의 구성의 오류(fallacy of composition, 합성의 오류)는 부분에 타당한 결론을 전체에 적용하려고 할 때 오류가 발생할 수 있다는 것이다. 따라서 개별 경제주체에 적용되는 미시경제학에서 타당한 결론이 국민경제 전체에 그대로 적용될 경우 오류를 범할 수도 있다는 것이다.
> - 그러나 부분이 존재하지 않는 전체가 없는 것처럼 미시적 기초(microfoundation)를 갖지 못한 거시경제이론은 취약할 수 밖에 없다는 점도 유의하여야 한다.
> - 구성의 오류의 예로는 절약의 역설(paradox of thrift, 저축의 역설)을 들 수 있다. 저축은 개인적으로는 소득이 없는 미래에 대비하기 위한 행위이므로 꼭 필요한 행위이지만, 국가적으로는 저축의 증가가 소비를 감소시켜 총수요를 감소시키므로 국민소 득의 감소, 저축의 감소를 유발하므로 바람직하지 못할 수도 있다는 것이다.
> - 그러나 절약의 역설은 저축이 투자로 연결되어 총수요를 증가시키고 국민소득을 증가시킨다는 점을 고려하고 있지 못하고 있다는 비판을 받는다.

2. 경제정책

경제이론을 현실의 경제문제에 적용하여 국민경제를 바람직한 방향으로 이끌기 위해 취하는 조치를 경제정 책(economic policy)이라고 한다.

(1) 경제정책의 목표

① 단기적 목표로는 완전고용, 물가안정, 국제수지의 개선 등이 있고, 장기적 목표로는 생산의 확대(경제성 장), 자원의 적정배분, 소득과 부의 분배개선, 사회적 수요(social needs)의 충족, 특정지역(산업)의 보호 육성 등이 있다. 이들 목표 중 앞의 4가지는 거시적 목표이고, 나머지는 미시적 목표이다.

② 정책목표 간의 상충(경합)문제

    ⊙ 국제수지 개선과 완전고용 간의 상충 : 국제수지 개선을 위해 긴축정책(총수요의 억제를 통한 수입 감소)을 실시하면 고용이 감소(즉 실업이 증가)하고, 경제성장은 저해된다.

    ⓒ 물가안정과 완전고용 간의 상충 : 실업을 줄이려면 물가를 희생해야 하고, 물가를 안정시키면 실업이 증가한다(필립스 곡선).

(2) 경제정책의 수단

① 정책목표를 달성하기 위한 수단

    ⊙ 정부지출(정부투자), 조세 등의 재정수단

    ⓒ 통화량, 이자율 등의 금융수단

    ⓒ 환율 등 외환수단

② 기타 정부가 직접적으로 경제의 각 부문을 통제하는 직접통제, 국민경제의 주요 변수에 대해 가이드라인을 정하면 민간부문이 이에 따라 행동하게 되는 유도적 개입, 제도의 변경 등이 있다.

3. 실증경제학과 규범경제학

(1) 실증경제학(positive economics)

경제현상을 객관적 사실(what is) 그대로 기술하고 분석하는 분야로, 경제변수 간의 인과관계(경제법칙)의 발견에 목적이 있다.

(2) 규범경제학(normative economics)

어떠한 경제현상이나 정책의 결과가 바람직한가, 그렇지 않은가 하는 가치판단의 문제를 다루는 분야이다. 이론을 정책에 반영시키는 과정에서 필요(정책의 우선순위)하므로 후생경제학과 동일시하기도 한다.

제3절   경제학의 발달

---

1. 자본주의의 성립과 고전학파 경제학

(1) 중상주의

① 중상주의(mercantilism)는 15~16세기 이후 자본주의로 이행하는 과정에서 등장한 사상이다. 국부(national wealth)의 원천은 금이나 은과 같은 귀금속에 있다고 보고 수출을 장려하여 무역에서 흑자를 유지하도록 보호무역정책을 펴야 한다는 것이 중상주의의 주요 내용이다.

② 중상주의 사상가로는 영국의 토머스 먼(T. Mun), 윌리엄 페티(W. Petty), 프랑스의 쟝 콜베르(J.B. Colbert) 등이 있다.

(2) 중농주의

① 중농주의(physiocracy)는 18세기 후반 프랑스에서 등장한 사상으로 국부의 원천을 토지라고 보고 농업을 중시하였다. 중농주의 학파는 스미스를 비롯한 고전학파에도 큰 영향을 미쳤다.

② 중농주의는 케네(F. Quesnay)가 창시하고 튀르고(A. Turgot) 등에 의해 이어졌다. 특히 케네는 『경제표』(1758)에서 국민경제를 전체적인 측면에서 고찰하여 상품이 생산·유통·분배·소비되어 재생산되는 과정을 밝힘으로써 오늘날 국민소득의 순환이라는 개념의 기초를 제시하였고, 레온티에프(W. Leontief)에 의해 확립된 산업연관분석의 선구가 되었다.

(3) 고전학파

① 고전학파(classical school)는 자본주의 체제의 성립시기에 등장하여 자본주의의 이론적 기초를 제공하였다. 자유방임주의에 기초하여 국가의 경제에 대한 간섭에 반대하는 입장을 보이고, 무역에 있어서도 자유무역을 옹호하는 입장을 보였다.

② 스미스(A. Smith)는 『국부론』(1776)을 통해 경제학을 하나의 독립된 사회과학으로 만들었다. 스미스의 사상은 리카도(D. Ricardo), 맬더스(T.R. Malthus), 밀(J.S. Mill)에 의해 계승되었다.

2. 신고전학파의 등장

(1) 한계효용학파

① 1860년대 이후 자본의 축적과 집중현상이 두드러지면서 자본주의가 발전하는 과정에서 경제학에서도 큰 변화가 일어났다. 즉 한계효용학파가 등장하여 고전학파 경제학을 대체하였다.

② 이 학파는 그때까지 지배적이던 객관적 가치설을 부정하고 상품의 가치는 한계효용에 의하여 결정된다는 주관적 가치설을 주장하였다. 또한 경제분석에 한계원리를 도입하여 경제학의 발전에 큰 계기를 제공함으로써 이들의 등장을 경제학에서는 한계혁명(marginal revolution)이라고 부른다.

③ 한계혁명은 영국의 제본스(W.S. Jevons), 오스트리아의 멩거(C. Menger), 프랑스의 왈라스(L. Walras)에 의해 주도되었고 파레토(V. Pareto) 등에 의해 계승되었다.

(2) 케임브리지 학파

① 케임브리지 대학의 마셜(A. Marshall)은 고전학파의 객관적 가치설과 한계효용학파의 주관적 가치설을 종합하여 수요와 공급이론을 완성하였다.

② 마셜의 경제학은 피구(A. Pigou)에 의해 이어져, 피구는 파레토의 연구를 이어받아 후생경제학(welfare economics)을 개척하였다.

3. 세계 대공황과 케인즈의 등장

(1) 세계 대공황

1930년대 들어 자본주의 체제는 역사상 유례가 없는 대공황에 직면하게 되었다. 수요부족으로 인한 공급과 잉과 이로 인한 대량실업에 직면하여 보이지 않는 손에 기초하여 균형과 완전고용을 기반으로 하는 고전학파 경제학은 설득력을 잃게 되었다. 이러한 상황을 계기로 케인즈(J.M. Keynes)가 등장하였다.

(2) 케인즈 경제학의 등장

① 케인즈는『고용, 이자 및 화폐에 관한 일반이론』(1936)에서 고전학파의 자유주의 경제사상을 비판하고 대량실업과 경기침체 등의 문제를 해결하기 위해서는 정부가 적극적으로 민간경제에 대하여 개입을 해야 한다고 주장하였다.

② 즉 경기침체에서 벗어나기 위해서는 정부지출을 늘려 수요를 창출해야 한다고 주장하였다. 이러한 케인 즈의 사상을 반영한 자본주의 시장경제를 혼합경제(mixed economy)라고 한다.

4. 경제학의 위기와 새로운 경제학의 등장

(1) 케인즈 경제학의 위기

① 제2차 세계대전 이후 자본주의 국가에서는 경기변동을 조절하기 위하여 케인즈 경제학의 정책처방에 따라 재정정책과 통화정책을 적극적으로 펴게 되었고 이로 인해 자본주의 경제는 장기적인 번영을 이어갔다.

② 그러나 1970년대 접어들어 자본주의 경제는 케인즈 경제학으로는 설명하기 어려운, 경기침체와 물가상 승이 함께 진행되는 스태그플레이션(stagflation)이라는 새로운 상황에 직면하게 되었고, 이러한 상황에 서 케인즈 경제학은 위기를 맞이하게 되었다.

(2) 새로운 경제학의 등장

① 케인즈 경제학이 경제학의 흐름을 주도해 나가고 있는 중에도 고전학파(또는 신고전학파)의 비전과 사상 을 중시하는 통화주의(monetarism)가 등장하여 케인즈학파(Keynesian)와의 치열한 논쟁을 전개하는 과정에서 경제학은 큰 발전을 보였다.

② 그러다가 1970년대 이후에는 고전학파와 통화주의 경제학의 맥을 잇는 새고전학파(new classical school) 와 공급측 경제학(SSE), 케인즈 경제학의 전통을 잇는 새케인즈학파(new Keynesian) 등이 등장하였다.

제4절 생산가능곡선

1. 생산가능곡선의 의의

(1) PPC의 뜻

생산가능곡선(PPC : production possibility curve)은 기술과 자원이 주어진 수준에서 한 경제에 주어진 자원(생산요소)을 완전히, 효율적으로 생산에 투입할 경우 생산할 수 있는 최대한 가능한 두 재화의 배합점을 연결한 곡선이다. 생산가능경계(PPF : production possibility frontier)라고도 한다.

(2) PPC의 의의

두 가지 생산물(예컨대 X, Y재)만을 생산한다고 가정하면 일반적으로 PPC는 원점에 대해 오목하고 우하향 하는 곡선의 형태를 보인다.

▶ 생산가능곡선

2. 생산가능곡선의 특징

(1) 기술적 효율성

① PPC는 한 경제에 주어진 모든 자원이 완전히(완전고용), 효율적으로 사용되었을 때 최대한 생산가능한 두 재화의 배합점이므로 기술적 효율(technical efficiency)이 있는 점이다.

② 따라서 PPC 밖의 A는 생산 불가능한 점, 즉 주어진 기술수준으로는 도달할 수 없는 점을 나타내고, PPC상의 B는 기술적 효율이 있는 점을 나타낸다.

③ PPC 내부의 C는 비효율적인 생산이 이루어지고 있거나, 또는 생산요소가 유휴(실업)상태에 있음을 나타낸다.

(2) *PPC*는 우하향

① 일반적인 경우 *PPC*는 우하향한다. 즉 *PPC*의 접선의 기울기는 음(-)이다. 이는 어느 한 가지 생산물(*X*)의 생산을 늘리기 위해서는 다른 생산물(*Y*)의 생산을 줄여야 함을 의미한다.

② 이는 기회비용(opportunity cost)이 있음을 의미하고 여기서의 기회비용은 X재 1단위를 더 얻기 위해 포기해야 하는 Y재의 양, 즉 $\Delta Y/\Delta X$이다.

③ *PPC*의 기울기를 한계변환율(MRT : marginal rate of transformation), 또는 한계전환율이라고 하는데 다음과 같이 정의된다.

$$MRT_{XY} = \frac{\Delta Y}{\Delta X} = \frac{MC_X}{MC_Y}$$

(3) 원점에 대해 오목

① 현실적으로 *PPC*는 원점에 대해 오목(concave to origin)한 형태이다. 이는 한계변환율(*MRT*)의 체증, 즉 기회비용의 증가를 의미하는데, 이를 (기회)비용체증의 법칙이라고 한다.

② 기회비용의 체증은 전통적인 생산을 지배하는 법칙인 수확체감의 법칙으로 인해 나타나는 현상이다.

(4) *PPC*의 이동

*PPC*의 우상방 이동은 실질GDP의 증대, 즉 경제성장을 의미한다. 실질GDP가 증대하는 것은 완전고용 상태에서 새로운 기술의 개발, 새로운 자원의 개발, 경영의 합리화 등에 기인한다.

01 | 실전대비문제

01 어떤 보험계리사가 자신의 업무용 컴퓨터 작업을 위해서 시간당 1만원을 지급하는 조건으로 사무원을 채용하였다. 이 보험계리사는 평가업무로 시간당 10만원을 번다. 이 보험계리사는 사무원의 컴퓨터 처리 능력이 자신보다 못한 것을 발견하고 사무원을 해고한 후, 그가 하던 컴퓨터 작업을 자신이 하고 있다. 이 보험계리사의 행동을 경제학적으로 가장 옳게 해석한 것은?

① 보험계리사의 컴퓨터 작업에 대한 기회비용은 자신의 평가업무의 가치와 같다.
② 보험계리사의 컴퓨터 작업에 대한 기회비용은 사무원의 컴퓨터 작업에 대한 기회비용보다 작다.
③ 보험계리사는 시간당 9만원을 절약할 수 있다.
④ 보험계리사의 사무원 해고는 합리적 행동이었다.

[해설] 보험계리사가 변호업무를 하는 것을 포기하고 컴퓨터 작업 등 다른 것을 하는 경우 기회비용은 (변호업무를 함으로써 벌어들이는 소득에 해당하는) 시간당 10만원이다.

답 ①

02 클래식 마니아인 갑은 뉴욕 필하모닉 오케스트라의 연주회에 가려고 마음먹고 있다. 입장권의 가격은 25만원인데 갑은 오랫동안 기다렸던 이 연주회에 가기 위해 40만원까지 기꺼이 지불할 의사가 있다. 그런데 친구로부터 입장권 가격이 10만원인 BTS의 공연을 무료로 볼 수 있는 티켓을 얻었다. 이 티켓은 남에게 양도하거나 팔 수 없다. 갑이 BTS의 공연을 보러 가기로 결정했다면 이 선택의 기회비용은?

① 10만원   ② 15만원   ③ 25만원   ④ 30만원

[해설] 갑이 뉴욕 필하모닉 연주회를 간다면 갑의 이득 = 40만원 - 25만원 = 15만원이다. 따라서 갑이 BTS의 공연을 보러 가기로 결정했다면 뉴욕 필하모닉 오케스트라의 연주에서 얻는 이득 15만원을 포기하는 것이다. 따라서 이 선택의 기회비용은 15만원이다.

답 ②

03 다음 중 규범경제학(normative economics)의 범주에 포함되는 내용은?

① 통화량이 늘면 물가가 상승한다.
② 완전경쟁기업이 독점화되면 사회적 순후생손실이 발생한다.
③ 정부의 확대재정정책은 이자율을 상승시켜 민간투자를 감소시킨다.
④ 유치산업을 보호하기 위해서 수입관세를 인상해야 한다.

[해설] ④ 수입관세를 인상해야 한다는 주장은 가치판단이 포함된 것으로 규범경제학의 범주에 해당한다. 대부분의 경제이론이 가치판단을 배제하고 경제적 상황을 설명하는 반면, 규범경제학은 당위성에 기초하여 옳고 그름에 대한 가치판단을 포함하고 있다.

답 ④

04 경제학에서 말하는 '구성의 오류'의 예로서 가장 적당한 것은?

① 개별 가계의 입장에서는 저축이 미덕이나 경제 전체에 있어서는 저축이 미덕이 아닐 수도 있다.

② 우리 생활에 절대적으로 필요한 물의 가격보다 다이아몬드의 가격이 훨씬 높다.

③ 어떤 재화의 가격이 상승하니 오히려 그 재화의 수요량이 증가하였다.

④ 생산자에게 세금을 부과하였으나 실질적으로는 소비자가 그 세금의 일부를 부담하는 결과가 되었다.

해설　① 절약의 역설(paradox of thrift)을 설명하는 것으로 구성의 오류의 대표적인 사례이다.

② 가치의 역설(스미스의 모순)에 대한 설명이다.

③ 베블런 효과(과시효과)에 대한 설명이다.

④ 조세의 귀착(incidence)에 대한 설명이다.

답 ①

05 재화 X와 재화 Y는 서로 수요측면의 대체재이며, 재화 Y와 재화 Z는 서로 수요측면의 보완재이다. Y재의 공급이 감소하였을 때 다음 중 옳은 것은?

① 재화 X의 가격 상승, 거래량 증가

② 재화 X의 가격 하락, 거래량 증가

③ 재화 Z의 가격 하락, 거래량 증가

④ 재화 Z의 가격 상승, 거래량 감소

해설　Y재 가격이 상승하고 소비량이 감소함에 따라 대체재인 X재의 수요는 증가(가격 상승, 거래량 증가)하고, 보완재인 Z재의 수요는 감소(가격 하락, 거래량 감소)한다.

답 ①

06 甲과 乙만으로 구성된 A국에서 두 사람이 각각 하루 10시간 일하며, X재와 Y재만을 생산한다. 甲은 시간당 X재 2단위 또는 Y재 1단위를 생산할 수 있으며, 乙은 시간당 X재 1단위 또는 Y재 2단위를 생산할 수 있다. 다음 설명 중 옳지 않은 것은?

① A국의 X재 하루 최대 생산량은 30이다.

② 甲은 X재 생산에, 乙은 Y재 생산에 비교우위가 있다.

③ A국의 생산가능곡선은 기울기가 −1인 직선형태를 지닌다.

④ 두 사람 모두 하루에 5시간씩 X재와 Y재를 생산하는 것은 비효율적이다.

해설　③ 주어진 조건에 따라 생산가능곡선(PPF)을 그려보면 X, Y재 (20, 20)의 배합점으로부터 Y절편(0, 30)과 X절편(30, 0)이 직선으로 이어진다. 따라서 X, Y재 (20, 20)의 배합점까지 기울기는 $-\frac{10}{20} = -\frac{1}{2}$ 이고, X절편까지의 기울기는 $-\frac{20}{10} = -2$인 직선형태이다.

④ 두 사람 모두 하루에 5시간씩 X재와 Y재를 생산하면 (15, 15) 단위가 생산되므로 생산가능곡선 내부에 있게 되므로 비효율적이다.

답 ③

07 X재와 Y재를 생산하는 K국가의 생산가능곡선상에는 두 개의 재화생산 조합점$(x_1, y_1) = (200, 300)$과 $(x_2, y_2) = (240, 290)$이 있다. 다음 중 기회비용 체증의 법칙이 성립하기 위한 이 생산가능곡선상의 재화생산 조합점(x_3, y_3)은?(단, x_1, x_2, x_3는 각각 X재의 생산량, y_1, y_2, y_3는 각각 Y재의 생산량)

① (160, 310)
② (160, 315)
③ (280, 270)
④ (280, 280)

해설 기회비용 체증의 법칙이 성립하면 생산가능곡선(PPF)은 원점에 대해 오목한 형태이고 PPF의 기울기$\left(\dfrac{\Delta Y}{\Delta X}\right)$는 점점 커진다. X재가 40단위 증가할 때 Y재는 10단위 감소하였으므로 X재의 기회비용은 $\dfrac{1}{4}$이다. 이보다 기회비용은 큰 경우는 ③ (280, 270)이다. 이 경우 기회비용은 $\dfrac{20}{40} = \dfrac{1}{2}$이다. 나머지 사례의 경우는 모두 기회비용이 $\dfrac{1}{4}$보다 작다.

답 ③

08 케인즈(J.M. Keynes)의 절약의 역설(paradox of thrift)에 대해서 가장 잘 설명한 것은?

① 모든 개인이 저축을 늘리는 경우, 늘어난 저축이 투자로 이어져 국민소득이 증가하고, 결국은 개인의 저축을 더 늘릴 수 있는 상황

② 모든 개인이 저축을 줄이는 경우, 늘어난 소비로 국민소득이 감소하고, 결국은 개인의 저축을 더 늘릴 수 없는 상황

③ 모든 개인이 저축을 늘리는 경우, 늘어난 저축이 소비와 국민소득의 증가를 가져오고, 결국은 개인의 저축을 더 늘릴 수 있는 상황

④ 모든 개인의 저축을 늘리는 경우, 총수요의 감소로 국민소득이 감소하고, 결국은 개인의 저축을 늘릴 수 없는 상황

해설 절약의 역설(paradox of thrift) 또는 저축의 역설은 저축은 개인적으로는 소득이 없는 미래에 대비하기 위한 행위이므로 꼭 필요한 행위이지만, 국가적으로는 저축의 증가가 소비를 감소시켜 총수요를 감소시키므로 국민소득의 감소, 저축의 감소를 유발한다는 주장이다.

답 ④

02 | 수요 · 공급이론

제1절   수요

1. 수요의 개념과 결정요인

(1) 수요의 개념

① 수요와 수요량 : 소비자가 일정기간 동안 가격을 비롯한 여러가지 요인에 따라 재화와 서비스를 구매하려는 욕구를 수요(demand)라 하고, 일정기간 동안 일정한 가격으로 구매하려는 재화와 서비스의 양을 수요량(quantity demanded)이라고 한다.

② 수요량의 특징

  ㉠ 수요량은 실제로 구매한 수량이 아니고 구매하려고 의도하는 양, 즉 사전적(ex-ante) 개념이다.

  ㉡ 수요량은 유량(flow), 즉 일정기간 동안 계속되는 구매의 흐름을 의미한다.

  ㉢ 수요량은 일정한 가격수준에서 구매하고자 하는 최대의 수량을 의미한다.

  ㉣ 수요량은 각 개인의 개별 수요량과 개별 수요량의 수평적 합계인 시장 수요량으로 구분한다.

> **더 알아보기** 유량과 저량
>
> • 유량(flow)은 일정한 기간을 기준으로 측정하는 변수를 말한다. 수요량 및 공급량, 효용함수, 생산함수, 국내총생산(GDP) 등이 유량개념이다.
> • 저량(stock)은 일정한 시점을 기준으로 측정하는 변수를 말한다. 부(재산), 통화량, 통화수요(화폐수요), 실업자수 등이 저량개념이다.

(2) 수요의 결정요인(시장 수요)

① 그 재화의 시장가격(P_n) : 그 재화의 시장가격이 높으면 그 재화에 대한 수요는 적고, 그 재화의 시장가격이 낮으면 그 재화에 대한 수요는 많다(수요법칙).

② 다른 재화의 가격($P_1 \cdots P_{n-1}$) : 대체재의 가격이 오르면 재화의 수요는 증가하고, 보완재의 가격이 오르면 재화의 수요는 감소한다.

③ 소비자의 소득수준(Y) : 정상재는 소득이 증가할 때 재화의 수요가 증가하고, 열등재는 소득이 증가할 때 재화의 수요가 감소한다.

④ 소비자의 기호, 선호의 변화(T) : 예컨대 건강에 대한 관심이 높아지면 무공해 식품에 대한 수요가 증가하고, 테니스 붐이 일면 테니스 관련 재화의 수요가 증가한다.

⑤ 인구의 크기, 인구 구성의 변화(P) : 인구가 증가하면 거의 모든 재화의 수요가 증가하고, 또한 예컨대 노령 인구 비율이 증가하면 의료 서비스에 대한 수요가 증가한다.

⑥ 소비자들 간의 소득 분포(A) : 소득 분포가 평등한 사회와 불평등한 사회의 수요 패턴에는 차이가 있다. 예컨대 불평등한 경우 고소득층과 저소득층이 수요하는 재화의 종류에 차이가 있다. 또한 소득분배가 개선되어 빈부의 격차가 줄어들면 사치재의 수요는 감소하고, 대중소비재의 수요는 증가한다.

⑦ 소비자의 예상(E) : 어떤 상품의 가격 상승을 예상하면 수요가 증가하고, 반면에 가격 하락을 예상하면 수요가 감소한다.

⑧ 재산(W) : 수요자의 재산(또는 부)이 증가하면 재산소득 또한 증가하므로 수요가 증가한다.

더 알아보기 소비자 주권(consumer's sovereignty)

- 전통적인 경제이론에서는 소비자 주권이 강조된다. 즉 소비자의 기호가 변화하면 수요가 변화하고 그에 따라 생산이 결정(변화)된다.
- 그러나 오늘날에는 많은 경우 생산자의 광고·선전활동에 의해 소비자의 기호가 결정되어 생산자 주권이 강조된다. 이러한 현상을 갈브레이스(J.K. Galbraith)는 의존효과(dependence effect)라고 하였다.

2. 수요함수와 수요곡선

(1) 수요함수(demand function)

① 수요에 영향을 미치는 요인과 수요량 간의 관계를 수요함수로 나타낼 수 있다. 즉 어떤 재화(n)에 대한 수요량 D_n은 $D_n = f(P_n, P_1, \cdots P_{n-1}, Y, T, P, A, E, W)$와 같은 수요함수로 표시된다.

② 여기서 D_n에 영향을 미치는 요인 중 내생변수(endogenous variable)인 P_n이 미치는 영향(수요량의 변화)과 외생변수(exogenous variable)인 다른 요인이 미치는 영향(수요의 변화)을 구분해야 한다.

③ 따라서 n재화의 수요량(D_n)과 n재화의 가격(P_n) 간의 관계를 분명히 하기 위해 P_n을 제외한 다른 요인은 일정불변(ceteris paribus, other things being equal)이라고 가정하면 수요함수는 $D_n = f(P_n)$으로 단순화된다. 즉 다른 요인들이 일정불변이라면 D_n은 P_n의 함수이다.

④ 결국 수요함수는 P_n과 D_n 간의 함수관계로, 각각의 가격수준에 대해 소비자가 일정 기간 동안 구매하려는 재화의 수량을 나타낸다.

(2) 수요곡선

① 수요함수 $D_n = f(P_n)$을 그래프에 표시하면 수요곡선(demand curve)이 도출된다. 수요곡선은 우하향 (또는 좌상향)하는데 이는 가격(P)과 수요량(Q)이 역$(-)$관계에 있음을 의미한다.

② 즉 가격(P)이 상승하면 수요량(Q)이 감소하고, 가격(P)이 하락하면 수요량(Q)이 증가하는 수요의 법칙(law of demand)을 나타낸다.

▶ 수요곡선

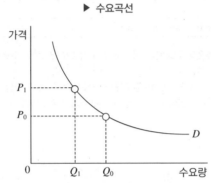

③ 가격과 수요량이 역$(-)$관계인 이유(즉 수요곡선이 우하향하는 이유)는 대체효과와 소득효과로 설명이 된다.

　㉠ 한 재화의 가격이 하락하면 다른 재화(대체재)에 비해 그 재화의 가격이 상대적으로 싸지므로 수요량이 증가한다(대체효과).

　㉡ 한 재화의 가격이 하락하면 실질 소득의 증가 효과로 수요량이 증가한다(소득효과).

　㉢ 이처럼 대체효과와 소득효과가 반영된 수요곡선은 보통수요곡선(또는 통상적 수요곡선, Marshall의 수요곡선)이라고 한다.

　㉣ 반면 대체효과만을 반영하는 수요곡선을 유도할 수 있는데 이러한 수요곡선은 보상수요곡선(com-pensating demand curve, Hicks의 수요곡선)이라고 한다.

더 알아보기 특이한 형태의 수요곡선(수요법칙의 예외현상)

• 가수요(speculative demand) : 가격상승이 예상되는 경우, 가격이 상승함에도 불구하고 수요량이 증가하는 현상

• 기펜(Giffen)재 : 가격이 하락함에도 불구하고 수요량이 감소하는 현상

▶ 가수요의 수요곡선	▶ 기펜재의 수요곡선
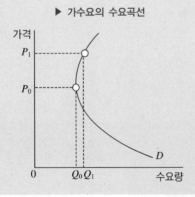	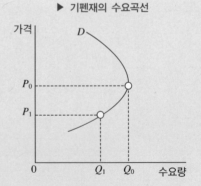

3. 수요의 변화와 수요량의 변화

(1) 수요의 변화

① 앞의 수요함수 $D_n = f(P_n,\ P_1,\ \cdots\ P_{n-1},\ Y,\ T,\ P,\ A,\ E,\ W)$에서 단순한 수요함수 $D_n = f(P_n)$을 유도하기 위해 P_n을 제외한 다른 요인은 일정불변(ceteris paribus)이라고 가정했다.

② 여기서 일정하다고 가정했던 요인들(외생변수)이 변화하면 수요곡선(수요함수) 자체가 이동하게 되는데 이를 수요의 변화라고 한다.

③ 즉 수요의 변화는 일정한 가격수준(P_0)에서의 수요량의 변화($Q_0\ \rightarrow\ Q_1$)를 의미한다.

(2) 수요량의 변화

① 수요량의 변화는 수요함수는 불변인 상태에서 내생변수인 그 재화의 가격(P)의 변화에 따른 수요량의 증감을 의미한다.

② 즉 주어진 수요곡선 위에서의 수요점의 이동(A에서 B로)을 의미한다.

▶ 수요량의 변화와 수요의 변화

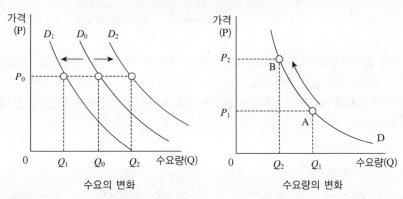

수요의 변화   수요량의 변화

더 알아보기 수요의 증가요인

수요의 증가요인, 즉 수요곡선의 우측이동 요인은 다음과 같다.
• 소득과 부(wealth)의 증가
• 대체재 가격의 상승
• 보완재 가격의 하락
• 인구, 또는 수요자의 수 증가
• 가격상승 예상
• 소비자의 선호도 증대 등

4. 수요의 가격탄력성(elasticity)

(1) 탄력성의 뜻

① 수요의 가격탄력성(elasticity)은 물리학에서 사용되는 개념을 마셜(A. Marshall)이 경제학에 도입한 것으로, 가격의 변화에 대한 수요량의 변화 정도를 측정하는 개념이다.

② 탄력성은 독립변수가 1%p 변화할 때 종속변수는 몇 %p나 변화할 것인가를 나타내는 개념으로 모든 함수관계에서 포괄적으로 사용되는 개념이다. 즉 탄력성=종속변수의 변화율(%)/독립변수의 변화율(%) 이다.

(2) 수요의 가격탄력성

① 수요의 가격탄력성

 ㉠ 수요의 가격탄력성은 가격변화에 대한 수요량의 변화 정도, 즉 수요량 변화의 민감도를 나타낸다. 수요량이 크게(민감하게) 변화하면 탄력성은 크다고 한다.

$$e = -\frac{\text{수요량의 변화율\%}}{\text{가격의 변화율\%}} = -\frac{\dfrac{\Delta Q}{Q}}{\dfrac{\Delta P}{P}} = -\frac{\Delta Q}{\Delta P}\frac{P}{Q}$$

 ㉡ 이 식은 호탄력성(arc elasticity), 즉 수요곡선상의 두 점 사이의 탄력성을 나타낸다.

 ㉢ 그러나 호탄력성의 값은 어느 점을 기준으로 하느냐에 따라, 즉 가격이 상승하는 경우와 하락하는 경우 탄력성 값에 차이가 있고 이를 해결하기 위해 점탄력성을 이용하거나, 중간값을 이용하여 탄력성을 계산한다.

② 점탄력성(point elasticity)

$$e = -\frac{dQ}{dP}\frac{P}{Q}$$

즉 호탄력성에서 ΔP가 근사적으로 0에 접근하여(즉 구간의 간격이 거의 0에 접근하여) 극한값을 취하면 점탄력성이 된다. 따라서 수요함수를 가격에 대해 미분한 후, $\dfrac{P}{Q}$를 곱하여 구한다.

③ 중간값 공식

수요함수를 모르고 가격과 수요량에 대한 데이터만 있는 경우 호탄력성을 측정할 때는 두 점의 중간값을 이용하여 구한다.

$$e = -\frac{\text{수요량의 변화율\%}}{\text{가격의 변화율\%}} = -\frac{\dfrac{\Delta Q}{\left(\dfrac{Q_1+Q_2}{2}\right)}}{\dfrac{\Delta P}{\left(\dfrac{P_1+P_2}{2}\right)}} = -\frac{\Delta Q}{\Delta P}\times\frac{P_1+P_2}{Q_1+Q_2}$$

(3) 탄력성의 크기

① 수요의 가격탄력성(e)의 크기는 영(0)에서 무한대(∞) 사이의 값을 갖는다. 즉 수요의 가격탄력성은 크기만 고려하고 부호는 따지지 않는다.

ⓐ $e = 0$ (완전비탄력적) 수요곡선이 수직

ⓑ $0 < e < 1$ (비탄력적) 가격 변화율>수요량 변화율

ⓒ $e = 1$ (단위탄력적) 가격 변화율=수요량 변화율

ⓓ $1 < e < \infty$ (탄력적) 가격 변화율<수요량 변화율

ⓔ $e = \infty$ (완전탄력적) 수요곡선이 수평

② 수요탄력성(e)은 수요곡선의 형태에 따라 크기가 다르고, 동일한 수요곡선 위에서도 측정하려는 점의 위치에 따라 크기에 차이가 있다. 또한 수요곡선이 직각쌍곡선의 형태인 경우에는 어느 점에서나 탄력성은 1이다.

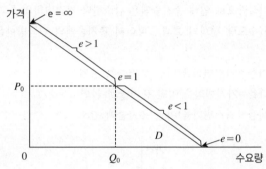

▶ 수요탄력성의 크기

(4) 탄력성의 측정

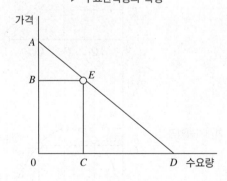

▶ 수요탄력성의 측정

① E에서의 수요탄력성은 $e = \dfrac{ED}{AE} = \dfrac{BO}{AB} = \dfrac{CD}{OC}$이다. 수요곡선이 곡선인 경우에는 접선을 그어 접선의 탄력성을 측정한다.

② 따라서 수요곡선의 가운데 점에서는 $e = 1$이고, 그 윗부분에서는 $e > 1$, 아랫부분에서는 $e < 1$이다.

(5) 수요의 가격탄력성의 크기를 결정하는 요인

① 상호밀접한 대체재의 존재 여부 : 대체재가 많이 존재하면 수요탄력성은 크다.

② 재화에 대한 지출액이 소비자의 소득에서 차지하는 비중 : 비중이 클수록 가격이 상승할 때 구매를 연기하므로 수요탄력성은 크다. 예 가전제품, 승용차 등

③ 재화의 성질 : 일반적으로 사치품은 탄력성이 크고, 생활필수품은 탄력성이 작다.

④ 용도의 다양성 : 재화의 용도가 다양할수록 수요탄력성이 크다.

⑤ 기간의 차이 : 수요량은 유량(flow)이므로 단기보다 장기인 경우 수요탄력성은 크다.

(6) 탄력성과 소비자의 총지출액(기업의 총수입)

① 소비자의 총지출액, 즉 기업의 총수입은 재화의 가격(P)에 판매량(Q)을 곱한 것이다($TR = PQ$). 따라서 재화의 가격(P)이 변화하면 수요량(Q)이 변화하고, 이에 따라 소비자의 총지출액이 변화하는데, 이때 변화의 방향은 수요의 가격탄력성에 의존한다.

② 가격이 하락하면 가격하락으로 인해 총지출액은 감소한다(가격변화의 효과). 그러나 수요량의 증가로 총지출액은 증가한다(수요량 변화의 효과). 따라서 총지출액의 변화방향은 두 효과의 상대적 크기에 의해 결정된다. 즉,

　㉠ $e > 1$(수요량 변화율>가격변화율)이면 총지출액 증가

　㉡ $e = 1$(수요량 변화율=가격변화율)이면 총지출액 불변

　㉢ $e < 1$(수요량 변화율<가격변화율)이면 총지출액 감소

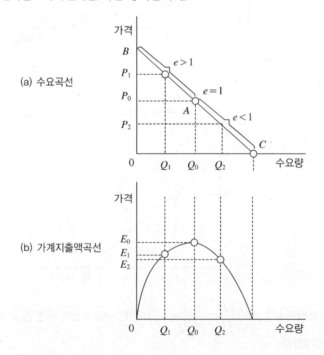

5. 수요의 소득탄력성과 교차탄력성

(1) 수요의 소득탄력성(income elasticity of demand)

① 수요의 소득탄력성(e_Y)은 소득(Y)의 변화에 따른 수요량(Q)의 반응 정도를 표시하는 개념이다.

$$e_Y = \frac{\text{수요량의 변화율\%}}{\text{소득의 변화율\%}} = \frac{\dfrac{\Delta Q}{Q}}{\dfrac{\Delta Y}{Y}} = \frac{\Delta Q}{\Delta Y} \times \frac{Y}{Q}$$

② 수요함수가 주어지면 수요함수를 Y에 대하여 미분(편미분)한 후, $\dfrac{Y}{Q}$를 계산하여 곱해주면 수요의 소득탄력성을 구할 수 있다.

③ 정상재(normal goods)는 소득이 증가할 때 수요가 증가하므로 수요의 소득탄력성이 양(+)의 값을 갖는다. 반면 열등재는 소득이 증가할 때 수요가 감소하므로 수요의 소득탄력성이 음(-)의 값을 갖는다. 또한 정상재로서 수요의 소득탄력성이 1보다 크면 사치품, 1보다 작으면 필수품으로 볼 수 있다.

(2) 수요의 교차탄력성(cross elasticity)

① 다른 재화의 가격이 변화할 때 어떤 재화의 수요량이 나타내는 반응의 정도를 나타내는 개념이다(대체재나 보완재의 경우). 간접탄력성이라고도 한다. X재 수요의 Y재 가격에 대한 교차탄력성은 다음과 같다.

$$e_{XY} = \frac{X\text{재 수요량의 변화율\%}}{Y\text{재 가격의 변화율\%}} = \frac{\dfrac{\Delta Q_X}{Q_X}}{\dfrac{\Delta P_Y}{P_Y}} = \frac{\Delta Q_X}{\Delta P_Y} \frac{P_Y}{Q_X}$$

② X재의 수요함수가 주어지면 X재 수요함수(Q_X)를 Y재 가격 P_Y에 대하여 편미분한 후 $\dfrac{P_Y}{Q_X}$를 계산하여 곱해 주면 수요의 교차탄력성을 구할 수 있다.

② 수요의 교차탄력성은 대체재의 경우에는 양(+)이고, 보완재의 경우에는 음(-)이다. 또한 두 재화가 독립재인 경우 교차탄력성은 0이다.

제2절 공급

1. 공급의 개념과 결정요인

(1) 공급의 개념

① 공급과 공급량 : 생산자(기업)가 일정기간 동안 가격을 비롯한 여러 가지 요인에 따라 재화와 서비스를 판매하려는 욕구를 공급(supply)이라고 한다. 공급량(quantity demanded)은 생산자가 일정 기간 동안 일정한 가격으로 판매하려고 의도하는 양을 말한다.

② 공급량의 특징

　　㉠ 일정 기간 동안 판매하려는 양이므로 유량(flow) 개념이다.

　　㉡ 공급량은 실제 판매한 양은 아니고, 판매하려고 의도하는 양이므로 사전적(ex-ante) 개념이다.

　　㉢ 공급량은 일정한 가격수준에서 판매하려는 최대의 수량이다.

　　㉣ 개별 공급자의 개별 공급량을 수평적으로 합하면 시장 공급량이 된다.

(2) 공급의 결정요인

① 그 재화(n)의 시장가격(P_n) : 그 재화의 가격이 상승하면 그 재화의 공급량은 증가하고, 그 재화의 가격이 하락하면 그 재화의 공급량은 감소한다(공급법칙).

② 다른 재화의 가격($P_1 \cdots P_{n-1}$) : 다른 재화의 가격이 상승하면 상대적으로 가격이 상승하지 않은 n재화의 공급은 감소한다.

③ 생산요소의 가격($F_1 \cdots F_m$) : 노동, 자본 등 생산요소의 가격이 상승하면 생산비가 상승하므로 공급은 감소한다. 또한 임금이 상승하면 노동을 주로 사용하는 재화의 생산비는 상승하고, 따라서 이 재화의 공급은 감소한다.

④ 기술수준(T) : 기술진보는 생산성을 향상시키고, 생산비 감소시켜 공급을 증가시킨다.

⑤ 기업의 목표(G) : 기업의 목표에 따라 공급의 크기가 달라진다.

⑥ 공급자의 예상(E) : 공급자가 가격 상승을 예상하면 가격이 오른 후에 공급을 하기 위해 공급을 감소시킨다. 반면 가격 하락을 예상하면 공급이 증가한다.

2. 공급함수와 공급곡선

(1) 공급함수

① 공급에 영향을 주는 요인과 공급량 간의 관계를 공급함수(supply function)로 나타낼 수 있다.

② 어떤 재화(n)에 대한 공급량 S_n은

$$S_n = f(P_n,\ P_1,\ \cdots,\ P_{n-1},\ F_1 \cdots F_m,\ T,\ G,\ E)$$

와 같은 공급함수로 표시할 수 있다.

③ S_n에 미치는 P_n의 영향을 분석하기 위해 P_n을 제외한 다른 요인은 일정불변(ceteris paribus)이라고 가정하면 공급함수는 $S_n = f(P_n)$으로 단순화된다. 즉 다른 요인들이 일정불변이라면 S_n은 P_n의 함수이다.

④ 결국 공급함수는 P_n과 S_n 간의 함수관계로, 각각의 가격수준에 대해 생산자가 일정 기간 동안 판매하려는 재화의 수량을 표시한다.

(2) 공급곡선

① 공급함수 $S_n = f(P_n)$을 그래프에 표시하면 공급곡선이 그려진다. 공급곡선은 우상향(또는 좌하향)하는데 이는 가격과 공급량이 정(+)의 관계에 있음을 의미한다.

② 즉, 가격(P)이 상승하면 공급량(Q)은 증가하고, 가격(P)이 하락하면 공급량(Q)은 감소하는 공급의 법칙을 나타낸다.

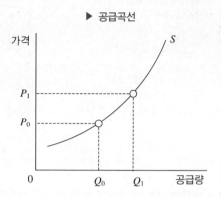

▶ 공급곡선

③ 공급곡선이 우상향하는 이유는 한계비용체증의 법칙이 작용하기 때문이다. 다시 말하면 완전경쟁시장에서는 개별기업의 한계비용곡선이 공급곡선이 된다(정확하게는 조업중단점 위 또는 평균가변비용곡선 위의 한계비용곡선).

3. 공급의 변화와 공급량의 변화

(1) 공급의 변화

① 앞의 공급함수에서 일정불변이라고 가정했던 요인(그 재화의 가격을 제외한 다른 요인)들, 즉 외생변수가 변화하면 공급곡선(공급함수) 자체가 이동하는데 이를 공급의 변화라고 한다.

② 즉, 공급의 변화는 일정한 가격수준(P_0)에서의 공급량의 변화($Q_0 \rightarrow Q_1$)를 의미한다.

(2) 공급량의 변화

① 공급량의 변화는 주어진 공급곡선상에서의 공급점의 이동(A에서 B로)을 의미한다.

② 내생변수인 그 재화의 가격(P_n)이 변화할 때 공급량의 변화가 나타난다.

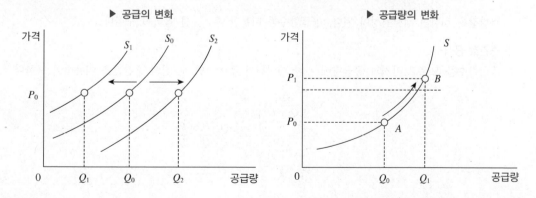

▶ 공급의 변화 　　　　　▶ 공급량의 변화

공급의 증가 요인

공급의 증가 요인, 즉 공급곡선의 우측이동요인은 다음과 같다.
• 생산요소 가격의 하락으로 인한 생산비의 하락
• 기술 진보
• 다른 재화의 가격 하락
• 공급자의 가격 하락 예상 등

4. 공급의 탄력성

(1) 뜻

공급의 가격탄력성은 가격의 변화에 대한 공급량의 변화 정도를 측정하는 개념이다. 공급곡선의 기울기와 관련이 있다.

(2) 공급의 가격탄력성

① 공급의 가격탄력성 : 호탄력성

$$e_S = \frac{\text{공급량의 변화율\%}}{\text{가격의 변화율\%}} = \frac{\frac{\Delta Q}{Q}}{\frac{\Delta P}{P}} = \frac{\Delta Q}{\Delta P} \times \frac{P}{Q}$$

이 식은 호탄력성(arc elasticity), 즉 공급곡선상의 두 점 사이의 탄력성을 나타낸다. 그러나 호탄력성의 값은 어느 점을 기준으로 하느냐에 따라, 즉 가격이 상승하는 경우와 하락하는 경우 탄력성 값에 차이가 있다. 이를 해결하기 위해 점탄력성을 이용하거나 중간 값을 이용하여 탄력성을 계산한다.

② 점탄력성(point elasticity)

$$e_S = \frac{dQ}{dP} \frac{P}{Q}$$

즉 호탄력성에서 ΔP가 근사적으로 0에 접근하여(즉, 구간의 간격이 거의 0에 접근하여) 어느 한 점에서 극한값을 취하면 점탄력성이 된다. 공급함수를 미분한 후 $\frac{P}{Q}$를 곱하여 구한다.

③ 중간값 공식

공급함수를 모르고 가격과 공급량에 관한 데이터가 주어지면 두 점의 중간값을 이용하여 구한다.

$$e_S = \frac{\frac{\Delta Q}{\left(\frac{Q_1 + Q_2}{2}\right)}}{\frac{\Delta P}{\left(\frac{P_1 + P_2}{2}\right)}} = \frac{\Delta Q}{\Delta P} \frac{(P_1 + P_2)}{(Q_1 + Q_2)}$$

(3) 탄력성의 크기

① 공급의 가격탄력성(e)의 크기는 영(0)에서 무한대(∞) 사이의 값을 갖는다. 즉, 공급의 가격탄력성은 크기만 고려한다.

    ㉠ $e = 0$ (완전비탄력적)   공급곡선이 수직

    ㉡ $0 < e < 1$ (비탄력적)   가격 변화율 > 공급량 변화율

    ㉢ $e = 1$ (단위탄력적)   가격 변화율 = 공급량 변화율

    ㉣ $1 < e < \infty$ (탄력적)   가격 변화율 < 공급량 변화율

    ㉤ $e = \infty$ (완전탄력적)   공급곡선이 수평

② 공급의 가격탄력성(e)은 공급곡선의 형태에 따라 크기가 다르고, 동일한 공급곡선 위에서도 측정하려는 점의 위치에 따라 크기에 차이가 있다. 또한 공급곡선이 원점을 지나는 직선인 경우에는 어느 점에서나 탄력성은 1이다.

(4) 탄력성의 측정

① 가격축을 자르는 경우 : 공급곡선이 가격축(세로축)을 자르는 경우에는 공급의 가격탄력성이 1보다 크다 (탄력적).

▶ 공급탄력성의 측정

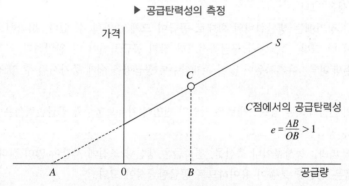

② 수량축을 자르는 경우 : 공급곡선이 수량축(가로축)을 자르는 경우에는 공급의 가격탄력성이 1보다 작다 (비탄력적).

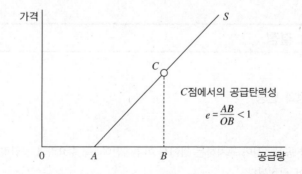

③ 공급곡선이 원점을 지나는 경우에는 기울기의 정도를 막론하고 공급의 가격탄력성은 항상 1이다.

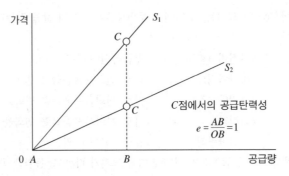

(5) 공급탄력성의 크기를 결정하는 요인

① 생산량의 증가에 따른 생산비의 변화 정도

㉠ 생산량의 증가에 따라 생산비가 급격히 상승하면, 가격이 상승해도 생산량은 약간만 증가하므로 공급탄력성은 작다.

㉡ 생산량의 증가에 따라 생산비가 완만하게 상승하면, 가격이 상승할 때 생산량은 크게 증가하므로 공급탄력성은 크다.

② 기간의 차이 : 장기에는 생산설비의 확대로 공급이 크게 증가할 수 있다. 따라서 단기보다는 장기에 공급탄력성이 더 크다. 즉, 단기 공급곡선보다 장기 공급곡선이 더 완만하다.

③ 유휴자원의 존재 여부 : 유휴자원이 많이 존재할수록 공급량을 쉽게 증가시킬 수 있으므로 공급탄력성은 커진다.

④ 새로운 기업의 진입의 자유 정도 : 새로운 기업의 진입이 자유로울수록 공급탄력성은 커진다. 즉, 시장이 경쟁적일수록 공급탄력성은 크다.

⑤ 재화의 성질에 따라 : 농산물이나 축산물, 건축물은 생산량 조절에 시간이 많이 걸리므로 공급탄력성은 작고, 공산품은 생산량 조절이 용이하므로 공급탄력성이 크다.

제3절 가격의 결정

1. 균형가격의 결정과 변동

(1) 균형가격의 결정

균형은 수요곡선과 공급곡선이 교차하는 점에서 이루어진다. 즉 수요량과 공급량이 일치하는 곳에서 균형가격과 균형거래량이 결정된다.

① P_1의 가격에서는 공급량이 수요량을 초과하므로 초과공급량이 존재하고, 가격은 공급자들 간의 경쟁으로 인해 하락한다.

② P_2의 가격에서는 수요량이 공급량을 초과하므로 초과수요량(공급부족량)이 존재하고, 가격은 소비자들 간의 경쟁으로 인해 상승한다.

③ P_0의 가격에서는 수요량과 공급량이 일치한다. 따라서 초과수요량과 초과공급량이 존재하지 않고 가격은 P_0에서 고정되어 균형상태에 있게 된다.

▶ 균형가격의 결정

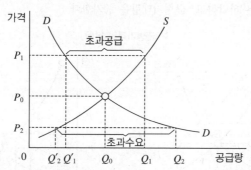

더 알아보기 균형(equilibrium)

물리학에서 나온 개념으로 두 개의 상반된 힘이 일치될 때 이루어지며 일단 성립되면 그로부터 이탈하려는 경향이 없는 상태를 의미한다. 즉, 균형상태에서 이탈해도 다시 균형으로 복귀하려는 힘이 작용한다(균형의 안정성).

더 알아보기 균형가격 결정의 특수한 경우

• 최고수요가격 : 골동품이나 미술품처럼 공급이 제한적인 경우에는 공급자가 받으려는 가격과는 관계없이 수요자가 내려고 하는 최고의 가격수준에서 가격이 결정된다.
• 최저수요가격 : 공급과잉인 경우, 그 상품을 전부 판매하려면 가격은 수요자가 내려고 하는 최저의 가격수준에서 결정된다.

▶ 최고수요가격과 최저수요가격

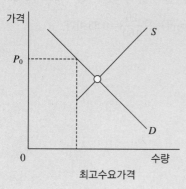

최고수요가격

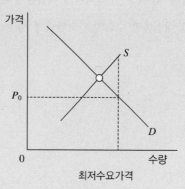

최저수요가격

(2) 균형가격의 변동

수요의 변화 또는 공급의 변화에 의해 수요곡선과 공급곡선이 이동하면 균형가격과 균형거래량이 변화한다.

① **수요의 증가** : 소득의 증가, 대체재 가격의 상승 등으로 인해 수요의 증가가 발생하면 수요곡선이 우측으로 이동하므로 균형가격은 상승하고, 균형거래량은 증가한다.

② **공급의 증가** : 생산요소 가격의 하락, 기술진보 등으로 인해 공급의 증가가 발생하면 공급곡선이 우측으로 이동하므로 균형가격은 하락하고, 균형거래량은 증가한다.

▶ 균형가격의 변동

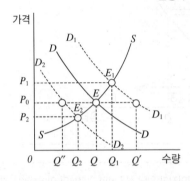
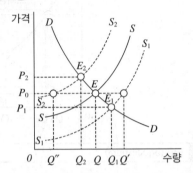

(3) 수요공급의 식에 의한 균형가격과 균형거래량 결정

① 수요함수와 공급함수가 주어지면 두 함수를 연립하여 풀면 균형가격과 균형거래량을 구할 수 있다.

② 예를 들어 X재의 수요함수와 공급함수가 각각 $Q_D = 200 - 2P$, $Q_S = 100 + 3P$으로 주어진 경우 균형가격과 균형거래량을 구하고, 시장균형에서 X재에 대한 수요의 가격탄력성을 구해보자.

③ 균형에서는 수요량과 공급량이 같으므로 $200 - 2P = 100 + 3P$이다. $100 = 5P$이므로 균형가격 $P^* = 20$. 이를 두 함수 중 어느 하나에 대입하면 균형거래량(Q^*)을 구할 수 있다. $Q^* = 200 - 2(20) = 160$이다. 이를 대입하면 수요의 가격탄력성 $e_D = -\dfrac{dQ}{dP} \times \dfrac{P}{Q} = -(-2)\dfrac{20}{160} = 0.25$이다.

제4절　수요 · 공급이론의 적용

1. 가격 및 임금의 통제(가격정책)

(1) 최고가격제(상한가격제)

① 상한가격제의 의의

전시이거나 농산물의 흉작이 발생하여 생활필수품의 공급이 부족한 경우에는 가격이 급등하여 물가상승이 유발되고 소비자 부담이 증가한다. 이런 경우 정부가 개입하여 일정한 가격 이상으로는 판매할 수 없도록 하는 최고가격제(maximum price, ceiling price)를 실시한다.

② 상한가격제의 효과

㉠ 가격통제 이전의 균형가격은 P_0, 균형거래량은 Q_0이다. 그러나 이 균형가격이 너무 높으므로 P_0보다 낮은 P_1에서 최고가격을 설정한다. 그러면 $Q_0 Q_2$만큼 수요량이 증가하고 $Q_1 Q_0$만큼 공급량이 감소하므로 $Q_1 Q_2$의 공급부족(shortage, 초과수요)이 발생한다.

㉡ 초과수요량이 있게 되면 가격이 상승해야 하지만 정부가 가격을 통제하므로 암시장이 형성된다. 이때 암시장 가격은 원래의 시장가격보다 높은 P_2에서 결정되므로 수요자의 부담은 더 커지고, 상품을 구입하기가 더 어려워진다.

▶ 최고가격제

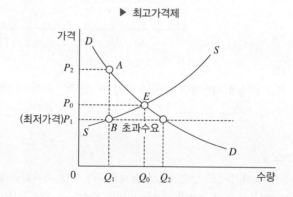

③ 자원배분 방법

㉠ 이처럼 정부가 가격을 규제하면, 가격기구는 자원배분의 기능을 상실하므로 다른 배분방법이 채택되어야 한다.

㉡ 자원배분 방법으로는 다음과 같은 방법이 제시될 수 있다.

ⓐ 선착순(first come first served) 판매

ⓑ 판매자 선호(seller's preference)에 의한 배분

ⓒ 배급제 등 중앙정부의 선호에 따른 배분

ⓓ 추첨제 등 운에 의한 배분 등

④ 상한가격제 사례

최고가격제의 예로는 전시 가격통제, 임대료 상한제, 최고 이자율 규제 등이 있다.

(2) 최저가격제(하한가격제)

① 하한가격제의 의의

특정한 재화나 서비스를 일정한 가격수준 이하로는 판매할 수 없도록 정부가 최저가격(minimum price, floor price)을 설정하는 것으로, 생산자(특히 농민)나 노동자를 보호하기 위한 정책이다.

② 하한가격제의 효과

㉠ 가격통제가 없는 경우 균형가격은 P_0, 균형거래량은 Q_0이다. 균형가격이 생산비에도 미치지 못할 정도로 너무 낮은 경우, 정부가 개입하여 P_0보다 높은 P_m에서 최저가격을 설정한다. 그러면 공급량은 $Q_0 Q_2$만큼 증가하고, 수요량은 $Q_1 Q_0$만큼 감소하여 $Q_1 Q_2$만큼의 초과공급량이 발생한다.

㉡ 초과공급량은 생산자들 간의 경쟁을 야기하여 정부의 후속대책이 없는 한 가격은 원래의 시장가격인 P_0로 다시 하락한다.

▶ 최저가격제

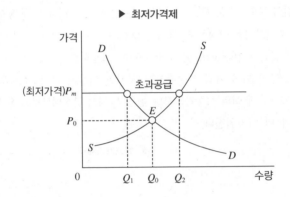

③ 하한가격제의 사례

최저가격제의 예로 과거에 시행했던 농산물 가격 지지정책, 최저임금제 등을 들 수 있다.

(3) 최저임금제

① 최저임금제의 의의

최저가격제는 노동에 대해서도 일반적으로 실시되는데 이를 최저임금제(minimum wage)라고 한다. 최저임금제는 시장임금이 최저 생계비 수준에 미치지 못하는 경우에 시장임금보다 높은 수준에서 최저임금을 설정하여 노동자의 최저생활을 보장하려는 데 목적이 있다.

② 최저임금제의 효과

㉠ 자유로운 노동시장의 균형에서 균형임금은 W_0, 균형 고용량은 L_0이다. 균형임금 W_0가 생계비에도 미치지 못하는 경우 정부가 최저임금을 W_m에서 설정하면 노동공급은 $L_0 L_2$만큼 증가하고, 노동수요는 $L_1 L_0$만큼 감소한다.

㉡ 이에 따라 고용량은 L_1으로 감소하고, $L_1 L_2$의 노동에 대한 초과공급, 즉 실업이 발생한다.

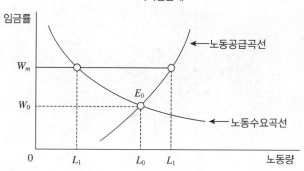

▶ 최저임금제

③ 최저임금제의 부정적 기능

　　㉠ 최저임금제는 실업을 증가시키는 결과를 가져온다. 그리고 이 경우 노동의 수요탄력성이 탄력적인 경우 실업은 더 크게 증가한다.

　　㉡ 또한 이 경우 실업자들은 W_m보다 낮은 임금을 받더라도 고용되기를 원하므로 임금덤핑 등 최저임금제의 역기능이 발생할 수 있고, 고용주의 입장에서는 W_m에서 가능한 한 유능한 노동자를 고용하므로 미숙련 노동자가 실업자가 된다.

2. 조세부담의 귀착

(1) 의의

　　정부가 판매세를 부과할 때 누가 조세를 부담하느냐 하는 문제를 조세부담의 귀착(incidence)이라고 한다. 정부가 생산자에게 조세를 부과하면 생산자는 그 조세의 일부를 소비자에게 떠넘기는데 이를 전가(shift)라고 하고, 최종적으로 조세를 부담하는 측에 조세가 떠넘겨질 때 이를 귀착이라고 한다.

> **더 알아보기**　종량세와 종가세
>
> • 수량을 기준으로 상품 1단위마다 일정한 액수의 조세를 부과할 때 이를 종량세(specific tax)라고 한다. 종량세가 부과되면 조세액만큼 생산자의 한계비용곡선, 즉 공급곡선이 상방으로 이동한다.
> • 반면 판매가격의 일정 비율만큼 조세를 부과할 때 이를 종가세(ad valorem tax)라고 한다.

(2) 조세부과의 효과

　　① 판매세가 종량세로 부과되면 조세액만큼 공급곡선이 상방으로 이동하므로(즉 공급의 감소), 균형가격은 상승하고 균형거래량은 감소한다.

　　② 이때 균형가격의 상승분은 소비자가 부담하고, 나머지는 생산자가 부담한다.

(3) 조세부담의 귀착

　　① 정부가 공급자에게 조세를 부과(tax imposition)하면 조세의 일부는 수요자에게 떠넘기는데 이를 조세의 전가(shifting)라고 한다. 이 경우 최종적으로 조세를 부담하는 측에 조세가 전가되면 조세부담의 귀착(incidence)이라고 한다.

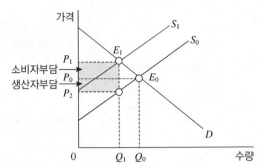

▶ 조세부담의 귀착

② 수요자와 공급자에게 조세가 어느 정도 배분되는가 하는 것은 수요의 가격탄력성과 공급의 가격탄력성의 상대적 크기에 따라 달라진다. 이 경우 탄력성이 클수록, 즉 탄력적일수록 조세를 적게 부담한다.

　㉠ 공급탄력성＞수요탄력성이면 소비자부담＞생산자부담

　㉡ 공급탄력성＜수요탄력성이면 소비자부담＜생산자부담

　㉢ 수요탄력성＝0이면 전부 소비자부담, 공급탄력성＝0이면 전부 생산자부담

　㉣ 수요탄력성이 무한대이면 전부 생산자부담, 공급탄력성이 무한대이면 전부 수요자부담

(4) 조세부과가 균형가격과 균형거래량에 미치는 영향

① 조세가 부과되면 공급곡선을 상방으로 이동시키므로 균형가격은 상승하고 균형거래량은 감소한다. 이 경우 가격 상승폭과 거래량 감소폭의 상대적인 크기는 수요와 공급의 가격탄력성에 따라 달라진다.

② 농산물처럼 수요탄력성과 공급탄력성이 모두 비탄력적인 경우에는 가격 상승폭이 더 크다. 고급 승용차처럼 수요탄력성과 공급탄력성이 모두 탄력적인 경우에는 거래량 감소폭이 더 크다.

③ 또한 조세가 부과되면 균형거래량은 감소하므로 자중손실(deadweight loss)이 발생하여 자원의 비효율적 배분을 초래한다. 이 경우 수요나 공급의 탄력성이 탄력적이면 자중손실이 크게 발생하고, 비탄력적이면 자중손실이 적게 발생한다.

02 | 실전대비문제

01 재화의 분류에 관한 설명으로 옳지 않은 것은? (2019년)

① 정상재의 경우, 수요의 소득탄력성은 0보다 크다.

② 사치재의 경우, 수요의 소득탄력성은 1보다 크다.

③ 열등재의 경우, 가격이 하락하면 언제나 수요량이 증가한다.

④ 정상재의 경우, 가격이 상승할 때의 소득효과는 수요량을 감소시킨다.

[해설] 열등재는 가격이 상승할 때 수요량이 증가하고 가격이 하락할 때 수요량이 감소한다.

① · ② 정상재 중 필수재의 수요의 소득탄력성은 0보다 크고 1보다 작으며 정상재 중 사치재의 수요의 소득탄력성은 1보다 크다.

④ 정상재는 가격이 상승하면 실질소득의 감소로 수요량이 감소한다.

답 ③

02 어떤 섬나라의 전통공예품에 대한 수요곡선은 $Q = 380 - 2P$, 공급곡선은 $Q = 3P - 5W - 20$이다. Q는 전통공예품의 수량, P는 가격, 그리고 W는 종업원의 시간당 임금을 나타내며 이 나라의 화폐단위는 "론도"이다. 5론도이던 시간당 임금이 7론도로 상승하는 경우 이 나라 전통공예품의 시장균형량의 변화는? (2016년)

① 4단위 감소한다.

② 6단위 감소한다.

③ 8단위 감소한다.

④ 10단위 감소한다.

[해설] • $W = 5$론도일 때

수요함수 $Q = 380 - 2P$, 공급함수 $Q = 3P - 5W - 20 = 3P - 45$

수요함수와 공급함수를 이용해서 P, Q를 구하면 $380 - 2P = 3P - 45$,

∴ $P = 85$, $Q = 210$

• $W = 7$론도일 때

수요함수 $Q = 380 - 2P$, 공급함수 $Q = 3P - 5W - 20 = 3P - 55$

수요함수와 공급함수를 이용해서 P, Q를 구하면 $380 - 2P = 3P - 55$

∴ $P = 87$, $Q = 206$

따라서 5론도에서 7론도 상승 시 균형거래량이 4단위 감소된다.

답 ①

03 아프리카의 어떤 부족마을에서 거래되는 향료의 수요곡선은 $P = 110 - Q$, 공급곡선은 $P = 20 + 0.5Q$이다. P는 향료의 가격, Q는 향료의 수량을 나타내며 이 마을의 화폐단위는 "카추"이다. 부족의 족장이 향료에 단위당 3카추의 세금을 부과하는 경우의 세금부담에 관한 설명으로 옳은 것은? (2016년)

① 족장의 조세수입 중 소비자가 부담하는 몫이 공급자가 부담하는 몫보다 크다.
② 족장의 조세수입 중 공급자가 부담하는 몫이 소비자가 부담하는 몫보다 크다.
③ 소비자와 공급자가 절반씩 부담한다.
④ 소비자가 족장의 조세수입 전액을 부담한다.

해설 수요곡선 $P = 110 - Q$과 공급곡선 $P = 20 + 0.5Q$의 기울기의 크기를 비교하면 공급곡선의 기울기가 2배 더 완만함을 알 수 있다. 그러므로 생산자가 소비자보다 2배 더 탄력적이라 할 수 있으므로 단위당 일정액의 조세가 부과된다면 생산자와 소비자의 조세부담은 1 : 2가 됨을 알 수 있다. 그러므로 3카추의 조세부과 시 생산자 1카추, 소비자 2카추의 조세를 부담한다.

┤ 심화 Tip ├

조세의 상대적 부담

$$\frac{\text{수요의 가격탄력성}}{\text{공급의 가격탄력성}} = \frac{\text{생산자 부담}}{\text{소비자 부담}}$$

답 ①

---

04 공급의 가격탄력성은 0.5, 수요의 가격탄력성이 −0.5이다. 수요의 증가로 가격이 1% 상승할 때 매출액의 증가율은? (2016년)

① 0%
② 0% 초과, 1% 미만
③ 1%
④ 1% 초과

해설 공급의 가격탄력성이 0.5이므로, 수요증가로 가격 1% 증가 시 공급량은 0.5% 증가하게 된다. 매출액은 가격과 판매량의 곱으로 계산되므로 매출액 증가율은 가격 증가 1%와 공급량 증가 0.5%의 합인 1.5%가 된다.

┤ 심화 Tip ├

공급의 가격탄력성

$$\text{공급의 가격탄력성} = \frac{\text{공급량의 변화율}}{\text{가격변화율}}$$

답 ④

05 A재의 가격이 5% 상승할 때 A재의 매출액은 전혀 변화하지 않은 반면, B재의 가격이 10% 상승할 때 B재의 매출액은 10% 증가하였다. 각 재화의 수요의 가격탄력성으로 옳은 것은? (2017년)

	A재	B재
①	완전탄력적	단위탄력적
②	단위탄력적	완전탄력적
③	단위탄력적	완전비탄력적
④	완전비탄력적	완전비탄력적

해설 A재의 가격이 5% 상승 시 매출액의 변화가 없었다는 것은 수요량이 5% 감소했음을 알 수 있다.
따라서 A재는 가격상승과 수요량의 변화율이 일치하므로 수요의 가격탄력성은 1, 즉 단위탄력적이라고 할 수 있다.
B재는 가격이 10% 상승 시 매출액이 10% 상승했으므로 수요량의 변화율이 없음을 알 수 있다. 따라서 B재의 수요의 가격탄력성은 0, 즉 완전비탄력적이라고 할 수 있다.

┤ 심화 Tip ├

수요의 가격탄력성

$$수요의\ 가격탄력성 = \frac{수요량\ 변화율}{가격변화율}$$

답 ③

06 아파트의 수요곡선은 우하향하지만 공급곡선이 완전비탄력적이다. 아파트 매도자에게 부과하는 양도소득세액을 20% 인상한다고 할 때, 이로 인한 조세부담에 관한 설명으로 옳은 것은? (2017년)

① 매입자와 매도자가 인상분을 반씩 부담한다.
② 매도자가 인상분의 반을 부담하고 매입자는 부담이 없다.
③ 매도자가 인상분 모두를 부담한다.
④ 매입자와 매도자 모두 추가적 조세부담이 없다.

해설 공급곡선이 완전비탄력적이라면 양도세액은 공급자, 즉 매도자가 모두 부담한다.

┤ 심화 Tip ├

조세의 상대적 부담

$$\frac{수요의\ 가격탄력성}{공급의\ 가격탄력성} = \frac{생산자\ 부담}{소비자\ 부담}$$

답 ③

07 소규모 개방경제 모형에서 수입관세 부과와 수출보조금 지원의 무역정책 효과에 관한 설명으로 옳지 않은 것은?(단, 수요곡선은 우하향, 공급곡선은 우상향한다) (2017년)

① 수입관세 부과는 국내 생산량을 증가시킨다.

② 수입관세 부과와 수출보조금 지원 모두 국내 생산자잉여를 증가시킨다.

③ 수입관세 부과와 수출보조금 지원 모두 국내 소비자잉여를 감소시킨다.

④ 수입관세 부과와 수출보조금 지원 모두 정부수입을 증가시킨다.

[해설] 수입관세를 부과하면 정부수입이 증가하지만 수출보조금을 지급하면 정부수입이 감소한다.
　　　①·②·③ 수입관세가 부과되거나 수출보조금이 지급되면 국내가격의 상승으로 국내 생산량은 증가하게 되고 국내 소비량은 감소한다. 따라서 생산자잉여는 증가하고 소비자잉여는 감소한다.

답 ④

08 상품수요가 $Q_d = 5,000 - 2P$이다. $P = 2,000$에서 수요의 가격탄력성과 소비자의 지출액은? (2018년)

① 0.25, 2,000　　　　　　　　　　　② 0.25, 2,000,000

③ 1, 1,000,000　　　　　　　　　　　④ 4, 2,000,000

[해설] • 소비자의 지출액
　　　$P = 2,000$을 수요함수에 대입하면 $Q_d = 5,000 - 2 \times 2,000 = 1,000$이 되므로 소비자의 지출액은 $2,000 \times 1,000 = 2,000,000$이 된다.
　　　• 수요의 가격탄력성
　　　수요의 가격탄력성$(\varepsilon) = -\dfrac{수요량의\ 변화율}{가격의\ 변화율} = -\dfrac{\Delta Q}{\Delta P} \cdot \dfrac{P}{Q} = -(-2) \times \dfrac{2,000}{1,000} = 4$

답 ④

09 A재화에 종가세를 부과할 경우 다음의 조세부담과 관련된 내용 중 옳은 것을 모두 고르면? (2018년)

> 가. 수요곡선이 공급곡선보다 더 비탄력적일 경우 소비자가 생산자보다 더 많이 부담
> 나. 공급곡선이 수평인 경우 생산자가 모두 부담
> 다. 수요곡선이 수직인 경우 소비자가 모두 부담

① 가   ② 나

③ 가, 다   ④ 나, 다

[해설] 가. (○) 수요곡선과 공급곡선의 탄력성을 비교해 더 탄력적인 부분에서 조세부담이 적다. 따라서 공급곡선이 수요곡선보다 탄력적이라면 생산자의 조세부담이 적다.

나. (×) 공급곡선이 수평선이라면 공급의 가격탄력성이 완전탄력적, 즉 탄력성이 무한대라는 의미이므로 조세부담은 전부 소비자가 부담하게 된다.

다. (○) 수요곡선이 수직선일 경우에 수요의 가격탄력성은 완전비탄력적, 즉 탄력성이 0이라는 의미이므로 조세부담은 전부 소비자가 부담한다.

> ┤ 심화 Tip ├
>
> **조세의 상대적 부담**
>
> $$\frac{\text{수요의 가격탄력성}}{\text{공급의 가격탄력성}} = \frac{\text{생산자 부담}}{\text{소비자 부담}}$$

답 ③

10 K시네마가 극장 입장료를 5에서 9로 인상하였더니 매출액이 1,500에서 1,800으로 증가하였다. 중간점 공식(호탄력도)을 이용하여 수요의 가격탄력성을 구하면?(단, 소수점 셋째자리에서 반올림) (2018년)

① 0.32   ② 0.42

③ 0.70   ④ 1.13

[해설] 가격이 5일 때 매출액이 1,500이므로 관람객은 300명이다.
가격이 9로 상승했을 때 매출액이 1,800이므로 관람객은 200명이다.
따라서 위 내용을 이용해 호탄력성을 계산해 보면

$$호탄력성(\varepsilon) = \frac{\dfrac{\Delta Q}{Q_1 + Q_2}}{\dfrac{\Delta P}{P_1 + P_2}} = \frac{\dfrac{100}{300 + 200}}{\dfrac{4}{5 + 9}} = 0.70이 된다.$$

답 ③

11 소비자 갑의 X재에 대한 수요곡선 $Q_d = \dfrac{B}{2P}$ 이다. 시장가격 $P = 10$, 소비자 갑의 소득 $B = 200$일 때, X재 수요의 소득탄력성은? (2019년)

① 0.25   ② 0.5

③ 1   ④ 1.5

[해설] 수요의 소득탄력성 $= \dfrac{dQ}{dB} \times \dfrac{B}{Q} = \dfrac{1}{2P} \times \dfrac{B}{Q} = \dfrac{1}{(2 \times 10)} \times \dfrac{200}{[200/(2 \times 10)]} = 1$

[답] ③

12 수요곡선은 우하향하고 공급곡선은 우상향할 때, 단위당 조세 또는 보조금을 부과하는 정책의 결과로 옳은 것을 모두 고르면?(단, 외부효과는 없다) (2019년)

> 가. 조세부과로 균형가격은 상승한다.
> 나. 보조금을 지급하면 사회후생은 증가한다.
> 다. 조세부과로 인한 부담은 궁극적으로 소비자와 생산자가 나누어지게 된다.

① 가   ② 나

③ 가, 다   ④ 나, 다

[해설] 가. (○) 조세부과로 공급곡선이 상방으로 이동하여 재화의 균형가격은 상승한다.
나. (×) 보조금 지급 시 사회후생이 증가하지 않을 수 있다.
다. (○) 수요곡선이 우하향하고 공급곡선이 우상향하므로 소비자와 생산자 모두 완전탄력성이 아님을 알 수 있다. 따라서 조세부과로 인한 부담은 소비자와 생산자가 나누어지게 된다.

[답] ③

13 소국 개방경제 A국에서 X재의 국내수요함수는 $Q_d = 2,000 - P$, 국내기업들의 공급함수는 $Q_s = P$이다. 현재 국제가격 $P = 1,200$일 때, X시장에 대한 설명으로 옳은 것은? (2019년)

① A국은 X재를 수입하고 있다.

② A국이 대외무역을 중지하면 X재의 국내생산은 감소한다.

③ A국에서 X재 국내생산에 대해 보조금을 지급하면 국내소비가 증가한다.

④ A국에서 X재 국내생산에 대해 보조금을 지급하면 사회후생이 증가한다.

[해설] 국제가격이 1,200인 현재 A국의 공급량은 1,200, 수요량은 800으로 400만큼 초과공급이 발생하며 400 초과공급은 무역을 통해 수출하고 있다. 따라서 A국이 대외무역을 중지하면 A국의 기업들은 초과공급량을 수출하지 못하게 되므로 공급량 1,200에서 국내의 균형 수요량인 800만큼 생산하게 된다.
① A국은 초과공급으로 수입하고 있지 않다.
③ 국내생산에 대한 보조금 지급은 국내소비에 영향을 주지 않는다.
④ 국내생산에 대한 보조금 지급은 국내소비에 영향을 주지 않기에 사회후생 증가에 영향을 주지 않는다.

[답] ②

14 X재에 대한 수요곡선은 $Q_s = 10,000 - P$, 공급곡선은 $Q_s = -2,000 + P$이다. 현재의 시장균형에서 정부가 최저가격을 8,000으로 정하는 경우 최저가격제 도입으로 인한 거래량 감소분과 초과공급량은?(P는 X재의 가격이다)
(2019년)

	거래량 감소분	초과공급량
①	2,000	2,000
②	2,000	4,000
③	4,000	4,000
④	4,000	6,000

[해설] 수요곡선과 공급곡선을 연립하여 균형가격과 균형생산량을 구해보면
$10,000 - P = -2,000 + P$ ∴ $P = 6,000$, $Q = 4,000$
정부가 설정한 최저가격 8,000에서의 공급량과 수요량을 구해보면
수요량 : $10,000 - 8,000 = 2,000$
공급량 : $-2,000 + 8,000 = 6,000$
따라서 최저가격 설정으로 인한 거래량 감소분은 2,000(∵ 4,000−2,000), 초과공급량은 4,000(∵ 6,000−2,000)이 된다.

답 ②

15 A기업의 공급곡선은 $Q_s^A = P$이고 B기업의 공급곡선은 $Q_s^B = 2P$이다. 가격 P의 변화에 따른 공급의 가격탄력성에 관한 설명으로 옳지 않은 것은?
(2019년)

① P가 상승하면 A기업의 공급의 가격탄력성은 상승한다.
② $P = 100$에서 A기업의 공급의 가격탄력성은 1이다.
③ B기업의 공급의 가격탄력성은 공급량 수준과 관련 없이 항상 동일하다.
④ $P = 100$에서 A기업의 가격탄력성과 $P = 200$에서 B기업의 가격탄력성은 동일하다.

[해설] 공급곡선이 원점을 통과하는 모형이면 공급의 가격탄력성은 공급량 수준에 관계없이 1이다. 따라서 A기업과 B기업 모두 공급곡선이 원점을 통과하므로 공급의 가격탄력성은 1이다.

답 ①

16 X재의 수요곡선은 $Q^d = 150 - P$이고, 공급곡선은 $Q^s = P$이다. 시장 균형에서 수요의 가격탄력성과 공급의 가격탄력성은?(단, P는 가격이다) (2020년)

① 0, 0   ② 1, 1

③ 5, 1   ④ 5, 5

[해설]

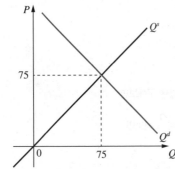

- 공급의 가격탄력성은 공급곡선이 원점을 통과하는 직선이므로 1이다.
- 수요의 가격탄력성 $= -\dfrac{dP}{dQ} \times \dfrac{Q}{P} = -(-1) \times \dfrac{75}{75} = 1$

[답] ②

17 X재의 수요함수는 $Q^d = 100 - P$이고, 공급함수는 $Q^s = P$이다. 소비자에게 단위당 10의 세금이 부과될 경우 소비자에게 귀착되는 세금의 총액은?(단, P는 가격이다) (2020년)

① 225   ② 250

③ 450   ④ 500

[해설]
- X재 수요함수 $Q^d = 100 - P$와 공급함수 $Q^s = P$를 연립해서 풀면 수량은 50, 가격은 50이 된다.
- 수량 50, 가격 50에서의 수요의 가격탄력성과 공급의 가격탄력성은 모두 1이다.
- 수요의 가격탄력성과 공급의 가격탄력성의 크기가 동일하므로 소비자와 공급자 각각 단위당 5의 세금의 귀착이 발생한다.
- 소비자에게 단위당 10의 세금이 부여되면 수요함수는 $Q^d = 100 - P$에서 $Q^{d'} = 90 - P$로 변경된다. 변경된 수요함수 $Q^{d'} = 90 - P$와 공급함수 $Q^s = P$를 연립해서 풀면 수량은 45, 가격은 45가 된다.
- 소비자에게 귀착되는 세금 $= 5 \times 45 = 225$

[답] ①

18 X재 시장의 수요함수와 공급함수는 각각 $Q^D = 100 - 3P$, $Q^S = 2P$이다. 정부가 수요자에게 개당 10의 세금을 부과하는 경우와 공급자에게 개당 10의 세금을 부과하는 경우, 이에 대한 설명으로 옳지 않은 것은?(단, Q^D는 수요량, Q^S는 공급량, P는 가격이다)   (2022년)

① 과세로 인해 균형거래량이 감소한다.

② 과세로 인한 수요자의 조세부담이 공급자의 조세부담보다 크다.

③ 수요자에게 개당 10의 세금을 부과하는 경우 수요자가 내는 가격은 상승하고, 공급자가 받는 가격은 하락한다.

④ 공급자에게 개당 10의 세금을 부과하는 경우 수요자가 내는 가격은 상승하고, 공급자가 받는 가격은 하락한다.

[해설] • X재 시장의 수요함수 : $P = \dfrac{100}{3} - \dfrac{1}{3}Q$

• X재 시장의 공급함수 : $P = \dfrac{1}{2}Q$

• 수요함수와 공급함수를 이용하여 생산량과 가격을 구해보면

$\dfrac{100}{3} - \dfrac{1}{3}Q = \dfrac{1}{2}Q$

∴ $Q = 40$, $P = 20$

• 수요의 가격탄력성 $= -\dfrac{dQ}{dP} \cdot \dfrac{P}{Q} = 3 \times \dfrac{20}{40} = \dfrac{3}{2}$

• 공급의 가격탄력성 $= \dfrac{dQ}{dP} \cdot \dfrac{P}{Q} = 2 \times \dfrac{20}{40} = 1$

∴ 조세부담은 탄력성 크기에 의해 결정되는데 탄력성이 클수록 조세부담의 크기는 작다. 수요의 가격탄력성이 공급의 가격탄력성보다 더 크다. 따라서 조세부담의 크기는 소비자보다는 공급자가 더 크다.

①·③·④ 조세부담 시 소비자가 지급하는 가격은 상승하고, 생산자가 받는 가격은 낮아진다. 또한 거래량은 과세 이전보다 감소한다.

답 ②

19 X재의 수요곡선이 $Q = 10 - 2P$일 때, 수요의 가격탄력성이 1이 되는 가격은?(단, Q는 수요량, P는 가격)

① 1   ② 5

③ 2   ④ 2.5

[해설] 수요곡선에서 수요의 가격탄력성이 1이 되는 곳은 수요곡선의 가운데 점이다. 주어진 수요함수에서 역수요함수를 구하면 $P = 5 - \dfrac{1}{2}Q$이다. 가격축 절편의 $\dfrac{1}{2}$ 지점이므로 가격 2.5에서 수요의 가격탄력성은 1이 된다.

답 ④

20 맥주시장의 수요함수가 $Q_D = 100 - 4P - P_C + 0.2I$일 때, 옳은 것을 모두 고른 것은?(단, Q_D는 맥주 수요량, P는 맥주 가격, P_C는 치킨 가격, I는 소득)

> ㄱ. 맥주는 열등재이다.
> ㄴ. 맥주는 치킨의 보완재이다.
> ㄷ. 치킨 가격이 인상되면 맥주 수요는 감소한다.

① ㄱ   ② ㄷ   ③ ㄱ, ㄴ   ④ ㄴ, ㄷ

[해설] 수요함수를 편미분하여 수요의 소득탄력성을 구하면(I 앞의 계수만 확인하면 된다) 양(+)의 값을 가지므로 맥주는 정상재이다. 수요의 교차탄력성은 음(-)이므로 두 재화는 보완재이다(P_C 앞의 계수만 확인하면 된다). 치킨과 맥주는 보완재이므로 치킨 가격이 인상되면 맥주 수요는 감소한다.

답 ④

21 사과수요의 가격탄력성은 1.4, 사과수요의 감귤 가격에 대한 교차탄력성은 0.9, 사과수요의 배 가격에 대한 교차탄력성은 -1.5, 사과수요의 소득탄력성은 1.20이다. 다음 설명 중 옳은 것을 모두 고른 것은?(단, 수요의 가격탄력성은 절댓값으로 표시한다)

> ㄱ. 사과는 정상재이다.
> ㄴ. 사과는 배와 대체재이다.
> ㄷ. 사과는 감귤과 보완재이다.
> ㄹ. 다른 조건이 불변일 때 사과 가격이 상승하면 사과 판매자의 총수입은 감소한다.

① ㄱ, ㄴ   ② ㄱ, ㄷ   ③ ㄱ, ㄹ   ④ ㄴ, ㄹ

[해설] ㄱ. 사과수요의 가격탄력성이 양(+)의 값을 가지면 사과는 정상재이다.
ㄴ. 사과수요의 감귤 가격에 대한 교차탄력성이 양(+)의 값을 가지면 두 재화는 대체재이다. 사과수요의 배 가격에 대한 교차탄력성이 음(-)의 값을 가지면 두 재화는 보완재이다. 사과수요의 소득탄력성이 양(+)이고 1보다 크면 정상재이고 사치재의 성격이 있다.
ㄹ. 사과수요의 가격탄력성이 1.4이므로 사과가격이 상승하면 수요량은 더 크게 감소하므로 사과 판매자의 총수입은 감소한다.

답 ③

22 주유소에서 매주 휘발유를 甲은 10리터 넣고, 乙은 1만원만큼 넣는다. 다음 설명 중 옳은 것을 모두 고른 것은?

> ㄱ. 甲의 휘발유 수요는 가격에 대하여 비탄력적이다.
> ㄴ. 乙의 경우 휘발유 가격이 10% 오르면 주유량을 5% 줄인다.
> ㄷ. 휘발유 가격이 리터당 1,000원일 때 세금을 부과하면 甲의 조세부담이 乙보다 크다.

① ㄱ   ② ㄷ   ③ ㄱ, ㄴ   ④ ㄴ, ㄷ

[해설] ㄱ. 甲은 가격에 관계없이 수요량이 일정하므로 수요의 가격탄력성은 0, 즉 완전비탄력적이다.
  ㄴ. 乙은 지출액($P_X x = 10,000$)이 일정하므로 수요곡선은 직각쌍곡선이고 수요의 가격탄력성은 1이다. 따라서 가격이 10% 오르면 주유량은 10% 줄인다.
  ㄷ. 조세부담은 수요탄력성이 비탄력적일수록 커진다. 따라서 수요의 가격탄력성이 0인 甲의 조세부담이 乙보다 크다.

[답] ②

23 다음 설명 중 옳지 않은 것은?

① 수요곡선이 공급곡선보다 더 탄력적인 경우에 세금이 부과되면 소비자가 생산자보다 세금을 적게 부담하게 된다.

② 수요곡선과 공급곡선의 탄력성이 작을수록 세금 부과 시 사회적 후생손실(deadweight loss)의 발생이 작아진다.

③ 이론적으로는 세율이 너무 높아지면 오히려 정부의 세수입이 줄어들 수 있다.

④ 최저임금제의 효과는 노동의 수요곡선보다는 노동의 공급곡선의 탄력성의 크기에 달려있다.

[해설] 최저임금제의 효과는 노동의 수요곡선의 탄력성의 크기에 달려있다. 즉 (최저임금제를 실시하여) 임금이 오를 때 노동수요가 탄력적이면 노동수요량이 크게 감소하여 노동소득이 감소하므로 최저임금제가 비효과적이다.

[답] ④

24 어떤 재화에 대한 시장수요곡선은 우하향하고, 시장공급곡선은 우상향한다. 정부는 이 재화에 단위당 t원의 세금을 부과하려 한다. 옳은 것은?

① t원의 세금을 공급자에게 부과하면 소비자에게 부과하는 경우보다 정부의 조세수입은 더 증가한다.

② 수요가 탄력적이고 공급이 비탄력적인 경우에, 소비자가 부담하는 세금은 생산자가 부담하는 세금보다 적다.

③ t원의 세금을 생산자에게 부과하면 소비자가 지불하는 가격은 세금 부과 전보다 낮고, 생산자가 실질적으로 받게 되는 가격은 세금 부과 전보다 높다.

④ t원의 세금을 소비자에게 부과하면 소비자가 지불하는 가격과 생산자가 실질적으로 받게 되는 가격은 세금 부과 전보다 더 높다.

[해설] 단위당 t원의 세금은 종량세를 뜻한다. 종량세가 부과될 때 조세부담은 수요와 공급의 가격탄력성에 반비례한다. 즉 수요가 탄력적이면 수요자의 부담이 작고, 공급이 비탄력적이면 공급자의 부담이 크다. 탄력성이 크면 민감하게 반응하므로 조세부담이 작아지고, 탄력성이 작으면 조세를 많이 부담한다.

답 ②

03 | 소비자선택이론

제1절 한계효용이론(기수적 효용이론)

1. 소비자선택의 의의와 접근방법

(1) 소비자선택이론의 의의

① 소비자선택이론은 소비자의 합리적인 소비, 즉 일정한 예산제약하에서 효용의 극대화를 추구하는 소비자의 선택 원리를 연구한다.

② 따라서 수요곡선이 우하향하는 원리를 설명하는 이론인데 여기에는 전통적으로 세 가지 접근방법과 불확실성하에서의 소비자선택이론이 있다.

(2) 소비자선택의 전통적인 접근방법

① 한계효용이론

ㄱ) 1870년대 한계효용학파에 의해 한계(marginal) 개념이 도입되고 이 개념을 이용하여 소비자의 효용 극대화를 위한 행동원리를 설명하는 이론이다. 효용의 절대적인 크기인 기수적 효용의 가측성(measurability)을 전제로 한다.

ㄴ) 제번스(S. Jevons), 멩거(K. Menger), 왈라스(L. Walras), 마셜(A. Marshall) 등에 의해 전개되었다.

② 무차별곡선이론

ㄱ) 한계효용학파의 효용 가측성 전제에 대한 비판에서 출발하여, 이러한 전제가 없이도 선호의 순서(즉 서수적 효용)만 알면 소비자행동의 설명이 가능하다는 인식에서 출발하였다.

ㄴ) 예산선과 무차별곡선을 이용하여 소비자의 효용이 극대화되는 소비자 균형점을 도출한다.

ㄷ) 파레토(V. Pareto), 힉스(J.R. Hicks), 알렌과 슬루츠키(R.G.D. Allen & E. Slutsky)에 의해 이론화되었다.

③ 현시선호이론(revealed preference theory)

시장에서의 소비지출 행동에 소비자의 선호가 현시(revealed)된다는 전제하에 소비자의 행동을 설명하는 이론이다. 새뮤얼슨(P.A. Samuelson), 하우태커(H.S. Houthakker)에 의해 이론화되었다.

2. 총효용과 한계효용

(1) 총효용

① 소비자가 일정기간 동안 일정량의 재화소비로부터 얻는 주관적, 심리적인 만족을 효용(utility)이라고 한다. 이는 효용의 절대적인 크기를 의미하는 기수적(cardinal) 효용으로, 측정이 가능하다고 전제한다.

② 소비자가 일정기간 동안 일정량의 재화를 소비했을 때 얻을 수 있는 주관적인 효용의 총량을 총효용(total utility)이라고 한다. 총효용은 한계효용의 합계와 같다.

(2) 한계효용

1단위의 재화를 추가로 소비할 때 추가적인 소비에 의한 총효용의 증가분을 한계효용(marginal utility)이라고 한다.

$$MU = \frac{\Delta TU}{\Delta Q} = \frac{dU}{dQ}$$

즉 한계효용은 총효용곡선의 접선의 기울기로, 총효용 함수의 미분값이다.

(3) 한계효용체감의 법칙

① 재화의 소비량이 증가하면 총효용은 증가하지만 총효용의 증가분, 즉 한계효용은 체감한다. 그리고 총효용이 극대일 때 한계효용은 영(0)이고, 총효용이 감소하면 한계효용은 음(−)이 되는데 이를 한계효용체감의 법칙이라고 한다.

② 욕망포화의 법칙, 고센(H. Gossen)의 제1법칙이라고도 한다.

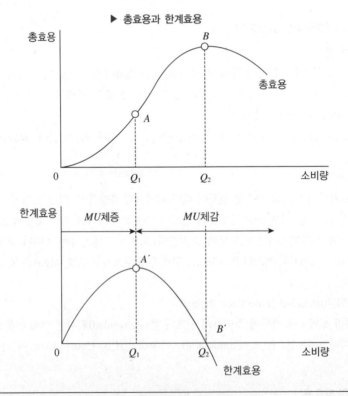

▶ 총효용과 한계효용

더 알아보기 총(total) 개념과 한계(marginal) 개념 간의 관계

총 개념이 증가하면 한계 개념은 양(+)이고, 총 개념이 극대이면 한계 개념은 영(0)이다. 총 개념이 감소하면 한계 개념은 음(−)이 된다. 이는 개념상의 관계로 그 역(reverse)도 성립된다.

3. 효용극대화와 그 조건

(1) 한계효용균등의 법칙

① 소비자가 일정한 소득으로 X, Y 두 재화를 구입하여 소비할 때 효용을 극대화하려면 각 재화의 화폐 1단위당 한계효용이 같아지도록 각 재화의 구입량을 결정한다. 즉

$$\frac{MU_X}{P_X} = \frac{MU_Y}{P_Y}$$

이 되도록 두 재화의 구입량을 결정하면 일정한 소득(지출액)으로 총효용을 극대화함으로써 합리적 소비가 이루어진다.

② 이를 한계효용균등의 법칙 또는 극대만족의 법칙, 고센(H. Gossen)의 제2법칙이라고 한다.

(2) 소비자 행동의 조정

만일 $\frac{MU_X}{P_X} > \frac{MU_Y}{P_Y}$ 이라면 X재 1원어치의 한계효용이 더 크므로 소비자는 X재의 소비량을 늘리고 Y재의 소비량을 줄임으로써 효용을 극대화할 수 있다. 그 이유는 한계효용체감의 법칙이 작용하기 때문이다.

(3) 수요곡선의 도출

① X재의 가격(P_X)이 상승하면 $\frac{MU_X}{P_X} < \frac{MU_Y}{P_Y}$ 가 되어 Y재 1원어치의 한계효용이 더 커지므로 소비자는 Y재의 소비량을 늘리고 X재의 소비량을 줄여 총효용을 극대화한다.

② 즉 X재의 가격이 상승한 경우 효용의 극대화를 위해 X재의 소비량을 줄이는 수요법칙이 도출된다. 이 수요법칙을 그래프로 그리면 우하향하는 수요곡선이 도출된다.

③ 따라서 X재의 수요곡선은 X재의 한계효용(MU_X)이고, 수요곡선이 우하향하는 이유는 한계효용체감의 법칙 때문이다.

4. 가치의 역설(스미스의 역설)

(1) 가치의 역설

① 애덤 스미스(A. Smith)는 가치를 교환가치와 사용가치로 분류하였다. 교환가치(exchange value)는 가격을 의미하고, 사용가치(use value)는 재화를 소비함으로써 얻는 만족 또는 재화를 이용하여 얻는 수익을 의미한다.

② 스미스는, 물은 사용가치는 큰 반면 교환가치는 작고, 다이아몬드는 사용가치는 작은 반면 교환가치는 크다고 보았는데, 이처럼 사용가치와 교환가치가 일치하지 않는 것을 가치의 역설(paradox of value)이라고 한다.

(2) 한계효용학파의 해명

① 가치의 역설이 발생하는 것은 스미스가 사용가치를 총효용으로 보았기 때문이다. 그러나 한계효용학파는 재화의 가격을 결정하는 것은 한계효용이라고 보고 이 문제를 설명한다.

② 즉 물은 존재량이 많으므로 한계효용이 작고 따라서 가격이 낮으며 다이아몬드는 존재량이 적으므로 한계효용이 크고 따라서 가격이 높다는 것이다.

▶ 가치의 역설

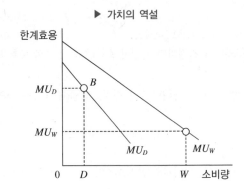

5. 소비자잉여(consumer's surplus)

(1) 소비자잉여의 뜻

① 소비자잉여(consumer's surplus)란 소비자가 높은 가격을 지불하고라도 얻고 싶은 재화를 그보다 낮은 가격으로 구매한 경우 얻는 순이득을 의미한다. 즉 재화를 구입하기 위해 기꺼이 지불하고자 했던 금액(지불용의 금액)과 실제 지불한 금액의 차이를 말한다.

② 〈그림〉에서 수요곡선과 공급곡선이 교차하는 점에서 가격은 P_0, 거래량은 Q_0이다. 이 경우 수요곡선 아래 부분의 면적이 소비자가 얻는 총효용(즉 한계효용의 합계)이다. 그러나 소비자는 OP_0EQ_0만큼만 대가를 치르므로 수요곡선과 가격수준 사이의 면적은 대가를 치르지 않고 얻는 이득이다. 이 부분이 소비자잉여이다.

▶ 소비자잉여와 생산자잉여

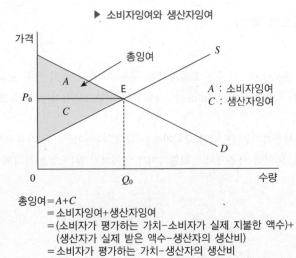

총잉여＝A＋C
　　　＝소비자잉여＋생산자잉여
　　　＝(소비자가 평가하는 가치-소비자가 실제 지불한 액수)＋
　　　　(생산자가 실제 받은 액수-생산자의 생산비)
　　　＝소비자가 평가하는 가치-생산자의 생산비

(2) 소비자잉여의 크기

① 소비자잉여의 크기는 수요의 가격탄력성의 크기에 따라 달라진다. 즉 수요의 가격탄력성이 크고, 따라서 수요곡선이 완만할수록 소비자잉여는 작아진다.

② 그리고 수요의 가격탄력성이 완전탄력적이면 소비자잉여는 영(0)이 되고 수요의 가격탄력성이 완전비탄력적이면 소비자잉여는 무한대가 된다.

(3) 생산자잉여(producer's surplus)

① 생산자가 어떤 상품을 판매하여 얻는 실제의 수입이 생산자가 그 상품을 판매하여 얻으려는 수입을 초과하는 부분을 생산자잉여라고 한다.

② 〈그림〉에서 가격수준과 공급곡선 사이의 면적이 생산자잉여이다. 생산자잉여도 공급의 가격탄력성이 클수록 작아진다.

(4) 총잉여

소비자잉여와 생산자잉여를 합하여 총잉여(total surplus) 또는 사회후생(social welfare)이라고 한다. 시장의 균형상태에서는 총잉여가 극대가 되고, 이 경우 자원의 효율적 배분이 이루어진다.

6. 한계효용이론의 평가

(1) 비현실적인 가정

한계효용이론은 비현실적인 가정인 효용의 가측성, 즉 주관적인 만족의 크기를 구체적으로 측정할 수 있다는 가정에 기초하고 있다.

(2) 새로운 이론의 등장

① 따라서 이에 대한 비판으로 기수적 효용개념 대신, 재화들 간에 효용의 순서를 나타내는 서수적 효용(ordinal utility) 개념에 기초한 무차별곡선이론이 등장하였다.

② 무차별곡선이론은 한계효용이론의 기수적 효용의 가측성 가정을 배격하고, 기수적 효용 대신 재화묶음(commodity bundle)들 간의 효용의 서열관계를 나타내는 서수적 효용 개념에 기초하고 있다.

③ 즉 서수적 효용의 비교 가능성(comparability)을 전제로 무차별곡선과 예산선을 이용하여 소비자의 효용이 극대화되는 소비자 균형점을 도출한다.

제2절   무차별곡선이론

1. 무차별곡선의 개념과 특성

(1) 무차별곡선의 뜻

① 소비자에게 동일한 만족을 주는 두 재화(X재, Y재)의 수량적 배합점을 연결한 선을 무차별곡선(in-difference curve)이라고 한다.

② 즉 하나의 무차별곡선 위에서는 어느 점에서의 재화의 배합이라도 소비자의 만족은 동일하다(A, B, C의 배합).

▶ 무차별곡선

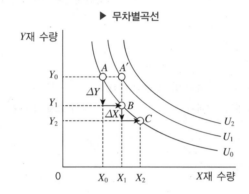

(2) 무차별곡선의 성질

① 원점에서 멀어질수록 더 높은 만족수준

ㄱ 이 공간에는 무수히 많은 무차별곡선이 존재하는데 이를 무차별 지도(indifference map)라고 한다. 무차별 지도상에서 각각의 무차별곡선은 서로 다른 만족수준을 나타낸다.

ㄴ 이 경우 원점에서 멀어질수록 더 높은 수준의 만족을 표시하는데 이는 다다익선(more is better), 즉 소비량이 많으면 많을수록 만족이 크다는 것을 의미한다.

② 무차별곡선은 우하향

ㄱ 이는 X, Y 두 재화는 대체가 가능하다는 것을 의미한다. 즉 동일한 만족수준을 유지하면서 어느 한 재화(X재)의 소비를 증가시키려면 반드시 다른 재화(Y재)의 소비를 감소시켜야 함을 의미한다. 다시 말하면 Y재를 X재로 대체해도 만족수준은 동일하다는 것이다.

ㄴ 이때 소비자가 동일한 만족을 유지하면서 X재 한 단위(ΔX)를 더 소비하기 위해 포기해야 하는 Y재의 단위 수(ΔY)를 한계대체율이라고 한다. 한계대체율은 MRS_{XY}로 표기하는데

$MRS_{XY} = \dfrac{MU_X}{MU_Y}$ 이고 무차별곡선의 기울기를 나타낸다. 한계대체율은 소비자의 두 재화에 대한 주관적인 교환비율을 나타낸다.

③ 무차별곡선은 원점에 대해 볼록
　ⓐ 무차별곡선은 일반적으로 원점에 대해 볼록(convex to origin)한 형태를 취하는데 이는 X, Y 두 재화는 대체는 가능하지만 완전대체는 아니라는 것을 의미한다. 즉 한계대체율이 체감한다는 것을 의미한다.
　ⓑ 한계대체율이 체감한다는 것은 X재의 소비가 증가함에 따라 X재에 대한 소비자의 주관적 평가가 점점 낮아진다는 것을 의미한다. 또한 소비자는 극단적인 상품묶음보다 다양한 상품묶음을 선호한다는 것을 의미한다.
　ⓒ 만일 두 재화가 완전대체라면 무차별곡선은 우하향하는 직선 형태이다.
④ 무차별곡선은 서로 교차할 수 없음 : 무차별곡선이 서로 교차한다면 이행성(transitivity)의 공리가 성립될 수 없으므로, 무차별곡선은 교차할 수 없다.

(3) 무차별곡선의 형태와 효용함수

① 두 재화가 완전대체가 아닌 경우
　ⓐ 콥-더글러스 효용함수 $U = X^a Y^b$(일반형), 또는 $U = \sqrt{XY} = X^{1/2} Y^{1/2}$(기본형)이다. 원점에 대해 볼록하고 원점에서 직선을 그리면 무차별곡선과 만나는 점들의 기울기는 동일하다.
　ⓑ 한계대체율은 $MRS_{XY} = \dfrac{MU_X}{MU_Y} = \dfrac{aY}{bX}$이다. 원점에 대해 볼록하기 때문에 X재의 소비량을 증가시키면 한계대체율은 체감한다.
　ⓒ 수요함수를 도출하면 일반형은 $x = \dfrac{a}{a+b} \dfrac{M}{P_X}$, $y = \dfrac{b}{a+b} \dfrac{M}{P_Y}$이다. 기본형인 경우 수요함수는 $x = \dfrac{M}{2P_X}$, $y = \dfrac{M}{2P_Y}$이다.

② 두 재화가 완전대체관계인 경우
　ⓐ 예컨대 밥 1공기와 빵 1개가 소비자에게 주는 만족이 동일하다면 두 재화가 완전대체관계에 있다고 할 수 있다.
　ⓑ 이 경우 효용함수는 선형(linear) 효용함수 $U = aX + bY$로 표시되고 무차별곡선은 우하향하는 직선의 형태가 되며 한계대체율은 $MRS_{XY} = \dfrac{a}{b}$로 일정하다.
　ⓒ 소비자는 코너해(corner solution)에서 두 재화 중 어느 한 재화만 소비하게 된다.

③ 두 재화가 완전보완관계인 경우
　ⓐ 예컨대 오른쪽 신발과 왼쪽 신발의 경우처럼 두 재화가 완전보완관계에 있는 경우에는 두 재화 중에서 양이 작은 것에 의해 효용이 결정된다.
　ⓑ 이 경우에 효용함수는 레온티에프 효용함수 $U = \min(x, y)$로 표시되는데 무차별곡선은 L자형이 되고 한계대체율은 0이거나 무한대(∞)가 된다(또는 미분이 불가능하므로 정의되지 않는다). 또한 레온티에프 효용함수에서 수요의 소득탄력성은 1이다.
　ⓒ 만일 효용함수가 $U = \min\left(\dfrac{X}{a}, \dfrac{Y}{b}\right)$이라면 원점에서 꼭짓점을 통과하는 선은 $Y = \dfrac{b}{a} X$가 되어 최적 소비비율은 $\dfrac{b}{a}$로 일정하다.

▶ 두 상품이 완전대체관계와 완전보완관계인 경우의 무차별곡선

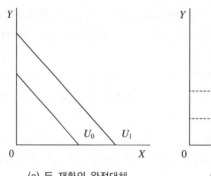

(a) 두 재화의 완전대체

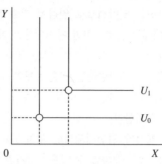

(b) 두 재화의 완전보완

④ 두 재화 중 한 재화가 비재화인 경우

한약(어린이에게는 고통을 줌)과 사탕을 함께 소비하는 경우처럼 두 재화 중 한 재화가 비재화(bads)인 경우 무차별곡선은 우상향한다.

2. 예산선의 의의와 특성

(1) 예산선의 뜻

① 예산선(budget line)은 소비행위에 있어서의 제약조건을 표시한다. 즉 예산선은 소비자의 소득제약(예산제약)을 나타내는 선으로, 가격선(price line) 또는 기회비용선이라고도 한다.

② 소비자의 소득을 M, X재의 가격을 P_X, Y재의 가격을 P_Y라고 하고, 소득을 전부 X재와 Y재 구입에 지출한다고 가정하면 예산선은

$$M = P_X X + P_Y Y$$

$$Y = \frac{M}{P_Y} - \frac{P_X}{P_Y} X$$

이 된다. $P_X X$는 X재에 대한 지출액, $P_Y Y$는 Y재에 대한 지출액이다.

③ 이 식을 그래프에 표시하면 예산선은 우하향하는 직선이 된다.

▶ 가격선

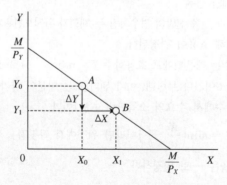

④ 따라서 예산선은 주어진 가격하에서 일정한 소득으로 구입할 수 있는 두 재화의 배합점들로 이루어진 직선이다.

⑤ 여기서 예산선을 포함한 예산선 내부의 배합점들은 주어진 소득으로 구입이 가능한 배합점들이고, 반면 예산선 외부의 배합점들은 주어진 소득으로는 구입이 불가능한 배합점들이다.

⑥ 예산선의 기울기 $-\dfrac{P_X}{P_Y}$ 는 두 재화의 상대가격일 뿐만 아니라 Y재로 표시한 X재의 기회비용을 의미한다. 주어진 소득으로 X재를 더 구입하기 위해서는 일정량의 Y재를 포기해야 하기 때문이다.

(2) 예산선의 이동

예산선은 소비자의 소득 M, X재의 가격 P_X, Y재의 가격 P_Y가 변화하면 이동한다.

① 소득의 증가

두 재화의 가격은 변화가 없으므로 예산선의 기울기는 불변이다. 반면 소득이 증가하면 구입할 수 있는 두 재화의 양은 증가하므로 예산선은 오른쪽으로 평행하게 이동한다.

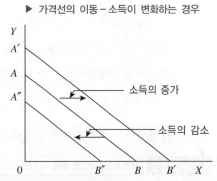

▶ 가격선의 이동 – 소득이 변화하는 경우

② 두 재화의 가격이 비례적으로 상승

㉠ 두 재화의 가격이 같은 비율로 상승하면 예산선의 기울기는 불변이고, 구입 가능한 두 재화의 양이 모두 감소하므로 소득의 감소효과가 있다. 따라서 예산선은 왼쪽으로 평행하게 이동한다.

㉡ 만일 소득의 증가율과 두 재화의 가격 상승률이 동일하다면 예산선은 불변이다.

③ 두 재화의 상대가격 변화 : 두 재화의 상대가격이 변화하면 예산선의 기울기가 변화한다.

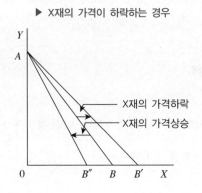

▶ X재의 가격이 하락하는 경우

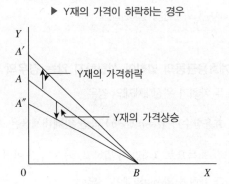

▶ Y재의 가격이 하락하는 경우

3. 소비자 균형점 : 합리적 소비

(1) 소비자 균형점의 의의와 조건

① 소비자의 균형은 예산선과 무차별곡선이 접하는 점 E에서 성립, 즉 E점은 주어진 소득과 재화가격의 제약하에서 소비자에게 극대만족을 주는 X재와 Y재의 배합점이다.

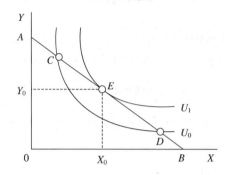

▶ 소비자 균형점

② 소비자 균형점 E는 무차별곡선과 예산선이 접하는 점으로 양자의 기울기가 같다. 따라서 소비자 균형점의 조건은 다음과 같다.

$$MRS_{XY} = \frac{MU_X}{MU_Y} = \frac{P_X}{P_Y}$$

즉 소비자 균형점에서는 두 재화의 한계대체율과 상대가격, 즉 기회비용이 같다.

③ C점의 경우에는 한계대체율 MRS_{XY}가 상대가격 $\frac{P_X}{P_Y}$보다 크므로 X재의 소비량을 늘리고, Y재의 소비량을 줄여야 소비자의 만족을 극대화할 수 있다.

> **더 알아보기**　한계효용이론의 효용극대화 조건
>
> 한계효용이론에서의 효용극대화 조건과 무차별곡선이론에서의 소비자균형의 조건은 본질적으로 동일하다. 즉 한계효용이론에서의 효용극대화 조건 $\frac{MU_X}{P_X} = \frac{MU_Y}{P_Y}$를 변형시키면 $\frac{MU_X}{MU_Y} = \frac{P_X}{P_Y}$가 되는데 여기서 $\frac{MU_X}{MU_Y} = MRS_{XY}$이므로 무차별곡선이론의 소비자균형의 조건과 일치한다.

(2) 한계효용균등의 법칙이 성립하지 않는 경우의 해

① 두 재화가 완전대체재인 경우

효용함수가 $U = aX + bY$라면 한계대체율은 $MRS_{XY} = \frac{a}{b}$로 일정하다. 이런 경우 $\frac{a}{b} > \frac{P_X}{P_Y}$이면 주어진 소득으로 X재만 구입하고, $\frac{a}{b} < \frac{P_X}{P_Y}$이면 Y재만 구입한다.

② 두 재화가 완전보완재인 경우

효용함수가 $U = \left(\frac{X}{a}, \frac{Y}{b} \right)$라면 소비자선택은 항상 $Y = \frac{b}{a}X$선 위에서 이루어진다.

(3) 소득효과와 소득소비곡선

① 소득효과

㉠ 소득의 변화 → 예산선의 평행이동 → 균형점의 이동 → X, Y 두 재화의 소비량이 변화하는데 이를 소득효과(income effect)라고 한다. 즉 소득효과는 소득의 변화에 따른 각 상품의 소비량 변화를 의미한다.

ⓛ 〈그림〉에서 소득이 증가하면 예산선이 우측으로 평행이동함에 따라 균형점은 E_0, E_1으로 이동하고 이에 따라 X재의 구입량이 X_0에서 X_1으로 증가하는 효과가 소득효과이다.

▶ 소득효과와 소득소비곡선

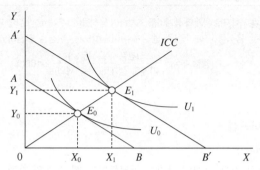

② 소득소비곡선(ICC)

㉠ 소득의 변화에 따라 이동하는 소비자 균형점을 연결한 선을 소득소비곡선(income consumption curve : ICC)이라고 한다. 소득소비곡선은 반드시 원점을 지나는데, 3가지 형태가 나타날 수 있다.

ⓛ ICC가 우상향하는 형태를 취하면 소득의 증가에 따라 두 재화의 소비량이 모두 증가한다는 것을 의미하므로 X, Y 두 재화 모두 정상재(정상재)인 경우이다.

㉢ ICC가 X축을 향해 구부러지면 소득의 증가에 따라 Y재의 소비량이 감소하는 것이므로 X재는 정상재, Y재는 열등재인 경우이다. ICC가 Y축을 향해 구부러지면 Y재는 정상재, X재는 열등재인 경우이다.

▶ 소득소비곡선의 형태

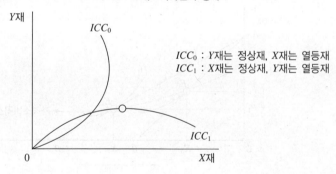

ICC_0 : Y재는 정상재, X재는 열등재
ICC_1 : X재는 정상재, Y재는 열등재

③ 엥겔곡선(Engel's curve)

㉠ 소비자의 소득증가에 따른 소비자 균형점의 이동, 즉 소득소비곡선(ICC)을 소득(M)과 재화소비량(X재)의 배합점으로 표시한 곡선을 엥겔곡선이라고 한다. 재화(X재)의 종류에 따라 엥겔곡선의 형태는 달라진다.

ⓛ X재가 생활필수품인 경우 소득증가에 따라 생활필수품의 구입량은 증가한다. 그러나 소득 증가분에서 차지하는 비중은 점차 감소한다. 즉 수요의 소득탄력성<1이다.

㉢ X재가 사치품인 경우 소득증가에 따라 사치품의 구입량은 증가한다. 그러나 소득 증가분에서 차지하는 비중은 점차 증가한다. 즉 수요의 소득탄력성>1이다.

② X재가 열등재인 경우 열등재는 소득의 증가에 따라 구입량이 감소하는 재화이다. 따라서 엥겔곡선은 음(-)의 기울기를 갖고 수요의 소득탄력성<0이 된다.

> **더 알아보기** 엥겔의 법칙(Engel's Law)
>
> 엥겔(C.L.E. Engel)은 독일의 통계학자로 가계의 생계비를 조사하여 음식물비, 주거비, 광열비, 피복비 등으로 구분하고, 소득이 증가함에 따라 생계비에서 차지하는 음식물비의 비중(즉 엥겔계수)이 낮아지는 현상을 발견하였는데 이를 엥겔의 법칙이라고 한다.
>
> $$엥겔계수 = \frac{식료품비(음식물비)}{가계의 생계비(저축 제외)} \times 100(\%)$$

(4) 가격효과와 가격소비곡선

① 가격효과(price effect)
　　㉠ 소비자의 기호와 소득, Y재의 가격이 일정불변일 때, X재의 가격(P_X)이 변화하면 소비자 균형점이 이동하고, 그에 따라 X재의 구입량이 변화하는데 이를 가격효과(price effect)라고 한다.
　　㉡ 〈그림〉에서 X재의 가격이 P_0에서 P_1으로 하락하면 AB에서 AB'으로 예산선이 이동하고, 소비자 균형점은 E_0에서 E_1으로 이동한다. 이때 X재의 구입량은 X_0에서 X_1으로 증가하는데 이를 가격효과라고 한다.
　　㉢ 반면 Y재의 구입량이 변화하는 현상은 교차효과(cross effect)라고 한다. 교차효과는 두 재화가 대체재인지 보완재인지에 따라 다르게 나타난다. 〈그림〉에서처럼 Y재 구입량이 감소하면 X, Y 두 재화는 대체재이다.

▶ 가격효과와 가격소비곡선

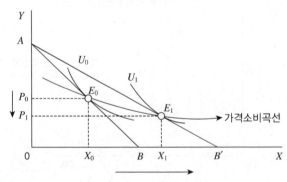

② 가격소비곡선(PCC)
　　다른 조건이 일정불변일 때 어느 한 상품의 가격변화에 따른 소비자 균형점의 이동을 연결한 선을 가격소비곡선(price consumption curve : PCC)이라고 한다. 즉 위 〈그림〉에서 소비자 균형점 E_0, E_1을 연결한 선이 가격소비곡선이다.
③ 소득효과와 대체효과
　　가격효과는 이론상 소득효과와 대체효과로 구분된다. 즉 X재 가격(P_X)의 하락에 따른 X재 구입량의 증가에는 두 가지 요인이 작용한다.
　　㉠ 하나는 X재의 가격 하락 → 소비자의 실질소득 증가 → X재 구입량 증가효과로 이를 소득효과(income effect)라고 한다.

ⓒ 다른 하나는 X재의 가격 하락 → 상대가격의 변화 → X재 구입량의 증가, 즉 상대적으로 가격이 비싸진 Y재를 상대적으로 가격이 싼 X재로 대체하는 효과로 이를 대체효과(substitution effect)라고 한다.

ⓒ 따라서 가격효과 = 소득효과 + 대체효과이다.

④ 소득효과와 대체효과의 크기(부호)

여기서 부호가 음(-)이라는 것은 가격과 수요량이 반대방향으로 움직인다는 것을 의미하고, 양(+)은 가격과 수요량이 같은 방향으로 움직인다는 것을 의미한다.

㉠ 대체효과는 항상 음(-)이다. 즉 어떤 상품의 가격이 하락할 때 상대적으로 가격이 싸진 그 상품에 대한 수요량은 언제나 증가하고, 어떤 상품의 가격이 상승할 때 상대적으로 가격이 비싸진 그 상품에 대한 수요량은 언제나 감소한다.

㉡ 소득효과는 정상재와 열등재에 따라 차이가 있다. 정상재인 경우 가격 상승 → 소득 감소 → 수요량 감소, 따라서 가격과 수요량의 변화방향이 다르므로 소득효과는 음(-)이다. 열등재인 경우 가격 상승 → 소득 감소 → 수요량 증가, 따라서 가격과 수요량의 변화방향이 같으므로 소득효과는 양(+)이다.

㉢ 이를 요약하면 다음과 같다. 여기서 양(+)은 가격과 구입량이 같은 방향으로 변화하는 것을 의미하고, 음(-)은 반대방향으로 변화하는 것을 의미한다.

	대체효과	+	소득효과	=	가격효과
정상재	-		-		-
열등재	-	>	+		
기펜재	-	<	+		+

⑤ 수요곡선의 도출

X재의 가격변화에 따른 소비자 균형점의 이동을 추적하면 이로부터 수요곡선이 도출된다. 즉 가격소비곡선(PCC)으로부터 수요곡선이 도출된다.

⑥ 수요의 교차탄력성과 가격소비곡선의 형태(교차효과)

가격소비곡선이 우하향하면 X재 가격이 하락할 때 Y재 수요량이 감소하므로 두 재화는 대체재이고 수요의 교차탄력성은 양(+)이다. 같은 논리로 가격소비곡선이 우상향하면 두 재화는 보완재이고 수요의 교차탄력성은 음(-)이다.

(5) 보상수요곡선

① 보상수요곡선의 의미

㉠ 위에서 본 수요곡선은 소득효과와 대체효과를 모두 고려한 것으로 보통수요곡선(ordinary demand curve) 또는 통상적 수요곡선이라고 한다. 마셜(A. Marshall)에 의해 체계화되어 마셜의 수요곡선이라고도 한다.

㉡ 보통수요곡선은 주어진 제약하에서 효용을 극대화하는 효용극대화의 수요함수이다.

㉢ 이에 대해 보상수요곡선(compensation demand curve)은 가격효과에서 소득효과를 제외한 순수한 상대가격 변화의 효과만을 나타낸 수요곡선이다.

㉣ 보상수요곡선은 일정한 효용을 달성하기 위한 지출극소화에서 도출되므로 지출극소화의 수요함수이고, 보상수요곡선상의 모든 점에서는 소비자의 효용이 동일하다.

ⓜ 보상수요곡선은 힉스(J.R. Hicks)에 의해 주장되어 힉스의 수요곡선이라고 한다. 그러나 현실적으로
　　　　는 관찰될 수 없는 가상의 수요곡선이다.

　② 보상의 종류
　　　㉠ 힉스(Hicks)의 보상은 효용보상으로 가격변화 이전과 동일한 효용을 유지시켜주는 보상이다.
　　　㉡ 슬러츠키(Slutsky) 보상은 구매력보상으로 가격변화 이전과 동일한 소비점을 유지시켜주는 보상
　　　　이다.

　③ 보상수요곡선의 특징
　　　㉠ 보상수요곡선은 대체효과만을 고려하여 도출된 수요곡선이므로 소득효과가 0이라면 보통수요곡선과
　　　　일치한다.
　　　㉡ 콥-더글러스(Cobb-Douglas) 효용함수의 무차별곡선이 원점에 대해 볼록하고 우하향하는 일반적인
　　　　형태라면 보상수요곡선은 항상 우하향하므로 기펜재(Giffen's goods)의 보상수요곡선도 우하향한다.
　　　㉢ 그러나 레온티에프(Leontief) 효용함수의 무차별곡선(완전대체관계)처럼 L자형인 경우에는 대체효
　　　　과가 0이므로 보상수요곡선은 수직선 형태가 된다.
　　　㉣ 보상수요곡선상의 모든 점은 소비자의 효용이 동일하므로 보상수요곡선 아랫부분의 면적은 소비자가
　　　　동일한 효용을 유지하기 위해 지급할 용의가 있는 최대의 금액을 의미한다. 그러므로 소비자잉여는
　　　　보상수요곡선을 이용해야 정확한 측정이 가능하다.

제3절　현시선호이론(theory of revealed preference)

1. 현시선호의 의의

(1) 의의
　① 한계효용이론과 무차별곡선이론의 비현실적인 가정에 대한 비판으로 새뮤얼슨(P.A. Samuelson)과 하
　　우태커(H.S. Houthakker)에 의해 전개된 이론으로 시장에서의 수요지출행동에 소비자의 선호가 현시된
　　다는(revealed) 이론이다.
　② 상대가격 $\left(\dfrac{P_X}{P_Y}\right)$과 소득($M$)이 주어져 있을 때 최적화를 위한 소비자의 합리적 선택이 이루어진다면(가
　　정) 소비자의 지출행동에 선호최적화 행동이 반드시 드러난다는 이론이다.

(2) 소비자의 선택
　① 따라서 소비자의 선호는 시장에서 주어지는 가격(P)과 수요량(Q)에 관한 자료를 관찰하면 확인할 수
　　있다.
　② 주어진 P_A의 가격체계에서 A의 소비점이 소비자에 의해 실제로 선택되었다면, A는 예산선 상의 어떤
　　점(내부의 점을 포함하여)보다도 선호되는 점이라는 것이 현시된 것이다.

③ 따라서 그림 (a)에서 삼각형 부분(A를 제외한 예산선 상의 점을 포함한)은 A보다 덜 선호되고, A를 기준으로 1상한은 A보다는 더 선호되지만 주어진 소득으로는 구입 불가능하다.

▶ 현시선호의 체계

(a) 직접현시선호   (b) 간접현시선호

2. 기본 가정

(1) 현시선호의 약공리(weak axiom)

소비자의 무모순적 행동의 가정, 즉 소비행위의 일관성에 대한 가정으로, A, B를 두 상품조합이라고 할 때, A가 B보다 선호됨이 현시되었으면 (어떠한 상황에서도) B는 A보다 선호되는 것으로 현시될 수 없다는 가정을 현시선호의 약공리라고 한다. 이 가정(약공리)은 소비자의 시장행동을 관찰함으로써 검증할 수 있다.

(2) 현시선호의 강공리(strong axiom)

소비자가 A>B이고, B>C이면 C는 결코 A보다 선호될 수 없다는, 즉 A를 C보다 선호해야 한다는 가정이다.

더 알아보기 | 소비자 간의 상호영향이 주는 효과

① 의의
라이벤스타인(H. Leibenstein)은 수요를 전통적인 소비자이론에서 다루는 수요인 기능적 수요와 전통적인 소비자 선택원리를 벗어나는 비기능적 수요(nonfunctional demand)로 구분하였다. 여기서 비기능적 수요에는 편승효과, 백로효과, 과시효과 등이 있다.

② 편승효과(bandwagon effect)
많은 소비자들이 소비하는 재화를 보고 질이 좋은 재화일 것이라고 생각하고 따라서 구입하는 현상으로, 동행효과 또는 악대차효과라고도 한다. 편승수요곡선은 정상적인 수요곡선보다 완만한 형태를 보인다.

③ 백로효과(snob effect)
다른 사람과 다르다는 점을 과시하기 위해 다른 사람이 많이 구입하는 재화를 구입하지 않는(구입량을 줄이는) 현상을 말한다. 역행효과 또는 속물효과라고도 한다. 백로수요곡선은 정상적인 수요곡선보다 가파르다.

④ 과시효과(veblen effect)
자신을 과시하기 위해 사치품의 가격이 높을수록 구입량을 늘리는 현상으로 미국의 제도학파 경제학자인 베블렌(T. Veblen)의 『유한계급론』(The Leisure Class)에서 연유하여 베블렌 효과라고도 한다.

03 | 실전대비문제

01 재화의 가격 변화에 따른 수요량의 변화에 관한 설명으로 옳은 것은? (2017년)

① 두 재화가 완전보완재일 때, 대체효과는 항상 0이다.

② 소득효과는 항상 양(+)의 값을 갖는다.

③ 가격효과는 항상 음(-)의 값을 갖는다.

④ 기펜재의 대체효과는 항상 양(+)의 값을 갖는다.

[해설] 두 재화가 완전보완재일 때에는 대체효과가 0이 되므로 가격효과와 소득효과의 크기는 같다.

②·③·④ 재화가격의 하락으로 실질소득의 증가 시 정상재의 구입량은 증가해 소득효과는 음(-)을 갖는다. 그러나 열등재는 가격하락 시 구입량이 감소해 소득효과는 양(+)이 된다. 그러나 대체효과는 정상재, 열등재, 기펜재 모두 음(-)이 된다.

정상재의 경우 소득효과와 대체효과 모두 음(-)이므로 가격효과는 음(-)이 되고 열등재는 대체효과가 소득효과보다 커서 가격효과가 음(-)이고 기펜재는 소득효과가 대체효과보다 커서 양(+)의 가격효과가 나타난다.

┤ 심화 **Tip** ├

(+), (−) 구분법

가격변화 방향과 구입량변화 방향이 동일할 경우 (+)

가격변화 방향과 구입량변화 방향이 반대일 경우 (−)

답 ①

02 기펜재에 관한 설명으로 옳은 것을 모두 고르면? (2020년)

가. 정상재이다.	나. 열등재이다.
다. 소득효과가 대체효과보다 크다.	라. 소득효과가 대체효과보다 작다.

① 가, 다　　　　　　　　　　　　② 가, 라

③ 나, 다　　　　　　　　　　　　④ 나, 라

[해설] 가·나. 기펜재는 열등재이다.

다·라. 일반적으로 열등재는 대체효과가 소득효과보다 크지만 기펜재는 소득효과가 대체효과보다 크다.

답 ③

03 소비자 갑은 X재와 Y재만을 소비하여 예산 범위 내에서 효용을 극대화하였다. 이때 X재의 가격은 10원, Y재의 가격은 2원, 예산은 50원, X재의 한계효용은 100, Y재의 한계효용은 20이다. 예산 1원이 추가적으로 증가할 때, 소비자 갑의 효용 증가분은? (2019년)

① 5   ② 10

③ 20   ④ 500

[해설] 재화 1원당 한계효용을 구해보면

$$\frac{MU_X}{P_X} = \frac{100}{10} = 10, \quad \frac{MU_Y}{P_Y} = \frac{20}{2} = 10$$으로 X재와 Y재 모두 동일하게 10으로 같다.

따라서 예산 1원 증가 시 소비자의 효용증가분은 10이 된다.

답 ②

04 다음 중 가격소비곡선을 이용하여 도출할 수 있는 것은? (2016년)

① 무차별곡선   ② 수요곡선

③ 엥겔(Engel)곡선   ④ 로렌츠(Lorenz)곡선

[해설] 가격소비곡선(PCC)은 가격의 변화에 따른 소비의 균형점을 연결한 선으로 엥겔곡선을 소득소비곡선에서 도출한 것처럼 수요곡선을 가격소비곡선에서 도출하게 된다.

답 ②

05 소비자잉여에 관한 다음 서술 중 옳은 것을 모두 고른 것은? (2016년)

> ㉠ 수요곡선의 기울기가 완만해질수록 소비자잉여는 커진다.
> ㉡ 완전가격차별이 이루어지는 경우 소비자잉여는 영(0)이 된다.

① ㉠   ② ㉡

③ ㉠, ㉡   ④ 모두 옳지 않다.

[해설] ㉠ (×) 수요곡선의 기울기가 완만하게 되면 소비자가 지불할 용의가 있는 금액의 크기는 작아진다. 따라서 수요곡선의 기울기가 완만하면 소비자가 지불할 수 있는 금액과 실제로 지불한 금액의 차이인 소비자잉여의 크기는 작아진다.
㉡ (○) 완전가격차별은 소비자가 지불할 용의가 있는 금액의 최대치를 받는 것으로 완전가격차별 시에는 소비자잉여는 0이 된다.

┤심화 Tip├

소비자잉여
소비자가 지불할 수 있는 금액과 실제로 지불한 금액의 차이

답 ②

06 A의 효용함수는 $u(w) = \sqrt{w}$ 이다. A가 소유하고 있는 주택의 가치 w는 100이지만, 화재 발생 시에는 64이고 화재의 발생가능성은 50%이다. A가 당면한 화재위험에 대한 위험 프리미엄은 얼마인가?

(2016년)

① 1   ② 2

③ 3   ④ 4

[해설] • 재산의 기대가치 : $E(w) = (0.5 \times 64) + (0.5 \times 100) = 82$
- 기대효용 : $E(U) = (0.5 \times \sqrt{64}) + (0.5 \times \sqrt{100}) = 9$
- CE(확실성 등가) $= 9^2 = 81$
- 위험프리미엄 = 재산의 기대가치 $-$ 확실성 등가 $= 82 - 81 = 1$

답 ①

07 기업 K에는 A와 B 두 가지 유형의 직원이 있는데, 자격증을 취득하기 위해서는 A유형의 경우 2년, B유형의 경우 1년 동안 학원을 다녀야 한다. 자격증을 취득한 직원에게는 $w = 24$, 그렇지 않은 직원에게는 $w = 20$의 보수를 지급한다. 효용을 극대화하는 직원의 효용함수가 $u = w - c \times e$일 때(단, e는 학원 수강 기간, c는 연간 학원비이다), B유형의 직원만 자발적으로 자격증을 취득하기 위한 c의 범위는?

(2017년)

① $1 < c < 2$ ② $1 < c < 3$

③ $2 < c < 3$ ④ $2 < c < 4$

[해설]

근로자 유형	자격증 미취득 효용	자격증 취득 효용
A유형	20	$24 - 2c$
B유형	20	$24 - c$

B만 자격증을 취득하기 위해서는 A는 자격증 미취득 효용 20이 자격증 취득 효용 $24 - 2c$보다 효용이 커야 하고 B는 자격증 미취득 효용 20보다 자격증 취득효용 $24 - c$가 효용이 더 커야 한다.

위 조건들을 정리해 보면 $20 > 24 - 2c$

$\therefore c > 2$, $20 < 24 - c$ $\therefore c < 4$

따라서 $2 < c < 4$임을 알 수 있다.

답 ④

08 위험기피자인 소비자 J가 확률 p로 w_1의 소득을 얻고 확률 $(1-p)$로 w_2의 소득을 얻을 때, 기대효용은 $U(w_1,\ w_2)=p\times u(w_1)+(1-p)\times u(w_2)$ 이다(단, $u'>0$, $u''<0$). 가로축에 w_1, 세로축에 w_2를 표시하는 경우에 한계대체율은 무차별곡선의 기울기의 절댓값으로 정의한다. 이 소비자의 선호에 관한 옳은 설명만을 〈보기〉에서 고른 것은?

(2017년)

┤보기├

가. $w_1=w_2$인 모든 소득조합 $(w_1,\ w_2)$에서 한계대체율은 동일한 값을 갖는다.

나. 동일한 무차별곡선상에서 $w_1<w_2$일 때의 한계대체율은 $w_1>w_2$일 때의 한계대체율보다 크다.

다. 주어진 소득조합 $(w_1,\ w_2)$에서 확률 p가 커질수록 한계대체율은 커진다.

---

① 가
② 가, 나
③ 나, 다
④ 가, 나, 다

[해설] 문제를 쉽게 접근하기 위해 수치를 대입해 풀어보면 어떤 개인이 p확률로 3,000원의 소득을 얻고, $(1-p)$의 확률로 1,000원의 소득을 얻을 때 그림(a)의 E점에서 나타나게 된다. $p=0.5$일 경우에 기대소득은 $(3,000\times0.5)+(1,000\times0.5)=2,000$이 된다. 이때 원점을 통과하는 45°선은 두 상황에서 소득이 동일한 무위험선이 되는데 이 선상의 F점과 E점을 연결한 선상의 모든 점은 기대소득이 동일하기에 두 점을 연결한 선을 등기대가치선이라고 한다. 위험기피자는 불확실한 상황보다 확실한 상황을 선호하기에 무차별곡선은 원점에서 볼록한 형태이며 등기대가치선상에서 F점이 효용이 가장 높다. 따라서 무차별곡선은 그림 (a)와 같이 $w_1=w_2$인 점을 나타내는 45°선상에서 등기대가치선과 접하게 된다.

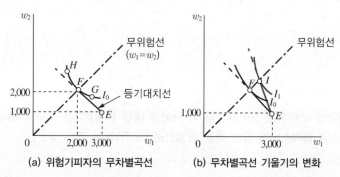

(a) 위험기피자의 무차별곡선   (b) 무차별곡선 기울기의 변화

무차별곡선이 원점에서 볼록한 형태이기에 동일한 무차별곡선상에서 $w_1<w_2$일 때의 한계대체율은 $w_1>w_2$일 때의 한계대체율보다 크다.

이번엔 어떤 개인이 $p=0.7$로 3,000원의 소득을 얻고 $(1-p)=0.3$의 확률로 1,000원의 소득을 얻을 때 기대소득은 $(3,000\times0.7)+(1,000\times0.3)=2,400$이 된다. 이때의 등기대가치선은 그림(b)에서 I점과 E점을 연결한 직선으로 무차별곡선이 I점에서 등기대가치선과 접하므로 확률 p가 커질수록 무차별곡선은 급경사가 되어 한계대체율이 더 커진다.

답 ④

09 다음 그림은 재화 x_1의 가격이 하락할 때, 두 재화 x_1, x_2에 대한 가격-소비곡선을 나타낸 것이다. x_1과 x_2가 보완재인 경우는?(단, 한계대체율이 체감한다) (2017년)

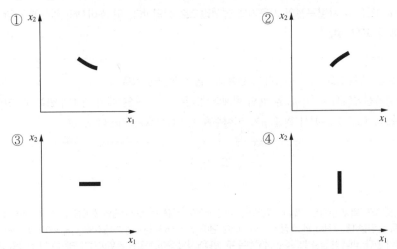

> [해설] x_1와 x_2가 보완재라면 x_1의 가격하락으로 x_1의 구입량이 증가할 때 x_2의 구입량 또한 증가해야 한다. 따라서 x_1, x_2 두 재화 모두 증가하는 그래프는 ②번이 된다.

답 ②

10 두 재화만을 소비하는 소비자 T의 각 재화에 대한 한계효용은 항상 0보다 크다. 효용을 극대화하는 소비자 T의 최적소비에 관한 옳은 설명만을 〈보기〉에서 고른 것은? (2017년)

┤보기├
가. 모든 소비점에서 한계대체율의 절댓값이 1로 동일할 때 가격이 싼 재화만을 소비한다.
나. 한 재화가 열등재라면 다른 재화의 소득탄력성은 1보다 크다.
다. 한 재화의 가격이 상승하고, 다른 재화의 가격이 하락한 후, 변화 이전의 최적소비묶음을 구입할 수 없다면, 이 소비자의 효용은 반드시 감소한다.

① 가
② 가, 나
③ 나, 다
④ 가, 나, 다

> [해설] 가. 모든 소비점에서 한계대체율의 절댓값이 1이라면 무차별곡선의 기울기가 −1인 우하향 직선이다. 무차별곡선의 기울기가 −1인 직선인 경우에는 가격이 싼 재화를 전부 구매하는 것이 최적이다.
> 나. 열등재의 소득탄력성은 0보다 작다. 따라서 소득이 증가했을 때 소비량은 감소한다. 열등재의 소비가 감소하면 열등재의 소비액수 또한 감소하기에 다른 재화의 소비는 증가하게 된다. 따라서 한 재화가 열등재라면 다른 재화는 소비량이 증가하기 때문에 소득탄력성이 1보다 크다고 할 수 있다.
> 다. 한 재화의 가격의 상승과 다른 재화의 가격 하락으로 변화 이전의 최적소비묶음이 변화하게 될 경우에 변화 이전의 예산선과 변화 이후의 예산선 또한 변하기 때문에 소비자의 효용은 증가할 수도 감소할 수도 있다.

답 ②

11 소비자 갑의 효용함수는 $U = \min(X, 2Y)$, X재 가격은 1, Y재 가격은 2, 갑의 소득은 10이다. 효용을 극대화하는 X재의 수요량은? (2018년)

① 2
② 2.5
③ 4
④ 5

[해설] 효용함수가 $U = \min(X, 2Y)$이므로 효용이 극대화하기 위해선 $X = 2Y$가 되어야 한다. 따라서 소득 10이고 X재 가격이 1, Y재 가격이 2임을 고려하면 예산제약식은 $X + 2Y = 10$이 되기에 효용을 극대로 하는 재화의 수요량은 $X = 5$, $Y = 2.5$일 때 효용이 5로 극대화된다.

답 ④

12 채식주의자인 A는 감자 섭취로는 효용이 증가하나 고기 섭취로는 효용이 감소한다. 가로축에 고기, 세로축에 감자를 표시한 평면에서 A의 무차별곡선은? (2018년)

① 우하향한다.
② 수직이다.
③ 우상향한다.
④ 수평이다.

[해설]

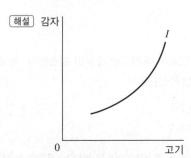

감자 섭취로 효용이 증가하고 고기 섭취로 효용이 감소하기 때문에 고기를 섭취함으로써 감소하는 효용을 감자 섭취로 효용을 늘려 효용을 유지하는 무차별곡선은 우상향 형태의 모형이 된다.

답 ③

13 두 재화 X, Y를 소비하는 갑의 효용함수 $U(X, Y) = XY$일 때, 이에 대한 설명으로 옳지 못한 것은?

(2019년)

① 서로 다른 무차별곡선은 교차하지 않는다.
② 한 무차별곡선상의 두 점은 동일한 효용을 준다.
③ 무차별곡선은 우하향하는 직선이다.
④ X재의 한계효용은 X재 소비가 증가함에 따라 일정하다.

[해설] 무차별곡선은 우하향하는 원점에 대해 볼록한 곡선이다.
　　① 두 무차별곡선은 서로 교차하지 않는다.
　　② 한 무차별곡선상에서의 효용은 모두 동일하다.
　　④ X재의 한계효용은 $MU_X = \dfrac{dU}{dX} = Y$로 X재 소비에 관계없이 일정하다.

┌─ 심화 **Tip** ─────────────────────────
무차별곡선
1. 개념
　동일한 효용이나 만족을 나타내는 곡선
2. 특징
　① 원점에서 멀리 있는 무차별곡선이 더 선호된다.
　② 무차별곡선은 우하향한다.
　③ 두 무차별곡선은 서로 교차하지 않는다.
　④ 무차별곡선은 원점에 대해서 볼록하다.
└──────────────────────────────────

답 ③

14 위험회피자인 갑은 기대수익률이 증가하면 효용이 증가하나 위험이 증가하면 효용이 감소한다. 가로축에 기대수익률, 세로축에 위험을 표시한 평면에서 갑의 무차별곡선은?

(2019년)

① 우하향한다.　　　　　　　　② 수직이다.
③ 우상향한다.　　　　　　　　④ 수평이다.

[해설] 무차별곡선은 개인의 동일한 만족이나 효용을 나타내는 곡선을 말한다. 따라서 위험회피자인 갑의 동일한 효용을 주는 무차별곡선은 양(+)의 효용요소인 가로축 기대수익률이 증가 시 음(−)의 효용요소인 세로축 위험도 커지는 우상향의 모형이 된다.

답 ③

15 표는 갑이 X재와 Y재의 소비로 얻는 한계효용을 나타낸다. X재와 Y재의 가격은 각각 개당 3과 1이다. 갑이 14의 예산으로 두 재화를 소비함으로써 얻을 수 있는 최대의 소비자잉여는? (2020년)

수 량	X재 한계효용	Y재 한계효용
1	18	10
2	12	8
3	6	6
4	3	4
5	1	2
6	0.6	1

① 8

② 14

③ 52

④ 66

[해설] • 소비자잉여＝소비자가 지불할 수 있는 최대 금액－실제지불금액

• 한계효용균등의 원리 : $\dfrac{MU_X}{P_X} = \dfrac{MU_Y}{P_Y}$

• 예산제약 : $P_X \cdot X + P_Y \cdot Y = M$

• 예산제약 조건하에서의 X재와 Y재의 수량은 (1, 3), (2, 4), (3, 5), (4, 6)이다.

• 예산제약 조건하에서 구한 수량 중 한계효용균등의 원리를 성립하는 수량은 (3, 5)이다.

• X재 3개일 때 한계효용＝18＋12＋6＝36

• Y재 5개일 때 한계효용＝10＋8＋6＋4＋2＝30

• 소비자가 지불할 수 있는 최대금액은 X재와 Y재의 한계효용 합이므로 66

• 소비자가 실제 지불한 금액은 14

• 소비자잉여＝66－14＝52

답 ③

16 X재와 Y재를 소비하는 갑의 효용함수는 $U(X, Y) = \min(X, Y)$ 이다. 갑이 예산제약하에서 효용을 극대화할 때, 이에 관한 설명으로 옳지 않은 것은? (2020년)

① X재의 가격이 상승하면 Y재의 소비량이 증가한다.

② X재의 소비량만 증가시키면 효용이 증가하지 않는다.

③ Y재의 소비량만 증가시키면 효용이 증가하지 않는다.

④ 소득이 증가하면 X재와 Y재의 소비량은 동일한 비율로 증가한다.

[해설] • 효용함수 $U(X, Y) = \min(X, Y)$는 완전보완재 효용함수로 두 재화는 동일하게 소비한다.

• 두 재화의 소비는 동일하므로 X재 가격이 상승하면 X재와 Y재 모두 소비가 감소한다.

답 ①

17 갑의 우하향하는 선형 수요곡선에 관한 설명으로 옳은 것을 모두 고르면? (2020년)

> 가. 모든 구간에서 호탄력성은 다르다.
> 나. 모든 점에서 점탄력성은 다르다.
> 다. 모든 점에서 한계효용은 다르다.

① 가, 나　　　　　　　　　　　　② 가, 다
③ 나, 다　　　　　　　　　　　　④ 가, 나, 다

[해설] 가 · 나. 우하향하는 선형 수요곡선의 경우 수량이 증가할수록 호탄력성과 점탄력성의 크기는 감소한다.
　　　　다. 한계효용체감의 법칙에 의해 수량 증가 시 한계효용도 증가하다가 일정 수량을 넘어서면 한계효용은 감소한다.

답 ④

18 주어진 예산으로 효용극대화를 추구하는 소비자 A의 효용함수 $U(X, Y) = X^{0.3} Y^{0.7}$일 때, A의 수요에 관한 설명 중 옳지 않은 것은? (2021년)

① X재의 가격이 상승하면 X재의 수요량은 감소한다.
② Y재 수요는 Y재 가격에 대해 단위탄력적이다.
③ X재의 소득탄력성은 1이다.
④ X재 가격이 상승하면 Y재의 수요량은 감소한다.

[해설]
• $MU_X = \dfrac{dU}{dX} = 0.3X^{-0.7} \cdot Y^{0.7}$

• $MU_Y = \dfrac{dU}{dY} = 0.7X^{0.3} \cdot Y^{-0.3}$

• $MRS_{XY} = \dfrac{MU_X}{MU_Y} = \dfrac{0.3X^{-0.7} \cdot Y^{0.7}}{0.7X^{0.3} \cdot Y^{-0.3}} = \dfrac{3Y}{7X} = \dfrac{P_X}{P_Y}$

∴ $3Y \cdot P_Y = 7X \cdot P_X$

• 예산제약 : $P_X \cdot X + P_Y \cdot Y = M$

예산제약 공식을 이용하여 X, Y 수요함수를 각각 구해보면

X 수요함수 도출	Y 수요함수 도출
$P_X \cdot X + P_Y \cdot Y = M$ $P_X \cdot X + \dfrac{7X \cdot P_X}{3Y} \cdot Y = M$ $X = \dfrac{3M}{10P_X}$	$P_X \cdot X + P_Y \cdot Y = M$ $\dfrac{3Y \cdot P_Y}{7X} \cdot X + P_Y \cdot Y = M$ $Y = \dfrac{7M}{10P_Y}$

　　　　Y 수요함수에는 X재 가격이 포함되어 있지 않으므로 X재 가격 변화에 Y재 수요량은 변하지 않는다.
① X재 수요함수에 의하면 X재 가격이 상승하면 X재의 수요량은 감소함을 알 수 있다.
② X, Y 수요함수 모두 직각쌍곡선 형태로 수요의 가격탄력성은 항상 1이다.
③ X, Y 수요함수 모두 소득에 정비례 관계이므로 소득탄력성이 항상 1이다.

답 ④

19 다음 중 기대효용이론에 대한 설명으로 옳지 않은 것은? (2021년)

① 한계효용이 체감하는 효용함수를 가진 투자자는 위험회피 성향을 보인다.

② 한계효용이 일정한 효용함수를 가진 투자자는 기대수익에 따른 의사결정과 기대효용에 따른 의사결정이 동일하다.

③ 한계효용이 체감하는 효용함수에서 기대수익과 확실성등가 수익의 차이를 위험 프리미엄이라고 한다.

④ 한계효용이 체증하는 효용함수를 가진 투자자는 위험-기대수익 평면에 표시한 무차별곡선이 우상향한다.

해설 한계효용이 체증하는 효용함수를 가진 투자자는 위험선호 성향을 가진 투자자이며 위험선호 성향을 가진 투자자의 위험-기대수익 평면에 표시한 무차별곡선은 우하향 형태를 갖는다.

① 한계효용이 체감하는 효용함수를 가진 투자자는 위험회피 성향의 투자자이다.

② 한계효용이 일정한 효용함수를 가진 투자자는 위험 중립 성향을 가진 투자자로 기대수익에 따른 의사결정과 기대효용에 따른 의사결정이 동일하다.

③ 위험 프리미엄은 불확실한 자산을 확실한 자산으로 교환할 때 지불할 용의가 있는 금액으로 기대수익에서 확실성등가를 차감하여 계산한다.

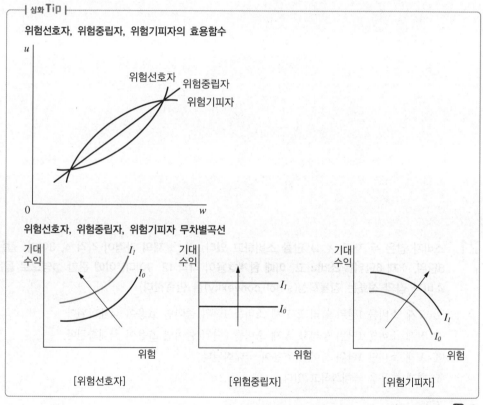

| 심화 Tip |

위험선호자, 위험중립자, 위험기피자의 효용함수

위험선호자, 위험중립자, 위험기피자 무차별곡선

[위험선호자]   [위험중립자]   [위험기피자]

답 ④

20 재화 X, Y에 대한 소비자 갑의 효용함수가 $u(X, Y) = \sqrt{X+Y}$이다. X의 가격은 2, Y의 가격은 1, 갑의 소득은 10이다. 효용을 극대화하는 X의 수요량은? (2022년)

① 0
② $\sqrt{5}$
③ 5
④ $\sqrt{10}$

[해설] $u(X, Y) = \sqrt{X+Y} \rightarrow Y = -X + u^2$

∴ 무차별곡선의 기울기는 −1이다. 즉, 무차별곡선은 우하향의 직선이다.

예산선 $= -\dfrac{P_X}{P_Y} = -\dfrac{2}{1} = -2$

무차별곡선이 우하향 직선인 경우에 무차별곡선의 기울기가 예산선보다 완만하면 소비자균형은 항상 Y축에서 이뤄진다. 따라서 소비자는 소득 전부를 재화 Y를 구매하는 데 사용한다. 즉 재화 X는 구매하지 않는다.

답 ①

21 소비자 갑은 두 재화 X, Y만을 소비하고 있다. X, Y재의 가격이 각각 4, 3이며, 갑은 현재 X재 8단위, Y재 6단위를 소비하고, 이때 한계효용이 각각 12, 9이다. 이에 관한 설명으로 옳은 것은?(단, 소비자 갑의 선호는 강볼록성(strict convexity)을 만족한다) (2022년)

① X재 소비를 1단위 늘리고 Y재 소비를 1단위 줄이면 효용이 극대화된다.
② Y재 소비를 1단위 늘리고 X재 소비를 1단위 줄이면 효용이 극대화된다.
③ X재 소비만 1단위 줄이면 효용이 극대화된다.
④ 현재 효용을 극대화하고 있다.

[해설] • $\dfrac{P_X}{P_Y} = \dfrac{4}{3}$

• $MRS_{XY} = \dfrac{MU_X}{MU_Y} = \dfrac{12}{9} = \dfrac{4}{3}$

• $\dfrac{P_X}{P_Y} = MRS_{XY}$ (∴ 현재 효용이 극대화)

답 ④

22 소비자 갑은 모든 소득을 이용해 두 재화 X, Y만을 소비하고 있다. 아래 그림과 같이 가격체계 P_1에서 소비묶음 A, P_2에서 B, 그리고 P_3에서 C를 소비한다. 이에 관한 설명으로 옳지 않은 것은? (2022년)

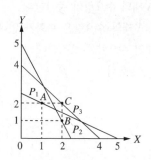

① 가격체계 P_3에서 소비묶음 C는 A 또는 B보다 직접 현시선호되고 있다.

② 가격체계 P_1에서 소비묶음 A와 가격체계 P_2에서 소비묶음 B는 현시선호의 약공리를 충족하고 있다.

③ 가격체계 P_2에서 소비묶음 B와 가격체계 P_3에서 소비묶음 C는 현시선호의 약공리를 충족하고 있다.

④ 가격체계 P_3에서 소비묶음 C와 가격체계 P_1에서 소비묶음 A는 현시선호의 약공리를 충족하고 있다.

[해설] 가격체계 P_1에서 소비묶음 A와 B 모두 구입이 가능한 상황에서 A를 구입하였고, 가격체계 P_2에서 소비묶음 A와 B 모두 구입이 가능한 상황에서 B를 구입한 것은 소비의 일관성이 없으므로 약공리에 위배된다.

① 가격체계 P_3에서는 소비묶음 A, B, C 모두 구입 가능하다. 그런데 C를 구매하였으므로 소비묶음 C는 A 또는 B보다 직접 현시선호되고 있음을 알 수 있다.

③ 가격체계 P_2에는 소비묶음 A와 B만 구입 가능하고 C는 구입이 불가능하다. 하지만 가격체계 P_3에서는 소비묶음 A, B, C 모두 구입 가능하다. 따라서 가격체계 P_2에서 소비묶음 B를 구매한 이후에 가격체계 P_3에서 소비묶음 C는 구매하는 것은 현시선호의 약공리를 위배하지 않는다.

④ 가격체계 P_3에서는 소비묶음 A, B, C 모두 구입 가능한 반면에 가격체계 P_1에서 소비묶음 A, B만 구입 가능하다. 따라서 가격체계 P_3에서 소비묶음 C를 구매한 이후에 가격체계 P_1에서 소비묶음 A를 구해하는 것은 현시선호의 약공리를 위배하지 않는다.

답 ②

23 갑은 을에게 내기를 제안하였다. 내기에서 을이 이길 확률은 2/3이며 이때 갑으로부터 13을 받는다. 내기에서 을이 질 확률은 1/3이며 이때 갑에게 11을 주어야 한다. 을의 효용함수 $U_을 = \sqrt{M_을}$ 이고, 을의 현재 보유 금액은 36이다. 이에 관한 설명으로 옳지 않은 것은?(단, 을은 기대효용을 극대화하며, $M_을$은 을의 보유 금액이다) (2022년)

① 을은 위험을 회피(risk − averse)하는 태도를 가지고 있다.

② 내기에 대한 을의 기대효용은 19/3이다.

③ 을이 내기를 거절할 때 효용은 7이다.

④ 을은 내기를 수락한다.

[해설] 을이 내기를 거절할 경우의 효용 $= \sqrt{36} = 6$

① 효용함수가 아래쪽으로 오목한 형태이므로 을은 위험을 회피(risk − averse)하는 태도를 가지고 있음을 알 수 있다.

② 내기에 대한 을의 효용 $= \left(\sqrt{49} \times \dfrac{2}{3} \right) + \left(\sqrt{25} \times \dfrac{1}{3} \right) = \dfrac{14}{3} + \dfrac{5}{3} = \dfrac{19}{3}$

④ 내기를 수락할 경우 효용이 거절 시 효용보다 크므로 을은 내기를 수락한다.

답 ③

24 주어진 예산에서 효용을 극대화하는 소비자 甲의 효용함수가 $U(X,\ Y) = \ln X + Y$이다. 甲의 수요에 관한 설명으로 옳지 않은 것은? (2021년)

① Y재의 가격이 상승하면 X재의 수요량이 증가한다.

② 甲의 소득이 증가하더라도 X재의 수요량은 변화가 없다.

③ 甲의 소득이 증가하면 Y재의 수요량은 증가한다.

④ X재의 가격소비곡선은 우상향한다.

해설

- $MU_X = \dfrac{dU}{dX} = \dfrac{1}{X}$

- $MU_Y = \dfrac{dU}{dY} = 1$

- $MRS_{XY} = \dfrac{MU_Y}{MU_X} = \dfrac{1}{\dfrac{1}{X}} = \dfrac{1}{X} = \dfrac{P_X}{P_Y}$ ∴ $P_X \cdot X = P_Y,\ X = \dfrac{P_Y}{P_X}$

- 예산제약식 : $P_X \cdot X + P_Y \cdot Y = M$

$P_X \cdot X = P_Y$과 예산제약식을 이용하여 Y를 구해보면

$P_Y + P_Y \cdot Y = M$ ∴ $Y = \dfrac{M}{P_Y} - 1$

(Ⅰ) $\dfrac{M}{P_Y} < 1$인 경우

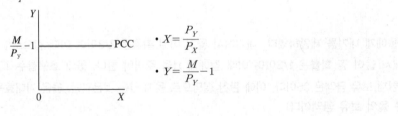

$\dfrac{M}{P_M} < 1$인 경우 Y는 음수이지만 수요량은 음수가 될 수 없으므로 0의 값을 갖는다.
∴ 예산제약식은 $P_X \cdot X = M$
∴ $X = \dfrac{M}{P_X}$

(Ⅱ) $\dfrac{M}{P_Y} \ge 1$인 경우

- $X = \dfrac{P_Y}{P_X}$
- $Y = \dfrac{M}{P_Y} - 1$

① $\dfrac{M}{P_Y} < 1$인 경우 X재의 수요량은 Y재 가격과는 상관이 없다.

② $\dfrac{M}{P_Y} < 1$인 경우 소득이 증가하면 X재의 수요량은 증가한다.

③ $\dfrac{M}{P_Y} < 1$인 경우 소득의 증가와 Y재의 수요량은 상관이 없다.

④ $\dfrac{M}{P_Y} < 1$인 경우와 $\dfrac{M}{P_Y} \ge 1$인 경우 모두 가격소비곡선은 수평하다.

답 모두 정답

25 소비자 甲이 두 재화 X, Y를 소비하고 효용함수는 $U(x, y) = xy$이다. X, Y의 가격이 각각 5원, 10원이다. 소비자 甲의 소득이 1,000원일 때, 효용극대화 소비량은?(단, x는 X의 소비량, y는 Y의 소비량이다)

① $x = 90$, $y = 55$

② $x = 100$, $y = 50$

③ $x = 110$, $y = 45$

④ $x = 120$, $y = 40$

[해설] 콥-더글라스 효용함수 $U = Ax^\alpha y^\beta$에서 $A = \alpha = \beta = 1$인 경우, 무차별곡선이 원점에 대해 강볼록한 경우의 효용함수이다. 효용함수가 $U(x, y) = xy$이면 X재의 수요함수는 $x = \dfrac{M}{2P_X}$, Y재의 수요함수는 $y = \dfrac{M}{2P_Y}$이다. 주어진 데이터를 대입하면 ② $x = 100$, $y = 50$이다.

답 ②

26 (   )에 들어갈 내용으로 옳은 것은?

> 위험자산에 대한 투자자의 무차별곡선을 그리고자 한다. 위험자산의 수익률 평균은 수직축, 수익률 표준편차는 수평축에 나타낼 때, 투자자의 무차별곡선 형태는 위험 기피적인 경우 (ㄱ)하고, 위험 애호적인 경우 (ㄴ)하며, 위험 중립적인 경우에는 (ㄷ)이다.

	ㄱ	ㄴ	ㄷ
①	우상향	우상향	수평
②	우상향	우하향	수평
③	우상향	우하향	수직
④	우하향	우상향	수평

[해설] ㄱ. 위험 기피적인 투자자(risk averter)에게 위험(수익률 표준편차)은 비재화(bads)이다. 두 재화 중 한 재화가 비재화이면 무차별곡선은 우상향한다.
ㄴ. 위험 애호적인 투자자(risk lover)에게 위험은 효용을 주는 재화(goods)이다. 두 재화 모두 효용을 주면 무차별곡선은 우하향한다.
ㄷ. 위험 중립적인 투자자(risk neutral)에게 위험은 중립재이다. 이 경우 수평축에 표시한 위험이 높건 낮건 효용에 영향을 주지 못하므로 무차별곡선은 수평이다.

답 ②

27 소비자이론에 관한 설명으로 옳은 것은?(단, 소비자는 X재와 Y재만 소비한다)

① 소비자의 효용함수가 $U = 2XY$일 때, 한계대체율은 체감한다.

② 소비자의 효용함수가 $U = \sqrt{XY}$일 때, X재의 한계효용은 체증한다.

③ 소비자의 효용함수가 $U = \min(X, Y)$일 때, 소득소비곡선의 기울기는 음(−)이다.

④ 소비자의 효용함수가 $U = X + Y$일 때, X재의 가격이 Y재의 가격보다 크더라도 X재와 Y재를 동일 비율로 소비한다.

[해설] ① 소비자의 효용함수가 $U = 2XY$이면 콥−더글러스 효용함수이고 무차별곡선은 원점에 대해 강볼록하므로 한계대체율은 체감한다. $MRS_{XY} = \dfrac{MU_X}{MU_Y} = \dfrac{2Y}{2X}$이므로 X재의 소비량을 증가시키면 한계대체율은 체감한다.

② 소비자의 효용함수가 $U = \sqrt{XY}$, 즉 $U = X^{\frac{1}{2}} Y^{\frac{1}{2}}$이면 콥−더글러스 효용함수이다.

X재의 한계효용은 $MU_X = \dfrac{dU}{dX} = \dfrac{1}{2} X^{-\frac{1}{2}} Y^{\frac{1}{2}} = \dfrac{1}{2} \sqrt{\dfrac{Y}{X}}$이다.

X재의 소비량을 증가시키면 X재의 한계효용은 체감한다.

③ 소비자의 효용함수가 $U = \min(X, Y)$이면 소비자는 두 재화를 1 : 1로 소비하므로 무차별곡선은 L자 형태이고, 소득소비곡선은 원점을 통과하는 45°의 직선이다. 따라서 기울기는 1이다.

④ 소비자의 효용함수가 $U = X + Y$이면 두 재화는 완전대체관계에 있다. 무차곡선은 기울기가 −1인 우하향의 직선이다. 완전대체관계이므로 X재의 가격이 Y재의 가격보다 크면 소비자는 Y재만 구입할 것이다.

답 ①

28 소득이 600인 소비자 甲은 X재와 Y재만을 소비하며 효용함수는 $U = x + y$이다. $P_X = 20$, $P_Y = 15$이던 두 재화의 가격이 $P_X = 20$, $P_Y = 25$로 변할 때 최적 소비에 관한 설명으로 옳은 것은?(단, x는 X재 소비량, y는 Y재 소비량이다)

① X재 소비를 30단위 증가시킨다.

② X재 소비를 40단위 증가시킨다.

③ Y재 소비를 30단위 증가시킨다.

④ Y재 소비를 40단위 증가시킨다.

[해설] 효용함수 $U = x + y$는 $y = -x + U$이므로 기울기의 절댓값이 1인 우하향의 직선이다. 최초 예산선의 기울기는 $\dfrac{P_X}{P_Y} = \dfrac{20}{15} = \dfrac{4}{3}$이므로 예산선보다 무차별곡선이 더 완만하여 코너해에서 Y재만 $\dfrac{600}{15} = 40$단위를 구입하고 X재의 구입량은 0이다.

이제 Y재 가격이 변화하여 예산선의 기울기가 $\dfrac{P_X}{P_Y} = \dfrac{20}{25} = \dfrac{4}{5}$로 변하면 예산선의 기울기가 완만하게 되고 새로운 코너해에서 X재만 $\dfrac{600}{20} = 30$단위 구입하여 효용을 극대화한다.

답 ①

29 甲의 효용함수는 $U = \sqrt{LF}$ 이며 하루 24시간을 여가(L)와 노동($24-L$)에 배분한다. 甲은 노동을 통해서만 소득을 얻으며, 소득은 모두 식품(F)을 구매하는 데 사용한다. 시간당 임금은 1만원, 식품의 가격은 2,500원이다. 甲이 예산제약하에서 효용을 극대화할 때, 여가시간과 구매하는 식품의 양은?

① $L = 8$, $F = 64$

② $L = 10$, $F = 56$

③ $L = 12$, $F = 48$

④ $L = 14$, $F = 40$

해설 예산제약하에서 효용을 극대화하려면 예산선과 무차별곡선이 접하는 점에서 선택을 해야 하고, 이때 무차별곡선의 기울기(한계대체율 MRS_{LF})와 예산선의 기울기가 같아진다.

효용함수가 $U = \sqrt{LF}$ 이므로 한계대체율 $MRS_{LF} = \dfrac{M_L}{M_F} = \dfrac{F}{L}$ 이다. 소비자는 노동을 통해 얻은 소득을 모두 식품(F)을 구매하는 데 사용하므로 예산제약은 $2,500F = 10,000(24-L)$ 이고, 따라서 $F = 4(24-L)$ 이고 예산선의 기울기는 4가 된다.

$\dfrac{F}{L} = 4$와 $F = 4(24-L)$를 풀면 $4L = 4(24-L)$ 에서 $L = 12, F = 48$이 계산된다.

답 ③

30 기펜재(Giffen goods)의 수요에 관한 설명으로 옳은 것을 모두 고른 것은?

> ㄱ. 가격이 하락할 때 수요량은 증가한다.
> ㄴ. 보상수요곡선은 우하향한다.
> ㄷ. 수요의 소득탄력성은 0보다 작다.

① ㄱ   ② ㄴ

③ ㄱ, ㄷ   ④ ㄴ, ㄷ

해설 ㄱ. 기펜재(Giffen goods)는 수요법칙의 예외현상으로 가격이 하락함에도 수요량이 감소하는 재화이다.
ㄴ. 기펜재의 경우에도 대체효과에 의해 상대적으로 가격이 하락한 재화의 수요량은 증가하므로 보상수요곡선은 우하향한다. 보상수요곡선은 대체효과만 고려한다.
ㄷ. 기펜재는 절대적 열등재이므로 수요의 소득탄력성은 0보다 작다.

답 ④

31 동전을 던져 앞면이 나오면 9,000원을 따고 뒷면이 나오면 1만원을 잃는 도박이 있다. 甲은 위험기피자, 乙은 위험애호자, 丙은 위험중립자인 경우 다음 설명으로 옳은 것은?

① 甲의 도박에의 참여 여부는 위험 기피도에 따라 결정될 것이다.

② 도박에 참여하는 대가로 500원을 준다고 해도, 甲은 도박에 참여하지 않을 것이다.

③ 丙은 이 도박에 반드시 참여할 것이다.

④ 앞면이 나올 때 따는 금액을 1,000원 올려 1만원으로 하고, 뒷면이 나올 때 잃는 금액을 1,000원 내려 9,000원으로 하면 甲, 乙, 丙 모두 이 도박에 반드시 참여할 것이다.

[해설] ② 앞면이 나오면 9,000원을 따고 뒷면이 나오면 10,000원을 잃는 도박이므로 이 도박의 기대소득은 −500원이다. 따라서 도박에 참여하는 대가로 500원을 주는 도박은 공정한 도박이다. 위험기피자는 공정한 도박에 참여하지 않는다.
① 甲은 위험기피자이므로 공정한 도박과 불리한 도박에는 참여하지 않고, 유리한 도박에는 참여할 수도 있다.
③ 丙은 위험중립자이므로 기대소득이 −500원인 불리한 도박에는 참여하지 않는다.
④ 이 경우 기대소득은 $E(X) = \dfrac{10,000 + (-9,000)}{2} = 500$원으로 유리한 도박이다. 유리한 도박에는 위험애호자와 위험중립자는 반드시 참여한다. 그러나 위험기피자는 유리한 도박에 참여할 수도 있고, 참여하지 않을 수도 있다.

답 ②

32 X재와 Y재만을 소비하는 甲의 효용함수는 $U = -\sqrt{X} + Y$이며, 예산제약식은 $3X + 2Y = 10$이다. 효용을 극대화하는 甲의 Y재에 대한 수요량은?(단, U는 효용, X≥0, Y≥0)

① 0   ② 2/3

③ 1.5   ④ 5

[해설] $U = -\sqrt{X} + Y$에서 X재의 소비량이 증가하면 효용이 감소하므로 X재는 비재화(bads)이다. X재가 비재화인 경우 무차별곡선은 원점에 대해 오목하며 우상향하는 형태이다. X재가 비재화이므로 X재의 소비량이 0일 때 효용극대화가 이루어진다. 예산제약식에 X=0을 대입하면 Y=5가 된다.

답 ④

33 현시선호의 약공리를 바르게 설명한 것은?

① A를 선택할 때 B가 선택 가능하였다면 B를 선택할 때에는 A가 선택 불가능하여야 한다.

② A를 선택할 때 B가 선택가능하였다면 B를 선택할 때에는 A가 선택 가능하여야 한다.

③ A, B, C가 선택 가능할 때 A를 선택하였다면 A, B만이 선택 가능할 때에도 A를 선택하여야 한다.

④ A를 선택할 때 B가 선택 가능하였고 B를 선택할 때 C가 선택 가능하였다면 A를 선택할 때 C도 선택 가능하여야 한다.

[해설] 소비자가 동일한 예산집합에 속한 A, B, C 중에서 A를 선택하고 약공리가 성립하면 A와 B 또는 A와 C 중에서는 반드시 A를 선택한다.

답 ③

04 │ 생산과 생산함수, 생산비

제1절 생산과 생산함수

1. 생산의 의의

(1) 생산의 뜻

넓은 의미로 생산은 인간의 효용을 증가시키는 모든 행위를 말한다. 따라서 재화를 만들어내는 활동(좁은 의미의 생산)은 물론 재화를 운반, 저장하는 활동인 서비스도 생산에 포함된다.

(2) 생산의 주체

생산의 주체는 기업(firm)으로, 기업은 가계가 제공한 생산요소를 결합하여 생산물(재화, 서비스)을 생산한다. 기업은 어떤 한 가지 제품, 또는 상호 밀접하게 연관되어 있는 제품을 생산하는 기업의 집합인 산업(industry)과는 구별된다.

(3) 생산의 동기

전통적으로 자본주의 경제체제에서 생산의 동기와 목표는 이윤의 극대화에 있다고 가정한다. 그러나 오늘날에는 기업의 생산활동의 목표로 총수입(판매액)의 극대화, 기업 성장의 극대화, 기업의 사회적 책임 등이 강조되기도 한다.

2. 생산함수와 생산방법

(1) 생산함수의 뜻

① 생산함수(production function)는 일정 기간에 투입하는 생산요소의 수량과 그 결합으로부터 얻을 수 있는 최대 산출량 간의 일정한 기술적 관계를 나타낸다.
② 따라서 생산함수는 유량(flow) 개념이고, 주어진 생산요소를 가장 효율적인 기술을 이용하여 투입할 경우 생산할 수 있는 최대의 산출량, 또는 주어진 생산량을 생산할 수 있는 최소의 요소투입량을 의미한다.

(2) 일반적인 형태의 생산함수

① L의 노동량과 K의 자본량을 투입하여 Q의 생산량을 생산한다면 생산함수는

$$Q = f(L, K)$$

로 표시되는데, 노동량(L)과 자본량(K)이 증가하면 산출량(Q)은 증가한다.

② 생산함수의 이용

    ㉠ 이 생산함수를 이용하여 자본은 고정되어 있고, 노동만이 가변적인 단기생산함수를 이용하여 수확체감의 법칙과 생산의 3단계를 설명할 수 있다.

    ㉡ 노동과 자본 모두 가변적인 장기생산함수를 이용하여 규모에 대한 수익, 기술적 효율과 경제적 효율, 등량곡선과 등비용선을 이용한 생산자 균형점을 설명할 수 있다.

제2절 특수한 생산함수

1. 규모에 대한 수익

(1) 규모에 대한 수익의 뜻

규모에 대한 수익(returns to scale)은 장기에 생산요소가 같은 비율로 증가했을 때 생산량이 어떻게 변화하는가를 보여주는 개념이다.

(2) 규모에 대한 수익의 유형

① 예컨대 생산요소(노동과 자본)가 모두 두 배 증가한 경우 생산량도 두 배 증가하면 규모에 대한 수익불변(CRS)이라고 하고, 이 경우 장기평균비용은 불변이다.

② 생산량이 두 배 이상 증가하면 규모에 대한 수익증가(IRS)라고 하고, 이 경우 장기평균비용은 체감한다. 규모의 경제(economies to scale)라고도 한다.

③ 생산량이 두 배 이하로 증가하면 규모에 대한 수익감소(DRS)라고 하고, 이 경우 장기평균비용은 체증한다. 규모의 불경제(diseconomies to scale)라고도 한다.

> **더 알아보기** | 규모의 경제가 나타나는 이유
>
> ① 규모의 경제가 발생하는 이유
>   ㉠ 생산규모의 확대에 따라 분업과 전문화의 이익
>   ㉡ 생산의 물리적 법칙 작용
>   ㉢ 경영의 효율성
>   ㉣ 금전상의 이득이 작용
> ② 생산규모가 아주 커지면 ㉠, ㉡, ㉢의 요인이 반대로 나타나 ㉣의 금전상의 이득을 압도하여 규모의 불경제가 발생한다.

2. 동차생산함수(homogeneous production function)

(1) 의미

생산함수가

$$f(tL,\ tK) = t^k f(L,\ K)$$
$$(k\text{는 상수},\ t > 0\text{인 상수})$$

일 때 이를 k차 동차생산함수라고 한다. 예컨대 $t = 1.1$이고 $k = 2$라면 $t^k = 1.21$이므로 따라서 노동과 자본을 모두 10%씩 증가시켰을 때 생산량은 21%가 증가했음을 의미한다.

(2) 1차 동차생산함수

① k차 동차생산함수에서 $k = 1$인 경우 이를 1차 동차생산함수라고 한다. 즉 $f(tL,\ tK) = tf(L,\ K)$이므로 1차 동차생산함수는 규모에 대한 수익이 불변인 생산함수이다.

② 따라서 k차 동차생산함수에서
　㉠ $k = 1$이면 규모에 대한 수익불변
　㉡ $k > 1$이면 규모에 대한 수익체증
　㉢ $k < 1$이면 규모에 대한 수익체감이다.

3. 생산요소의 완전보완관계, 완전대체관계

(1) 생산요소 간의 완전보완관계

예컨대 타이피스트(L)와 타자기(K) 간의 관계처럼 생산요소 간에 완전보완관계가 있는 경우에는 생산요소의 투입비율이 고정된다. 이 경우 생산함수는

$$Q = \min(K, L)$$

로 표시한다. 즉 산출량 Q는 노동량(L)과 자본량(K) 중에서 요소의 양이 작은 것에 의해 결정된다는 뜻이다. 고정계수 생산함수라고도 하고 대표적인 예로 레온티에프(W. Leontief) 생산함수가 있다.

> **더 알아보기** 고정계수 생산함수(Leontief 생산함수)
>
> 생산요소의 투입비율이 고정된 생산함수이다. a, b를 고정된 자본과 노동의 투입계수라고 하면 고정계수 생산함수는
>
> $$Q = \min\left(\frac{K}{a},\ \frac{L}{b}\right)$$
>
> 로 표시된다. 이것이 갖는 의미는, 산출량 Q는 노동을 L, 자본을 K만큼 고용할 때 K/a와 L/b 중에서 작은 것에 의해 결정된다는 것이다.

(2) 생산요소 간의 완전대체관계

노동과 자본 두 생산요소가 완전대체관계에 있는 경우 생산함수는

$$Q = K + L$$

로 표시된다. 예컨대 기계 1대의 생산량과 노동 10단위의 생산량이 동일하다면 이런 경우 노동과 자본은 완전대체관계가 된다.

4. 콥-더글러스(Cobb-Douglas) 생산함수

(1) 의의

콥(Charles W. Cobb)과 더글러스(Paul H. Douglas)가 노동과 자본에 대한 대체탄력성의 정의로부터 도출해낸 장기생산함수로 CES 생산함수와 함께 규모에 대한 수익불변인 1차 동차생산함수의 대표적인 예($\alpha + \beta = 1$인 경우)가 된다.

(2) 형태

콥-더글러스 생산함수의 형태는 다음과 같다.

$$Q = AK^{\alpha} L^{\beta}$$
$$\text{단, } 0 \leq \alpha \leq 1,\ 0 \leq \beta \leq 1 (\alpha + \beta = 1),\ A > 0 \text{인 상수}$$

여기서 α와 β는 생산에 있어서 자본과 노동의 기여도를 의미한다. 즉 $\alpha = 0.75$, $\beta = 0.25$라면 생산물(Q) 1단위 생산에 있어서 K는 75%, L은 25% 기여했음을 의미한다. 또한 이 생산함수에서

㉠ $\alpha + \beta = 1$이면 규모에 대한 수익불변
㉡ $\alpha + \beta > 1$이면 규모에 대한 수익체증
㉢ $\alpha + \beta < 1$이면 규모에 대한 수익체감
을 의미한다.

(3) 성질

① 규모에 대한 수익불변인 경우 각 생산요소의 평균 생산물(AP)과 한계 생산물(MP)은 생산요소의 결합비율(즉 K/L)에 의해 결정된다. 또한 생산요소의 결합비율(K/L)이 일정하면 AP와 MP도 일정하다.
② α는 생산의 자본 탄력성, β는 생산의 노동 탄력성을 의미한다.
③ 오일러(Euler)의 정리가 성립한다. 즉 생산물은 생산요소의 공급자에게 완전 분배된다(완전분배의 정리).
④ 한 경제의 각 생산요소가 그 생산요소의 한계생산물만큼 분배를 받는다면 α는 자본소득 분배율, β는 노동소득 분배율을 표시한다.

| 더 알아보기 | 생산요소의 대체탄력성 |

$$\rho = \frac{\text{투입요소 비율}(K/L)\text{의 변화율}}{MRTS_{LK}(MP_L/MP_K)\text{의 변화율}}$$

$\rho = 1$일 때는 상대적으로 $MP_K > MP_L$

① $Q=f(L, K)$가 k차 동차함수이면 $Lf_L + Kf_K = kf(L, K)$가 성립한다. 여기서 f_L은 생산함수를 노동으로 미분한 값, 즉 노동의 한계생산이고 f_K는 자본의 한계생산이다.

② 따라서 f가 1차 동차함수이면 $Lf_L + Kf_K = kf(L, K) = Q$이고, 각 생산요소의 보수가 그들의 한계생산물 f_L, f_K에 의해 결정되면 총생산량은 생산요소의 총보수와 동일하다. 여기서 Lf_L은 노동에 지급된 총보수, Kf_{LK}는 자본에 지급된 총보수를 의미한다.

　ⓐ $k<1$이면 $Lf_L + Kf_K < f(L, K) = Q$, 즉 총생산량이 각 생산요소의 한계생산물에 의한 총보수보다 크다.

　ⓑ $k>1$이면 $Lf_L + Kf_K > f(L, K) = Q$, 즉 총생산량이 각 생산요소의 한계생산물에 의한 총보수보다 작다.

제3절　단기와 장기생산함수

1. 단기생산함수

(1) 의의

어느 한 가지 생산요소가 고정되어 있는 경우의 생산함수를 단기생산함수라고 한다. 즉, $Q = f(L, K)$에서 단기에 자본(K)은 고정되어 있다. 따라서 단기에 생산량(Q)의 증가를 위해서는 노동(L)의 투입량을 증가시켜야 한다.

(2) 평균생산(AP)

① 노동의 평균생산(AP : average products)은 노동 1단위당 생산량을 의미한다. 총생산을 노동의 투입량으로 나누어 계산한다. 즉

$$\text{노동의 평균생산}(AP) = \frac{\text{총생산}(TP)}{\text{노동투입량}(L)}$$

이다.

② 노동의 평균생산은 기하학적으로 각각의 노동량에 대응하는 총생산(TP)곡선상의 한 점과 원점을 연결한 선의 기울기이다.

③ 따라서 노동 투입량을 증가시키면 노동의 평균생산은 증가하다가 일정 한도를 지나면 감소한다. 노동의 평균생산은 후생(welfare)수준과 밀접한 관계가 있다.

(3) 한계생산(MP)

① 노동의 한계생산(MP : marginal products)은 노동 1단위를 추가로 투입할 때 그로 인한 총생산량의 증가분을 말한다. 즉

$$\text{노동의 한계생산}(MP) = \frac{\text{총생산의 증가분}(\Delta TP)}{\text{노동투입량의 증가분}(\Delta L)}$$

이다.

② 노동의 한계생산은 수학적으로 총생산 함수의 미분값이고, 따라서 총생산(TP)곡선의 접선의 기울기이다.

(4) 한계생산체감의 법칙(수확체감의 법칙)

① 한 가지 생산요소(K)의 투입을 고정시키고, 다른 생산요소(L)의 투입을 증가시키면 총생산(TP)은 증가하지만 그 증가분(ΔTP), 즉 한계생산(MP)은 처음에는 증가하다가 일정 한도를 지난 후부터는 감소하는데 이러한 현상을 한계생산체감의 법칙, 또는 수확체감의 법칙(law of diminishing returns)이라고 한다.

② 한계생산은 자원배분의 효율성과 밀접한 관련이 있다. 또한 한계생산과 관련하여 단기에 기업의 노동 고용량에 대한 한 가지 기준을 제시할 수 있다. 그 기준은 기업은 노동의 한계생산이 0이거나 음(−)인 수준까지 노동을 고용하지는 않는다는 것이다. 정확한 고용량 결정은 생산물의 시장가격과 시장임금률에 따라 달라진다.

▶ 총생산, 한계생산, 평균생산

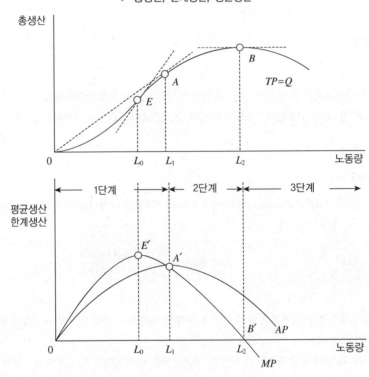

(5) 평균생산과 한계생산의 관계(평균과 한계의 관계)

위의 〈그림〉에서 본 노동의 평균생산곡선과 노동의 한계생산곡선은 다음과 같은 특징을 가지고 있다.
① 한계생산과 평균생산은 처음에는 증가하다가 극대점에 도달하고 그 이후에는 감소한다.
② 평균생산이 증가할 때 한계생산은 평균생산보다 많고, 평균생산이 최대일 때 한계생산과 평균생산은 같으며, 평균생산이 감소할 때 한계생산은 평균생산보다 적다.
③ 즉 한계생산곡선이 증가하든지 감소하든지 관계없이 한계생산곡선이 평균생산곡선의 위에 있는 한 평균생산은 증가한다는 것이다.

④ 이와 같은 관계는 한계(marginal)와 평균(average)개념 간의 당연한 결과이며 경제적인 사실이라기보다는 수학적인 사실이다.

⑤ 이상의 설명을 요약하면 다음과 같다. 그리고 그 역(reverse)도 성립한다.

$$MP > AP이면 \ AP는 \ 증가$$
$$MP = AP이면 \ AP는 \ 극대$$
$$MP < AP이면 \ AP는 \ 감소$$

2. 장기생산함수

(1) 장기생산함수의 의의

장기에는 노동은 물론 자본까지 포함하여 모든 생산요소가 가변적이고 이 경우의 생산함수를 장기생산함수라고 한다. 장기생산함수를 이용한 분석으로 기술적 효율과 경제적 효율이 있다.

(2) 기술적 효율과 경제적 효율

① 기술적 효율

　⑦ 두 가지 생산요소(L, K)가 모두 가변적일 때 노동과 자본의 여러가지 결합으로 최대의 생산량을 얻을 수 있는 생산방법을 기술적 효율(technical efficiency)이 있는 생산방법이라고 한다.

　⑥ 이는 노동과 자본 간에 대체가 가능하다는 생산요소의 상호 대체성(substitution) 가정하에서 성립되는 개념이다.

　ⓒ 앞에서 보았던 생산가능곡선(PPC)과 뒤에서 보게 될 등량곡선상의 모든 점은 기술적 효율이 있는 생산방법을 나타낸다.

② 경제적 효율

기술적 효율이 있는 여러 가지 생산방법 중 생산비가 최소인 생산방법을 경제적 효율(economic efficiency)이 있는 생산방법이라고 한다. 뒤에서 보게 될 생산자 균형점은 경제적 효율이 있는 생산방법을 나타낸다.

제4절　생산자의 균형

---

1. 생산자 균형의 의의

(1) 생산자의 균형은 합리적 생산, 즉 생산요소의 최적결합방법을 등량곡선과 등비용선을 이용하여 설명한다.

(2) 생산요소의 최적결합은 일정한 비용으로 최대의 생산량을 얻을 수 있는 생산요소의 결합, 또는 일정한 생산량을 최소의 비용으로 얻을 수 있는 생산요소의 결합방법을 의미한다.

2. 등량곡선

(1) 등량곡선의 의미

① 동일한 양의 생산을 할 수 있는 두 생산요소(L, K)의 여러 가지 배합점을 연결한 선을 등량곡선(iso-quant curve), 또는 등생산량곡선이라고 한다. 등량곡선은 노동과 자본이 모두 가변적인 장기생산함수를 그래프로 표시한 것이다.

② 등량곡선 위의 모든 점은 최소의 생산요소 배합점이므로 기술적 효율(technical efficiency)이 있는 생산방법을 나타낸다. 등량곡선도 무차별곡선과 마찬가지로, 생산량의 크기에 따라 무수히 많은 등량곡선이 그려진다.

▶ 등량곡선

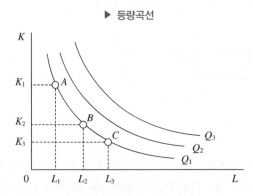

③ 〈그림〉에서 Q_1을 생산하기 위한 노동(L)과 자본(K)의 결합방법은 A, B, C 세 가지가 있고, 이 3점을 연결한 선이 생산량 Q_1을 나타내는 등량곡선이다.

④ 따라서 한 등량곡선 위의 모든 점은 동일한 생산량을 표시하고, 원점에서 멀리 위치한 등량곡선일수록 더 높은 생산량을 나타낸다.

(2) 등량곡선의 특징

① 등량곡선은 우하향

㉠ 등량곡선은 우하향한다. 이는 어느 한 생산요소의 투입을 줄이면서 동일한 양을 생산하기 위해서는 다른 생산요소의 투입을 증가시켜야 한다는 것을 의미한다. 즉 생산요소 간에 대체가 가능하다는 것을 의미한다.

㉡ 여기서 동일한 생산량을 유지하면서 노동 1단위를 더 투입하기 위해 줄여야 하는 자본량의 비율을 한계기술적대체율($MRTS_{LK}$: marginal rate of technical substitution), 또는 기술적한계대체율이라고 한다. 한계기술적대체율은 등량곡선의 기울기를 나타낸다. 한계기술적대체율은 다음과 같이 정의된다.

$$MRTS_{LK} = \frac{\Delta K}{\Delta L} = \frac{MP_L}{MP_K}$$

② 원점에 대해 볼록

    ㉠ 등량곡선은 원점에 대해 볼록(convex to origin)하다. 이는 노동과 자본은 대체가 가능하지만 완전대체는 아니라는 것을 의미한다.

    ㉡ 즉 자본을 노동으로 대체해 감에 따라 노동과 자본 간의 한계기술적대체율($MRTS_{LK}$)이 감소한다는 것을 의미하는데 이러한 현상을 한계기술적대체율체감의 법칙이라고 한다.

    ㉢ 이 경우 생산함수는 콥-더글러스 생산함수 $Q = AK^{\alpha}L^{\beta}$로 대체탄력성은 항상 1이다.

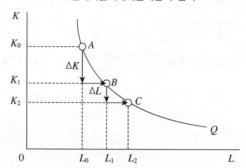

▶ 한계기술적대체율체감의 법칙

③ 서로 교차하지 않음 : 등량곡선 지도(iso-quant map)에서, 원점에서 멀리 위치한 등량곡선은 더 많은 생산량을 나타내고, 두 개 이상의 등량곡선은 서로 교차할 수 없다.

(3) 등량곡선의 형태

① 생산요소 간 완전보완관계

    ㉠ 레온티에프(Leontief) 생산함수 $Q = A\min[K, L]$에서 처럼 생산요소가 완전보완관계에 있는 경우에는 두 요소 중에서 양이 작은 요소에 의해 생산량이 결정된다.

    ㉡ 이 경우 등량곡선은 L자형으로 표시된다. 또한 이 경우 한계기술적대체율($MRTS_{LK}$)은 등량곡선이 수직인 부분에서는 무한대(∞)이고, 수평인 부분에서는 0이 된다. 또는 $MRTS_{LK}$은 정의되지 않는다고 한다.

    ㉢ 요소 간의 대체가 불가능하므로 대체탄력성은 0이다.

② 생산요소 간 완전대체관계

    ㉠ 생산요소의 완전대체라는 것은 어느 한 요소 대신에 다른 요소를 사용해도 생산량에는 전혀 변화가 없는 경우를 말한다.

    ㉡ 이런 경우에는 등량곡선이 우하향하는 직선의 형태로 나타난다. $Q = aK + bL$으로 등량곡선이 직선이므로 한계기술적대체율은 일정불변인 상수(constant) 값을 갖는다.

▶ 등량곡선의 형태

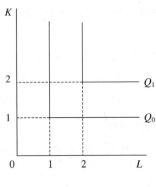

(a) L, K간 완전보완관계

(b) L, K간 완전대체관계

3. 등비용선

(1) 등비용선의 의미

① 등비용선(iso-cost line)은 소비자 선택이론에서의 예산선(budget line)에 대응하는 개념으로 일정한 비용으로 구입할 수 있는 노동(L)과 자본(K)의 결합점을 연결한 선이다. 즉 한 등비용선 위의 모든 점은 생산요소의 결합비율은 다르지만 동일한 총비용(TC)을 나타낸다.

② 총비용이 TC, 노동의 가격(임금률)을 w, 자본의 가격(이자율)을 r이라고 하면 등비용선은

$$TC = rK + wL$$

로 표시된다. rK는 자본에 대한 비용, wL은 노동에 대한 비용이다.

▶ 등비용선

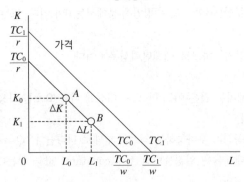

③ 등비용선의 기울기$\left(\dfrac{w}{r}\right)$는 노동 1단위와 자본 1단위의 가격비율, 즉 노동과 자본의 상대가격으로 기회비용을 나타낸다.

④ 등비용선은 무수히 많이 존재하는데 원점에서 멀어질수록 높은 비용을 나타낸다.

(2) 등비용선의 이동

노동(L)과 자본(K)의 가격비율이 변화하면 등비용선의 기울기가 변화한다.

▶ 등비용선의 이동

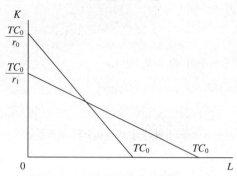

4. 생산자 균형의 결정

(1) 생산요소의 최적결합

생산자 균형은 생산요소의 최적결합 방법을 찾아내는 것이다. 생산요소의 최적결합은 일정한 생산량을 최소의 비용으로 생산할 수 있는 생산요소의 결합방법 또는 일정한 비용으로 최대의 생산량을 생산할 수 있는 생산요소의 결합방법을 의미하므로 생산자 균형을 찾는 것은 두 가지 방법으로 접근할 수 있다.

(2) 생산자 균형의 결정

주어진 총비용(TC_1)으로 생산량을 극대화하는 노동과 자본의 결합은 TC_1의 등비용선과 등량곡선이 접하는 E에서 결정된다.

▶ 생산자 균형점

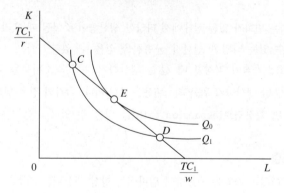

(3) 생산자 균형점의 조건

① 생산자 균형점에서는 등량곡선과 등비용선이 접하므로 양자의 기울기가 같고 따라서 다음의 조건이 성립한다.

$$MRTS_{LK} = \frac{MP_L}{MP_K} = \frac{w}{r}$$

이 조건은 다음과 같이 바꾸어 쓸 수도 있다.

$$\frac{MP_L}{w} = \frac{MP_K}{r}$$

이 식의 조건에 따라 생산요소를 결합하면 생산요소의 최적결합이 이루어진다는 것을 한계생산균등의 법칙이라고 한다.

② 따라서 생산자 균형점은 주어진 생산량을 최소의 비용으로 생산할 수 있는 노동과 자본의 결합점(최소비용의 원칙), 주어진 생산비로 최대의 생산량을 생산할 수 있게 하는 노동과 자본의 결합점(최대생산의 원칙)이고 따라서 기술적 효율이 있는 생산방법 중 경제적 효율(economic efficiency)이 있는 생산방법을 나타낸다.

더 알아보기 MC, P_L, MP_L 간의 관계(단기)

생산자 균형점의 조건을 이용하여 단기에 있어서의 한계비용 MC와 P_L 및 MP_L 간의 관계를 정리해 볼 수 있다. 즉 MP_L은 생산량의 증가분(ΔQ), P_L은 노동의 가격이므로 노동 1단위를 추가로 투입하는 경우 총비용의 증가분(ΔTC)이다. 한계비용은 $MC = \frac{\Delta TC}{\Delta Q}$이므로, 단기적으로 $MC = \frac{P_L}{MP_L}$의 관계가 성립한다.

---

5. 생산자 균형점의 이동

(1) 확장경로

① 노동과 자본의 가격은 변화가 없는 상태에서 다양한 생산량이 주어질 때 우리는 주어진 생산량을 최소의 비용으로 생산할 수 있는 다양한 생산자 균형점을 얻을 수 있다.

② 아래 〈그림〉에서 요소가격이 일정할 때 Q_0를 생산하기 위한 최소비용은 TC_0, Q_1을 생산하기 위한 최소비용은 TC_1, Q_2를 생산하기 위한 최소비용은 TC_2이다. 각각의 경우 생산자 균형점, 즉 최소비용점 A, B, C를 연결하면 확장경로(expansion path)를 얻을 수 있다.

(2) 장기총비용함수의 도출

① 장기총비용함수(LTC)는 기업은 생산량이 얼마이든 항상 생산비를 최소로 하는 생산방법을 택한다는 가정하에 생산량의 변화에 따른 생산비의 변화를 나타내는 함수로, 확장경로로부터 도출된다.

② 〈그림〉에서 A, B, C 각 점은 각각의 생산량 Q_0, Q_1, Q_2를 생산하는 데 있어서의 최소비용점(생산자 균형점)이고, 이를 연결한 것이 확장경로(expansion path)로 이를 통해 장기총비용곡선을 도출할 수 있다.

③ 즉 최소비용점을 공간을 바꾸어 표시한 것이 장기총비용곡선이다. 즉 장기총비용곡선(LTC)은 주어진 생산량을 생산하기 위한 최소비용점을 연결한 선이다.

▶ 확장경로와 장기총비용곡선

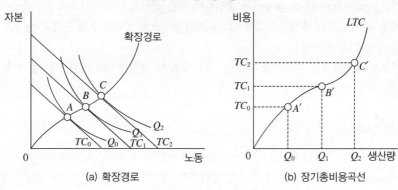

(a) 확장경로   (b) 장기총비용곡선

④ 장기총비용곡선의 윗부분은 생산은 가능하지만 최소비용은 아니므로 비효율적인 영역이고, 반면 장기총비용곡선의 아랫부분은 생산이 불가능한 영역이다.

(3) 범위의 경제

① 범위의 경제의 의의

㉠ 앞에서는 기업이 한 가지 상품만을 생산한다고 가정하여 논의를 전개해왔다. 그러나 현실적으로 기업들은 두 가지 이상의 제품을 생산한다. 그 이유는 한 상품의 생산이 다른 상품의 생산에 영향을 미치기 때문이다.

㉡ 기업들이 서로 영향을 미치는 상품을 따로따로 생산하는 것보다 같이 생산할 때 비용을 절약할 수 있는 경우 범위의 경제(economies of scope)가 있다고 한다.

㉢ 예컨대 에어컨과 냉장고는 두 기업이 각자 생산하는 것보다는 한 기업이 같이 생산하는 것이 비용이 적게 든다. 즉 기업 1과 기업 2의 비용함수가 다음과 같은 경우이다.

$$C(q_1,\ q_2) < C(q_1,\ 0) + C(0,\ q_2)$$

㉣ 이와는 반대로 $C(q_1,\ q_2) > C(q_1,\ 0) + C(0,\ q_2)$인 경우에는 범위의 불경제(diseconomies of scope)가 있다고 한다.

② 범위의 경제도

㉠ 범위의 경제가 존재하는가 그렇지 않은가, 또 범위의 경제가 어느 정도 존재하는가를 파악하기 위해 다음과 같은 범위의 경제도(degree of economies of scope), S_C를 계산해 볼 수 있다.

$$S_C = \frac{C(q_1) + C(q_2) - C(q_1,\ q_2)}{C(q_1,\ q_2)}$$

㉡ 여기서 $S_C > 0$인 경우에는 범위의 경제가 존재하고, $S_C < 0$인 경우에는 범위의 불경제가 존재한다.

6. 기술진보와 생산자 균형점의 이동

(1) 기술진보의 개념

① 기술진보(technological progress)는 종전보다 적은 생산요소의 투입으로 종전과 동일한 양의 생산을 가능하게 해주는, 또는 종전과 동일한 생산요소의 투입으로 종전보다 많은 양의 생산을 가능하게 해주는 기술의 향상을 의미한다.

② 기술진보의 원인으로는 과학기술의 발달, 생산방법 및 경영방식의 개선, 새로운 자원의 개발 등을 들 수 있다.

(2) 기술진보의 영향

기술진보는 생산비의 절감을 통해 기업의 이윤을 증대시킨다. 슘페터(J.A. Schumpeter)는 기술진보를 포함한 혁신(innovation)은 기업이윤의 원천일 뿐만 아니라 자본주의 경제발전의 원동력이라고 하였다.

(3) 기술진보와 생산자 균형점의 이동

① 기술진보가 이루어지면 전과 동일한 생산량을 전보다 적은 양의 노동과 자본을 투입해서 생산할 수 있다. 기술진보가 있게 되면 등량선은 원점을 향해 이동한다.

② 중립적(neutral) 기술진보는 노동과 자본의 절약비율이 같은 경우이다.

③ 노동 절약적(labor-saving) 기술진보는 노동의 절약비율이 자본의 절약비율보다 큰 경우로, 자본 집약적(capital intensity) 기술진보라고도 한다.

④ 자본 절약적(capital-saving) 기술진보는 자본의 절약비율이 더 큰 경우로, 노동 집약적(labor intensity) 기술진보라고도 한다.

제5절 단기비용함수

---

1. 생산비, 기회비용, 매몰비용

(1) 생산비의 의의

① 기업의 생산비는 생산의 기술적 여건, 생산요소의 가격, 생산량의 크기에 의해 결정된다.

② 생산이론과 동전의 앞뒷면 관계에 있는 비용이론에서는 생산의 기술적 여건과 생산요소의 가격이 일정하고, 생산비를 최소로 하는 생산이 이루어질 때 생산량과 생산비의 관계를 분석한다. 즉 생산비는 생산량의 함수 $C = f(Q)$이다.

(2) 기회비용

① 어떤 생산요소를 한 가지 용도에 사용할 때의 기회비용(opportunity cost)은, 그 생산요소를 다른 용도에 사용함으로써 생산할 수 있는(그러나 포기한) 재화의 가치를 말한다.

② 생산비는 경제적 비용과 회계적 비용으로 구분된다. 경제적 비용은 기회비용 개념이고, 회계적 비용은 통상의 비용 개념이다. 양자에는 차이가 존재하는데 그 이유는 귀속비용과 감가상각 때문이다.

③ 귀속비용(imputed cost) 또는 암묵적 비용(implicit cost)은 자기 소유의 생산요소(자기 자신의 노동이나 자본)와 관련하여 포기되는 수입으로 이는 실제 지불되는 비용이 아니므로 회계적 비용에는 포함되지 않고, 경제적 비용에는 포함된다. 반면 실제로 지불되는 비용을 명시적 비용(explicit cost)이라고 하는데 회계적 비용은 명시적 비용으로만 구성된다.[1]

④ 감가상각(depreciation)은 회계적 비용에는 포함되지만 경제적 비용에는 포함되지 않는다.

⑤ 요약하면 다음과 같다.

> 회계적 비용 = 명시적 비용
> 경제적 비용 = 명시적 비용 + 암묵적 비용

⑥ 경제적 이윤과 회계적 이윤

경제적 비용과 회계적 비용의 이러한 차이 때문에 이윤 개념도 경제적 이윤(economic profit)과 회계적 이윤(accounting profit)을 구분해야 한다.

> 경제적 이윤 = 총수입 − 명시적 비용 − 암묵적 비용
> 회계적 이윤 = 총수입 − 명시적 비용

따라서 일반적인 경우 회계적 이윤이 경제적 이윤보다 크다.

(3) 매몰비용

① 매몰비용(sunk cost)은 한번 지출되고 난 뒤에는 회수할 수 없는 비용을 말한다. 한번 비용이 매몰되면 회수할 수 없기 때문에 여러 가지 상황을 놓고 의사결정을 하는 경우 매몰비용은 고려해서는 안 된다.

② 단기에 기업의 조업중단(또는 생산폐쇄) 조건은 매몰비용이 의사결정에 아무 관계가 없음을 보여주는 사례이다.

2. 단기비용함수

(1) 기간과 기업의 의사결정 : 단기와 장기

① 앞에서 단기(short run)는 투입량을 변화시킬 수 없는 고정 생산요소(자본, 기술 등)가 존재하는 기간으로 정의하였다. 따라서 단기에 생산량의 증대를 위해서는 가변요소(노동, 원료 등)의 투입을 증대시켜야 한다.

② 따라서 단기에는 생산규모는 불변인 상태에서 기존의 생산시설을 어떻게 하면 가장 효율적으로 이용할 것인가에 대한 의사결정을 해야 한다.

③ 장기(long run)에는 생산기술을 제외한 모든 생산요소가 가변적이므로, 장기에는 주어진 기술수준에서 생산설비의 확대에 관한 의사결정을 해야 한다.

---

[1] 기업의 생산비에 포함되는 이윤으로 정상이윤(normal profit)이 있다. 정상이윤은 기업으로 하여금 동일한 상품을 계속 생산하게 하는 유인으로서·충분할 정도의 이윤을 말하는데 이는 암묵적 비용이다.

(2) 단기총비용(total cost)

① 단기에는 고정 생산요소가 존재하므로 생산비도 고정비용과 가변비용으로 구분한다.

② 고정비용(FC : fixed cost)은 자본, 토지 등 고정 생산요소에 의한 비용으로, 생산량의 크기에 관계없이 일정하다. 고정비용은 생산을 중단해도 일정하게 지출되는 비용이다. 예를 들면 공장건설비용, 자본에 대한 이자, 감가상각비, 임대료 등이다.

③ 가변비용(VC : variable cost)은 노동, 원료 등 가변투입요소에 의한 비용이다. 예를 들면 임금, 원료비, 전력비 등으로 가변비용은 생산량을 증가시키면 증가되는 비용이다. 가변비용은 생산을 중단하면 지출되지 않는다.

④ 단기총비용(TC)은 총고정비용(TFC)과 총가변비용(TVC)을 합한 것이다. 즉 $TC = TFC + TVC$ 이다.

▶ 단기총비용, 총고정비용, 총가변비용

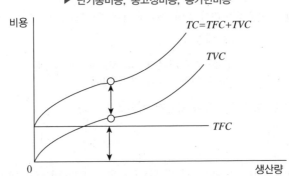

(3) 평균비용

① 평균비용(AC : average cost)은 생산물 1단위당 비용을 말한다. 따라서 총비용을 생산량으로 나누어 구한다. 즉

$$AC = \frac{TC}{Q} = \frac{TFC}{Q} + \frac{TVC}{Q} = AFC + AVC$$

이다. 즉 평균비용은 평균고정비용(AFC : average fixed cost)과 평균가변비용(AVC : average variable cost)을 수직적으로 합한 것이다.

② 평균비용

㉠ 총비용(TC)이 최소 총비용이므로 평균비용도 최소 평균비용이다.

㉡ AC와 AVC는 U자형이고, AFC는 생산량 증가에 따라 계속 감소하는 직각쌍곡선의 형태이다.

㉢ 평균비용은 일정한 생산량에 대응하는 TC곡선상의 한 점과 원점을 연결한 선의 기울기이다.

(4) 한계비용

① 한계비용(MC : marginal cost)은 생산물 1단위를 추가로 생산할 때 그로 인해 증가되는 총비용의 증가분을 말한다. 따라서 한계비용은 총비용함수를 미분한 값, 즉 총비용함수의 접선의 기울기이다.

$$MC = \frac{\Delta TC}{\Delta Q} = \frac{dTC}{dQ}$$

② 한계비용은 총비용(TC)이 최소 총비용이므로 이로부터 도출되는 한계비용도 최소 한계비용이다.

③ 한계비용곡선은 처음에는 감소하다가 AVC와 AC의 최저점을 아래에서 위로 자르고 증가하는데 이를 한계비용체증의 법칙이라고 한다. 여기서 한계비용이 증가하는 이유는 수확체감의 법칙이 작용하기 때문($MC = \dfrac{\Delta TC}{MP_L}$)이다.

④ 한계비용이 존재하는 것은 고정비용과는 무관하고 가변비용 때문이다. 즉, 한계고정비용(MFC)=0이고, 따라서 한계비용(MC)=한계가변비용(MVC)이다.

▶ 평균비용과 한계비용

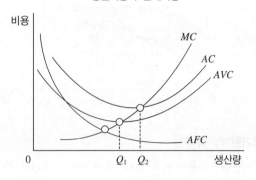

(5) 평균비용과 한계비용의 관계

① 〈그림〉에서 보는 것처럼 평균비용(또는 평균가변비용)과 한계비용은 일정한 관계를 맺고 있는데 이는 「한계」와 「평균」 개념 간의 관계이므로 다른 경우(즉 생산, 수입, 이윤 등)에도 동일하게 적용된다.

② 즉 다음의 관계가 성립한다. 그리고 역(reverse)도 성립한다.

> 평균비용(또는 평균가변비용) 감소 ↔ 평균비용＞한계비용
> 평균비용(또는 평균가변비용) 일정 ↔ 평균비용＝한계비용
> 평균비용(또는 평균가변비용) 증가 ↔ 평균비용＜한계비용

제6절 장기비용함수

1. 장기비용함수의 의미

(1) 장기비용함수

① 장기(long run)에는 고정투입요소는 없고 가변투입요소만 존재하므로 모든 비용이 가변비용이다.

② 장기비용함수는 생산규모(또는 시설)를 임의로 변경시킬 수 있다는 전제하에 주어진 생산량을 최소의 비용으로 생산할 경우, 생산량과 생산비 간의 관계를 나타낸다.

(2) 장기총비용곡선

앞에서 우리는 확장경로(expansion)로부터 장기총비용곡선(LTC)을 도출한 바 있다. 이 경우 장기총비용곡선은 수많은 단기총비용(STC)곡선의 포락선(envelop curve)이다.

▶ 장기총비용곡선

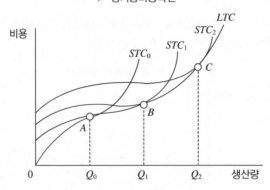

(3) 장기평균비용곡선, 장기한계비용곡선

① 장기평균비용(LAC)은 단기평균비용(SAC)의 포락선이고, 장기한계비용(LMC)곡선은 LAC의 최저점을 통과하여 증가한다.

② 주의할 것은 장기한계비용(LMC)곡선은 단기한계비용(SMC)곡선의 포락선이 아니라는 것이다.

▶ 장기평균비용곡선

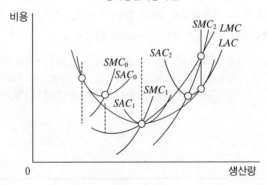

2. 장기평균비용곡선의 형태

(1) 규모에 대한 수익 증가

규모에 대한 수익이 증가하는 경우, 즉 규모의 경제(economies to scale)가 있는 경우에는 LAC가 감소한다.

(2) 규모에 대한 수익 감소

규모에 대한 수익이 감소하는 경우, 즉 규모의 불경제(diseconomies to scale)가 있는 경우에는 LAC가 증가한다.

(3) 규모에 대한 수익 불변

규모에 대한 수익이 불변인 경우에는 LAC는 불변이므로 LAC곡선은 수평선의 형태이다.

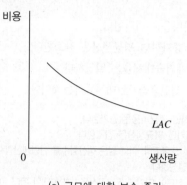

(a) 규모에 대한 보수 증가

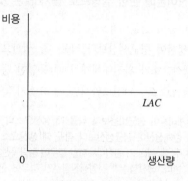

(b) 규모에 대한 보수 불변

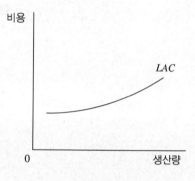

(c) 규모에 대한 보수 감소

04 실전대비문제

01 다음 생산이론에 관한 설명으로 옳지 않은 것은? (2017년)

① 한계비용이 평균비용보다 클 때, 생산량이 증가하면 평균비용은 하락한다.

② 한계생산이 평균생산보다 작을 때, 생산요소의 투입량이 증가하면 평균생산은 감소한다.

③ 두 생산요소가 완전대체재일 때 동일한 등량곡선에서 한계기술대체율은 일정하다.

④ 두 생산요소가 완전보완재일 때 요소가격의 변화에 따른 생산요소 간 대체효과는 0이다.

[해설] 한계비용이 평균비용보다 작을 때 생산요소의 투입량을 증가시키면 평균비용은 증가한다.

② 한계생산이 평균생산보다 작을 때 생산요소 투입량을 증가시키면 평균생산은 감소한다.

③ 두 생산요소가 완전대체제인 경우에 등량곡선은 우하향 직선으로 도출되며, 이와 같은 생산함수를 선형생산함수라고 한다. 생산함수가 선형생산함수인 경우에 한계기술대체율은 일정하다.

④ 두 생산요소가 완전보완적인 경우에 생산요소 간 결합비율이 고정되어 있기에 등량곡선은 L자 형태가 된다. 이처럼 L자 형태인 생산함수의 대체탄력성은 0이다.

[답] ①

02 기업의 생산비용 또는 비용곡선에 관한 다음 서술 중 옳은 것을 모두 고른 것은? (2016년)

> ㉠ 단기평균고정비용은 생산량이 증가함에 따라 계속적으로 감소한다.
> ㉡ 단기평균가변비용곡선은 일반적으로 역U자의 모양을 갖는다.
> ㉢ 장기에는 고정비용이 존재하지 않는다.

① ㉠, ㉡   ② ㉡, ㉢

③ ㉠, ㉢   ④ ㉠, ㉡, ㉢

[해설] ㉠ (○) 단기평균고정비용은 고정비용을 생산량으로 나누어서 계산한다. 따라서 생산량이 증가할수록 단기평균고정비용은 감소하게 된다.

㉡ (×) 단기평균가변비용곡선은 U자 형태의 곡선이다.

㉢ (○) 장기에는 고정비용이 존재하지 않는다.

[답] ③

03 A사는 X와 Z라는 두 종류의 생산요소를 사용하여 제품을 생산하는 기업이다. 아울러 A사의 제품 한 단위를 생산하기 위해서는 반드시 X 한 단위와 Z 두 단위가 투입되어야 한다. A사의 등량곡선의 모양을 바르게 서술한 것은? (2016년)

① 우하향하는 직선
② 원점에 대해서 오목한 모양의 우하향하는 곡선
③ 원점에 대해서 볼록한 모양의 우하향하는 곡선
④ L자 모양

[해설] A사의 제품 한 단위를 생산하기 위해 X 한 단위, Z 두 단위가 투입된다면 생산요소 간 결합비율이 고정되어 있으므로 두 생산요소는 완전보완적이다. 이처럼 완전보완적일 때의 등량곡선은 L자 형태의 모형이 된다.

[답] ④

04 단기에 있어서 어떤 기업의 유일한 가변요소가 노동이며 노동의 한계생산물은 처음에 증가하다가 궁극적으로 감소한다. 이 경우 기업의 단기비용곡선들에 관한 다음 기술 중 틀린 것은? (2016년)

① 평균가변비용곡선, 평균비용곡선, 한계비용곡선은 모두 U자의 모양을 갖는다.
② 한계비용곡선은 평균비용곡선의 최저점을 통과한다.
③ 한계비용곡선의 최저점은 평균비용곡선의 최저점보다 오른쪽에 위치한다.
④ 평균비용곡선과 평균가변비용곡선 간의 수직거리는 평균고정비용의 크기를 나타낸다.

[해설]

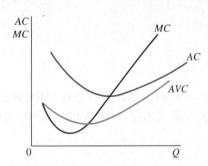

①·②·③ 한계비용곡선, 평균비용곡선, 평균가변비용곡선은 U자 형태의 모형을 가지며 한계비용곡선은 평균비용곡선의 최저점을 지난다. 또한 한계비용곡선의 최저점은 평균비용곡선의 최저점 왼쪽에 위치한다.

④ $AC = \dfrac{TC}{Q} = \dfrac{TFC + TVC}{Q} = AFC + AVC$ 이므로 평균비용곡선과 평균가변비용곡선 간의 수직거리는 평균고정비용이 됨을 알 수 있다.

[답] ③

05 완전경쟁시장에서 생산량이 주어졌을 때 비용 최소화를 추구하는 기업이 노동 수요량을 감소시키는
경우는?(단, 노동과 자본의 한계생산은 모두 체감한다) (2017년)

① 1원당 노동의 한계생산이 1원당 자본의 한계생산보다 클 경우
② 1원당 노동의 한계생산이 1원당 자본의 한계생산보다 작을 경우
③ 1원당 노동의 한계생산이 1원당 자본의 한계생산과 일치할 경우
④ 노동의 한계생산물가치가 명목임금보다 클 경우

[해설] 생산량을 최소비용으로 생산하기 위해서는 한계생산물 균등의 원리$\left(\dfrac{MP_L}{w}=\dfrac{MP_K}{r}\right)$가 성립하도록 각 요소를 투입해야

한다. 1원당 노동의 한계생산$\left(\dfrac{MP_L}{w}\right)$과 1원당 자본의 한계생산$\left(\dfrac{MP_K}{r}\right)$을 비교했을 때 1원당 노동의 한계생산이 1원당

자본의 한계생산보다 작다면 노동 투입량을 감소시키고 자본의 투입량을 증가시켜야 한계생산물 균등의 원리가 성립한다.

답 ②

06 생산함수가 $Q=2L+3K$일 때 노동과 자본 간의 대체탄력성(elasticity of substitution)은?(단, Q,
L, K는 각각 생산량, 노동 투입량, 자본 투입량, $Q>0$, $L<0$, $K<0$)

① 무한대(∞) ② 1
③ $\dfrac{2}{3}$ ④ 1.5

[해설] 문제에 주어진 생산함수는 선형 생산함수로 등량곡선이 우하향하는 직선이다. $MRTS_{LK}=\dfrac{2}{3}$로 일정하다. 선형생산함수
의 대체탄력성은 무한대(∞)이다.

답 ①

07 다음 표는 A 제과점의 근로자 수와 케이크 생산량을 나타내며, 케이크 1개당 가격은 1만원이고, 근로자는 1인당 8만원을 지급받는다. 이에 관한 설명으로 옳지 않은 것은?(단, 케이크 시장과 노동 시장은 완전경쟁시장이다)

(2017년)

근로자 수	케이크 생산량
0	0
1	10
2	18
3	23
4	27

① 근로자 수가 1에서 2로 증가할 때 노동의 한계생산은 8이다.

② 근로자 수가 2에서 3으로 증가할 때 노동의 한계생산물가치는 5만원이다.

③ 이윤이 극대화될 때 노동의 한계생산은 10이다.

④ 근로자 수가 2일 때 노동의 평균생산은 9이다.

해설

근로자 수	1	2	3	4
MP_L	10	8	5	4
VMP_L	100,000	80,000	50,000	40,000
AP_L	10	9	$\dfrac{23}{3}$	$\dfrac{27}{4}$

근로자 수가 2명일 때의 한계생산물가치와 임금이 일치하므로 근로자 수가 2명일 때 이윤이 극대화되며, 이윤극대화 시의 한계생산은 8이 됨을 알 수 있다.

┤ 심화 Tip ├

생산요소시장이 완전경쟁일 때 개별기업의 이윤극대화 조건

• 생산물시장이 완전경쟁일 때

$w = MP_L \times P = VMP_L$

• 생산물시장이 불완전경쟁일 때

$w = MP_L \times MR = MRP_L$

 ③

08 다음 중 한계비용곡선이 지나는 점을 모두 고르면?(단, 평균총비용곡선은 U자형) (2018년)

가. 총비용이 최소가 되는 점
나. 평균고정비용이 최소가 되는 점
다. 평균가변비용이 최소가 되는 점
라. 평균총비용이 최소가 되는 점

① 가, 나　　　　　　　　　　　② 나, 다
③ 다, 라　　　　　　　　　　　④ 나, 다, 라

해설

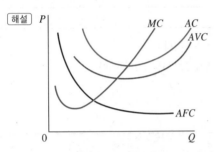

가 · 나. 한계비용은 총비용곡선과 평균고정비용의 최소점을 통과하지 않는다.
다 · 라. 한계비용은 평균가변비용과 평균총비용곡선의 최소점을 통과한다.

답 ③

09 비용함수가 $C = Q^2 + 10$일 때, 비용에 관한 설명 중 옳은 것을 모두 고르면?(단, Q는 생산량이다) (2019년)

가. 고정비용은 10이다.
나. 한계비용곡선은 원점을 지나는 직선이다.
다. 평균고정비용은 생산량이 증가함에 따라 증가한다.
라. 평균가변비용은 생산량이 증가함에 따라 감소한다.

① 가, 나　　　　　　　　　　　② 가, 다
③ 나, 라　　　　　　　　　　　④ 다, 라

해설　가. 비용은 고정비용과 가변비용의 합으로, 비용함수 $C = Q^2 + 10$에서 고정비용은 10이고 가변비용은 Q^2이다.

나. 한계비용$(MC) = \dfrac{dC}{dQ} = 2Q$로 한계비용곡선은 원점을 지나는 직선이다.

다. 평균고정비용$(AFC) = \dfrac{TFC}{Q} = \dfrac{10}{Q}$로 생산량($Q$)이 증가함에 따라 평균고정비용은 감소한다.

라. 평균가변비용$(AVC) = \dfrac{TVC}{Q} = \dfrac{Q^2}{Q} = Q$로 생산량($Q$)이 증가함에 따라 평균가변비용은 증가한다.

답 ①

10 생산요소시장이 완전경쟁시장일 때, 생산함수 $F(L, K) = AK^\alpha L^{1-\alpha}$에 관한 설명으로 옳은 것은?(단, $0 < \alpha < 1$, K : 자본, L : 노동, A : 생산기술)

(2019년)

① 1인당 자본재가 두 배가 되면 1인당 생산량도 두 배가 된다.

② 자본 및 노동에 대한 대가는 각각의 평균 생산성에 의해 결정된다.

③ 자본소득분배율은 α, 노동소득분배율은 $1-\alpha$이다.

④ 한계생산이 체감하기 때문에 자본과 노동을 모두 두 배로 증가시키면 생산 증가는 두 배에 미치지 못한다.

[해설] 생산요소시장이 완전경쟁이라 하였기에 생산함수 $F(L, K) = AK^\alpha L^{1-\alpha}$일 때 각 생산요소는 한계생산물에 해당하는 보수를 받게 되므로 자본소득분배율은 α, 노동소득분배율은 $1-\alpha$가 된다.

① 평균생산물을 구해보면 $AP_L = \dfrac{Q}{L} = \dfrac{AK^\alpha L^{1-\alpha}}{L} = A\left(\dfrac{K}{L}\right)^\alpha$가 된다. 따라서 자본재를 두 배 증가시키면 평균생산물의 크기는 증가하나 α값이 $0 < \alpha < 1$이므로 평균생산물은 두 배보다 적게 증가한다.

② 생산요소시장이 완전경쟁이기에 생산요소는 평균 생산성이 아닌 한계생산물에 해당하는 보수를 받게 된다.

④ 생산함수 $F(L, K) = AK^\alpha L^{1-\alpha}$는 1차 동차의 콥-더글라스 생산함수이므로 자본과 노동의 투입량을 두 배로 증가시키면 총생산량도 두 배로 증가한다.

답 ③

11 생산함수 $Y = F(K, L)$의 등량곡선(isoquant curve)에 관한 설명으로 옳지 않은 것은?(단, K는 자본, L은 노동이다)

(2020년)

① 생산요소 간 대체탄력성이 커질수록 등량곡선은 직선에 가까워진다.

② 두 생산요소의 한계생산이 모두 0보다 크면 등량곡선은 우하향한다.

③ 한계기술대체율체증의 법칙이 성립하면 등량곡선은 원점에 대해 볼록하다.

④ 등량곡선은 원점에서 멀어질수록 더 많은 산출량을 나타낸다.

[해설] 등량곡선이 원점에 대해 볼록한 것은 한계기술대체율체감의 법칙 때문이다.

답 ③

12 이윤을 극대화하는 A기업의 생산함수가 $Q=5L^{1/2}K^{1/2}$ 이다. A기업은 생산을 시작하기 전에 이미 자본재 1단위당 2의 임대료에 4단위의 자본재를 임대하였고, 이윤극대화 생산을 위해 노동투입을 결정하려고 한다. 임금이 2일 때 다음 설명 중 옳은 것은?(단, Q는 생산량, L은 노동, K는 자본, 생산물시장과 생산요소시장은 모두 완전경쟁적이다) (2021년)

① 총고정비용은 2이다.

② 평균가변비용은 $\frac{2}{25}Q$이다.

③ 한계비용은 $\frac{Q}{25}$ 이다.

④ 평균비용은 $\frac{2}{25}Q+2$이다.

[해설] 생산함수 $Q=5L^{1/2}K^{1/2}$ 이고, 자본이 4이므로 생산함수에 자본 4를 대입하면

생산함수 $Q=10L^{1/2}$

생산함수 $Q=10L^{1/2}$ 양변을 제곱하면 $Q^2=100L$이고 이를 L에 대하여 정리하면

$L=\frac{1}{100}Q^2$

위에서 정리한 함수와 임대료 2, 임금 2를 이용하여 비용함수를 구해보면

$C=wL+rK=\left(2\times\frac{1}{100}Q^2\right)+(2\times4)=\frac{1}{50}Q^2+8$

① 총고정비용은 비용함수의 상수부분인 8이다.

② 총가변비용은 $\frac{1}{50}Q^2$이고 평균가변비용은 $\frac{1}{50}Q$이다.

③ 한계비용 $=\frac{dC}{dQ}=\frac{1}{25}Q$

④ 평균비용 $=\frac{C}{Q}=\frac{1}{50}Q+\frac{8}{Q}$

답 ③

---

13 기업 A의 단기총비용함수는 $STC=3K+12Q^2K^{-1}$이다. 시장은 경쟁적이고 시장가격은 3이다. 이때 A의 자본이 $K=40$이라면, 극대화된 이윤은?(단, Q는 산출량, K는 자본이다) (2021년)

① −102.5

② −112.5

③ −122.5

④ −132.5

[해설] A의 자본 $K=40$을 단기총비용함수에 대입하면 $STC=3K+12Q^2K^{-1}=120+\frac{3}{10}Q^2$이다.

• $MC=\frac{dSTC}{dQ}=\frac{3}{5}Q$

　최적생산량을 구하기 위해 한계비용과 가격을 연립하면

　$\frac{3}{5}Q=3,\ \therefore\ Q=5$

• 총수입 $=P\times Q=5\times3=15$

• 총비용 $=120+\frac{3}{10}\times5^2=127.5$

• 이윤 = 총수입 − 총비용 $=15-127.5=-112.5$

답 ②

14 기업 A의 비용함수가 생산량 Q에 대해 $c(Q) = 10Q^2 + 1,000$일 때, 평균비용을 최소화하는 생산량은?

(2022년)

① 10
② 15
③ 20
④ 25

[해설]
- $AC = \dfrac{c}{Q} = 10Q + \dfrac{1,000}{Q}$
- 평균비용(AC)을 최소화하는 생산량을 구하기 위해 평균비용(AC)를 미분한 후 0이 되는 생산량 Q를 구해보면

$$\frac{dAC}{dQ} = 10 - \frac{1,000}{Q^2} = 0$$

$$\therefore \ Q = 10$$

답 ①

15 노동(L) 1단위의 가격 20, 자본(K) 1단위의 가격이 80일 때, 기업 A가 생산함수 $Q = 4K^2 + L^2$을 이용하여 최소비용으로 $Q = 100$을 생산하는 경우, 노동과 자본의 최적 투입량 (L, K)로 옳은 것은?

(2022년)

① $(0, 5)$
② $(2\sqrt{5}, 2\sqrt{5})$
③ $(2\sqrt{5}, 10)$
④ $(10, 0)$

[해설]
- $MP_L = \dfrac{dQ}{dL} = 2L$

- $MP_K = \dfrac{dQ}{dK} = 8K$

- $MRTS_{LK} = \dfrac{MP_L}{MP_K} = \dfrac{2L}{8K} = \dfrac{L}{4K}$

  ⇒ 한계기술대체율이 체증하면 등량곡선이 원점에 대해 오목한 형태이므로 구석해가 발생한다.

- $\dfrac{w}{r} = \dfrac{20}{80} = \dfrac{1}{4}$

생산량 $Q = 100$에서의 등량곡선과 자본 대비 노동의 가격비곡선을 이용하면

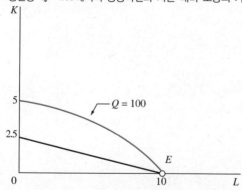

따라서 노동과 자본의 최적 투입량은 생산자균형 E점인 노동 10단위와 자본 0단위를 투입하는 지점에서 이뤄진다.

답 ④

16 ( ) 안에 들어갈 내용으로 옳은 것은?

아래 그림은 기업 A의 단기생산함수이다. 노동 10을 투입할 때, 한계생산량과 평균생산량이 같다. 노동 투입량을 10보다 늘리면 평균생산량은 (가)하고, 줄이면 평균생산량은 (나)한다.

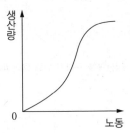

	(가)	(나)
①	감소	감소
②	감소	증가
③	증가	감소
④	증가	증가

[해설] 노동 10을 투입할 때, 한계생산량과 평균생산량이 같은 경우는 다음 그림의 A 경우이다.

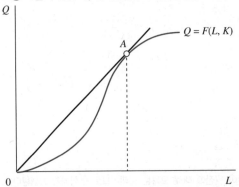

한계생산량과 평균생산량이 같은 지점인 노동 투입량 10에서 평균생산량이 극대이므로 노동 투입량이 감소되거나 증가될 시 평균생산량은 감소하게 된다.

답 ①

17 아래 표는 기업 A의 노동 투입의 증가에 따른 생산량 변화를 나타내고 있다. (   ) 안에 들어갈 내용으로 옳지 않은 것은? (2022년)

노동 투입량	총생산량	평균생산량	한계생산량
0	0	0	–
1	180	180	(①)
2	(②)	(③)	140
3	420	140	(④)
⋮	⋮	⋮	⋮

① 180
② 320
③ 160
④ 120

[해설] ① 노동 투입량 1의 총생산량 – 노동 투입량 0의 총생산량 = 180 – 0 = 180
② 노동 투입량 1의 총생산량 + 노동 투입량 2의 한계생산량 = 180 + 140 = 320
③ 노동 투입량 2의 총생산량 ÷ 2 = 320 ÷ 2 = 160
④ 노동 투입량 3의 총생산량 – 노동 투입량 2의 총생산량 = 420 – 320 = 100

답 ④

18 완전경쟁시장에서 이윤극대화를 추구하는 기업의 생산함수가 $Q = AK^\alpha L^\beta$ 일 때, 이에 관한 설명으로 옳지 않은 것은?(단, Q는 생산량, A, α, β는 상수, K는 자본, L은 노동을 나타내고 $\alpha + \beta = 1$이다) (2017년)

① 자본이 1% 증가할 때 생산량은 α% 증가한다.
② 생산함수는 규모에 대한 수익 불변을 나타낸다.
③ β는 노동분배율을 나타낸다.
④ $\beta = \dfrac{\text{노동의 평균생산}}{\text{노동의 한계생산}}$

[해설] 기업의 생산함수 $Q = AK^\alpha L^\beta$

$$AP_L = \frac{Q}{L} = \frac{AK^\alpha L^\beta}{L} = AK^\alpha L^{\beta-1}$$

$$MP_L = \frac{dQ}{dL} = \beta AK^\alpha L^{\beta-1}$$

$$\therefore \frac{AP_L}{MP_L} = \frac{AK^\alpha L^{\beta-1}}{\beta AK^\alpha L^{\beta-1}} = \frac{1}{\beta}$$

① · ③ 기업의 생산함수에서 K의 지수값 α는 생산의 자본탄력성으로 자본 1% 증가 시 생산량은 α% 증가함을 알 수 있고 또한 K의 지수값 α는 자본소득분배비율을 나타낸다. 마찬가지로 L의 지수값인 β는 생산의 노동탄력성과 노동소득분배비율을 나타낸다.
② 문제 조건에서 $\alpha + \beta = 1$이라 했으므로 기업의 생산함수는 1차 동차의 콥–더글라스 생산함수임을 알 수 있다. 따라서 기업의 생산함수는 규모에 수익불변이다.

답 ④

19 A기업의 상품시장과 노동시장은 완전경쟁시장이고, 생산함수는 $Q=\sqrt{L}$ 이다. 이윤극대화를 추구하는 A기업의 비용에 관한 설명으로 옳지 않은 것은?(단, Q는 생산량, L은 노동이다) (2019년)

① 비용은 생산량의 제곱에 비례한다.

② 생산량이 증가하면 한계비용은 증가한다.

③ 임금이 상승하면 이윤극대화 생산량은 감소하지만 총임금은 증가한다.

④ 상품가격이 상승하면 이윤극대화 생산량은 증가하고 총임금도 증가한다.

해설 임금이 상승하면 한계비용이 상승하게 되어 이윤극대화 생산량은 감소하며 이윤극대화 생산량의 감소로 노동수요가 감소하게 되어 총임금은 감소하게 된다.

① 비용함수 $C=wL=wQ^2$ 이므로 비용은 생산량 제곱에 비례한다.

② $MC=\dfrac{dC}{dQ}=2Qw$ 이므로 생산량이 증가하면 한계비용은 증가한다.

④ 상품가격의 상승으로 이윤극대화 생산량은 증가하며 이윤극대화 생산량의 증가로 노동수요가 증가하여 총임금은 증가한다.

답 ③

20 완전경쟁시장에서 이윤극대화를 추구하는 기업들의 장기비용곡선은 $C=4Q$로 동일하다. 이에 관한 설명으로 옳지 않은 것은?(단, Q는 생산량이다) (2020년)

① 규모의 경제가 존재한다.

② 장기균형에서 균형가격은 4이다.

③ 한계비용곡선은 4에서 수평인 직선이다.

④ 평균비용곡선과 한계비용곡선은 일치한다.

해설 장기평균비용 $LAC=\dfrac{4Q}{Q}=4$ 로 일정하다. 따라서 규모의 경제가 발생하지 않는다.

② 완전경쟁시장의 장기균형가격은 장기한계비용과 일치한다. 장기한계비용은 $4\left(LMC=\dfrac{C}{dQ}=4\right)$ 이므로 장기균형가격은 4이다.

③ 장기한계비용은 4로 일정하다. 따라서 한계비용곡선은 4에서 수평인 직선이다.

④ 장기평균비용과 장기한계비용은 4로 동일하다.

답 ①

21 상품시장과 생산요소시장이 완전경쟁시장이고, 상품의 가격은 1이다. 기업들의 생산함수는 $F(K, L) = AK^{0.4}L^{0.6}$으로 동일하다. 균형에서 1,000개의 기업이 존재하고 각 기업의 자본에 대한 지출은 10이다. 균형에 관한 설명으로 옳은 것을 모두 고르면?(단, A는 생산기술, K는 자본, L은 노동이다)

(2020년)

> 가. 생산은 25,000이다.
> 나. 노동소득분배율은 60%이다.
> 다. 개별기업의 노동에 대한 지출은 15이다.

① 가, 나   ② 가, 다

③ 나, 다   ④ 가, 나, 다

[해설] • $\pi = TR - TC = P \cdot Q - (wL + rK) = P \cdot AK^{0.4}L^{0.6} - (wL + rK)$

• $\dfrac{\partial \pi}{\partial L} = 0.6P \cdot AK^{0.4}L^{-0.4} - w = 0$, $\therefore w = 0.6P \cdot AK^{0.4}L^{-0.4}$

• $\dfrac{\partial \pi}{\partial K} = 0.4P \cdot AK^{-0.6}L^{0.6} - r = 0$, $\therefore r = 0.4P \cdot AK^{-0.6}L^{0.6}$

• $MP_L = \dfrac{dF(K, L)}{dL} = 0.6AK^{0.4}L^{-0.4}$

• $MP_K = \dfrac{dF(K, L)}{dK} = 0.4AK^{-0.6}L^{0.6}$

• $MRTS_{LK} = \dfrac{MP_L}{MP_K} = \dfrac{0.6AK^{0.4}L^{-0.4}}{0.4AK^{-0.6}L^{0.6}} = \dfrac{0.6K}{0.4L} = \dfrac{w}{r}$ $\therefore 0.6rK = 0.4wL$

• 기업의 자본에 대한 지출은 10이므로 $rK = 10$

• $0.6 \times 10 = 0.4wL$ $\therefore wL$(개별기업 노동에 대한 지출)$= 15$ ·················· 다.

• 생산요소시장이 완전경쟁이므로 이윤은 0이다.

• $\pi = TR - TC = P \cdot Q - (wL + rK) = P \cdot Q - (15 + 10) = 0$ $\therefore P \cdot Q = 25$

• 상품의 가격은 1이므로 각 기업의 생산량은 25이다.

• 1,000개의 기업이 존재하므로 총생산은 25,000개이다. ························· 가.

• 노동소득분배비율 $= \dfrac{wL}{rK + wL} = \dfrac{15}{25} = 0.6$ ································· 나.

답 ④

22 완전경쟁시장에서 기업 A의 한계비용 $MC = 2Q$, 평균가변비용 $AVC = Q$이다. 시장가격이 12일 때, 기업 A의 이윤이 0이 되는 고정비용은?(단, Q는 양의 생산량이다)

(2022년)

① 6   ② 12

③ 24   ④ 36

[해설] 완전경쟁시장의 시장가격은 한계비용과 같다.

$P = 12 = MC = 2Q$

$\therefore Q = 6$

완전경쟁시장은 이윤이 0이기 때문에 시장가격은 평균비용 AC와 동일하다. 따라서 평균비용 AC는 12이다.

$AC = AVC + AFC = Q + AFC = 6 + AFC = 12$

$\therefore AFC = 6$

$\therefore TFC = AFC \times Q = 6 \times 6 = 36$

답 ④

23 A기업의 총비용함수는 $TC = 20Q^2 - 15Q + 4,500$이다. 다음 설명 중 옳지 않은 것은?(단, Q는 생산량이다) (2021년)

① 평균가변비용을 최소화하는 생산량은 4이다.

② 총고정비용은 $4,500$이다.

③ 한계비용은 우상향한다.

④ 평균비용을 최소화하는 생산량은 15이다.

[해설] $AVC = \dfrac{20Q^2 - 15Q}{Q} = 20Q - 15$ 따라서 $Q = 0$일 때 AVC가 최소가 된다.

② 총고정비용은 총비용함수의 상수부분인 4,500이다.

③ $MC = \dfrac{dTVC}{dQ} = 40Q - 15$ 따라서 한계비용은 우상향한다.

④ $AC = \dfrac{TVC}{Q} = \dfrac{20Q^2 - 15Q + 4,500}{Q} = 20Q - 15 + \dfrac{4,500}{Q}$

$\dfrac{dAC}{dQ} = 20 - \dfrac{4,500}{Q^2} = 0$이 되는 양수 Q는 15이다.

∴ 생산량이 15일 때 평균비용이 최소가 된다.

답 ①

24 X재에 대한 수요곡선은 $P^D = 10 - 2Q$이고 공급곡선은 $P^S = 5 + 3Q$이다. 소비자잉여와 생산자잉여는? (단, P^D는 소비자가 지불하는 가격, P^S는 생산자가 받는 가격이고, Q는 수량이다) (2021년)

① $1, \dfrac{1}{2}$ ② $2, \dfrac{1}{2}$

③ $1, \dfrac{3}{2}$ ④ $2, \dfrac{3}{2}$

[해설]

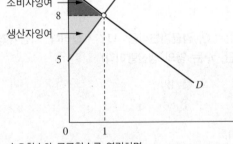

수요함수와 공급함수를 연립하면

$10 - 2Q = 5 + 3Q$

∴ $Q = 1$, $P = 8$

• 소비자잉여 $= \dfrac{1}{2} \times 1 \times 2 = 1$

• 생산자잉여 $= \dfrac{1}{2} \times 1 \times 3 = \dfrac{3}{2}$

답 ③

25 기업 A의 생산함수가 $Q=\min\{L, 3K\}$이다. 생산요소 조합 $(L=10, K=5)$에서 노동과 자본의 한계생산은 각각 얼마인가?(단, Q는 생산량, L은 노동량, K는 자본량이다)

① 0, 1

② 1, 0

③ 1, 3

④ 3, 1

[해설] 생산함수 $Q=\min\{L, 3K\}$에 생산요소 조합 $(L=10, K=5)$을 대입하면 $Q=\min\{10, 15\}=10$이다. 이 경우 노동 1단위를 더 투입하면 생산량은 1단위 증가하므로 $MP_L=1$이고, 자본 1단위를 더 투입해도 생산량은 변화하지 않으므로 $MP_K=0$이다.

답 ②

26 기업의 생산기술이 진보하는 경우에 관한 설명으로 옳은 것을 모두 고른 것은?

> ㄱ. 자본절약적 기술진보가 일어나면 평균비용곡선이 하방 이동한다.
> ㄴ. 자본절약적 기술진보가 일어나면 등량곡선이 원점에서 멀어진다.
> ㄷ. 노동절약적 기술진보가 일어나면 한계비용곡선이 하방 이동한다.
> ㄹ. 중립적 기술진보가 일어나면 노동의 한계생산 대비 자본의 한계생산은 작아진다.

① ㄱ, ㄴ

② ㄱ, ㄷ

③ ㄴ, ㄷ

④ ㄴ, ㄹ

[해설] ㄴ. 노동절약적 기술진보이건 자본절약적 기술진보이건 기술진보가 이루어지면 TC, AC, MC곡선 모두 하방 이동하고, 등량곡선은 원점에 가까워진다.
　　　ㄹ. 중립적 기술진보가 이루어지면 노동과 자본의 한계생산은 같은 비율로 증가한다.

답 ②

27 총가변비용과 평균가변비용과의 관계를 설명한 것으로 다음 중 옳은 것은?

① 원점을 지나는 직선이 총가변비용곡선과 접하는 점의 산출량에서 평균가변비용은 극소이다.

② 원점을 지나는 직선이 총가변비용곡선과 접하는 점은 둘 이상이다.

③ 원점을 지나는 직선은 총가변비용곡선과 한 점에서만 만나고, 이 점에 대응하는 산출량에서 평균가변비용은 극소가 된다.

④ 원점을 지나는 직선은 총가변비용곡선과 두 점에서 만나는데 이 가운데 한 점은 최소평균비용과 다른 한 점은 최대평균가변비용과 일치한다.

[해설] 평균가변비용(AVC)곡선은 총가변비용(TVC)곡선상의 한 점과 원점을 연결한 선의 기울기를 추적하여 연결한 선의 기울기이다.
　　　TVC곡선이 3차함수 형태라면 생산량 증가에 따라 AVCz는 감소하다가 원점을 지나는 직선이 총가변비용곡선과 접하는 점의 산출량에서 평균가변비용은 최소가 되고, 그 이후 AVC는 계속 증가한다. 따라서 AVC는 U자 형태가 된다.

답 ①

28 기업 A의 생산함수는 $Q = \min\{L,\,K\}$ 이다. 이에 관한 설명으로 옳은 것을 모두 고른 것은?(단, Q는 산출량, w는 노동 L의 가격, r은 자본 K의 가격이다)

> ㄱ. 생산요소 L과 K의 대체탄력성은 0이다.
> ㄴ. 생산함수는 1차 동차함수이다.
> ㄷ. 비용함수는 $C(w, r, Q) = Q^{w+r}$로 표시된다.

① ㄱ   ② ㄴ

③ ㄱ, ㄴ   ④ ㄴ, ㄷ

[해설] 레온티에프 생산함수 $Q = \min\{L,\,K\}$는 1차 동차 생산함수로 두 생산요소가 완전보완관계에 있어 대체가 불가능하므로 대체탄력성은 0이다. 무차별곡선은 L자 형태이고 생산자 균형점에서는 $Q = K = L$이 성립한다. 따라서 비용함수는 $C = wL + rK = wQ + rQ = (w+r)Q$이다.

답 ③

29 노동과 자본 사이의 대체탄력성(α)의 설명 중 틀린 것은?

① $\alpha = 1$일 때 이자율이 임금에 비하여 상대적으로 올라도 국민소득 가운데서 노동자가 차지하는 몫은 일정하다.

② 생산함수가 규모에 대한 수확불변인 콥-더글러스 생산함수인 경우 α는 1이다.

③ 레온티에프 생산함수의 요소 간 대체탄력성(α)은 0이다.

④ $\alpha > 1$일 때 임금이 이자율에 비하여 상대적으로 오르면 국민소득 가운데서 노동자의 몫이 증가한다.

[해설] $\alpha > 1$일 때 임금이 이자율에 비하여 상대적으로 오르면 (노동이 자본으로 대체되는 폭이 크게 나타나므로) 국민소득 가운데서 노동자의 몫이 감소한다.

답 ④

30 甲기업의 단기총비용함수가 $C = 25 + 5Q$일 때, 甲기업의 단기비용에 관한 설명으로 옳은 것은?(단, Q는 양(+)의 생산량이다)

① 모든 생산량 수준에서 평균가변비용과 한계비용은 같다.

② 모든 생산량 수준에서 평균고정비용은 일정하다.

③ 생산량이 증가함에 따라 한계비용은 증가한다.

④ 생산량이 일정 수준 이상에서 한계비용이 평균비용을 초과한다.

[해설] 총비용함수가 $C = 25 + 5Q$이므로 총고정비용 $TFC = 25$이고, 총가변비용 $TVC = 5Q$이다.

① 한계비용은 총비용함수나 총가변비용함수의 미분값이다. 즉 $MC = \dfrac{dC}{dQ} = 5$이다.

평균가변비용 $AVC = \dfrac{TVC}{Q} = \dfrac{5Q}{Q} = 5$이다. 따라서 모든 생산량 수준에서 평균가변비용과 한계비용은 같다.

② 평균고정비용 $AFC = \dfrac{TFC}{Q} = \dfrac{25}{Q}$ 이므로 생산량 Q의 증가에 따라 계속 체감하는 직각쌍곡선 형태이다.

③ 생산량 수준에 관계없이 $MC = 5$로 일정하다.

④ AC는 계속 체감하지만 MC보다는 항상 큰 값을 갖는다.

답 ①

31 비용에 관한 설명으로 옳은 것을 모두 고른 것은?

> ㄱ. 기회비용은 어떤 선택을 함에 따라 포기해야 하는 여러 대안들 중에 가치가 가장 큰 것이다.
> ㄴ. 생산이 증가할수록 기회비용이 체감하는 경우에는 두 재화의 생산가능곡선이 원점에 대해 볼록한 형태이다.
> ㄷ. 모든 고정비용은 매몰비용이다.
> ㄹ. 동일한 수입이 기대되는 경우, 기회비용이 가장 작은 대안을 선택하는 것이 합리적이다.

① ㄱ, ㄴ ② ㄱ, ㄹ
③ ㄴ, ㄷ ④ ㄱ, ㄴ, ㄹ

[해설] ㄷ. 고정비용은 생산량과는 관계없이 일정한 비용으로 주로 생산설비나 기계 등 자본투입으로 인해 발생하는 비용이다. 고정비용(fixed cost)은 대부분 매몰비용(sunk cost)의 성격이 있지만 그렇다고 해서 모든 고정비용이 매몰비용인 것은 아니다. 생산을 중단해도 일부 생산설비는 판매하여 비용의 일부를 회수할 수 있다.

답 ④

32 기업 A의 비용함수는 $C = \sqrt{Q} + 50$이다. 이 기업이 100개를 생산할 경우, 이윤이 0이 되는 가격은?(단, C는 총비용, Q는 생산량이다)

① 1 ② 0.6
③ 0.5 ④ 0.2

[해설] 경제적 이윤(초과이윤)이 0이 되는 것은 $TR = TC$ 또는 $P = AC$인 경우이다. $AC = \dfrac{C}{Q} = \dfrac{\sqrt{Q}}{Q} + \dfrac{50}{Q}$이다. 이 기업의 $Q = 100$인 경우 $AC = 0.6$이다.

답 ②

33 기업 A의 노동과 자본의 투입량과 산출량 수준을 관찰한 결과 다음과 같은 표를 얻었다. 이 표에서 발견할 수 없는 현상은?(단, 생산에 투입되는 요소는 노동과 자본뿐이다)

노동투입	자본투입	총생산
1	4	20
2	2	20
3	2	28
4	1	20
4	2	35
4	3	38
4	4	40

① 규모의 경제 ② 규모수익 불변
③ 노동의 한계생산 체감 ④ 자본의 한계생산 체감

[해설] ① (노동 2, 자본 2)를 투입할 때 총생산은 20이고, (노동 4, 자본 4)를 투입할 때 총생산은 40이다. 노동과 자본의 투입량을 모두 두 배 증가시킬 때 생산량도 두 배가 증가하였으므로 규모에 대한 수익불변(CRS)이다. 규모에 대한 수익 증가, 즉 규모의 경제는 발견할 수 없다.

답 ①

34 기업 A의 생산함수는 $Q = LK$이다. 노동과 자본의 가격이 각각 1원일 때, 다음 설명으로 옳지 않은 것은?(단, Q는 생산량, L은 노동, K는 자본이다)

① 규모에 대한 수익이 체증한다.

② 노동의 한계생산은 체감한다.

③ 자본의 양이 단기적으로 1로 고정되어 있는 경우 100개를 생산하는 데 드는 총비용은 101원이다.

④ 자본의 양이 단기적으로 1로 고정되어 있는 경우 단기총평균비용은 생산량이 늘어나면 하락한다.

[해설] 콥-더글러스 생산함수 $Q = AK^\alpha L^\beta$에서 $\alpha + \beta = 1$이면 규모에 대한 수익 불변(CRS), $\alpha + \beta > 1$이면 규모에 대한 수익 증가(IRS)이다. 또한 $\alpha < 1$이면 자본에 대한 수확체감, $\beta < 1$이면 노동에 대한 수확체감이 성립한다.

① $Q = LK$에서 $\alpha + \beta = 2$이므로 규모에 대한 수익이 체증한다.

② $\beta = 1$이므로 노동의 한계생산은 체감하지 않는다.

③ 자본의 양이 단기적으로 1로 고정되어 있는 경우 $K = 1$, $w = 1$, $r = 1$이므로 $Q = L$, $TC = wL + rK = L + 1$이다. $Q = L$이므로 $TC = Q + 1$이고 $Q = 100$을 대입하면 $TC = 100 + 1 = 101$이다.

④ $ATC = \dfrac{TC}{Q} = \dfrac{Q+1}{Q} = 1 + \dfrac{1}{Q}$이므로 Q가 증가하면 ATC는 하락한다.

답 ②

35 모든 시장이 완전경쟁적인 甲국에서 대표적인 기업 A의 생산함수가 $Y = 4L^{0.5}K^{0.5}$이다. 단기적으로 A의 자본량은 1로 고정되어 있다. 생산물 가격이 2이고 명목임금이 4일 경우, 이윤을 극대화하는 A의 단기 생산량은?(단, Y는 생산량, L은 노동량, K는 자본량이며, 모든 생산물은 동일한 상품이다)

① 1   ② 2

③ 4   ④ 8

[해설] 생산함수 $Y = 4L^{0.5}K^{0.5} = Y = 4\sqrt{LK}$이고 $K = 1$을 대입하면 $Y = 4\sqrt{L}$이 된다. 여기에서 $L = \dfrac{1}{16}Y^2$이다. 명목임금 $w = 4$로 주어져 있고 자본의 이자는 주어져 있지 않으므로 단기비용함수 $C = wL + rK = \dfrac{1}{4}Y^2 + r$이 된다.

MC를 구하기 위해 C를 미분하면 $MC = \dfrac{1}{2}Y$가 된다. 이윤극대화 조건은 $P = MC$이므로 $2 = \dfrac{1}{2}Y$에서 $Y = 4$이다.

답 ③

05 | 완전경쟁시장

제1절 완전경쟁시장의 가격과 산출량

1. 완전경쟁시장의 조건

(1) 완전경쟁시장의 조건

① 공급자(기업)와 수요자가 모두 다수

공급자가 다수이면 공급자와 수요자는 모두 가격순응자(price taker)가 된다. 즉 시장 전체의 수요와 공급에 의해 결정된 가격을 그대로 받아들이고, 그 가격하에서 이윤을 극대화하는 산출량만을 결정할 수 있다.

② 상품의 동질성

완전경쟁시장은 상품의 품질, 디자인, 포장방법 등에 있어서 완전히 동질적인 상품을 공급한다. 따라서 상품 간의 완전대체가 가능하다. 또한 완전경쟁시장과 독점적 경쟁시장을 구분하는 가장 중요한 기준이다.

③ 진입과 퇴출의 완전 자유

경쟁시장에서는 초과이윤(excess profit)이 있으면 어느 기업이라도 자유롭게 진입이 가능하다.

④ 완전한 정보

완전경쟁시장은 완전한 시장정보를 전제로 성립한다.

⑤ 생산요소의 완전 이동성(mobility)

생산요소의 이동이 완전히 자유롭다는 것은 진입과 퇴출이 완전히 자유롭다는 조건과 유사하다.

(2) 완전경쟁시장의 개별기업이 직면하는 수요곡선

① 완전경쟁시장에서는 다수의 공급자가 동질적인 제품을 공급하므로 수요자, 공급자 모두 가격에는 영향을 미칠 수 없는 가격순응자(price taker)이다.

② 따라서 개별기업은 시장수요와 시장공급에 의해 결정된 가격을 그대로 수용하므로 완전경쟁시장의 기업은 수평선 형태의 수요곡선(수요의 가격탄력성은 ∞)에 직면하게 된다. 그리고 수요곡선이 수평이면 $P = MR = AR = D$가 된다.

▶ 완전경쟁시장의 개별기업이 직면하는 수요곡선

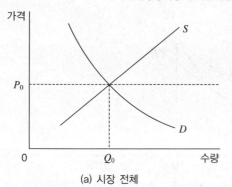

(a) 시장 전체

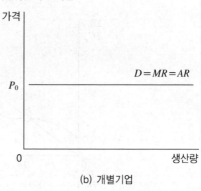

(b) 개별기업

2. 완전경쟁기업의 단기균형

(1) 이윤극대화 조건

① 완전경쟁시장의 개별기업은 주어진 가격은 수용하고 총이윤을 극대화하는 수준에서 산출량을 결정한다.

> 총이윤＝총수입(TR) − 총비용(TC)
> 한계이윤＝한계수입(MR) − 한계비용(MC)

② 여기서 총이윤을 극대화하려면 한계이윤을 0으로 만들면 되므로 이윤극대화 조건은 $MR = MC$이다. 이 조건은 모든 시장에 공통적으로 적용될 수 있다.

③ 단 완전경쟁의 경우에는 $P = MR$이므로 $P(= MR) = MC$에서 산출량을 결정하면 총이윤이 극대화된다.

(2) 산출량 결정(단기균형)

① Q_0에서는 총수입(TR)곡선과 총비용(TC)곡선의 접선의 기울기가 같다. 즉 $MR = MC$이다. 따라서 여기에서 산출량을 결정하면 총이윤이 극대가 된다. E를 단기균형점이라고 한다.

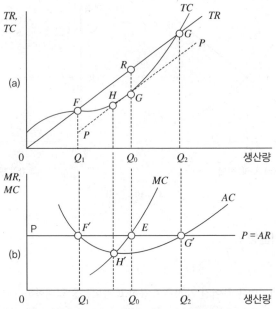

▶ 완전경쟁기업의 단기균형

② 산출량이 Q_0일 때 총수입(OP_0EQ_0)=총비용(OP_1CQ_0) + 총이윤(P_1P_0EC)이다. 이 〈그림〉에서는 평균비용이 가격보다 높으므로 초과이윤이 존재한다.

(3) 손익분기점과 조업중단점

① 한계수입(MR)과 한계비용(MC)이 일치하는 수준에서 산출량을 결정하면 초과이윤이 있을 수 있지만 평균비용(AC)곡선의 위치에 따라 손실을 볼 수도 있다. 즉 평균비용이 가격보다 높으면 손실을 보게 된다. 그러나 손실을 보는 경우에도 이윤극대화 조건에 따라 산출량을 결정하면 손실을 극소화할 수 있다.

▶ 손익분기점과 조업중단점

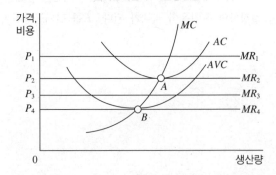

② 〈그림〉에서 가격이 P_1인 경우에는 가격이 평균비용보다 높으므로 총수입＞총비용이 되어 초과이윤이 존재한다.

③ 그러나 가격이 P_2인 경우에는 가격과 평균비용이 같으므로 총수입=총비용이 되고, 따라서 초과이윤은 0이 되고 손실 또한 발생하지 않는다. 평균비용이 최소인 A점을 손익분기점(break-even point)이라고 한다.

④ 한편 가격이 P_3인 경우에는 가격이 평균비용보다 낮으므로 총수입<총비용이 되어 손실이 발생한다. 이런 경우 기업은 생산을 계속할 것인가 여부를 결정해야 하는데 생산을 중단해도 고정비용은 지출되므로 고정비용은 고려하지 않고(매몰비용의 성격이 있음) 가변비용만을 고려하는 것이 합리적이다.

⑤ 즉 가격이 평균비용보다 낮아도 평균가변비용보다 높다면 인건비나 원료비 등은 건질 수 있으므로 생산을 계속하는 것이 유리하다.

⑥ 그러나 B점에서와 같이 가격이 평균가변비용과 같다면 더 이상 생산을 계속할 이유가 없다. 따라서 평균가변비용이 최소인 B점을 조업중단점, 또는 생산폐쇄점(shutdown point)이라고 한다.

(4) 완전경쟁기업의 단기공급곡선

① 완전경쟁시장의 개별기업은 $P = MC$에서 생산량(즉 공급량)을 결정하므로 한계비용곡선이 개별기업의 공급곡선이 된다.

② 그러나 가격이 평균가변비용보다 높아야만 생산을 하므로 정확하게는 평균가변비용(AVC)곡선 이상(또는 조업중단점 이상)의 우상향하는 한계비용(MC)곡선이 개별기업의 공급곡선이 된다.

3. 완전경쟁시장의 장기균형

(1) 단기에서 장기로

① 단기에 완전경쟁기업에 초과이윤이 존재하면 장기에는 새로운 기업의 진입이 증가하고 기존의 기업은 신규투자를 통해 생산시설을 확장한다.

② 이로 인해 장기에는 시장 전체의 공급이 증가하여 시장공급곡선이 오른쪽으로 이동하고 가격은 하락한다.

③ 또한 새로운 기술을 적용한 생산시설이 확장됨에 따라 규모의 경제가 작용하여 단기평균비용(SAC)은 하락하고 이에 따라 장기평균비용(LAC)도 하락한다.

▶ 완전경쟁기업의 장기균형

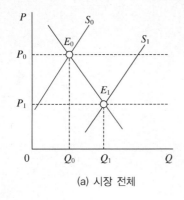

(a) 시장 전체

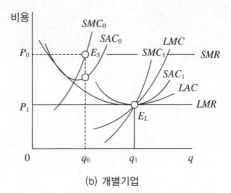

(b) 개별기업

(2) 장기균형

① 장기균형은 이윤극대화 조건인 $LMR = LMC$(또는 $P = LMC$)에서 성립한다. 즉 장기에는 LAC의 최소점에서 균형이 이루어지고 이때 초과이윤은 0이 된다.

② 따라서 장기균형은 SAC와 LAC의 최소점에서 이루어지고, 장기균형에서는 $P = LMR = LMC = LAC = SAC = SMC$가 성립된다.

05 | 실전대비문제

01 어떤 기업의 생산함수는 다음과 같다.

(2016년)

$$q = \begin{cases} 0, & 0 \leq x \leq 1 \\ \sqrt{x} - 1, & \sum x > 1 \end{cases}$$

여기서 q는 산출량, x는 생산요소의 투입량을 나타낸다. 생산요소의 단위당 가격이 1인 경우, 다음 중 이 기업이 양의 이윤을 얻을 수 있는 제품의 시장가격 p의 범위를 바르게 나타낸 것은?

① $p > 1$
② $p > 2$
③ $p > 3$
④ $p > 4$

[해설] 생산요소 투입량이 $0 < x \leq 1$이면 총수입은 0이고 총비용은 0보다 크므로 손실이 발생한다. 그러므로 요소투입량이 $0 < x \leq 1$에서는 이윤이 발생하지 않는다.

생산요소 투입량이 $x > 1$일 때 이윤 발생 가격 범위를 구해보면

$\pi = TR - TC = p(\sqrt{x} - 1) - x$

이윤극대점을 구하기 위해 미분해서 0되는 x를 구해보면

$\dfrac{d\pi}{dx} = \dfrac{p}{2\sqrt{x}} - 1 = 0$

$\therefore x = \dfrac{1}{4}p^2$

위에서 구한 $x = \dfrac{1}{4}p^2$일 때의 이윤을 구해보면

$\pi = p\left(\sqrt{\dfrac{1}{4}p^2} - 1\right) - \dfrac{1}{4}p^2 = \dfrac{1}{4}p^2 - p = p\left(\dfrac{1}{4}p - 1\right)$

이윤이 양의 값을 갖는 양수 p의 범위를 구하면 $p > 4$이다.

답 ④

02 어떤 도시의 A극장에서는 지금까지 "사랑과 우정"이라는 영화가 인기리에 상영되고 있다. A극장의 사장이며 경제학박사인 민철은 현재의 상태를 기준으로 할 때 이 영화에 대한 수요, 즉 관람수요의 가격탄력성이 −1.2라는 것을 알고 있다. 이 상황에서 관람료를 10% 인상하는 경우 관람료 수입액의 변화를 바르게 서술한 것은? (2016년)

① 증가한다.
② 감소한다.
③ 변화가 없다.
④ 주어진 정보만으로는 변화의 방향을 알 수 없다.

[해설] 수요의 가격탄력성이 −1.2이라는 것은 관람료 10% 인상 시 관객 수는 12% 감소한다는 것이다. 따라서 가격증가분보다 관객수감소분의 크기가 더 크므로 가격인상 시 관람료 수입액은 감소한다.

┌─ 심화Tip ┐
수요의 가격탄력성

$$\text{수요의 가격탄력성} = \frac{\text{수요량의 변화율}}{\text{가격변화율}}$$
└────────────┘

답 ②

03 시장의 수요곡선이 우하향하고 평균비용곡선이 U자형일 때, 완전경쟁시장에서 이윤을 극대화하는 기업에 관한 옳은 설명만을 〈보기〉에서 고른 것은? (2017년)

┌─ 보기 ┐
가. 기업들은 장기에 평균비용이 최소화되도록 생산한다.
나. 기업들은 장기에 평균비용과 한계비용이 일치하는 수준에서 생산량을 결정한다.
다. 자유로운 퇴출이 불가능할 때 장기적으로 기업의 이윤은 0보다 크다.
└─────────────────────┘

① 가   ② 가, 나
③ 나, 다   ④ 가, 나, 다

[해설] 가·나. 완전경쟁기업은 장기에 장기평균비용곡선의 최소점에서 생산한다. 따라서 장기균형에서는 평균비용과 한계비용이 일치하는 수준에서 생산량이 결정된다.

다. 자유로운 퇴출이 불가능하다면 기업은 이윤이 발생할 수도, 손실이 발생할 수도 있어 이윤이 0보다 크다고 볼 수 없다.

답 ②

04 완전경쟁기업의 단기공급곡선에 관한 다음 설명 중 가장 옳은 것은? (2016년)

① 한계비용곡선 중 우상향하는 부분이다.
② 한계비용곡선 중 평균비용곡선의 위쪽에 위치하는 부분이다.
③ 한계비용곡선 중 평균가변비용곡선의 위쪽에 위치하는 부분이다.
④ 한계비용곡선 중 평균고정비용곡선의 위쪽에 위치하는 부분이다.

해설
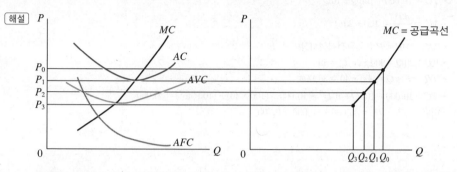

완전경쟁기업의 단기공급곡선은 평균가변비용의 최저점 이상인 한계비용곡선이 단기공급곡선이 된다.

답 ③

05 이윤극대화를 추구하는 K기업의 총수입(TR)은 $TR = 5Q$이고 총비용(TC)은 $TC = 10 + 3Q + 0.05Q^2$
일 때 옳지 않은 것은?(단, Q는 생산량) (2018년)

① 판매가격은 5   ② 이윤극대화 생산량은 20
③ 최대이윤은 15   ④ 고정비용은 10

해설 최대이윤은 이윤극대화 생산량에서의 총수입과 총비용의 차이로
총수입은 $5 \times 20 = 100$, 총비용은 $10 + 3 \times 20 + 0.05 \times 20^2 = 90$으로 최대이윤은 $100 - 90 = 10$이 된다.
①·② 이윤극대화를 추구하는 기업의 판매가격과 생산량은 $MR = MC$에서 결정된다.

$$MR = \frac{dTR}{dQ} = 5, \quad MC = \frac{dTC}{dQ} = 3 + 0.1Q$$이므로 연립해서 풀면 $Q = 20$, $P = 5$가 된다.

④ 고정비용은 TC의 상수항인 10이 된다.

답 ③

06 완전경쟁시장에서 X재를 생산하는 A기업의 총비용함수는 $TC = 10,000 + 100Q + 10Q^2$이고, X재의 시장가격은 단위당 900이다. 이 기업의 극대화된 이윤(profit)은?(단, Q는 생산량이다) (2020년)

① 0

② 6,000

③ 12,000

④ 16,000

[해설] • $TC = 10,000 + 100Q + 10Q^2$

• $MC = \dfrac{dTC}{dQ} = 100 + 20Q$

• $MC = MR = P$ (∵ 완전경쟁시장)

• $100 + 20Q = 900$, ∴ $Q = 40$

• $TR = P \times Q = 900 \times 40 = 36,000$

• $TC = 10,000 + 100Q + 10Q^2 = 10,000 + (100 \times 40) + (10 \times 40^2) = 30,000$

• 이윤 $= TR - TC = 36,000 - 30,000 = 6,000$

답 ②

07 단기 완전경쟁시장에서 이윤을 극대화하는 A기업의 현재 생산량에서 한계비용은 50, 평균가변비용은 45, 평균비용은 55이다. 시장가격이 50일 때 옳은 것을 모두 고른 것은?

> ㄱ. 손실이 발생하고 있다.
> ㄴ. 조업중단(shut-down)을 해야 한다.
> ㄷ. 총수입으로 가변비용을 모두 충당하고 있다.
> ㄹ. 총수입으로 고정비용을 모두 충당하고 있다.

① ㄱ, ㄴ

② ㄱ, ㄷ

③ ㄴ, ㄷ

④ ㄴ, ㄹ

[해설] ㄱ. $P < AC (= TR < TC)$이므로 손실이 발생하고 있다.

ㄴ·ㄷ. 손실이 발생하고 있으나 $P > AVC (= TR > TVC)$이므로 가변비용을 충당할 수 있고 따라서 생산을 계속하는 것이 유리하다.

ㄹ. 고정비용은 매몰비용의 성격이 있으므로 고려하지 않는다.

답 ②

08 완전경쟁시장의 시장수요함수는 $Q = 1700 - 10P$이고, 이윤극대화를 추구하는 개별기업의 장기평균비용함수는 $LAC(q) = (q - 20)^2 + 30$으로 모두 동일하다. 장기균형에서 기업의 수는?(단, Q는 시장 거래량, q는 개별기업의 생산량, P는 가격이다).

① 100

② 90

③ 80

④ 70

해설) 완전경쟁시장의 장기균형은 LAC의 최저점에서 이루어지고, $P = LAC = LMC$가 성립한다. 개별기업의 장기평균비용함수가 $LAC(q) = (q - 20)^2 + 30$이므로 $q = 20$일 때 최소 LAC는 30이다. 따라서 장기균형에서 개별기업은 20단위를 생산하며, 장기균형가격 $P = 30$이다.

$P = 30$을 시장수요함수에 대입하면 시장 전체의 거래량 $Q = 1,400$이다.

따라서 개별기업의 수 = 11,400/20 = 70개다.

답 ④

---

09 완전경쟁시장에서 개별기업의 단기총비용곡선이 $STC = a + \dfrac{q^2}{100}$일 때 단기공급곡선 q_S는?(단, a는 고정자본비용, q는 수량, p는 가격이다)

① $q_S = 50p$

② $q_S = 60p$

③ $q_S = 200p$

④ $q_S = 300p$

해설) 완전경쟁시장에서 개별기업의 단기공급곡선은 조업중단점(생산폐쇄점) 이상의 단기한계비용곡선이다.

$STC = a + \dfrac{q^2}{100}$를 미분하면 $MC = \dfrac{1}{50}q$이다. $p = MC$에서 균형이 이루어지므로 $p = \dfrac{1}{50}q$이고 $q_S = 50p$이다.

답 ①

---

10 완전완전경쟁시장에서 이윤극대화를 추구하는 기업들의 장기비용함수는 $C = 0.5q^2 + 8$로 모두 동일하다. 시장수요함수가 $Q_D = 1,000 - 10P$일 때, 장기균형에서 시장 참여기업의 수는?(단, C는 개별기업 총비용, q는 개별기업 생산량, Q_D는 시장 수요량, P는 가격을 나타낸다)

① 150

② 210

③ 240

④ 270

해설) 장기비용함수는 $C = 0.5q^2 + 8$에서 장기평균비용함수 $LAC = 0.5q + \dfrac{8}{q}$이다. LAC의 최저점에서 장기균형이 성립하는데 LAC의 최저점에서는 접선의 기울기가 0이 되므로 LAC를 미분한 후 0으로 하여 q를 구한다.

$\dfrac{dLAC}{dq} = 0.5 - \dfrac{8}{q^2} = 0$이고 $q = 4$이다.

이를 LAC함수에 대입하면 $LAC = 4$이고, 이는 P와도 같다(장기균형에서는 $P = LAC = LMC$이다).

이제 $P = 4$를 시장수요함수에 대입하면 $Q_D = 1,000 - 10P = 960$이 된다. 따라서 개별기업의 수 = $\dfrac{960}{4} = 240$이다.

답 ③

11 완전경쟁시장에서 이윤을 극대화하는 개별기업의 장기비용함수가 $C = Q^3 - 4Q^2 + 8Q$이다. 완전경쟁시장의 장기균형가격(P)과 개별기업의 장기균형생산량(Q)은?(단, 모든 개별기업의 장기비용함수는 동일하다)

① $P = 1, \ Q = 1$

② $P = 1, \ Q = 2$

③ $P = 2, \ Q = 4$

④ $P = 4, \ Q = 2$

[해설] 완전경쟁시장의 장기균형은 LAC의 최저점에서 이루어지고 $P = LAC = LMC$가 성립한다.

$LAC = \dfrac{C}{Q} = Q^2 - 4Q + 8$이다. LAC의 최저점에서 접선의 기울기는 0이므로 이를 미분한 후 0으로 두면

$\dfrac{dLAC}{dQ} = 2Q - 4 = 0$이고 균형생산량은 $Q = 2$이다. 이를 LAC에 대입하면 최소장기평균비용은 4이고, $P = 4$가 된다.

답 ④

12 완전경쟁시장에서 시장수요함수가 $Q = 1,000 - P$이고 기업들의 장기평균비용은 생산량이 10일 때 100원으로 최소화된다. 이때 장기균형에 관한 설명으로 옳지 않은 것은?(단, Q는 수요량, P는 가격이다)

① 개별기업의 초과이윤은 0원이다.

② 개별기업의 생산량은 10이다.

③ 균형가격은 100원이다.

④ 시장에는 100개의 기업이 존재하게 된다.

[해설] 완전경쟁시장의 장기균형은 LAC의 최저점에서 이루어지고 $P = LMC = LAC$의 관계가 성립한다. 주어진 내용으로 보면 장기균형에서 $P = LMC = LAC = 100$원이고, 균형생산량은 10이다.

① 장기균형에서는 $P = LAC$, 즉 $TR = TC$이므로 개별기업의 초과이윤은 0원이다.

④ 시장수요함수 $Q = 1,000 - P$에서 $P = 100$이므로 시장의 생산량 $Q = 900$이다. 개별기업의 균형생산량은 10이므로 시장에는 $\dfrac{900}{10} = 90$개의 기업이 존재하게 된다.

답 ④

13 완전경쟁시장에 참여하는 모든 기업의 비용함수가 동일하며 평균비용곡선이 U자형이다. 다음 설명 중 옳지 않은 것은?

① 기업은 가격수용자로서 행동한다.

② 단기에 경제적 이윤이 발생할 수 있다.

③ 기업의 진입·퇴출이 자유로운 장기에는 경제적 이윤은 0이다.

④ 장기균형에서 한계비용은 평균비용보다 높다.

[해설] 완전경쟁시장의 장기균형은 SAC와 LAC의 최저점에서 이루어지고 $P=SAC=LAC=SMC=LMC$의 관계가 성립한다. 장기균형에서 초과이윤은 0이 된다.

답 ④

14 완전경쟁시장에서 이윤극대화를 추구하는 A기업의 총비용함수는 $TC=Q^2+3Q+10$이며, 재화의 가격이 13이다. 이때 A기업의 생산자잉여는?(단, TC는 총비용이고, Q는 생산량이다)

① 15

② 20

③ 25

④ 30

[해설] 총비용함수를 미분하면 $MC=\dfrac{dTC}{dQ}=2Q+3$이다. $P=MC$에서 생산량을 정하므로 $2Q+3=13$에서 이윤극대화 생산량은 $Q=5$이다. MC곡선의 절편이 3이므로 생산자잉여는 $\dfrac{1}{2}\times(13-3)\times5=25$이다.

답 ③

06 | 독점시장

제1절   독점의 유형과 발생원인

1. 독점의 의미와 유형

(1) 독점의 뜻

독점(monopoly)시장이란 한 개의 기업이 시장 전체의 공급을 담당하는 시장 형태를 말한다.

(2) 독점의 유형

① 독점에는 수요자가 한 기업인 수요독점(monopsony)도 있고, 수요자와 공급자가 모두 한 기업인 쌍방독점(bilateral monopoly)도 있다. 그러나 일반적으로 독점은 공급독점(monopoly)을 의미한다.

② 따라서 독점은 어떤 재화를 생산하는 기업이 하나인 경우, 즉 시장 전체에 대한 공급을 한 기업이 담당하는 경우를 말하므로 독점기업이 직면하는 수요곡선은 우하향하는 시장수요곡선이다. 또한 완전한 독점이 되기 위해서는 대체재도 존재하지 말아야 한다.

2. 독점의 발생원인

(1) 원료 공급을 독점하는 경우

희귀한 자원이나 요소의 독점 사용권을 가진 경우에 그러한 자원이나 요소를 사용하는 산업은 독점화될 수 있다.

(2) 규모의 경제가 있는 경우(자연적 독점)

① 생산규모가 확대됨에 따라 장기평균비용(LAC)이 하락하는 규모의 경제가 있는 경우에는 다른 기업이 쉽게 진입할 수 없어 독점이 되기 쉽다. 이 경우를 자연독점(natural monopoly)이라고 한다.

② 자연독점의 경우에는 자원배분의 효율성을 위해 공공적인 차원에서 독점을 인정하는 것이 일반적이다.
　　예 전력, 통신, 철도, 상하수도 등

(3) 시장규모가 협소한 경우

시장이 협소해서 한 기업이 시장의 수요를 전부 공급할 수 있는 경우에 독점이 나타나기 쉽다.

(4) 특허권, 독점권 등을 인정받는 경우

정부에 의해서 특허권이나 독점권 등을 인정받는 경우에 독점이 발생하게 되는데 이러한 경우를 법률적 독점이라고 한다.

(5) 기타

예컨대 정부가 특정기업에만 특정한 기계나 원자재의 수입권을 부여한다든가, 저리로 투자자금을 대여하도록 한다든가, 특별히 유리한 산업입지를 배당해 준다든가 함으로써 인위적으로 진입장벽(barriers to entry)을 설정해 주는 경우에 독점이 발생하기 쉽다.

제2절 독점기업의 가격과 산출량

1. 독점기업의 수요곡선과 공급곡선

(1) 독점기업의 수요곡선

① 독점시장은 시장 전체에 대한 공급을 한 기업이 담당하며, 따라서 독점기업이 직면하는 수요곡선은 우하향하는 시장수요곡선이다.

② 따라서 독점기업의 한계수입(MR)곡선은 수요곡선의 아래에 위치하고 독점기업의 가격은 한계수입보다 높다($P > MR$).

③ 독점기업의 경우에도 평균수입은 가격과 같으므로 평균수입(AR)곡선은 수요곡선(D)과 일치한다. 반면 독점기업의 한계수입(MR)곡선은 수요곡선과 가격축의 절편은 같고 기울기는 두 배가 된다.

④ 독점기업의 수요곡선과 평균수입곡선, 한계수입곡선 간의 관계를 살펴보면 다음 〈그림〉과 같다.

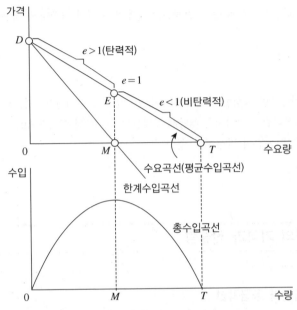

▶ 독점기업의 수요곡선과 한계수입곡선

⑤ 〈그림〉에서 DT는 수요곡선이자 평균수입곡선이고, DM은 한계수입곡선이다. 아래 〈그림〉에서는 한계 수입과 총수입 간의 관계를 보여주고 있다. 즉 한계수입이 0보다 크면 총수입은 증가하고, 한계수입이 0이면 총수입은 극대, 한계수입이 0보다 작으면 총수입이 감소하는 관계를 보여주고 있다.

⑥ 이러한 사실로부터 우리는 한계수입과 평균수입, 그리고 수요탄력성 간의 관계를 명확히 할 수 있는데 그 관계는 다음과 같다. 여기서 e는 수요의 가격탄력성을 나타낸다. 이 식을 아모로소–로빈슨(Amoroso-Robinson) 식이라고 하는데 $MR = \dfrac{dTR}{dQ}$의 정의로부터 수리적으로 증명된다.

$$MR = P\left(1 - \frac{1}{e}\right) = AR\left(1 - \frac{1}{e}\right)$$

⑦ 완전경쟁시장의 경우처럼 수요의 가격탄력성(e)이 무한대이면 $P = AR = MR$의 관계가 성립한다. 또한 수요의 가격탄력성이 1이면 $MR = 0$이 됨을 알 수 있다. 그리고 수요탄력성이 탄력적이면($e > 1$) 한계수 입은 양(+)이고 수요탄력성이 비탄력적($e < 1$)이면 한계수입은 음(–)이 되는 것도 확인할 수 있다.

(2) 독점기업의 공급곡선

완전경쟁기업의 경우에는 조업중단점 이상(즉 AVC 이상)의 한계비용곡선이 개별기업의 공급곡선이었지만 독점기업의 경우에는 가격과 공급량 간에 일정한 비례관계가 존재하지 않으므로 공급곡선은 존재하지 않는 다. 즉 공급곡선은 정의되지 않는다.

2. 독점기업의 단기균형

(1) 단기균형

① 시장수요곡선이 주어지면 이에 따라 독점기업은 독점이윤을 극대화하는 가격과 산출량을 결정한다. 독점기업의 이윤극대화 조건인 $MR = MC$에서 가격과 산출량을 결정하면 독점기업의 이윤이 극대화 된다.

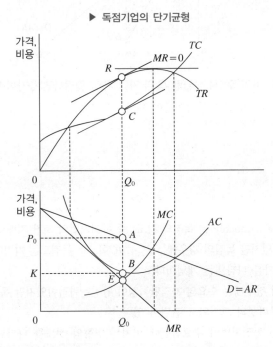

▶ 독점기업의 단기균형

② 독점기업의 이윤극대화 조건은 완전경쟁의 경우와 동일하다. 그러나 MR곡선의 기울기가 완전경쟁과 다르다. 또한 독점기업의 경우에도 항상 초과이윤이 있는 것은 아니고 평균비용(AC)곡선의 위치가 수요곡선보다 위에 있는 경우에는 손실을 볼 수도 있다.

③ 독점기업의 장기균형과 독점산업의 균형

독점시장의 경우에는 단기에 초과이윤을 얻고 있다고 해도 장기에 새로운 기업이 진입할 수 있는 것이 아니다. 따라서 장기균형도 단기균형과 차이가 거의 없다. 또한 독점기업은 한 기업이 시장 전체를 지배하므로 독점시장의 균형(또는 독점산업의 균형)도 독점기업의 균형과 차이가 없다.

(2) 생산비가 들지 않는 경우

① 독점기업의 균형을 처음으로 분석한 쿠르노(A. Cournot)는 온천의 경우를 예로 들어 독점기업의 가격과 산출량 결정문제를 분석하였다.

② 온천의 경우 고정비용은 들지만 가변비용이 들지 않으므로 $TVC = AVC = MC = 0$이고 따라서 $MR = MC = 0$인 곳에서 가격과 산출량을 결정한다.

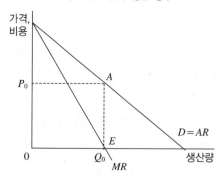

▶ 생산비가 들지 않는 경우

③ 〈그림〉에서 $MR=0$인 E에서 산출량 Q_0와 가격 P_0를 결정하면 총가변비용(TVC)이 0이므로 사각형의 면적인 총수입(TR)이 그대로 총이윤이 된다.

3. 독점도

(1) 독점도의 의의

① 독점도(degree of monopoly)는 독점의 강도, 즉 독점기업의 시장 지배력을 나타낸다. 완전경쟁의 경우에는 $P=MC$이었지만 독점의 경우에는 $P>MC$이므로 독점도는 가격(P)과 한계비용(MC)의 차이가 어느 정도 되는가를 나타내는 개념이다.

② 또한 완전경쟁의 경우에는 수요의 가격탄력성이 완전탄력적이었지만 독점의 경우에는 비탄력적이므로 독점도는 수요탄력성의 크기와도 관련이 있다.

③ 따라서 독점도는 독점기업이 수요곡선에 미치는 영향의 정도를 나타낸다고도 볼 수 있다.

(2) 러너의 독점도

① 러너(A.P. Lerner)는 가격과 한계비용의 차이가 클수록 시장지배력이 크다는 점에 착안하여 다음과 같이 독점도의 개념을 제시한다.

$$Dm = \frac{P-MC}{P}$$

② 러너의 독점도는 $0 \leq Dm \leq 1$이다. 완전경쟁의 경우에는 $P=MC$이므로 $Dm=0$이고 완전독점의 경우 $Dm=1$이 된다.

(3) 힉스의 독점도

힉스(J.R. Hicks)의 독점도는 러너의 독점도 식으로부터 도출된다. 힉스의 독점도는 수요탄력성의 역수 $\left(\frac{1}{e_D}\right)$이다. 따라서 완전경쟁시장의 경우 수요탄력성이 무한대이므로 독점도는 0이 된다.

4. 가격차별

(1) 가격차별의 의미

가격차별(price discrimination)은 독점기업이 독점이윤 이상으로 이윤을 증대시키기 위하여 동일한 생산물을 서로 다른 가격으로 판매하는 것을 말한다. 예 수출품의 국내시장 가격과 해외시장 가격의 차별, 주야간 전화 전기요금 할인, 영화관의 조조할인이나 학생할인 등

(2) 가격차별의 조건(3급 가격차별의 요건)

① 시장의 분리가 가능해야 하고, 계속적으로 분리되어야 한다.

② 분리된 시장 간에 가격을 차별화한 상품의 유통, 즉 재판매가 허용되지 말아야 한다.

③ 분리된 두 시장에서 수요의 가격탄력성이 달라야한다. 이 경우 수요탄력성이 작은 시장에서 더 높은 가격이 정해진다.

④ 시장 지배력이 있어야 한다. 즉 가격차별화는 독점기업, 또는 과점기업들이 카르텔을 결성하여 공동행위를 하는 경우에 가능하다.

(3) 가격차별의 유형

① 1급(first degree) 가격차별 : 완전가격차별

  ㉠ 1급(또는 1차) 가격차별은 각 단위의 재화에 대하여 소비자들의 지불용의가격을 책정하는 것이므로 재화단위마다 가격은 다 다르다.

  ㉡ 소비자잉여는 존재하지 않고, 전부 독점기업의 이윤으로 귀속되므로 분배면에서 가장 불공평하다.

  ㉢ 보상수요곡선과 한계수입곡선이 일치하고, $P=MC$가 성립하므로 완전경쟁시장과 같은 생산량을 생산하고 자원배분은 효율적이다.

② 2급(second degree) 가격차별

  ㉠ 2급(또는 2차) 가격차별은 재화의 구입수량에 따라 다른 가격을 설정하는 것이다. 대량구입하거나 사용량이 많으면 가격을 할인해주는 것이다.

  ㉡ 소비자잉여의 일부가 독점기업으로 귀속된다.

  ㉢ 가격차별이 없는 경우와 비교하면 생산량이 증가하므로 자중손실(deadweight loss)이 감소하여 자원배분의 효율성이 개선된다.

③ 3급(third degree) 가격차별

  ㉠ 3급(또는 3차) 가격차별은 전체 시장을 수요의 가격탄력성이 다른 시장으로 분할하여 서로 다른 가격을 설정하는 것이다.

  ㉡ 두 시장의 한계수입을 MR_1, MR_2라고 하면 이윤극대화 조건은 $MR_1 = MR_2 = MC$이다.

  ㉢ $MR_1 = MR_2$에서 앞에서 본 Amoroso-Robinson 공식을 이용하면 다음의 관계가 성립한다.

$$P_1\left(1-\frac{1}{e_1}\right)= P_2\left(1-\frac{1}{e_2}\right)$$

  ㉣ 따라서 $e_1 > e_2$이면 $P_1 < P_2$의 관계가 성립하므로 수요의 가격탄력성이 작은 시장에서 높은 가격을 설정한다.

⑩ 독점기업은 수요의 가격탄력성이 비탄력적인 수요곡선상에서는 생산을 하지 않으므로 e_1, $e_2 > 1$이
어야 한다.

제3절　독점의 경제적 효과와 독점 규제

1. 독점의 경제적 효과

(1) 유휴시설 보유

① 완전경쟁기업의 장기균형은 SAC와 LAC의 최저점에서 이루어진다. 그러나 독점기업은 LAC의 최저
점에서 생산하지 않는다.

② 즉 독점기업은 과소 규모의 시설을 과소 이용함으로써 유휴시설(즉 초과생산능력)을 보유하게 되어 자원
의 비효율적 배분이 이루어진다.

(2) 자원의 비효율적 배분

완전경쟁기업은 $P = MC$에서 생산량을 결정한다. 그러나 독점기업의 경우에는 항상 $P > MC$에서 가격과
생산량을 결정하므로 자원의 비효율적 배분이 이루어진다.

(3) 경제발전에 유리

기업의 규모가 커짐으로써 규모의 경제 → LAC의 하락, R&D투자가 용이하고 따라서 독점은 경제발전에
유리하게 작용할 수도 있다.

2. 독점의 규제

(1) 최고가격 설정

① 정부가 독점기업에 대해 가격의 상한선인 최고가격을 설정하면 독점기업은 생산량을 증가시킨다. 따라서
가격은 낮아지고 생산량은 증가함으로써 자원배분이 더 효율적이 된다.

② 소비자잉여의 증가분이 생산자잉여의 감소분을 초과하게 됨에 따라 사회후생은 증가한다.

(2) 조세부과

① 총괄세

㉠ 총괄세(lump-sum tax)는 산출량에 관계없이 고정적으로 부과된다. 따라서 기업은 이를 고정비용으
로 간주하므로 AC는 증가, MC는 불변이다.

㉡ 이에 따라 가격과 산출량은 불변이고, 독점이윤은 감소한다. 결국 소비자잉여는 변동이 없고 생산자
잉여만 감소하게 된다.

② 종량세

  ㉠ 종량세(specific tax)는 산출량 1단위당 일정 액수로 부과되는 조세이다. 따라서 종량세가 부과되면 AC와 MC 모두 증가한다.

  ㉡ 이에 따라 가격은 상승하고 산출량은 감소한다. 결국 조세 중 일부는 생산자가 부담하고 일부는 소비자가 부담한다. 그리고 자원배분은 더욱 더 비효율적으로 된다.

③ 종가세

  ㉠ 종가세(ad valorem tax)는 판매가격을 기준으로 부과되는 조세이다. 종가세가 부과되는 AC와 MC는 변화가 없고 수요곡선과 한계수입곡선만 왼쪽으로 이동한다.

  ㉡ 이에 따라 가격은 상승하고 산출량은 감소하여 자원배분은 더욱 더 비효율적으로 된다.

④ 이윤세

  이윤세(profit tax)는 총이윤에 대해 일정 비율로 부과된다. 따라서 이윤세가 부과되면 독점기업의 이윤만 감소하고, 가격과 산출량은 변화가 없다.

06 실전대비문제

01 독점시장에서 이윤극대화를 추구하는 A기업의 수요곡선은 $Q^d = 10 - P$이고 총비용곡선은 $C = 4Q + 6$ 이다. 이에 관한 설명으로 옳지 않은 것은?(단, P는 가격, Q는 생산량이다) (2020년)

① 시장균형 가격은 7이다.

② 생산량 3에서 최대이윤을 얻는다.

③ 정부가 가격을 3으로 규제하면 생산량은 증가한다.

④ 시장균형에서 수요의 가격탄력성은 1보다 크다.

해설

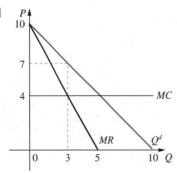

- 수요곡선 : $P = 10 - Q$
- $MR = 10 - 2Q$ (∵ 독점시장)
- 총비용곡선 : $C = 4Q + 6$
- $MC = \dfrac{C}{dQ} = 4$
- $MR = MC$
- $10 - 2Q = 4$, ∴ $Q = 3$, $P = 7$
- $Q = 3$, $P = 7$일 때

수요의 가격탄력성 $= -\dfrac{dQ}{dP} \times \dfrac{P}{Q} = -(-1) \times \dfrac{7}{3} = \dfrac{7}{3}$

- 정부의 규제가격 3이 평균가변비용 4보다 작기에 정부가 가격을 3으로 규제하면 A기업은 생산을 중단할 것이다.

답 ③

02 독점기업 A가 당면하고 있는 시장수요는 $Q=100-P$이다. 다음 설명 중 옳은 것을 모두 고르면?(단, Q는 수요량, P는 가격이다)

> ㄱ. 수요량이 50일 때 수요의 가격탄력성은 1/3이다.
> ㄴ. 수요의 가격탄력성이 1인 점에서의 한계수입은 0이다.
> ㄷ. 판매수입이 극대화되는 점에서 수요의 가격탄력성은 1이다.
> ㄹ. 수요의 가격탄력성이 1보다 클 때, 가격이 상승하면 판매수입이 증가한다.

① ㄱ, ㄴ   ② ㄴ, ㄷ

③ ㄱ, ㄷ, ㄹ   ④ ㄴ, ㄷ, ㄹ

[해설] ㄱ. (×) 수요량 50일 때 가격은 50이며 이때의 가격탄력성을 구해보면

$$가격탄력성=-\frac{dQ}{dP}\cdot\frac{P}{Q}=-(-1)\cdot\frac{50}{50}=1$$

ㄴ. (○) 독점기업의 한계수입은 다음과 같다.

$$MR=P\left(1-\frac{1}{\epsilon}\right)\ (\epsilon : 수요의\ 가격탄력성)$$

위 공식에 의하면 수요의 가격탄력성이 1인 경우 한계수입은 0이 됨을 알 수 있다.

ㄷ. (○) 독점기업의 수요의 가격탄력성, 한계수입, 총수입 간의 관계는 다음과 같다.

- $\epsilon>1\ \to\ MR>0\ \to\ TR$ 증가
- $\epsilon=0\ \to\ MR=0\ \to\ TR$ 극대
- $\epsilon<1\ \to\ MR<0\ \to\ TR$ 감소

ㄹ. (×) 수요의 가격탄력성이 1보다 클 때, 가격이 상승하면 판매량이 가격 상승폭보다 훨씬 더 큰 폭으로 감소하기에 판매수입이 감소하게 된다.

답 ②

---

03 독점기업의 시장독점력에 관한 다음 서술 중 옳은 것을 모두 고른 것은?

> ㉠ 수요가 가격에 더 탄력적일수록 이윤극대생산량에서 가격 대비 한계비용의 비율이 커진다.
> ㉡ 러너(Lerner)지수는 기업의 독점력을 나타내는 지수 중 하나이다.

① ㉠   ② ㉡

③ ㉠, ㉡   ④ 모두 옳지 않다.

[해설]

$$㉠\ dm=\frac{P-MC}{P}=\frac{P-MR}{P}=\frac{P-P\left(1-\frac{1}{\epsilon}\right)}{P}=\frac{1}{\epsilon}\left(\because\ MR=MC,\ MR=P\left(1-\frac{1}{\epsilon}\right),\ \epsilon=수요의\ 가격탄력성\right)$$

위 식을 보면 수요의 가격탄력성이 높아질수록 독점력은 낮아지며 이는 수요의 탄력성이 높아질수록 가격과 한계비용의 차이는 작아짐을 나타낸다. 그러므로 수요의 가격탄력성이 높아질수록 한계비용의 비율이 커진다는 사실을 알 수 있다.

㉡ 러너의 독점도는 어떤 기업의 독점력의 크기를 나타내는 방법으로 $dm=\frac{P-MC}{P}$로 표현되며 그 값이 클수록 독점력이 크다는 것을 나타낸다.

답 ③

04 독점시장에서 가격상한제를 실시할 때 독점기업의 생산량 변화로 옳은 것은?(단, 시장수요곡선은 우하향하며, 제도 시행 후에도 독점기업의 이윤은 0보다 크다) (2017년)

① 생산량이 증가할 것이다.
② 생산량이 감소할 것이다.
③ 생산량이 변화하지 않을 것이다.
④ 생산량이 증가하다가 감소할 것이다.

[해설]

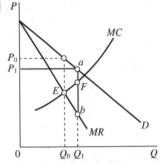

- 가격상한제를 실시하지 않을 경우에 독점기업은 이윤극대화되는 생산량에 가격을 설정할 것이므로 생산량은 Q_0, 가격은 P_0가 된다.
- 정부가 가격상한제를 실시하게 되어 가격이 P_1으로 가격상한을 설정하면 P_1 이상의 가격은 받을 수 없기에 수요곡선은 P_1에서 수평선이 된다.
- 가격이 P_1일 경우 a점에서 소비자들은 재화를 소비하고 만약 가격이 낮아지면 소비자들의 수요량은 증가하게 되어 P_1보다 낮은 가격에서는 원래의 수요곡선과 일치한다. 따라서 가격 P_1에서 가격상한제를 실시할 경우에 독점기업의 수요곡선은 a점에서 꺾인 모형이 된다.
- 수요곡선이 수평인 구간에서는 한계수입곡선과 수요곡선이 일치하고, 가격이 P_1보다 낮은 경우에는 한계수입곡선이 처음 한계수입곡선과 일치해 점 a와 점 b 사이에서는 한계수입곡선이 수직선으로 나타난다.
- 가격상한제 실시 후 이윤극대화는 F점에서 이루어져 독점기업의 생산량은 Q_1이 될 것이다. 따라서 가격상한제를 실시할 경우에 독점기업은 가격은 낮아지고 생산량은 증가하게 된다.

[답] ①

05 독점기업에 관한 설명으로 옳은 것은?(단, 수요곡선은 우하향하는 직선이고, 한계비용곡선은 우상향하는 직선) (2018년)

① 한계수입과 한계비용이 일치하도록 생산하면 항상 양(+)의 이윤을 얻는다.
② 한계수입은 가격보다 높다.
③ 평균비용이 가격보다 낮으면 양(+)의 이윤을 얻는다.
④ 이윤극대화 공급량에서는 수요의 가격탄력성이 1보다 작다.

[해설] 평균비용이 가격보다 낮으며 판매수입은 양(+)이 되므로 양(+)의 이윤을 얻음을 알 수 있다.
　① 독점기업은 $MR = MC$인 점에서 생산한다고 해도 단기에는 손실의 가능성이 있다.
　② 독점의 경우에 한계수입곡선이 수요곡선의 하방에 위치해 항상 한계수입이 가격보다 낮음을 알 수 있다.
　④ 독점기업은 항상 수요곡선이 탄력적인 구간에서 생산한다. 따라서 이윤극대화 공급량에서 수요의 가격탄력성이 1보다 큼을 알 수 있다.

[답] ③

06 이윤극대화를 추구하는 독점기업의 수요함수는 $Q=5-0.5P$이고 총비용함수는 $TC=30-2Q+Q^2$이다. 이 독점기업의 이윤에 20%의 세금을 부과한다면?(단, Q는 생산량, P는 가격) (2018년)

① 가격이 20%보다 더 많이 인상될 것이다.

② 가격이 20% 인상될 것이다.

③ 생산량이 20%보다 더 적게 감소할 것이다.

④ 생산량은 변화하지 않을 것이다.

[해설] 이윤세란 기업의 이윤에 부과하는 조세를 말한다. 이윤의 크기는 기간이 종료된 이후에 확정되고 이윤이 확정된 이후에 이윤세가 부과되기 때문에 이윤세는 생산량과 가격결정에 영향을 미치지 않는다. 따라서 생산량과 가격은 조세부과 이전과 동일하다.

답 ④

07 표는 A기업의 판매자료이다. 판매량이 2에서 3으로 증가할 때 한계수입(marginal revenue)은? (2020년)

판매량	1	2	3	4
가 격	10	9	8	7

① −1   ② 1

③ 3   ④ 6

[해설]
• 판매량 2일 때 : $TR=P\times Q=9\times 2=18$
• 판매량 3일 때 : $TR=P\times Q=8\times 3=24$
∴ 한계수입 $=24-18=6$

답 ④

08 독점기업 A가 직면한 시장수요곡선이 $Q_d=10P^{-3}$이고 비용함수가 $c(Q)=2Q$일 때, 이윤을 극대화하는 생산량은?(단, Q_d는 시장 수요량, P는 가격, Q는 생산량이다) (2022년)

① 10   ② 10×2^{-3}

③ 10×3^{-3} ④ 10×5^{-3}

[해설] • 독점기업 A가 직면한 시장수요곡선이 $Q_d=10P^{-3}$이므로 수요의 가격탄력성(ϵ)은 3으로 일정
• $MC=\dfrac{dc}{dQ}=2$
• 독점기업의 이윤극대화 조건 : $MR=MC$
• $MR=MC=P\left(1-\dfrac{1}{\epsilon}\right)=P\left(1-\dfrac{1}{3}\right)=2$, ∴ $P=3$
∴ 이윤극대화 생산량 $=10\times 3^{-3}$

답 ③

09 독점시장에서 기업 A의 수요함수는 $P=500-2Q$이고, 한계비용은 생산량에 관계없이 100으로 일정하다. 기업 A는 기술진보로 인해 한계비용이 하락하여 이윤극대화 생산량이 20단위 증가하였다. 기술진보 이후에도 한계비용은 생산량에 관계없이 일정하다. 한계비용은 얼마나 하락하였는가?(단, P는 가격, Q는 생산량이다)

① 20　　　　　　　　　　　　　　② 40

③ 50　　　　　　　　　　　　　　④ 80

[해설] 독점기업의 수요함수가 $P=500-2Q$이면 한계수입 $MR=500-4Q$이다. 이윤극대화 조건 $MR=MC$에서 이윤극대화 생산량 $Q=100$, $P=300$이다.
기술진보 이후의 한계비용을 X라고 하면 $MR=MC$에서 $500-4Q=X$이고 생산량이 20단위 증가했으므로 $Q=120$을 대입하면 기술진보 이후의 한계비용 $X=20$이 된다. 따라서 한계비용은 80 하락하였다.

답 ④

10 독점기업 A가 직면한 수요함수는 $Q=-0.5P+15$, 총비용함수는 $TC=Q^2+6Q+3$이다. 이윤을 극대화할 때, 생산량과 이윤은?(단, P는 가격, Q는 생산량, TC는 총비용이다)

① 생산량 = 3, 이윤 = 45　　　　　② 생산량 = 3, 이윤 = 48

③ 생산량 = 4, 이윤 = 45　　　　　④ 생산량 = 4, 이윤 = 48

[해설] 수요함수가 $Q=-0.5P+15$이므로 한계수입 $MR=30-4Q$이다. 총비용함수를 미분하면 $MC=6+2Q$이다. $MR=MC$에서 이윤극대화 생산량 $Q=4$이다. 이를 수요함수에 대입하면 $P=22$이다. 총수입 $TR=PQ=88$이다. 총비용 $TC=43$이므로 총이윤 $88-43=45$이다.

답 ③

11 甲국 정부는 독점기업 A로 하여금 이윤극대화보다는 완전경쟁시장에서와 같이 사회적으로 효율적인 수준에서 생산하도록 규제하려고 한다. 사회적으로 효율적인 생산량이 달성되는 조건은?(단, 수요곡선은 우하향, 기업의 한계비용곡선은 우상향한다)

① 평균수입 = 한계비용　　　　　② 평균수입 = 한계수입

③ 평균수입 = 평균생산　　　　　④ 한계수입 = 한계비용

[해설] 완전경쟁시장에서와 같이 사회적으로 효율적인 수준에서 생산하도록 규제하려면 $P=MC$에서 생산하도록 해야 한다. 시장형태와 관계없이 $P=AR$의 관계가 성립하므로 평균수입(AR)=한계비용(MC)에서 생산하게 하여야 한다.

답 ①

12 두 공장 1, 2를 운영하고 있는 기업 A의 비용함수는 각각 $C_1(q_1) = q_1^2$, $C_2(q_2) = 2q_2$이다. 총비용을 최소화하여 5단위를 생산하는 경우, 공장 1, 2에서의 생산량은?(단, q_1은 공장 1의 생산량, q_2는 공장 2의 생산량이다)

① $q_1 = 5$, $q_2 = 0$

② $q_1 = 4$, $q_2 = 1$

③ $q_1 = 3$, $q_2 = 2$

④ $q_1 = 1$, $q_2 = 4$

[해설] 두 공장의 비용함수를 각 기업의 생산 q에 대해 미분하면 $MC_1 = 2q_1$, $MC_2 = 2$이다. 여러 공장에서 생산할 때 총비용을 최소화하려면 MC가 같아야 하므로 $MC_1 = MC_2$에서 $2q_1 = 2$이므로 $q_1 = 1$이다. 총생산량이 5단위이고 $q_1 = 1$이므로 $q_2 = 4$이다.

답 ④

13 독점기업의 가격차별에 관한 설명으로 옳은 것은?

① 1급 가격차별 시 소비자잉여는 0보다 크다.

② 1급 가격차별 시 사중손실(deadweight loss)은 0보다 크다.

③ 2급 가격차별의 대표적인 예로 영화관의 조조할인이 있다.

④ 3급 가격차별 시 수요의 가격탄력성이 상대적으로 작은 시장에서 더 높은 가격이 설정된다.

[해설] ①·② 1급 가격차별은 모든 소비자가 지불용의금액만큼 가격을 지불하므로 소비자잉여는 0이 되고, 사중손실은 발생하지 않는다.
③ 영화관의 조조할인은 시간을 기준으로 시장을 나눈 것이므로 3급 가격차별의 예가 된다.
④ 3급 가격차별 시 한 시장에서의 한계수입은 다른 시장에서의 한계수입과 같다.
3급 가격차별의 균형은 $MR_1 = MR_2 = \cdots = MR_n = MC$이다.

답 ④

14 독점기업 甲은 두 시장 A, B에서 X재를 판매하고 있다. 생산에 있어서 甲의 한계비용은 0이다. 甲이 A, B에서 직면하는 수요함수는 각각 $Q_A = a_1 - b_1 P_A$, $Q_B = a_2 - b_2 P_B$이고, 甲이 각 시장에서 이윤극대화를 한 결과 두 시장의 가격이 같아지게 되는 (a_1, b_1, a_2, b_2)의 조건으로 옳은 것은?(단, a_1, b_1, a_2, b_2는 모두 양(+)의 상수이고, Q_A, Q_B는 각 시장에서 팔린 X재의 판매량이며, P_A, P_B는 각 시장에서 X재의 가격이다)

① $a_1 a_2 = b_1 b_2$

② $a_1 b_1 = a_2 b_2$

③ $a_1 b_2 = a_2 b_1$

④ $a_1 + b_1 = a_2 + b_2$

[해설] 시장 A의 한계수입 $MR_A = \dfrac{a_1}{b_1} - \dfrac{2}{b_1} Q_A$이고, 시장 B의 한계수입 $MR_B = \dfrac{a_2}{b_2} - \dfrac{2}{b_2} Q_B$이다. $MC = 0$이므로 시장 A의 이윤극대화 생산량은 $MR_A = \dfrac{a_1}{b_1} - \dfrac{2}{b_1} Q_A = 0$에서 $Q_A = \dfrac{a_1}{2}$이고 이를 주어진 수요함수에 대입하면 $P_A = \dfrac{a_1}{2b_1}$이다.

같은 방법으로 시장 B의 가격을 구하면 $P_B = \dfrac{a_2}{2b_2}$이다.

이제 $P_A = P_B$이면 $P_A = \dfrac{a_1}{2b_1} = P_B = \dfrac{a_2}{2b_2}$이므로 $a_1 b_2 = a_2 b_1$가 성립한다.

답 ③

15 독점기업 甲이 직면하고 있는 수요곡선은 $Q_D = 100 - 2P$이다. 甲이 가격을 30으로 책정할 때 한계수입은?(단, Q_D는 수요량, P는 가격이다) (2016년)

① -20　　　　　　　　　　　　　　　② 0

③ 10　　　　　　　　　　　　　　　 ④ 40

[해설] 비용함수가 주어져 있지 않으므로 Amoroso-Robinson식 $MR = P\left(1 - \dfrac{1}{e_D}\right)$을 이용하여 MR을 구할 수 있다. $P = 30$일

때 $Q_D = 40$이다. 수요의 가격탄력성 $e_D = -\dfrac{dQ_D}{dP} \times \dfrac{P}{Q} = -(-2)\dfrac{30}{40} = 1.5$이다.

따라서 $MR = 30\left(1 - \dfrac{1}{1.5}\right) = 10$이다.

[답] ③

16 독점기업 甲의 시장수요함수는 $P = 1,200 - Q_D$이고, 총비용함수는 $C = Q^2$이다. 정부가 甲기업에게 제품한 단위당 200원의 세금을 부과할 때, 甲기업의 이윤극대화 생산량은?(단, P는 가격, Q는 생산량, Q_D는 수요량이다)

① 200　　　　　　　　　　　　　　　② 250

③ 300　　　　　　　　　　　　　　　④ 350

[해설] 독점기업의 이윤극대화 조건은 $MR = MC$이다. 여기서 MR은 수요곡선과 가격축의 절편은 같고 기울기는 2배이므로 $MR = 1,200 - 2Q_D$이다. $MC = \dfrac{dC}{dQ}$이므로 $MC = 2Q$이다. 단위당 200원의 세금이 부과되면 그만큼 비용이 증가하므로 이제 $MC = 2Q + 200$이다. MR과 MC를 연립하여 풀면 $1,200 - 2Q_D = 2Q + 200$에서 $Q = 250$이 된다.

[답] ②

17 시장수요가 $Q = 100 - P$이고 독점기업의 비용함수가 $C = 20Q$인 독점시장의 균형에서 수요의 가격탄력성은?(단, Q는 수요량, P는 가격, C는 총비용이고 수요의 가격탄력성은 절댓값으로 표현한다)

① 0.0

② 0.5

③ 1.0

④ 1.5

[해설] 수요곡선 $Q = 100 - P$를 다시 정리하면 $P = 100 - Q$이다. 한계수입곡선은 $MR = 100 - 2Q$이다. $MC = \dfrac{dC}{dQ} = 20$이다.

이윤극대화 조건은 $MR = MC$이므로 $100 - 2Q = 20$이고, 이윤극대화 생산량은 $Q = 40$이다. 이를 수요함수에 대입하면 시장가격은 $P = 60$이다.

$MR = P\left(1 - \dfrac{1}{e_D}\right)$이므로 $20 = 60\left(1 - \dfrac{1}{e_D}\right)$에서 $e_D = 1.5$이다.

또는 $e_D = -\dfrac{\Delta Q}{\Delta P}\dfrac{P}{Q} = 1 \times \dfrac{60}{40} = 1.5$이다. 수요곡선의 기울기가 -1이므로 $\dfrac{\Delta Q}{\Delta P} = 1$이다.

답 ④

18 다음의 독점시장에 대한 설명 중 가장 옳지 않은 것은?

① 장기균형에서 독점기업은 동일한 비용조건의 완전경쟁기업보다 생산량이 적다.

② 생산과정에서 규모의 경제가 존재하면 독점이 나타날 수 있다.

③ 독점시장의 수요함수가 $P = 10 - 2Q$이고 독점기업의 한계비용이 2라고 한다면 이 기업은 이윤을 극대화하기 위해 가격을 2로 결정해야 한다.

④ 시장 간의 상품수요의 가격탄력성이 동일하면 독점기업은 가격차별을 할 수 없다.

[해설] 수요함수가 $P = 10 - 2Q$이고 독점기업의 한계비용이 2일 때 $MR = MC$가 성립하는 데서 이윤극대화수량이 결정된다. 주어진 수요함수에서 $MR = 10 - 4Q$가 도출되므로 $10 - 4Q = 2$에서 이윤극대화 생산량은 $Q = 2$가 된다. 이를 수요함수에 대입하면 이윤극대화 가격은 $P = 10 - 4 = 6$에서 결정되어야 한다.

답 ③

19 독점의 폐해를 시정하기 위해서 독점기업이 공급하는 재화에 대한 물품세를 부과할 경우 다음 설명 중 옳은 것은?

① 생산자잉여는 감소하나 소비자잉여는 변화가 없다.

② 소비자잉여와 생산자잉여 모두 감소하나 잉여의 감소는 조세수입과 같기에 경제적 총잉여의 변화는 없다.

③ 소비자잉여, 생산자잉여, 경제적 총잉여 모두 감소한다.

④ 경제적 총잉여의 감소 혹은 증가 여부는 수요탄력성에 달려있다.

[해설] 물품세는 상품의 수량에 따라 부과되므로 가변비용의 성격을 가진다. 따라서 물품세를 부과하면 한계비용곡선이 상방으로 이동하므로 이윤극대화수량이 감소하고 가격이 오른다. 가격이 오르면 소비자잉여가 감소한다. 판매량이 감소하고 물품세 부담이 증가하면 생산자잉여도 감소한다. 판매량이 감소하므로 경제적 총잉여(소비자잉여+생산자잉여)도 감소한다.

답 ③

07 | 독점적 경쟁시장과 과점시장

제1절 독점적 경쟁시장

1. 독점적 경쟁시장의 특징

(1) 독점적 경쟁시장의 특징

① 독점적 경쟁(monopolistic competition) 시장은 다수의 공급자(완전경쟁적 요소)가 차별화된 제품(독점적 요소)을 생산하므로 기업이 가격에 영향을 미칠 수 있으나, 큰 영향을 미치지는 못하는 시장이다.

② 독점적 경쟁시장의 특징

㉠ 상품의 차별화가 이루어지지만 대체성은 높다.

㉡ 가격경쟁과 함께 비가격경쟁이 행해진다. 따라서 가격에 영향을 미칠 수는 있으나(우하향하는 수요곡선에 직면), 상품의 대체성이 높으므로 수요탄력성은 아주 크다(완전경쟁과 독점의 중간).

　㉪ 음식점, 병원, 약국, 주유소, 의상실 등 소규모의 경쟁업종 대부분

(2) 독점적 경쟁기업이 직면하는 수요곡선

① 독점적 경쟁 시장에서 공급자는 어느 정도 가격에 영향을 미칠 수 있으므로 우하향하는 수요곡선에 직면한다.

② 그러나 상품의 대체성이 높으므로 수요탄력성은 아주 크다. 따라서 독점적 경쟁기업이 판매량을 증가시키기 위해서는 가격을 내려야만 한다.

2. 독점적 경쟁기업의 균형

(1) 단기균형

① 독점적 경쟁기업도 독점기업과 마찬가지로 우하향하는 수요곡선에 직면하므로, 이윤의 극대화를 위해 $MR = MC$인 E에서 산출량(Q_0)을 결정하고 이것이 수요량 D와 일치하는 점에서 가격(P_0)을 결정한다.

② 독점적 경쟁기업도 직면하는 수요곡선과 평균비용곡선의 위치에 따라 손실을 볼 수도 있으나 〈그림〉에서는 초과이윤이 존재한다.

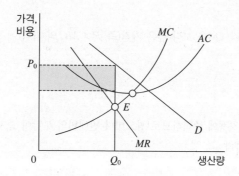

(2) 장기균형

① 단기에 초과이윤이 존재하면, 장기에는 새로운 기업이 진입하여 대체성이 높은 유사상품의 공급이 증가한다. 유사상품의 공급이 증가하면 기존기업의 상품에 대한 수요가 감소하여 수요곡선은 좌측으로 이동하여 장기평균비용(LAC)곡선에 접하고, 대체재가 많아지므로 수요탄력성은 커져 거의 무한대에 접근한다.

② 장기균형은 $LMR = LMC$인 E에서 생산량 Q_0를 결정하고 장기평균비용(LAC)곡선과 D가 겹치는 점에서 가격(P_0)이 이루어지며, 장기균형에서 초과이윤은 소멸된다.

③ 결국 독점적 경쟁시장에서는 개별기업이 직면하는 수요곡선이 우하향함에도 불구하고 초과이윤=0인 장기균형에 도달한다.

④ 완전경쟁시장과 독점적 경쟁시장에서 장기에 초과이윤이 영(0)이 되는 것은 새로운 기업의 진입이 자유로운 경쟁시장이기 때문이다.

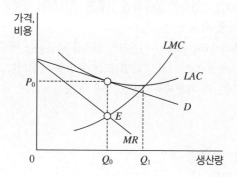

3. 독점적 경쟁의 경제적 효과

(1) 초과생산능력 존재

① 장기에 장기평균비용(LAC)의 최저점보다 높은 비용에서 생산이 이루어지므로 초과생산능력(즉 excess capacity, 과잉설비)이 존재하고, 따라서 자원의 비효율적인 배분이 이루어진다.

② 〈그림〉에서 자원의 효율적 배분이 이루어지는 최적의 생산능력은 LAC의 최저점에 대응하는 Q_1이다. 그러나 Q_0에서 생산이 이루어지므로 $Q_0 Q_1$의 초과생산능력이 존재한다.

(2) 자원의 비효율적 배분

완전경쟁보다 적은 생산량(Q_0)을 보다 높은 가격(즉 $P > MC$의 가격)에 판매하므로 자원의 비효율적 배분이 이루어진다.

(3) 비가격경쟁

가격경쟁과 함께 비가격경쟁에 주력하므로 광고비나 판매비의 부담이 증가하고, 이는 소비자에게 전가되어 소비자의 부담이 증가한다.

제2절   과점시장

1. 과점의 발생원인

(1) 과점의 뜻

동일한, 동종의 상품을 공급하는 기업이 소수(2~4개 기업)인 시장을 과점시장(oligopoly market)이라고 한다. 특히 기업이 2인 경우를 복점(duopoly)시장이라고 한다.

(2) 과점의 유형

① 순수과점(pure oligopoly) : 완전히 동질적인 상품을 공급하는 경우로, 동질적 과점이라고도 한다.
    예 시멘트, 설탕, 밀가루 시장 등
② 제품차별과점(differentiated oligopoly) : 이질적인 상품을 공급하는 과점시장을 의미한다. 즉 상품의 차별화가 이루어지는 과점시장으로 이질적 과점 또는 차별형 과점이라고도 한다.
    예 제조업의 주요 업종, 즉 가전제품, 과자, 승용차 등

(3) 과점의 발생원인

① 절대비용, 즉 고정비용이 높은 경우
② 위험 부담률이 높은 경우
③ 기술 수준이 아주 높은 경우
④ 특허권, 정부의 규제, 법률에 의한 경우

2. 과점시장의 특징

(1) 기업 간의 상호의존성(mutual interdependence)

① 과점시장에서는 한 기업이 가격과 산출량을 변화시키고자 할 때 경쟁기업이 어떤 행동을 보일 것인가를 미리 예상한 후 이에 따라 행동을 결정한다.

② 따라서 과점시장 전체를 설명할 수 있는 과점시장에 대한 일반적인 이론은 존재하지 않고, 경쟁기업의 예상되는 반응에 따른 다양한 이론만 제시되고 있다.

(2) 가격경직성

과점시장에서는 가격경쟁이 치열하므로 가격이 일단 결정되면 경직적(硬直的, rigidity)이다. 과점시장에서의 가격경직성은 스위지(P. Sweezy)의 굴절수요곡선 모델로 설명된다.

(3) 비가격경쟁

과점시장의 기업들은 가격경쟁을 회피하기 위해 광고·선전활동, 사후(AS) 서비스 등 비가격경쟁에 주력한다.

(4) 협조적 경향

가격경쟁으로 인한 불확실성을 회피하기 위해 기업 간에 여러 가지 유형으로 담합이 가능하다.

(5) 높은 진입장벽

소수의 기업이 담합하여 새로운 기업의 진입을 저지하므로 경우에 따라서는 독점보다 높은 진입장벽이 형성된다.

3. 과점시장의 수요곡선 : 굴절수요곡선

(1) 의의

과점기업이 직면하는 수요곡선으로, 스위지(P. Sweezy)의 굴절수요곡선(kinked demand curve) 모델은 과점시장의 가격결정 모델이 아니라, 과점시장의 가격경직성을 설명하는 모델이다. 따라서 최초의 가격결정은 설명해주지 못한다.

(2) 가정

이 모델은 어느 한 기업이 가격을 인하하면 경쟁기업들도 따라서 가격을 인하하지만 가격을 인상하면 경쟁기업은 시장점유율을 높이기 위해 이에 따르지 않는다는 가정하에서 성립되는 모델이다.

(3) 굴절수요곡선

① 두 개의 수요곡선 중 $D_2D'_2$는 모든 과점기업들이 동시에 동일한 방법으로 가격을 변화시키는 경우 한 기업이 직면하는 수요곡선이고, $D_1D'_1$은 한 기업이 가격을 변화시켜도 경쟁기업이 이에 따르지 않을 때 이 기업이 직면하는 수요곡선으로 $D_2D'_2$보다 탄력적이다.

② 그 이유는 한 기업이 가격을 인하하면 경쟁기업의 고객을 유인하여 수요량이 크게 증가하기 때문이다.

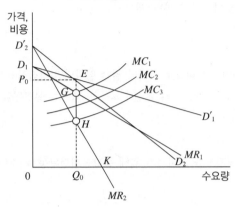

▶ 과점시장의 수요곡선

③ 이제 과점시장의 가격 P_0에서 한 기업이 가격을 인하하면 모든 기업이 가격을 인하하므로 ED_2를 따라 공급이 약간 증가한다. 따라서 가격을 인하할 때의 수요곡선은 ED_2이다.

④ 반면 가격을 인상하면 다른 기업은 이에 따르지 않으므로 ED_1을 따라 수요량은 크게 감소한다. 따라서 가격을 인상할 때의 수요곡선은 ED_1이다.

③ 따라서 과점시장의 수요곡선은 D_1ED_2이고 한계수입곡선은 D_1GHK가 된다. 결국 이 기업은 한계비용이 $MC_1 \sim MC_3$ 사이에 있는 한 가격은 P_0에서 고정되고, 공급량은 Q_0에서 결정된다.

4. 과점시장이론 : 이윤극대화를 목표로 하는 경우

과점시장의 가격과 산출량 결정에 관한 이론은 과점시장의 상호의존성으로 인한 경쟁기업의 다양한 행동(반응)으로 일반적인 이론은 존재하지 않는다. 과점시장이론은 이윤극대화를 목표로 하는 경우와 이윤극대화를 목표로 하지 않는 경우로 구분할 수 있다.

(1) 비협조적 과점
① 비협조적 과점의 의의
  ㉠ 비협조적 과점은 경쟁기업의 예상되는 반응 행동을 가정한 후, 그 가정하에서 기업의 이윤을 극대화하는 가격과 산출량을 결정한다는 이론이다.
  ㉡ 가장 초기의 모형인 쿠르노(A. Cournot)의 경쟁모형과 버트란드(J. Bertrand)의 경쟁모형, 에지워스(F.Y. Edgeworth)의 모형, 체임벌린(E.H. Chamberlin)의 모형, 그리고 가장 대표적인 모델인 스탁켈버그(H.von Stackelberg)의 복점모형 등이 있다.
② 쿠르노의 복점모형
  ㉠ 쿠르노(A. Cournot)의 경쟁모형에서는 동질적인 상품을 생산하는 각 기업은 경쟁기업의 생산량을 예상하고, 경쟁기업이 그 생산량 수준을 유지할 것이라는 가정하에 자신의 생산량을 결정한다.
  ㉡ 이 경우 과점기업의 균형은 각 기업의 생산량과 경쟁기업이 예상한 각 기업의 생산량이 같을 때 이루어진다.

ⓒ 쿠르노 경쟁모형에서의 균형생산량은 독점시장보다는 많고 완전경쟁시장보다는 작은 것이 일반적이다.

③ 버트란드 경쟁모형

㉠ 버트란드(J. Bertrand) 또는 베르트랑 모형에서는 과점시장의 각 기업은 경쟁기업의 가격을 예상하고 경쟁기업이 이 가격을 유지할 것이라는 가정하에 자신의 가격을 결정한다.

㉡ 동질적인 상품을 생산하는 과점기업들이 가격에 대해 경쟁할 때의 균형은 과점산업 내의 가장 낮은 한계비용(MC)에 의해 결정된다. 따라서 이 경우에는 $P = MC$인 완전경쟁과 유사한 균형이 성립한다.

(2) 협조적 과점

① 협조적 과점의 의의

㉠ 과점시장의 상호의존성으로 인한 불확실성을 회피하기 위해 기업들 간에 공동행위(또는 담합, collusion) 협정이 체결된다.

㉡ 공동행위의 유형에는 카르텔(cartel)과 가격선도제(price leadership)가 대표적인데 공개적인 담합은 불법이므로 이 두 가지는 보통 암묵적(implicit)으로 이루어진다.

② 협조적 과점의 유형

㉠ 카르텔(cartel)은 참가기업들이 법률적으로는 독립성을 유지하지만 경제적으로는 독립성을 상실하는 형태이다.

㉡ 결합이윤 극대화 카르텔은 카르텔 중앙기구가 마치 독점기업처럼 행동하는 것으로 다공장 독점모델과 유사하다.

ⓒ 이 경우 참여기업의 한계비용을 수평으로 합하여 산업 전체의 한계비용(MC)곡선을 도출한 후, 시장수요곡선(D)으로부터 도출된 한계수입(MR)과 교차하는 $MR = MC$에서 생산량을 결정하여 결합이윤을 극대화한다. 결정된 생산량은 각 참여기업에 할당한다.

ⓔ 가격선도제(price leadership)는 어느 한 기업이 가격변화를 선도하면 다른 기업은 이에 따르는 유형이다. 이 경우 가격을 선도하는 기업은 지배적인 기업 또는 가장 효율적인 기업이다.

5. 과점시장이론 : 기업의 목표가 이윤극대화가 아닌 경우

(1) 진입저지 가격설정이론(limit price theory)

새로운 기업의 진입을 저지할 수 있는 정도의 낮은 가격수준에서 가격을 결정한다는 주장으로, 베인(J.S. Bain), 실로스-라비니(P. Sylos & Labini), 모딜리아니(F. Modigliani), 바과티(J. Bhagwati), 패시지언(B. Pashigian)의 모델 등이 있다.

(2) 평균비용(AC) 가격설정이론

① 홀과 히치(R.L. Hall & C.T. Hitch)는 미국 내 기업을 대상으로 실증분석을 행한 결과 기업은 $MR = MC$에 의해 단기이윤의 극대화를 추구하는 것이 아니라 장기이윤의 극대화를 추구하고, 따라서 $P = AC(1+m)$에 따라 가격을 결정한다는 사실을 발견하였다(m은 이윤율).

② 즉 기업은 평균비용(AC)을 중심으로 가격을 설정한다는 주장인데 홀과 히치는 이를 비용할증 가격설정이론(full cost pricing)이라고 불렀다.

③ 한편 이와 유사한 것으로 원가가산 가격설정이론(mark up pricing)이 있는데 이는 원가에 일정률의 이윤마진을 가산하여 가격을 결정한다는 이론이다.

6. 게임이론

(1) 게임이론의 의의

① 게임이론(game theory)은 1944년 폰 노이만과 몰겐스테른(J. von Neuman & O. Morgenstern)에 의해 체계화되고 존 내쉬(J. Nash) 등에 의해 발전된 이론으로, 과점시장 연구에 중요한 접근 방법을 제시한다.

② 즉 둘 이상의 과점기업들이 상호의존관계하에서 자신의 이익을 위해 서로 경쟁하는 전략적 상황을 분석하는 이론이다.

(2) 게임이론의 균형

① 게임의 균형은 모든 경기자(player)들이 현재의 결과에 만족하여 더 이상 자신의 전략을 바꿀 유인이 없는 상태를 의미한다.

② 게임이론의 균형에는 우월전략균형, 내쉬균형, 혼합전략내쉬균형, 최소극대화전략균형 등이 있다.

(3) 우월전략균형

① 우월전략균형의 의의

상대방이 어떤 전략을 선택하든 항상 자신에게 최선의 전략이 존재한다면 이것이 우월전략(dominant strategy) 또는 지배전략이다. 모든 참여자가 우월전략을 가지고 있는 경우 성립하는 게임의 균형이 우월전략균형이다.

② 우월전략균형

아래 표는 우월전략균형의 문제를 기업 1과 기업 2의 전략(광고 여부)으로 나타낸 보수행렬(payoff matrix)이다.

		기업 2	
		광고 함(A)	광고 안 함(NA)
기업 1	광고 함(A)	(20, 10)	(30, 5)
	광고 안 함(NA)	(12, 15)	(20, 8)

㉠ 기업 1의 전략 : 기업 1은 기업 2가 어떤 전략을 선택하든 항상 A를 선택하는 것이 최선이다. 따라서 기업 1의 경우 A가 우월전략이다.

㉡ 기업 2의 전략 : 기업 2의 경우에도 기업 1이 어떤 전략을 선택하든 항상 A를 선택하는 것이 우월전략이다.

㉢ 우월전략균형 : 따라서 우월전략균형은 두 기업 모두 A를 선택하는 것이고, 보수는 (20, 10)이다.

(4) 내쉬균형

① 내쉬균형의 의의

⊙ 내쉬균형(nash equilibrium)은 상대방의 전략을 주어진 것으로 보고 자신에게 최적인 전략을 선택하였을 때 도달하는 균형이다.

⊙ 우월전략균형은 내쉬균형의 일부이다. 즉 우월전략균형은 반드시 내쉬균형이 되지만, 내쉬균형은 우월전략균형이 될 수도 있고 되지 않을 수도 있다.

② 내쉬균형

		기업 2	
		광고 함(A)	광고 안 함(NA)
기업 1	광고 함(A)	(20, 11)	(8, 9)
	광고 안 함(NA)	(10, 8)	(9, 19)

⊙ 기업 2가 전략 A를 선택한 것을 주어진 사실로 보는 경우 : 기업 1은 A를 선택하면 이윤이 20이고, NA를 선택하면 이윤이 10이므로 전략 A를 선택하는 것이 최선이다.

⊙ 기업 2가 전략 NA를 선택한 것을 주어진 사실로 보는 경우 : 기업1은 전략 A를 선택하면 이윤이 8이고 NA를 선택하면 이윤이 9이므로 전략 NA를 선택하는 것이 최선이다.

⊙ 따라서 내쉬균형은 (20, 11), (9, 19)의 두 개가 존재하며 이때 우월전략균형은 존재하지 않는다.

③ 내쉬균형의 특징

⊙ 내쉬균형은 쿠르노(Cournot)균형을 일반화시킨 개념이다.

⊙ 일반적으로 우월전략균형은 항상 내쉬균형이지만, 내쉬균형이 반드시 우월전략균형은 아니다. 그 이유는 내쉬균형은 상대방의 최적선택에 대한 자신의 최적선택이므로 모든 전략에 대해 우월한 것은 아니기 때문이다.

⊙ 내쉬균형은 하나 이상 존재할 수 있다.

⊙ 내쉬균형은 현재의 균형상태에서 전략을 변경할 유인이 없으므로 안정적 균형이다.

7. 과점의 경제적 효과

(1) 완전담합

① 과점기업들 간에 완전담합이 이루어지는 경우에는 독점과 거의 유사하다. 즉 완전경쟁기업과 비교할 때 가격은 높고(즉 $P > MC$), 산출량은 적다. 가격은 일반적으로 독점보다는 높고 독점적 경쟁보다는 낮다.

② 즉 과점기업은 장기평균비용(LAC)의 최저점에서 생산하지 않으므로 유휴 생산시설을 보유하게 되고 이에 따라 자원의 비효율적 배분이 이루어진다.

(2) 차별형 과점

차별형 과점의 경우에는 독점적 경쟁과 유사하다. 상품을 차별화하므로, 따라서 비가격경쟁에 주력한다.

07 실전대비문제

01 이윤을 극대화하는 甲은 동네에서 사진관을 독점적으로 운영하고 있다. 사진을 찍으려는 수요자 8명, A∼H의 유보가격은 다음과 같으며 사진의 제작비용은 1명당 12로 일정하다. 다음 중 옳지 않은 것은?(단, 甲은 단일가격을 책정한다)

(2021년)

수요자	A	B	C	D	E	F	G	H
유보가격	50	46	42	38	34	30	26	22

① 甲은 5명까지 사진을 제작한다.

② 8명의 사진을 제작하는 것이 사회적으로 최적이다.

③ 이윤을 극대화하기 위해 甲이 책정하는 가격은 34이다.

④ 甲이 이윤을 극대화할 때 소비자잉여는 45이다.

해설 • 유보가격 : 소비자가 재화를 소비할 때 얻는 한계편익

수요자	A	B	C	D	E	F	G	H
유보가격	50	46	42	38	34	30	26	22
총수입	50	46×2 $= 92$	42×3 $= 126$	38×4 $= 152$	34×5 $= 170$	30×6 $= 180$	26×7 $= 182$	22×8 $= 186$
한계수입	50	42	34	26	18	10	2	−6

※ 가격은 단일가격으로 책정되므로 최종소비자의 유보가격에 의해 가격이 책정됨

사회적으로는 유보가격이 제작비용보다 모두 크기 때문에 8명의 사진을 제작하는 것이 최적이지만 甲은 한계수입이 제작비용보다 크게 되는 경우만 사진을 제작할 것이므로 5명까지만 제작할 것이며 5번 소비자인 E의 유보가격이 최종가격이 된다.

가격이 34인 경우에 E까지의 소비자잉여를 구해보면

소비자잉여 $= (50 - 34) + (46 - 34) + (42 - 34) + (38 - 34) + (34 - 34) = 40$

따라서 甲이 이윤을 극대화할 때 소비자잉여는 40이다.

답 ④

02 X재 시장에 두 기업 A, B만이 존재하고, 공급곡선이 각각 $Q_A = P - 10$, $Q_B = P - 15$일 때, 이에 관한 설명으로 옳은 것을 모두 고르면?(단, 기업 A, B는 가격수용자이고, P는 X재 가격이다)　(2022년)

> ㄱ. 가격이 10보다 낮은 경우에 두 기업 모두 공급하지 못한다.
> ㄴ. 가격이 15인 경우에 시장 공급량은 5이다.
> ㄷ. 가격이 15보다 높은 경우에 두 기업 모두 공급한다.

① ㄱ

② ㄱ, ㄷ

③ ㄴ, ㄷ

④ ㄱ, ㄴ, ㄷ

[해설] ㄱ. (○) A기업은 가격이 10보다 높은 경우에 B기업은 가격이 15보다 높은 경우에 공급하게 되므로 가격이 10보다 낮다면 두 기업 모두 공급하지 못한다.
　　　ㄴ. (○) 가격이 15인 경우 A기업의 공급량은 5이고, B기업의 공급량은 0이므로 시장 공급량은 5이다.
　　　ㄷ. (○) 가격이 15보다 높으면 두 기업의 공급량은 모두 0보다 크다. 따라서 두 기업 모두 공급하게 된다.

답 ④

03 버트란드(Bertrand) 복점기업 A, B가 직면한 시장수요곡선은 $P = 56 - 2Q$이다. 두 기업의 한계비용이 각각 20일 때, 균형가격과 기업 A의 생산량은?　(2022년)

	균형가격	기업 A의 생산량
①	20	9
②	20	12
③	32	9
④	32	12

[해설] 버트란드(Bertrand), 즉 베르트랑 모형의 균형가격은 한계비용과 같으므로 두 기업의 균형가격은 20이 된다.
　　　균형가격 20일 경우 생산량을 구해보면
　　　$P = 56 - 2Q$
　　　$20 = 56 - 2Q$
　　　$\therefore Q = 18$
　　　두 기업이 동일한 균형가격인 경우 두 기업의 생산량은 동일하므로 기업 A의 생산량은 9가 된다.

답 ①

04 독점적 경쟁시장에 관한 설명으로 옳지 않은 것은? (2019년)

① 수많은 공급자가 가격수용자로 행동한다.

② 장기균형에서 기업들의 경제학적 이윤은 0이다.

③ 장기균형에서는 평균비용곡선의 최저점보다 더 적은 양을 생산한다.

④ 수많은 공급자가 서로 차별화된 상품을 공급하지만 공급된 상품들의 대체성이 높다.

[해설] 독점적 경쟁시장에서 공급자는 가격수용자가 아니라 가격설정자로서 행동한다.
   ② 독점적 경쟁시장에 기업들은 정상이윤만 획득하기에 경제학적 이윤은 0이 된다.
   ③ 독점적 경쟁시장에서 장기균형조건은 $P = SAC = LAC > MR = SMC = LMC$ 이므로 생산량은 평균비용곡선의 최저점보다 적은 양을 생산한다.
   ④ 차별화된 상품들이 재화에 근본적인 차이가 날 정도로 차이가 존재하지 않아 공급된 상품들의 대체성이 높다.

답 ①

05 두 운전자 A, B가 서로 마주보고 운전하다가 한쪽이 충돌을 회피하면 지는 치킨게임을 고려하자. 이 게임의 보수행렬이 아래와 같을 때 내쉬균형은 몇 개인가?(단, 행렬에서 보수는 (A의 보수, B의 보수)로 표시한다) (2018년)

구분		B	
		회피	직진
A	회피	(10, 10)	(5, 20)
	직진	(20, 5)	(0, 0)

① 0   ② 1

③ 2   ④ 4

[해설] 내쉬균형은 (회피, 직진), (직진, 회피) 2개가 존재한다.
   A운전자가 회피할 경우에 B운전자는 직진을 선택한다. 그리고 A운전자가 직진할 경우에는 B운전자는 회피를 선택한다. 이 경우는 A운전자와 B운전자의 입장을 바꿔서 생각해도 같다. 따라서 내쉬균형은 (회피, 직진), (직진, 회피) 2개가 존재함을 알 수 있다.

답 ③

06 그림은 A기업과 B기업의 전개형 게임이다. 기업 A와 기업 B는 각각 전략 X와 전략 Y에 따라 다른 보수를 얻는다. 이 전개형 게임의 완전균형은? (2020년)

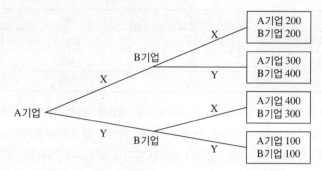

① A기업은 전략 X를, B기업은 전략 Y를 선택
② A기업은 전략 Y를, B기업은 전략 X를 선택
③ 두 기업 모두 전략 X를 선택
④ 두 기업 모두 전략 Y를 선택

해설 • A기업이 전략 X를 선택하게 되면 B기업은 전략 Y를 선택한다.
• A기업이 전략 Y를 선택하게 되면 B기업은 전략 X를 선택한다.
• 위의 두 경우 중 A기업은 전략 Y를 선택할 때의 이득이 더 크므로, A기업은 전략 Y를, B기업은 전략 X를 선택한다.

답 ②

07 3명의 친구 갑, 을, 병은 유럽으로 여름휴가를 가려고 한다. 이들의 선호가 아래 표와 같을 때, 이에 대한 설명으로 옳지 않은 것은? (2021년)

	갑	을	병
제1선택	영국	프랑스	독일
제2선택	프랑스	독일	영국
제3선택	독일	영국	프랑스

① 영국과 프랑스에 대해 투표하고, 여기서 선택된 대안을 독일과 투표하면 독일이 다수결로 결정된다.
② 독일과 프랑스에 대해 투표하고, 여기서 선택된 대안을 영국과 투표하면 영국이 다수결로 결정된다.
③ 독일과 영국에 대해 투표하고, 여기서 선택된 대안을 프랑스와 투표하면 프랑스가 다수결로 결정된다.
④ 콩도르세의 역설(Condorcet Paradox)이 나타나지 않는다.

[해설] 아래 선택된 대안에 차이가 있는 것에서 알 수 있듯이 콩도르세의 역설(Condorcet Paradox), 즉 투표의 역설은 나타난다.
① 영국과 프랑스에 투표 시 갑과 병은 영국, 을은 프랑스를 선택하므로 영국과 프랑스 투표 시 영국이 선택된다. 선택된 영국과 독일을 투표하게 되면 갑은 영국을, 을과 병은 독일을 선택하게 되어 독일이 다수결로 결정된다.
② 독일과 프랑스에 투표 시 갑과 을은 프랑스, 병은 독일을 선택하므로 독일과 프랑스 투표 시 프랑스가 선택된다. 선택된 프랑스와 영국을 투표하게 되면 갑과 병은 영국을, 을은 프랑스를 선택하게 되어 영국이 다수결로 결정된다.
③ 독일과 영국에 투표 시 갑은 영국, 을과 병은 독일을 선택하므로 독일이 선택된다. 선택된 독일과 프랑스를 투표하게 되면 갑과 을은 프랑스를, 병은 독일을 선택하게 되어 프랑스가 다수결로 결정된다.

┤ 심화 Tip ├

콩도르세의 역설(Condorcet Paradox)
다수결이 만능이 아니라는 사실을 보여주는 예로 프랑스 대혁명 시대의 정치가이자 수학자인 콩도르세(Nicolas de Condorcet)가 발견한 역설이다. 투표의 역설이라고도 한다.

[답] ④

---

08 기업 A와 기업 B가 경쟁하고 있는 복점시장의 수요함수는 $P = 150 - Q_M = 150 - (Q_A + Q_B)$, 각 기업의 한계비용은 $MC_A = MC_B = 30$이다. 쿠르노 균형생산량과 이때 A와 B의 이윤을 구하면?(단, P는 시장가격, Q_M은 시장 전체 수요량, Q_A는 A의 생산량, Q_B는 B의 생산량이다) (2021년)

① 20, 800, 800
② 40, 800, 1,600
③ 60, 1,600, 800
④ 80, 1,600, 1,600

[해설] 시장구조가 완전경쟁일 경우의 생산량을 구해보면
$150 - Q = MC = 30$, $Q = 120$
두 기업의 비용함수가 동일한 경우 쿠르노 모형에서의 각 기업의 생산량은 완전경쟁의 $\frac{1}{3}$이므로 각 기업의 생산량은 40이며 시장 전체의 생산량은 80이 된다.
시장 전체의 생산량 80을 복점시장 수요함수에 대입하면 가격은 70이 된다.
고정비용이 없는 경우에 한계비용이 일정하면 한계비용과 평균비용이 동일하게 된다.
따라서 각 기업의 평균비용과 한계비용 모두 30으로 동일하기에 가격에서 평균비용을 차감한 단위당 초과이윤은 모두 40으로 동일하다.
∴ A, B 이윤 = 생산량 × 단위당 초과이윤 = 40 × 40 = 1,600

[답] ④

09 아래 표는 통신시장을 양분하고 있는 기업 A와 기업 B의 보수행렬이다. 기업 A와 기업 B가 전략을 동시에 선택하는 일회성 비협조 게임에 관한 설명으로 옳지 않은 것은?(단, 괄호 속의 왼쪽은 기업 A의 보수, 오른쪽은 기업 B의 보수이다) (2022년)

		기업 B	
		저가요금제	고가요금제
기업 A	저가요금제	(4, 4)	(2, 5)
	고가요금제	(5, 2)	(α, α)

① $0 < \alpha < 2$일 때, 기업 A에게 우월전략이 존재하지 않는다.

② $0 < \alpha < 2$일 때, 내쉬균형(nash equilibrium)이 2개 존재한다.

③ $2 < \alpha < 4$일 때, 기업 B에게 우월전략이 존재한다.

④ $2 < \alpha < 4$일 때, 내쉬균형이 파레토 효율적이다.

[해설] $2 < \alpha < 4$일 때 기업 A와 B 모두 고가요금제를 선택하는 전략이 기업의 보수를 더 크게 하므로 고가요금제를 선택하는 것이 우월전략이 된다. 하지만 두 기업이 단합하여 저가요금제를 선택하게 되면 두 기업이 모두 우월전략을 선택한 것보다 보수는 더 크게 되므로 우월전략이 파레토 효율적이라 할 수 없다.

　① · ② $0 < \alpha < 2$일 때 각 기업은 상대방 기업이 저가요금제를 선택하면 자신은 고가요금제를 선택하고 상대방 기업이 고가요금제를 선택하면 자신은 저가요금제를 선택한다. 따라서 두 기업은 모두 우월전략이 존재하지 않으며, 내쉬균형은 (고가요금제, 저가요금제), (저가요금제, 고가요금제) 2개가 존재한다.

　③ $2 < \alpha < 4$일 때 기업 B는 기업 A가 어떤 전략을 선택하든 고가요금제를 선택하는 것이 보수가 더 크게 되므로 고가요금제를 선택하는 것이 우월전략이다.

답 ④

---

10 다음 중 독점적 경쟁시장의 특성을 옳게 설명한 것은?

① 제품공급자는 소수이나 이질적인 제품을 생산한다.

② 각 공급자는 시장지배력을 갖고 있지 않다.

③ 완전경쟁시장의 경우보다 균형가격은 높고 산출량은 낮으며 각 기업은 최적조업점 이상에서 조업을 하고 있는 비효율이 있다.

④ 개별기업은 단기에는 초과이윤을 얻을 수 있으나 장기에는 정상이윤만 확보한다.

[해설] 독점적 경쟁시장의 단기균형에서는 초과이윤 또는 손실이 발생할 수 있으나 장기균형에서는 초과이윤이나 손실이 발생하지 않는다.

　① 독점적 경쟁시장의 공급자 수는 대단히 많다.

　② 독점적 경쟁시장의 공급자는 가격을 약간 상향조정할 수 있다. 그런 의미에서 약간의 시장지배력을 가진다.

　③ 독점적 경쟁기업은 최적조업점보다 적은 수량을 생산하므로 비효율이 있다.

답 ④

11 다음의 게임이론과 관련된 내용 중 틀린 것은?

① 우월전략을 찾을 수 없는 경우에도 내쉬균형전략은 찾을 수 있다.

② 내쉬균형전략이란 상대방의 전략이 주어져 있을 때 자신의 입장에서 최적인 전략을 뜻한다.

③ 완전균형이란 내쉬조건을 충족시키는 전략의 짝을 뜻한다.

④ 내쉬조건은 상대방이 현재의 전략을 그대로 유지한다고 할 때, 자신만 일방적으로 전략을 바꿈으로써 이득을 볼 수 없다는 조건이다.

[해설] 완전균형이란 (순차게임에서) 내쉬균형뿐 아니라 신뢰성조건(credibility condition)까지 충족시키는 경우를 말한다.

답 ③

12 다음 표는 이동통신시장을 양분하고 있는 甲과 乙의 전략(저가요금제와 고가요금제)에 따른 보수행렬이다. 甲과 乙이 전략을 동시에 선택하는 일회성 게임에 관한 설명으로 옳지 않은 것은?(단, 괄호 속의 왼쪽은 甲의 보수, 오른쪽은 乙의 보수를 나타낸다)

		乙	
		저가요금제	고가요금제
甲	저가요금제	(500, 500)	(900, 400)
	고가요금제	(300, 800)	(700, 600)

① 甲은 乙의 전략과 무관하게 저가요금제를 선택하는 것이 합리적이다.

② 甲이 고가요금제를 선택할 것으로 乙이 예상하는 경우 乙은 고가요금제를 선택하는 것이 합리적이다.

③ 甲과 乙의 합리적 선택에 따른 결과는 파레토 효율적이지 않다.

④ 내쉬균형(nash equilibrium)이 한 개 존재한다.

[해설] ①·② 甲은 乙 모두 상대방의 전략에 관계없이 저가요금제를 선택할 경우의 보수가 더 크다. 따라서 두 기업의 우월전략은 모두 저가요금제이다. 따라서 (500, 500)이 우월전략균형이 된다.
③ 우월전략균형은 (500, 500)이지만 각 기업이 모두 고가요금제를 선택하면 (700, 600)의 보수를 얻을 수 있다. 따라서 甲과 乙의 합리적 선택에 따른 결과는 파레토 효율적이지 않다.
④ 우월전략균형은 내쉬균형(nash equilibrium)에 포함되므로 이 게임에는 내쉬균형이 한 개 존재한다.

답 ②

13 다음은 A국과 B국의 교역관계에 대한 수익행렬(payoff matrix)이다. 이에 관한 설명으로 옳은 것은?(단, 보수쌍에서 왼쪽은 A국의 보수이고, 오른쪽은 B국의 보수이다)

		B국	
		저관세	고관세
A국	저관세	(250, 250)	(300, 100)
	고관세	(100, 300)	(200, 200)

① 내쉬균형은 2개이다.
② 내쉬균형에 해당하는 보수쌍은 (200, 200)이다.
③ 우월전략균형에 해당하는 보수쌍은 (100, 300)이다.
④ B국의 우월전략은 저관세이다.

[해설] 내쉬전략은 상대방의 전략이 주어졌다는 가정하에 자신의 최적전략을 선택하는 것이다. 두 나라 모두 상대국의 전략에 관계없이 저관세를 선택할 때 보수가 더 크기 때문에 두 나라의 우월전략은 모두 저관세이다. 따라서 (저관세, 저관세)이다.

답 ④

14 복점(duopoly)시장에서 기업 A와 B는 각각 1, 2, 3의 생산량 결정 전략을 갖고 있다. 성과보수행렬(payoff matrix)이 다음과 같을 때 내쉬균형은?(단, 게임은 일회성이며, 보수행렬 내 괄호 안 왼쪽은 A, 오른쪽은 B의 보수이다)

		B		
		전략 1	전략 2	전략 3
A	전략 1	(7, 7)	(5, 8)	(4, 9)
	전략 2	(8, 5)	(6, 6)	(3, 4)
	전략 3	(9, 4)	(4, 3)	(0, 0)

① (7, 7), (6, 6), (0, 0)   ② (7, 7), (5, 8), (9, 4)
③ (8, 5), (6, 6), (3, 4)   ④ (9, 4), (6, 6), (4, 9)

[해설] 내쉬전략은 게임 상대방의 전략이 주어졌다는 가정하에 자신의 최적전략을 선택하는 것이다. 기업 B가 전략 1을 선택하면 기업 A는 전략 3을 선택하고, 기업 B가 전략 2를 선택하면 기업 A도 전략 2를 선택하며, 기업 B가 전략 3을 선택하면 기업 A는 전략 1을 선택한다. 또한 기업 A가 전략 1을 선택하면 기업 B는 전략 3을 선택하고, 기업 A가 전략 2를 선택하면 기업 B도 전략 2를 선택하며, 기업 A가 전략 3을 선택하면 기업 B는 전략 1을 선택한다. 따라서 이 게임에는 (전략 1, 전략 3), (전략 2, 전략 2), (전략 3, 전략 1) 등 3개의 내쉬균형이 존재한다.

답 ④

15 복점(duopoly)시장에서 기업 A와 B는 각각 1, 2의 전략을 갖고 있다. 성과보수행렬(payoff matrix)이 다음과 같을 때, 내쉬균형의 보수쌍은?(단, 보수행렬 내 괄호 안 왼쪽은 A, 오른쪽은 B의 보수이다)

		기업 B	
		전략 1	전략 2
기업 A	전략 1	(15, 7)	(8, 6)
	전략 2	(3, 11)	(10, 7)

① (15, 7)

② (8, 6)

③ (10, 7)

④ (3, 11)과 (8, 6)

해설 기업 B가 전략 1을 선택하면 기업 A는 전략 1을 선택할 때의 보수가 더 크고, 기업 B가 전략 2를 선택하면 기업 A는 전략 2를 선택할 때의 보수가 더 크다. 따라서 기업 A에게는 우월전략이 존재하지 않는다. 기업의 B의 경우 기업 A의 전략에 관계없이 항상 전략 1을 선택할 때의 보수가 더 크기 때문에 전략 1이 기업 B의 우월전략이다. 기업 B는 우월전략인 전략 1을 선택할 것이고, 기업 B가 전략 1을 선택하면 기업 A도 전략 1을 선택할 것이므로 (전략 1, 전략 1), 즉 (15, 7)이 이 게임의 내쉬균형이다.

답 ①

08 │ 소득분배

제1절   인적 소득분배

1. 소득분배와 인적 소득분배

분배(distribution)는 인적(계층별) 소득분배와 기능적 소득분배로 구분한다. 인적 소득분배는 소득계층 간 소득분배의 불평등 문제를 말하고, 기능적 소득분배는 생산요소에 대한 소득분배를 말한다.

2. 인적 소득분배의 측정수단

(1) 로렌츠 곡선

① 로렌츠(Lorentz) 곡선은 소득인구의 누적비율과 소득의 누적점유율 간의 대응관계를 표시한 곡선이다.

▶ 로렌츠 곡선

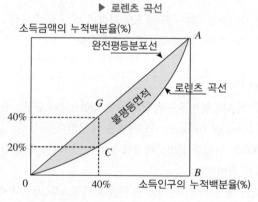

② 로렌츠 곡선이 대각선에 가까이 접근할수록 소득분배는 공평한 것으로 평가한다. 로렌츠 곡선은 소득분 배의 국가별, 연도별, 직업별 단순한 비교가 가능하지만 정확한 비교가 어렵고, 또한 로렌츠 곡선이 교차하는 경우에는 비교가 어렵다는 문제점이 있다.

(2) 지니 계수(Gini coefficient)

① 지니(Gini) 계수(또는 지니 집중계수)는 로렌츠 곡선의 단점을 보완하기 위해 등장한 것으로, 로렌츠 곡선에서 소득분배의 불평등 면적의 크기를 측정한 것이다. 즉

$$\text{지니 계수} = \frac{\text{불평등 면적}}{\text{삼각형 } OAB}$$

이다. 지니 계수의 크기는 $0 \leq G \leq 1$이다. 지니 계수가 0에 가까울수록 소득분배는 공평한 것으로 평가한다.

② 지니 계수를 통해 소득분배의 직업별, 국가별 비교 및 한 국가에서의 연도별 정확한 비교가 가능하다. 그러나 지니 계수는 전 계층의 분배를 하나의 숫자로 나타내므로 특정 소득계층의 소득분배 상태를 나타내지는 못하는 문제점이 있다.

③ 일반적으로 지니 계수가 0.50 이상이면 고불균등 분배, 0.40 이하이면 저불균등 분배라고 한다.

(3) 파레토(Pareto) 계수

파레토(V. Pareto) 계수는 가구수를 N, 소득금액을 X라고 할 때 $\log N = \log A - \alpha \log X$에서 기울기 α를 가지고 소득분배의 불평등도를 측정하는 것이다. 여기서 α를 파레토 계수라고 하고, α가 작을수록 소득분배가 평등하다.

(4) 지브라(Gibrat) 계수

소득분포를 평균소득을 중심으로 하는 정규분포로 나타낼 때 분포의 분산(variance)을 지브라(Gibrat) 계수라고 한다. 지브라 계수가 작을수록 소득분배가 평등하다.

(5) 앳킨슨 지수(Atkinson index)

① 앳킨슨(Atkinson)은 기존의 불평등도 지수에 대한 대안으로서 균등분배대등소득(YE : equally distributed equivalent level of income,)의 개념을 제시한다.

② 이는 불평등이 존재하는 현실의 분배상태에서 누리는 사회후생과 동일한 후생을 가져다주는 균등분배 상태하의 평균소득을 의미한다.

③ 따라서 현재의 분배가 불평등하다면 YE는 현실의 평균소득(μ)보다 작아지고, 불평등이 커질수록 그 격차는 커진다는 것이다.

④ 앳킨슨 지수는 다음과 같이 표시된다.

$$A = 1 - \frac{YE}{\mu}$$

소득이 균등하게 분배되어 있다면 YE는 μ와 동일하므로 A는 영(0)이고, 반면 극단적인 불평등 상태에 있다면 A는 1이 된다.

(6) 십분위 분배율(D : deciles distribution ratio)

① 단순성 때문에 흔히 사용하는 것으로 십분위 분배율은

$$D = \frac{\text{하위 소득계층 40\%의 소득점유율}}{\text{상위 소득계층 20\%의 소득점유율}}$$

으로 계산된다. 십분위 분배율이 클수록 소득분배는 평등하다. 십분위 분배율은 0과 2 사이의 값으로 0.45 이상이면 고균등 분배, 0.35 이하이면 불균등 분배라고 한다.

② 십분위 분배율은 소득분배 정책의 주대상이 되는 하위 소득계층 40%의 소득분배 상태를 직접 나타낼 수 있고, 또 이를 상위 소득계층과 비교할 수 있다는 장점이 있다.

제2절   기능적 소득분배

1. 신고전학파의 한계생산력설의 의의

(1) 신고전학파의 분배이론

① 신고전학파는 분배이론을 가격이론의 일부로 간주하였다. 즉 생산요소의 소득은 고용량과 그 가격에 의하여 결정되므로, 분배이론은 결국 생산요소에 대한 가격이론이 된다.

② 따라서 신고전학파의 분배이론은 효율성(efficiency)만을 강조하여 공평성(equity)에 대한 고려는 소홀히 한다는 비판을 받는다.

(2) 신고전학파의 한계생산력설

① 신고전학파는 한계생산력의 원리에 따라 소득분배를 설명한다. 즉 생산에 참여하는 각 생산요소는 생산에서의 기여도, 즉 한계생산에 따라 분배를 받는다는 주장이다.

② 즉 요소소득＝요소의 한계생산(MP)×요소 공급량이 된다는 것이다.

2. 생산요소에 대한 수요 : 가변요소가 하나인 경우

(1) 생산요소에 대한 수요

생산요소에 대한 수요는 생산물에 대한 수요에 따라 결정된다. 그러므로 생산요소에 대한 수요를 유발수요(또는 파생적 수요, derived demand)라고 한다. 또한 생산요소는 다른 생산요소와 결합되어 생산물을 생산하므로 결합수요(combined demand)라고도 한다.

(2) 한계수입 생산물(MRP : marginal revenue products)

한계수입 생산물은 생산요소 1단위를 추가로 고용할 때, 이 추가로 고용된 생산요소가 생산하는 생산물을 판매할 경우 기업이 얻는 추가수입을 의미한다. 즉

$$MRP = MP \times MR$$

이 된다. 재화시장이 완전경쟁적이면 $MR = P$이므로

$$MRP = MP \times P$$

가 된다.

더 알아보기　재화시장이 완전경쟁적인 경우

재화시장이 완전경쟁적인 경우 한계수입생산(MRP)을 한계생산물 가치(VMP : value of marginal product)라고도 부른다.
- 경쟁시장 : $MR = P$이므로 $MRP = VMP$
- 독점시장 : $MR < P$이므로 $MRP < VMP$

---

(3) 한계요소비용(MFC : marginal factor cost)

생산요소 1단위를 추가로 고용할 때 추가되는 비용, 즉 총비용의 증가분을 한계요소비용이라고 한다. 여기서 W는 생산요소의 가격을 의미한다.

$$MFC = MP \times MC = W$$

(4) 생산요소 고용에서의 이윤극대화 조건

① 기업은 이윤극대화를 위해 생산요소를 1단위 더 고용할 때 이로 인한 한계수입(한계수입 생산물)과 한계비용(한계요소비용)이 같아지는 수준까지 생산요소를 고용한다. 즉

$$MRP = MFC \text{ 또는 } P \cdot MP = W \text{(요소가격)}$$

에서 생산요소의 고용량 결정함으로써 이윤의 극대화를 추구한다. 그리고 $MRP > MFC$인 경우에는 생산요소의 고용량을 증가시켜야 이윤이 증가하고 $MRP < MFC$인 경우에는 기존의 고용량을 감소시켜야 이윤이 증가한다.

② 생산요소의 가격(W)이 하락하면 $P \cdot MP > W$가 된다. 여기서 MP는 수확체감의 법칙의 지배를 받으므로 따라서 이 경우 생산요소의 고용을 증가시키면 MP가 체감하고 $P \cdot MP = W$가 된다.

③ 따라서 생산요소에 대한 개별기업의 수요는 MRP이고, 생산요소에 대한 수요곡선은 우하향하는 MRP 곡선(MP가 체감하므로)이 된다. 이 곡선은 MP가 증가하거나, 재화가격이 상승하면 우측으로 이동한다.

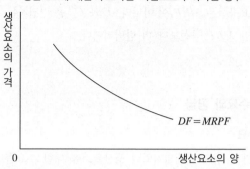

▶ 생산요소에 대한 수요곡선-가변요소가 하나인 경우

더 알아보기 기업의 이윤극대화 조건(비교)

생산요소 고용에서의 이윤극대화 조건 $P \cdot MP = W$에서 양변을 MP로 나누면 $P = W/MP(= MC)$가 된다. 따라서 MP가 체감하면 MC는 체증한다(한계비용체증의 법칙). 결국 생산물 시장에서의 이윤극대화 조건 $P(= MR) = MC$와 생산요소 시장에서의 이윤극대화 조건은 동일한 원리이다.

3. 생산요소에 대한 수요 : 가변요소가 둘인 경우

(1) 가변요소가 둘인 경우 이윤극대화 조건

① 가변요소가 둘 이상인 경우에는 어느 한 요소의 투입량이 변화하면 다른 요소의 한계생산(MP)을 변화시켜 다른 요소의 MRP곡선 자체가 이동한다. 노동(L)과 자본(K) 두 가지 가변요소가 있는 경우 기업은 이윤극대화를 위하여

$$MRP_L = MFC_L = MRP_K = MFC_K$$

의 조건이 동시에 충족되는 수준에서 두 생산요소의 고용량을 결정한다.

② 즉 노동시장과 자본시장이 모두 경쟁적인 경우 $MFC_L = P_L$(노동의 가격), $MFC_K = P_K$(자본의 가격)이므로, 기업은 $MRP_L = P_L$, $MRP_K = P_K$의 조건이 동시에 충족되는 수준으로 노동과 자본을 고용하여 이윤을 극대화한다.

▶ 두 개의 생산요소(자본과 노동)가 가변적인 경우의 노동에 대한 수요곡선

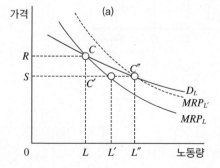
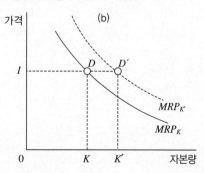

(2) 가변요소가 둘인 경우의 노동수요곡선

그림에서 노동에 대한 수요곡선은 MRP_L이 아니라, C와 C''을 연결하는 D_L곡선이고, 이는 가변요소가 하나인 경우의 수요곡선인 MRP_L곡선보다 더 탄력적이다.

4. 생산요소에 대한 시장수요와 공급

(1) 생산요소에 대한 시장수요

시장전체의 생산요소에 대한 수요는 개별기업의 생산요소에 대한 수요를 수평적으로 합한 것이다.

(2) 생산요소에 대한 공급

각각의 가격에서 생산요소의 공급자가 공급하려는 생산요소의 양은 요소가격에 의해 결정된다. 즉 생산요소의 공급은 요소가격에 비례한다. 따라서 우상향하는 생산요소의 공급곡선이 도출된다.

5. 생산요소의 가격결정

(1) 생산요소의 가격결정

생산요소의 수요와 공급이 일치하는 E에서 균형가격 W_0, 균형고용량 Q_0가 결정된다. 만일 생산요소의 가격이 W_1이라면 $Q_1 Q_2$의 공급부족이 발생하고, 따라서 생산요소 수요자 간의 경쟁이 유발되어 생산요소의 가격은 상승한다.

▶ 생산요소 가격의 결정

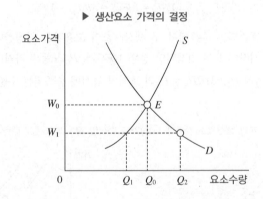

(2) 신고전학파의 한계생산력설의 의의

이상의 분석은 요소시장이 완전경쟁일 때를 전제로 한 것으로, 이상의 분석이 함축하는 의미는 다음과 같다.

① 동질적이고, 동일한 종류의 생산요소에 대해서는 요소소득이 동일하다. 이를 동일노동에 대한 동일임금의 원칙이라고 한다.

② 시장에서 결정된 생산요소의 가격은 그 요소의 한계수입생산(MRP)과 일치한다. 그리고 완전경쟁적 요소시장의 경우에는 생산요소의 가격이 한계생산가치(VMP)와 일치한다. 따라서 장기적으로 완전경쟁시장에서 각 생산요소는 그 요소의 한계생산가치만큼 분배를 받는데, 이처럼 소득분배가 한계생산가치와 일치하는 요소가격에 의해 결정된다는 주장을 소득분배의 한계생산력설이라고 한다.

③ 요소소득은 그 생산요소의 기여도(즉 한계생산)에 따라 결정되므로 생산물은 각 생산요소에 완전히 분배된다(완전분배의 정리). 따라서 소득분배는 공정하다.

08 실전대비문제

01 소득재분배 철학에 관한 설명으로 옳지 않은 것은? (2018년)

① 공리주의자들은 한계효용이 체감할 경우 소득재분배 정책을 옹호할 수 있다.

② 자유주의자(libertarian)들은 결과보다 과정을 중요하게 여기고 기회평등을 주장한다.

③ 롤즈(J. Rawls)는 무지의 베일 속에서 최소극대화 기준(maximin criterion)을 주장한다.

④ 노직(R. Nozick)은 정부의 적극적인 소득재분배 정책을 주장한다.

[해설] 노직은 정부가 개인의 자유로운 활동을 제한하면 안 된다고 주장하였다. 노직은 정부의 역할을 인정하면서 최소한의 국가를 지향하였다.

① 공리주의자들은 가치판단의 기준을 최대다수의 최대행복으로 봄으로써 한계효용이 체감할 경우 소득재분배를 통해 효용이 극대화된다고 주장하였다.

② 자유주의자들은 결과보다 과정을 또한 기회의 평등을 중시한다.

③ 롤즈는 극빈층의 후생수준에 의해 사회 전체의 후생수준이 결정된다고 보는 최소극대화 기준을 주장하였다.

답 ④

02 소득분배와 관련된 설명으로 옳지 않은 것은? (2018년)

① 소득분배가 완전불평등하면 지니(Gini) 계수는 1이다.

② 소득분배가 평등할수록 로렌츠 곡선은 대각선에 가까워진다.

③ 두 국가의 로렌츠 곡선은 교차할 수 있다.

④ 소득분배가 평등할수록 십분위 분배율은 작아진다.

[해설] 십분위 분배비율은 0과 2사이의 값으로 값이 클수록 균등함을 나타내게 된다. 따라서 소득분배가 완전히 균등하면 2이고 소득분배가 완전히 불균등할 경우에는 0이 된다.

① 지니 계수는 0과 1사이의 값으로 소득분배가 완전히 균등할 경우에는 지니 계수가 0이 되고 소득분배가 완전히 불균등할 경우에는 지니 계수가 1이 된다.

②·③ 로렌츠 곡선은 소득분배가 균등할수록 대각선에 가까워지며 로렌츠 곡선이 서로 교차하게 되면 소득분배 상태를 비교할 수 없다.

답 ④

03 A국, B국, C국의 소득분위별 소득점유 비중이 다음과 같다. 소득분배에 관한 설명으로 옳은 것은?(단, 1분위는 최하위 20%, 5분위는 최상위 20%의 가구를 의미한다)

(단위 : %)

	A국	B국	C국
1분위	0	20	6
2분위	0	20	10
3분위	0	20	16
4분위	0	20	20
5분위	100	20	48

① A국은 B국보다 소득분배가 상대적으로 평등하다.
② B국은 C국보다 소득분배가 상대적으로 불평등하다.
③ C국의 십분위 분배율은 1/8이다.
④ B국의 지니 계수는 A국의 지니 계수보다 작다.

해설 A국은 최상위 20%가 소득의 전부를 차지하고 있고(완전불평등), B국은 완전균등분포이고 C국은 중간이다.

③ 십분위 분배율 $= \dfrac{\text{하위 40\% 소득계층의 소득}}{\text{상위 20\% 소득계층의 소득}}$ 이므로 C국의 십분위 분배율은 $\dfrac{10+6}{48} = \dfrac{1}{3}$ 이다.

④ 지니 계수의 크기는 B국 < C국 < A국의 순이다.

답 ④

04 소득분배가 완전히 균등한 경우를 모두 고른 것은?

> ㄱ. 로렌츠 곡선이 대각선이다.
> ㄴ. 지니 계수가 0이다.
> ㄷ. 십분위 분배율이 2이다.

① ㄱ   ② ㄴ
③ ㄱ, ㄷ   ④ ㄱ, ㄴ, ㄷ

해설 ㄱ. 로렌츠 곡선이 45°의 대각선에 접근할수록 불평등 면적이 작아지므로 소득분배는 평등하다. 로렌츠 곡선이 대각선이면 완전균등분배이다.
      ㄴ. 지니 계수는 로렌츠 곡선에서 불평등 면적의 크기를 나타낸 것으로 0과 1 사이의 값을 갖는다. 지니 계수가 0이면 완전균등한 분포이다.
      ㄷ. 십분위 분배율은 소득인구의 하위 40% 점유율을 상위 20%의 점유율로 나눈 값이다. 십분위 분배율은 0과 2 사이의 값을 갖고 값이 2이면 완전균등분배이다.

답 ④

05 소득분배의 불평등도를 분석하는 방법에 대한 설명 중 가장 옳지 않은 것은?

① 로렌츠 곡선은 저소득자로부터 고소득자들의 누적가계들이 전체 소득의 몇 %를 차지하는가를 나타내는 곡선이다.

② 로렌츠 곡선이 대각선에 가까울수록 평등한 소득분배에 접근하게 된다.

③ 지니 계수는 대각선과 로렌츠 곡선 사이의 면적을 대각선 아래 삼각형의 면적으로 나눈 비율이다.

④ 로렌츠 곡선은 서로 교차하지 않는다.

[해설] 로렌츠 곡선은 서로 교차할 수 있는데 이런 경우 소득분배의 불평등을 정확히 파악하기 어렵다. 이런 문제를 해결하기 위해 지니 계수가 등장하였다.

답 ④

06 다음 소득분배에 관한 설명 중 가장 적절치 않은 것은?

① 소득분배가 공평할수록 로렌츠 곡선(Lorenz curve)은 대각선에 가까워진다.

② 쿠츠네츠(S. Kutznets)의 U자 가설은 경제발전단계와 소득분배의 균등도의 관계를 설명하고 있다.

③ 지니(Gini) 계수가 높을수록 소득분배는 공평하다는 것을 나타낸다.

④ 십분위 분배율은 최하위 40% 소득계층의 소득점유율을 최상위 20% 소득계층의 소득점유율로 나눈 비율이다.

[해설] 지니 계수가 0이면 완전균등분배, 지니 계수가 1이면 완전불균등분배를 나타낸다. 따라서 지니 계수가 높을수록 소득분배는 불균등함을 나타낸다.

답 ③

09 | 임금, 이자, 지대

제1절 노동과 임금

1. 임금(wage)

(1) 임금과 임금률

노동서비스에 대한 수익을 임금(wage)이라고 하고, 한 단위의 노동서비스에 대한 수익을 임금률(wage rate) 이라고 한다.

(2) 명목임금(화폐임금)과 실질임금

화폐액으로 표시된 임금을 명목임금(또는 화폐임금)이라고 하고, 실질임금은 명목임금의 구매력, 즉 일정한 액수의 명목임금으로 구입할 수 있는 상품의 양을 말한다.

$$실질임금 = \frac{명목임금}{물가지수}$$

2. 임금학설

(1) 고전학파의 생존비설(subsistence theory)

① 스미스(A. Smith), 리카도(D. Ricardo) 등 고전학파는 임금은 노동자와 그 가족의 생계비와 일치한다는 생존임금설을 주장하였다.

② 리카도는 임금을 자연임금과 시장임금으로 구분하였다. 자연임금(Wn)은 생계유지에 필요한 임금으로 생계비가 상승하면 자연임금은 상승한다. 시장임금(Wm)은 시장에서 수요공급의 원리에 의해 결정된다. 여기서

$$Wm > Wn \;\rightarrow\; 인구\;증가 \;\rightarrow\; 노동공급\;증가 \;\rightarrow\; Wm\;하락$$
$$Wm < Wn \;\rightarrow\; 인구\;감소 \;\rightarrow\; 노동공급\;감소 \;\rightarrow\; Wm\;상승$$

③ 따라서 노동의 가격인 시장임금(Wm)은 생존비인 자연임금(Wn)과 필연적으로 일치하려는 경향이 있고, 따라서 임금은 생존에 필요한 수준에서 결정된다. 그러나 이 주장은 임금의 변동과 격차를 설명하지 못하는 한계가 있다.

(2) 밀의 임금기금설

① 밀(J.S. Mill)은 일정기간 동안 한 사회의 임금기금, 즉 임금으로 지불될 총액은 사전적으로 일정한데 이에 따라 노동에 대한 수요가 결정되고, 한편 일정기간 동안 한 사회의 노동자 수도 일정한데 이에 따라 노동공급이 결정된다고 보았다.

② 따라서

$$\text{임금} = \frac{\text{사전적으로 정해진 임금기금}}{\text{일정한 노동자 수}}$$

이 된다고 보았다. 그러나 이 주장은 생산과정에서 노동과 기계의 대체를 무시하고 있기 때문에 비현실적인 것으로 평가된다.

(3) 클라크의 한계생산력설

클라크(J.B. Clark)는 임금은 노동의 한계생산력(MP_L)에 의해 결정된다고 주장한다. 즉 기업은 이윤극대화를 위해 $P \cdot MP_L = W$(임금)에서 노동수요를 결정하므로 임금은 노동의 한계생산력에 의해 결정된다는 것이다. 그러나 이 주장은 노동의 공급 측면을 고려하지 않고 있다는 점에서 한계가 있다.

(4) 신고전학파의 임금이론

신고전학파는 노동의 가격이 임금이므로, 임금은 노동에 대한 수요와 노동공급에 의해 결정된다고 주장하였다.

3. 신고전학파의 임금결정이론

(1) 신고전학파이론의 의의

노동에 대한 수요(L_D)와 공급(L_S)이 일치하는 데서 실질임금$\left(\dfrac{W}{P}\right)$이 결정되고 그 높이는 MP_L과 일치한다는 이론이다.

$$MRP = P \cdot MP_L = W \text{ 또는 } MP_L = \frac{W}{P}$$

(2) 노동에 대한 수요

① 노동에 대한 수요(즉 기업의 고용)가 증가하면 생산량은 증가한다. 그러나 한계생산체감의 법칙으로 노동에 대한 수요가 증가하는 데는 한계가 있다.

② 따라서 기업은 이윤극대화를 위해 $MP_L = W/P$ 또는 $MRP = W$인 곳에서 노동에 대한 수요를 결정한다. 그리고 이 경우

ㄱ $MP_L > \dfrac{W}{P}(MRP > W) \rightarrow$ 노동수요 증가

ⓛ $MP_L < \dfrac{W}{P}(MRP < W) \to$ 노동수요 감소

이므로 노동수요곡선(MP_L곡선)은 우하향한다.

(3) 노동에 대한 공급

① 노동의 공급은 두 측면이 있다. 즉 노동공급이 증가하면 정신적·육체적 고통, 즉 노동의 한계비효용(MDU_L)은 증가한다.

② 그러나 임금을 수취하므로 재화소비가 증가하여 효용도 증가한다. 따라서 노동공급은 노동에 따른 노동의 한계비효용(MDU_L)과 실질임금에 의해 결정된다.

③ 즉

    ㉠ 노동의 한계비효용>실질임금 → 노동공급 감소

    ⓛ 노동의 한계비효용<실질임금 → 노동공급 증가

따라서 노동공급곡선(MDU_L곡선)은 우상향한다.

(4) 개인의 노동공급곡선(후방굴절형)

① 임금상승의 효과에는 두 가지가 있다. 즉 임금상승의 대체효과는 임금이 상승하면 여가의 기회비용이 증가하므로 여가 대신 노동공급을 증가시킨다.

② 한편 임금상승의 소득효과는 임금상승으로 전보다 적은 노동을 공급해도 전과 동일한 소득을 얻는 효과로 노동공급을 감소시킨다.

③ 따라서 임금상승에 따른 노동공급의 변화는 대체효과와 소득효과의 상대적 크기에 의해 결정되는데

    ㉠ 임금률이 낮을 때 : 대체효과>소득효과 → 노동공급 증가

    ⓛ 임금률이 높을 때 : 대체효과<소득효과 → 노동공급 감소

④ 따라서 개인의 노동공급곡선은 후방굴절하는 형태가 된다. 그러나 사회 전체로는 우상향하는 형태가 된다.

▶ 후방굴절 노동공급곡선

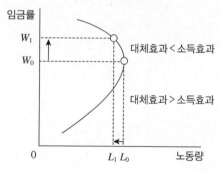

(5) 균형임금의 결정

노동에 대한 수요와 노동공급이 일치하는 데서 균형임금이 결정된다.

▶ 균형임금의 결정

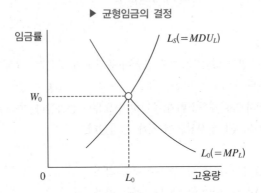

즉 노동수요곡선과 노동공급곡선이 교차하는 균형점에서 균형임금과 균형고용량(L_0)이 결정되고, L_0에서는 노동의 한계생산(MP_L)과 노동의 한계비효용(MDU_L), 그리고 실질임금이 일치한다.

4. 임금격차와 그 원인

(1) 균등화 격차

임금을 적게 받더라도 임금 이외의 비금전적 이유로 노동을 공급하는 경우에 발생하는 임금격차를 균등화 격차라고 한다.

(2) 개인능력의 차이

(3) 노동의 이동성의 제한

(4) 차별대우

(5) 사회적 제도적 요인

(6) 이중구조적 임금체계

1. 자본

(1) 자본의 뜻

자본(capital)은 인간에 의해 만들어진 자원(man-made resources)으로 화폐, 유가증권 등의 화폐자본 (money capital)과 기계, 공장 등의 실물자본(real capital)으로 구분한다. 그러나 국민경제의 입장에서 자본은 실물자본만을 의미한다.

(2) 자본의 유형

자본은 또한 인간이 지닌 기술이나 지식 등 인적자본(human capital)과 기계, 도구, 생산설비 등 물적자본 (physical capital)으로 구분되는데, 이 둘은 생산에 직접 사용되는 반면, 사회간접자본(SOC : social overhead capital)은 간접적으로 생산활동을 지원한다.

2. 이자와 이자율

(1) 이자와 이자율

이자(interest)는 자본의 사용에 지불되는 자본서비스의 보수를 말하고, 이자율(interest rate)은 한 단위의 자본서비스에 대한 수익을 의미한다.

(2) 이자율의 특성

① 가격은 일반적으로 현재의 재화와 현재의 재화와의 교환비율이다. 그러나 이자율은 미래의 재화소비와 현재의 재화소비를 교환하는 비율이다.

② 이자율은 양(+)의 값을 갖는데 이는 같은 재화라도 미래의 재화소비는 현재의 재화소비보다 그 가치가 작다는 것을 의미한다.

(3) 현재가치(PV)와 이자율

미래에 얻을 것으로 기대하는 투자의 순수익의 흐름을 시장이자율로 할인하여 현재가치를 환산한다. 즉 이자율이 r이고 매년 X만큼의 투자수익을 얻을 수 있다면 투자수익의 현재가치(PV)는

$$PV = \frac{X}{r}$$

이 된다.

3. 이자율 결정이론

(1) 고전학파의 실물적 이자론

① 왈라스(L. Walras)와 마셜(A. Marshall)에 의해 체계화된 것으로 이자율은 이자율의 증가함수인 저축(S)과 이자율의 감소함수인 투자(I)가 일치하는 곳에서 결정된다는 것이다.

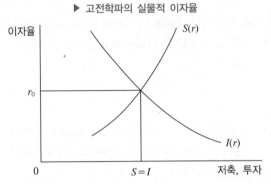

▶ 고전학파의 실물적 이자율

② 실물변수인 저축과 투자에 의해서 이자율이 결정되기 때문에 고전학파의 경제학 체계에서는 실물부문과 화폐부문을 연결시켜주는 매개변수가 존재하지 않는다.

③ 따라서 고전학파 경제학 체계에서는 실물부문과 화폐부문은 완전히 분리되어 서로 영향을 미치지 못하는데 이를 고전학파의 이분성(classical dichotomy)이라고 한다.

(2) 케인즈의 화폐적 이자론 : 유동성 선호설

① 케인즈(J. M. Keynes)는 화폐에 대한 수요(또는 유동성 선호)와 화폐공급(통화량)이 일치하는 곳에서 이자율이 결정된다고 하였다.

② 화폐공급, 즉 통화량은 통화정책당국의 정책적 판단에 의해 결정되는 정책변수, 즉 외생변수이므로 이자율과는 관계없이 그 크기가 결정된다. 따라서 화폐공급곡선은 수직선의 형태이다.

$$M^s = M_0$$

③ 케인즈는 화폐에 대한 수요, 즉 유동성 선호가 세 가지 동기에 의해 결정된다고 보았다. 이 중 거래적 동기와 예비적 동기에 의한 화폐수요는 소득의 증가함수이고, 투자적 동기에 의한 화폐수요는 이자율의 감소함수라고 보았다. 따라서 화폐수요는 이자율과 역(逆)관계에 있으므로 우하향하는 형태가 된다.

$$M^d = L(Y, r)$$

④ 화폐시장의 균형은 화폐수요곡선과 화폐공급곡선이 교차하는 점에서 성립한다. 그리고 이 점에서 균형이
   자율이 결정된다.

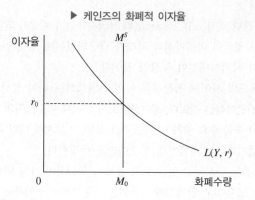

▶ 케인즈의 화폐적 이자율

(3) 대부자금설(loanable fund theory)

① 올린(B.G. Ohlin)과 로버트슨(Robertson)이 케인즈의 유동성 선호설을 비판하는 과정에서 등장한 이론
   이다. 고전학파의 실물적 이자론에 케인즈의 유동성 선호설을 흡수하여 실물적 이자론과 화폐적 이자론
   을 통합했다는 평가를 받는다.
② 이자율은 대부자금의 수요와 공급에 의해 결정된다. 즉 이자율은 대부자금의 가격이라는 주장이다.

제3절 지대(rent)

1. 지대와 지대이론

(1) 지대

고전적 의미에서 지대(rent)는 토지서비스에 대한 수익을 의미한다. 그러나 오늘날에는 지대를 토지에 대한
대가만이 아니라 토지처럼 공급이 제한적인 생산요소에 대한 대가로 파악한다.

(2) 지대이론

지대이론은 전통적으로 토지에 대한 수익을 결정하는 요인을 설명하고 있으나 오늘날에는 토지는 물론
자연자원 등 공급이 고정된 생산요소에 귀속되는 소득이론을 의미한다.

2. 지대의 결정이론

(1) 리카도의 차액지대설

① 19C 초 영국의 지대논쟁이 리카도(D. Ricardo)의 차액지대설의 배경이 되었다. 즉 당시 영국과 프랑스와의 나폴레옹 전쟁으로 영국의 곡물가격과 지대가 급등하였는데 그 원인을 놓고 지대논쟁이 벌어졌고 이 과정에서 리카도의 차액지대설이 등장한 것이다.

② 리카도는 토지의 비옥도의 차이로 생산성의 차이가 발생하는데 이 생산성의 차이가 차액지대(differential rent)의 발생원인이라는 것이다. 즉 어떤 토지의 지대=그 토지의 생산성-한계지의 생산성이다.

③ 리카도는 인구 증가 → 곡물 수요 증가 → 곡물가격 상승 → 토지에 대한 수요 증가 → 경작지의 확대(즉 열등지가 새로이 한계지화) → 차액지대 상승이라고 주장한다.

④ 한계지(marginal land)는 경작되고 있는 토지 중에서 생산성이 가장 낮은 토지로 모든 토지의 지대를 측정하는 기준이 되는 토지이다. 한계지의 생산비는 곡물가격과 일치하고 따라서 한계지의 지대는 영(0)이 된다.

⑤ 차액지대설의 요지

ㄱ 지대가 곡물가격을 결정하는 것이 아니고, 곡물가격이 지대를 결정한다.

ㄴ 지대가 발생하는 것은 토지의 공급이 제한적이기 때문이다.

ㄷ 어떤 토지의 지대는 그 토지의 생산성과 한계지의 생산성의 차이이다.

(2) 마르크스의 절대지대설

① 마르크스(K. Marx)는 지대는 토지의 생산성과는 무관하게 지주에 의해 강제적으로 요구되는 것이라고 주장한다. 즉 토지를 소유한다는 사실로부터 지대가 발생하는데 이를 절대지대라고 한다.

② 따라서 지주가 지대를 올리면 이로 인해 곡물가격이 상승한다고 하여 리카도의 주장과는 상반되는 주장을 하고 있다.

3. 전용수입과 렌트

(1) 전용수입(transfer earnings)

① 어떤 생산요소가 다른 용도로 전용되지 않도록 하기 위해 현재의 용도에서 지불되어야 하는 최소한의 보수를 전용수입이라고 한다. 즉 전용수입은 생산요소를 생산과정에 이용하기 위해 지급해야 하는 최소한의 대가를 의미한다.

② 토지의 경우 전용수입은 토지소유자에게 지급되는데 이는 토지소유자와 생산자 간의 계약에 의해 결정되므로 계약지대라고도 한다.

(2) 경제지대(economic rent)[2]

① 경제지대(또는 렌트)는 생산요소의 실제 수입에서 전용수입을 공제한 부분으로, 전용수입을 초과하여 생산요소에 지급되는 보수를 의미한다.

▶ 전용수입과 경제지대

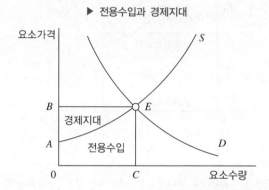

② 〈그림〉에서 최소한 $OAEC$를 지급하면 이 생산요소는 다른 용도에 이용되지 않는다. 즉 이 생산요소의 공급자가 얻기를 원하는 최소한의 대가는 공급곡선 아래 부분의 면적이다. 따라서 $OAEC$는 전용수입이 되고, 전용수입을 초과하는 ABE는 경제지대가 된다.

(3) 전용수입과 경제지대의 크기

① 결국 생산요소에 대한 대가에는 전용수입과 경제지대 두 가지가 포함되어 있다. 이 경우 전용수입과 경제지대의 상대적 크기는 생산요소의 공급탄력성에 의존한다.

② 경제지대
　㉠ 생산요소의 공급탄력성이 클수록 경제지대는 작고 전용수입은 크다.
　㉡ 생산요소의 공급탄력성이 작을수록 경제지대는 크고 전용수입은 작다.
　㉢ 생산요소의 공급탄력성이 무한대이면 전부 전용수입이다.
　㉣ 생산요소의 공급탄력성이 영(0)이면 전부 경제지대이다.

(4) 준지대

① 준지대는 마셜(A. Marshall)이 제시한 개념으로 단기적인 초과이윤을 의미한다. 즉 단기에 자본설비에 대한 수요가 증가해도 공급은 증가할 수 없기 때문에 자본설비의 가격, 즉 임대료가 상승하여 초과이윤이 발생하는데 이 초과이윤을 준지대(quasi-rent)라고 한다.

② 그러나 장기에는 자본설비의 공급이 증가하므로 임대료가 다시 하락하여 준지대는 소멸된다. 준지대는 가격 여하를 막론하고 공급량이 단기적으로 변화하지 않지만, 장기적으로는 변화할 수 있는 생산요소 모두에 적용되는 개념이다.

---

[2] 경제지대의 예로는 유명 연예인이나 운동선수가 받는 높은 보수 등을 들 수 있다. 이들이 높은 보수를 받는 것은 공급이 제한적인데 반하여 수요가 많기 때문이다. 근래에 와서 이러한 경제지대의 개념은 시장에서 발생하는 모든 종류의 프리미엄(premium)을 설명하는 데에도 적용된다. 즉 전망이 좋고 입지가 뛰어난 아파트의 높은 프리미엄은 제한된 공급 때문에 경제지대가 크게 발생한 것으로 볼 수 있다.

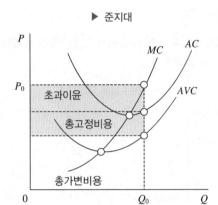

▶ 준지대

- 경제지대는 공급이 제한적일수록 많이 발생한다. 따라서 경제지대는 많은 경우 그 시장으로의 진입이 법적으로나 제도적으로 제한되고 있기 때문에 발생하는 것이다.
- 예컨대 의사나 감정평가사 등이 고소득을 올릴 수 있는 것은 시장으로의 진입이 제한되어 공급이 제한적이기 때문이다.
- 현실적으로 이러한 진입장벽을 제거하는 것은 매우 어렵다. 왜냐하면 기득권을 가진 이익집단(interest group)들이 자신들의 이익(즉 경제지대)을 계속 유지하기 위해 각종 로비활동을 전개하기 때문이다. 이러한 현상을 지대추구행위(rent seeking behavior)라고 한다.
- 지대추구행위에 소요되는 비용은 사회 전체적으로 볼 때 자원의 낭비이다. 왜냐하면 지대추구행위는 생산을 증가시키기보다는 희소한 자원을 독점하는 데 불과하기 때문이다.

09 | 실전대비문제

01 노동공급의 여가 – 소득 선호모형에서 근로시간당 임금에 대한 세율 인하의 효과에 관한 설명으로 옳지 않은 것은?

(2018년)

> 가. 대체효과는 노동공급을 증가시킨다.
> 나. 여가가 정상재이고 절댓값 기준으로 소득효과가 대체효과보다 큰 경우 노동공급이 감소한다.
> 다. 여가가 열등재일 경우 소득효과는 노동공급을 감소시킨다.

① 가
② 가, 나
③ 나
④ 나, 다

해설 가. (○)근로소득세율이 인하될 경우에 세후 임금은 상승한다. 세후 임금이 상승해 실질임금이 상승할 경우에 대체효과는 여가소비를 감소시키고 노동공급을 증가시킨다.

나. (○)여가가 정상재일 경우에 세율 인하로 실질임금이 상승할 경우 소득효과는 여가소비를 증가시키고 노동공급은 감소하게 된다. 반면 대체효과는 여가소비를 감소시키고 노동공급을 증가시킨다. 그러므로 소득효과가 대체효과보다 클 경우에 노동공급은 감소하고 여가는 증가하게 된다.

다. (×)여가가 열등재일 경우에 세율 인하로 실질임금이 상승할 경우 소득효과는 여가를 감소시키고 노동공급은 증가시킨다.

답 ④

02 기업 H에 근무하는 사원 Y는 근무 지역 A와 B를 비교하고자 한다. 두 재화 x_1, x_2를 소비하는 이 사원의 효용함수가 $u = x_1 x_2$이고, 지역 A에서 두 재화의 가격 $(p_{A1}, p_{A2}) = (1, 1)$, 지역 B에서 두 재화의 가격 $(p_{B1}, p_{B2}) = (1, 4)$이다. 이 사원이 지역 A에서 근무할 경우의 임금이 100일 때, 두 지역에서의 효용 수준이 동일하도록 지역 B에서 받아야 할 임금은?

(2017년)

① 120   ② 160

③ 200   ④ 240

[해설] 효용함수가 $u = x_1 x_2$이므로 예산제약을 $P_{x_1} x_1 + P_{x_2} x_2 = M$이라면 두 재화의 수요함수는 각각 $x_1 = \dfrac{M}{2P_{x_1}}$,

$x_2 = \dfrac{M}{2P_{x_2}}$이다. 각각 구해진 수요함수를 효용함수에 대입하면 $u = \dfrac{M^2}{4P_{x_1} P_{x_2}}$이 된다.

A지역에서의 효용함수를 구해보면 $(p_{A1}, p_{A2}) = (1, 1)$, 임금 100이므로 $u = \dfrac{100^2}{4 \times 1 \times 1} = 2,500$이 됨을 알 수 있다.

B지역에서의 효용함수가 A지역과 동일하므로 2,500이 됨을 알 수 있다.

B지역은 $(p_{B1}, p_{B2}) = (1, 4)$, 효용 2,500이므로 임금을 구해보면 $2,500 = \dfrac{M^2}{4 \times 1 \times 4}$

따라서 임금$(M) = 200$이 됨을 알 수 있다.

┤ 심화 Tip ├

효용함수 $U = X \cdot Y$일 때 수요함수 도출

효용함수 : $U = X \cdot Y$

예산제약 : $P_X \cdot X + P_Y \cdot Y = M$

- 한계효용균등의 법칙

$\dfrac{dU}{dX} = Y = MU_X$, $\dfrac{dU}{dY} = X = MU_Y$

$\therefore MRS_{XY} = \dfrac{MU_X}{MU_Y} = \dfrac{Y}{X}$

소비자균형에서는 한계대체율(MRS_{XY})와 가격비$\left(\dfrac{P_X}{P_Y}\right)$가 일치하므로 $\dfrac{MU_Y}{MU_X} = \dfrac{Y}{X} = \dfrac{P_Y}{P_X}$가 된다.

$\therefore P_X \cdot X = P_Y \cdot Y \cdots\cdots$ ①

- 수요함수의 도출

식 ①을 예산제약식에 대입하면 $2P_X \cdot X = M$ 또는 $2P_Y \cdot Y = M$이 도출되어 각각의 수요함수를 유도할 수 있다.

각각의 수요함수를 구해보면 $X = \dfrac{M}{2P_X}$, $Y = \dfrac{M}{2P_Y}$이 된다.

〈참고〉 경제학 연습(정병열 저)

답 ③

03 어떤 기업의 단기생산함수는 $Q = 120L - L^2$이다. Q는 산출량, L은 노동 투입량을 나타낸다. 또한 이 기업이 노동을 구입하는 노동시장과 제품을 판매하는 상품시장은 모두 완전경쟁시장이며 제품의 판매가격은 \$10이다. 시간당 임금을 세로축에, 그리고 노동량을 가로축에 표시해서 이 기업의 단기노동수요곡선을 그리는 경우 그 기울기는?

(2016년)

① -10 ② -20

③ -30 ④ -40

[해설] 노동시장과 상품시장이 모두 완전경쟁시장이라면 노동수요곡선은 한계생산물가치(VMP_L)곡선이 된다.

$\dfrac{dQ}{dL} = MP_L = 120 - 2L$, 판매가격 $P = 10$이므로 $VMP_L = MP_L \times P = 1,200 - 20L$이 된다.

🅰 ②

04 노동수요독점기업이 직면하는 노동공급은 $L = 20W$이고, 노동의 한계수입생산물 함수는 $L = 400 - 10MRP_L$이다. 최저임금이 15일 때 고용량은?(단, L은 노동, W는 임금, MRP_L은 노동의 한계수입생산물이다)

(2022년)

① 200 ② 250

③ 800/3 ④ 300

[해설] • $L = 400 - 10MRP_L \rightarrow MRP_L = 40 - \dfrac{1}{10}L$

• $L = 20W \rightarrow W = \dfrac{1}{20}L$

• $TFC_L = W \times L = \dfrac{1}{20}L \times L = \dfrac{1}{20}L^2$

• $MFC_L = \dfrac{dTFC_L}{dL} = \dfrac{1}{10}L$

$MRP_L = MFC_L$로 두고 균형고용량을 구해보면

$40 - \dfrac{1}{10}L = \dfrac{1}{10}L$

$\therefore L = 200$

위에서 구한 균형고용량 $L = 200$을 노동공급함수에 대입하면 $W = 10$이 된다.

최저임금 15는 균형고용량에 구한 임금 10보다 더 높으므로 최저임금 15를 한계요소비용 MFC_L로 두고 고용량을 구해보면

$MRP_L = MFC_L$

$40 - \dfrac{1}{10}L = 15$

$\therefore L = 250$

🅰 ②

05 다음 표에 나타난 A 기업의 노동공급(근로시간), 시간당 임금 및 한계수입생산에 관한 설명으로 옳은 것은? (2017년)

노동공급	시간당 임금	한계수입생산
5	6	–
6	8	50
7	10	36
8	12	26
9	14	14
10	16	2

① 노동공급이 6에서 7로 증가할 때 한계노동비용은 22이다.

② 이윤을 극대화할 때 노동공급은 9이다.

③ 노동공급이 6에서 7로 증가할 때 임금탄력성은 0.5이다.

④ 이윤을 극대화할 때 한계노동비용은 28이다.

[해설] 노동공급이 6에서 7로 증가 시 한계노동비용은 22이다.

노동공급	5	6	7	8	9	10
총노동비용	30	48	70	96	126	160
한계노동비용	–	18	22	26	30	34
한계수입생산	–	50	36	26	14	2

② 노동공급이 8일 때 한계노동비용과 한계수입생산이 일치한다. 따라서 이윤극대화 노동공급은 8임을 알 수 있다.

③ 노동공급이 6에서 7로 증가 시 임금상승률은 25%, 노동공급증가율은 약 16.7%이다. 따라서 노동공급의 임금탄력성은 0.668이다.

④ 이윤극대화는 노동공급이 8일 때이므로 한계노동비용은 26이다.

답 ①

---

06 상품시장과 노동시장이 완전경쟁시장인 경우, 이윤극대화를 추구하는 기업의 노동수요와 임금에 관한 설명으로 옳지 않은 것은? (2019년)

① 노동의 한계생산가치곡선이 노동수요를 결정한다.

② 노동의 한계수입생산곡선이 노동수요를 결정한다.

③ 노동의 한계생산체감의 법칙이 성립하면 노동수요곡선은 우하향한다.

④ 이윤극대화의 최적 고용량 수준에서 임금은 노동의 한계생산가치보다 높게 결정된다.

[해설] 이윤극대화의 최적 고용량은 $w = VMP_L = MRP_L$인 수준에서 결정된다.

① · ② 이윤극대화를 추구하는 기업의 노동수요량의 결정은 임금과 한계수입생산물이 일치하는 수준에서 결정된다. 만약 생산물시장이 완전경쟁시장이면 가격과 한계수입이 일치하기에 임금이 한계생산가치와 일치하는 수준에서 결정된다고 할 수 있다.

③ 한계생산체감의 법칙이 성립한다면 노동수요가 증가 시 한계생산물이 감소하기에 노동수요곡선은 우하향한다.

답 ④

07 노동을 수요독점하고 있는 A기업의 노동의 한계생산물가치는 $VMP_L = 38 - 4L$이고 노동공급곡선은 $w = 2 + L$이다. A기업의 이윤을 극대화하기 위한 임금은?(단, 생산물시장은 완전경쟁적이며 A기업은 생산요소로 노동만 사용하고, L은 노동, w는 임금이다)

(2021년)

① 4

② 6

③ 8

④ 10

[해설]
- $TFC_L = w \cdot L = (2 + L) \cdot L = 2L + L^2$
- $MFC_L = \dfrac{dTFC_L}{dL} = 2L + 2$
- $VMP_L = MFC_L$

  $38 - 4L = 2L + 2$

  $\therefore \ L = 6$
- $w = 2 + L = 2 + 6 = 8$

답 ③

08 여가시간 R과 소비재 C로부터 효용을 얻는 노동자 A의 효용함수는 $U(R, C) = R^{1/2} C^{1/2}$이다. 소비재 C의 가격은 1, 시간당 임금은 w, 총 가용시간은 24시간일 때, 효용을 극대화하는 A의 노동공급에 관한 설명 중 옳지 않은 것은?

(2021년)

① 비근로소득이 0이라면, 임금이 상승하더라도 노동공급은 변화하지 않는다.

② 비근로소득이 증가할 때 노동공급은 감소한다.

③ 후방굴절형 노동공급곡선을 갖는다.

④ 정부의 정액 소득지원은 노동공급을 감소시킨다.

[해설]
- $MU_C = \dfrac{dU}{dC} = \dfrac{1}{2} R^{\frac{1}{2}} C^{-\frac{1}{2}}$
- $MU_R = \dfrac{dU}{dR} = \dfrac{1}{2} R^{-\frac{1}{2}} C^{\frac{1}{2}}$
- $MRS_{RC} = \dfrac{M_R}{M_C} = \dfrac{\frac{1}{2} R^{-\frac{1}{2}} C^{\frac{1}{2}}}{\frac{1}{2} R^{\frac{1}{2}} C^{-\frac{1}{2}}} = \dfrac{C}{R} = w$ ($\because$ 소비자균형에서는 무차별곡선와 예산선이 접하기 때문에)
- 비근로소득이 0인 경우 예산제약식 : $C = w(24 - R)$ ($\because$ 총 가용시간은 24시간이며, 소득을 모두 소비재에 지출하기 때문에)

  위에서 구한 소비자균형과 예산제약식을 연립하면

  $C = Rw = w(24 - R)$

  $\therefore \ R = 12, \ C = 12w$

  $\therefore$ 근로소득이 0인 경우에는 임금과 상관없이 여가시간은 12시간, 노동시간은 12시간으로 일정하다. 따라서 노동공급곡선은 수직선 형태를 갖는다.

답 ③

09 노동수요는 $E^D = 1,000 - 50w$ 이고 노동공급은 $E^S = 100w - 800$ 이다. 최저임금을 16으로 설정할 경우에 발생하는 경제적 순손실은 얼마인가?(단, w는 임금이다) (2021년)

① 200   ② 400

③ 600   ④ 1,400

[해설]

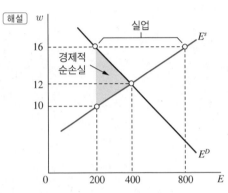

노동수요와 노동공급을 연립하면

$1,000 - 50w = 100w - 800$

$\therefore w = 12$

- $w = 12$를 노동수요 또는 노동공급에 대입하면 균형 고용량은 400
- 최저임금 16을 노동수요에 대입하면 노동수요량은 200
- 노동공급량이 200일 때의 임금은 10

$\therefore$ 경제적 순손실 $= \dfrac{1}{2} \times (16 - 10) \times (400 - 200) = 600$

답 ③

10 최저임금에 관한 설명으로 옳지 않은 것은?(단, 노동공급곡선은 우상향, 노동수요곡선은 우하향)

(2018년)

① 최저임금은 시장균형임금 이상에서 설정되어야 실효성이 있다.

② 최저임금은 생산요소 간 상대가격을 왜곡할 수 있다.

③ 노동수요의 임금탄력성이 작을수록 최저임금으로 인한 실업발생 효과가 커진다.

④ 노동공급의 임금탄력성이 작을수록 최저임금으로 인한 실업발생 효과가 작아진다.

[해설] 노동수요의 임금탄력성이 작을수록 최저임금 시행 시 노동수요의 감소분이 적어 실업발생 효과가 적게 된다.

  ① 최저임금제는 시장의 균형가격보다 높은 수준에서 설정되어야 의미가 있지 균형가격보다 낮은 수준에서 설정된다면 노동시장에 아무런 영향을 미치지 못해 실효성이 없다.

  ② 최저임금은 균형가격이 아닌 균형가격보다 높은 수준에서 설정되므로 생산요소 간 상대가격의 왜곡현상이 발생한다.

  ④ 노동공급의 임금탄력성이 작을수록 최저임금 시행 시 노동공급의 증가량이 적어 실업발생 효과가 적게 된다.

답 ③

11 효율성임금(efficiency-wage) 이론에 관한 설명으로 옳지 않은 것은? (2019년)

① 균형수준보다 높은 임금은 이직률을 낮출 수 있다.

② 근로자의 평균 자질은 기업이 지불하는 임금수준에 의존한다.

③ 임금이 높을수록 종업원의 노력을 증대시킬 수 있다.

④ 균형수준보다 높은 임금을 지급하면 역선택의 가능성이 증가한다.

[해설] 균형수준보다 높은 임금을 지급하면 이직률 감소와 직장을 잃지 않기 위해 열심히 일할 것이기에 역선택의 가능성은 줄어든다.

답 ④

12 노동의 시장수요함수와 시장공급함수가 다음과 같을 때 균형에서 경제적 지대(economic rent)와 전용수입(transfer earnings)은?(단, L은 노동량, w는 임금이다)

> (시장수요함수) $L_D = 24 - 2w$
>
> (시장공급함수) $L_S = -4 + 2w$

① 0, 70

② 25, 45

③ 35, 35

④ 70, 0

[해설] 균형에서 수요곡선 아래 부분의 면적이 전용수입(transfer earnings)이고, 가격과 수요곡선 사이의 면적이 경제지대(economic rent)이다. 수요함수와 공급함수를 연립하여 풀면 $24 - 2w = -4 + 2w$에서 $w = 7$이다. 이를 수요함수나 공급함수에 대입하면 $L = 10$이다.

공급함수를 w를 중심으로 정리하면 $w = 2 + \frac{1}{2}L$이고 w축의 절편은 2이다.

생산요소 공급자의 총수입은 $7 \times 10 = 70$이다. 이 중 경제지대 $(7-2) \times 10 \times \frac{1}{2} = 25$이고, 나머지 45가 전용수입이다.

답 ②

13 임금의 보상격차(compensating differential)에 관한 설명으로 옳지 않은 것은?

① 근무조건이 좋지 않은 곳으로 전출되면 임금이 상승한다.

② 성별 임금격차도 일종의 보상격차이다.

③ 비금전적 측면에서 매력적인 일자리는 임금이 상대적으로 낮다.

④ 더 높은 비용이 소요되는 훈련을 요구하는 직종의 임금이 상대적으로 높다.

[해설] ② 성별 임금격차는 동일한 조건하에서 동일한 일을 함에도 불구하고 단지 성별의 차이로 인해 임금을 차별하는 현상으로 보상격차는 아니다. 임금의 보상격차(compensating wage differentials)는 노동자들의 직업선택 및 전직이 자유로운 사회에서는 각 직업의 좋은 점과 나쁜 점을 모두 고려한 순이익이 한 사회의 여러 가지 대체적인 직업 사이에서 균등하게 되도록 임금이 조정된다는 것이다. 균등화 격차(equalizing wage differentials)라고 하는데 스미스(A. Smith)는 보상적 임금격차를 가져오는 직업의 성격으로 다음을 지적하였다. ㉠ 고용의 안정성 여부, ㉡ 작업의 쾌적성 여부, ㉢ 교육 및 훈련비용, ㉣ 책임의 정도, ㉤ 성공 또는 실패의 가능성

답 ②

14 A대학교 근처에는 편의점이 하나밖에 없으며, 편의점 사장에게 아르바이트 학생의 한계생산가치는 $VMP_L = 60 - 3L$이다. 아르바이트 학생의 노동공급이 $L = w - 40$이라고 하면, 균형고용량과 균형임금은 각각 얼마인가?(단, L은 노동량, w는 임금이다)

① 2, 42

② 4, 44

③ 4, 48

④ 6, 42

[해설] 편의점이 하나밖에 없으므로 노동시장은 수요독점(monopsony)이다. 수요독점기업이 직면하는 노동공급곡선이 $L = w - 40$, 즉 $w = 40 + L$이므로 총요소비용 $wL = TFC_L = 40L + L^2$이다. 이를 L에 대해 미분하면 한계요소비용 $MFC_L = 40 + 2L$이다.

시장의 균형은 $VMP_L = MFC_L$에서 이루어지므로 $60 - 3L = 40 + 2L$에서 $L = 4$이다. 수요독점시장의 임금은 노동공급 곡선상에서 결정되므로 $w = 40 + L$에 대입하면 $w = 44$이다.

답 ②

15 하루 24시간을 노동하는 시간과 여가를 즐기는 시간으로 양분할 때, 후방굴절형 노동공급곡선이 발생하는 이유는?

① 임금이 인상될 경우 여가의 가격이 노동의 가격보다 커지기 때문이다.

② 임금이 인상될 경우 노동 한 시간 공급으로 할 수 있는 것이 많아지기 때문이다.

③ 여가가 정상재이고, 소득효과가 대체효과보다 크기 때문이다.

④ 여가가 정상재이고, 소득효과가 대체효과와 같기 때문이다.

[해설] ③ 개인의 노동공급곡선이 후방굴절형으로 나타나는 이유는, 임금수준이 높은 경우에는 임금이 올라도 노동보다 여가 (leisure)를 더 선호하기 때문에 노동공급량을 줄이기 때문이다. 즉 임금상승의 소득효과가 대체효과보다 크기 때문에 나타나는 현상이다. 임금상승의 대체효과는 임금이 상승하면 여가의 기회비용(임금)이 커지기 때문에 여가를 줄이고 노동공급량을 증가시키는 효과이다. 임금상승의 소득효과는 임금이 상승하면 전보다 적은 노동을 공급해도 전과 동일한 소득을 얻게 되므로 노동공급량을 감소시키는 효과이다.

답 ③

16 소득-여가 결정모형에서 효용극대화를 추구하는 甲의 노동공급에 관한 설명으로 옳은 것은?(단, 소득과 여가는 모두 정상재이며, 소득효과 및 대체효과의 크기 비교는 절댓값을 기준으로 한다)

① 시간당 임금이 상승할 경우, 대체효과는 노동공급 감소요인이다.
② 시간당 임금이 상승할 경우, 소득효과는 노동공급 증가요인이다.
③ 시간당 임금이 하락할 경우, 소득효과와 대체효과가 동일하다면 노동공급은 감소한다.
④ 시간당 임금이 하락할 경우, 소득효과가 대체효과 보다 크다면 노동공급은 증가한다.

[해설] ④ 시간당 임금이 하락할 경우, 소득효과가 대체효과보다 크다면 노동공급량은 증가한다. 이 경우 노동공급곡선 아래 부분에서 우하향하는 역S자형 노동공급곡선이 나타난다.
① 시간당 임금이 상승할 경우 여가의 기회비용이 상승하므로 여가 대신 노동공급량을 증가시킨다. 임금상승의 대체효과 는 노동공급량 증가요인이다.
② 시간당 임금이 상승하면 전보다 일을 적게 해도 전과 동일한 소득을 얻으므로 노동공급량을 감소시킨다. 임금상승의 소득효과는 노동공급량 감소요인이다.
③ 시간당 임금이 하락할 경우 소득효과와 대체효과가 동일하다면 노동공급량은 변화가 없다.

답 ④

17 수요독점 노동시장에 관한 설명으로 옳지 않은 것은?(단, 노동공급곡선은 우상향, 노동의 한계수입생산 (marginal revenue product)곡선은 우하향, 이윤을 극대화하는 수요독점기업은 상품시장에서도 독점 기업임)

① 이 노동시장의 균형고용량은 완전경쟁 노동시장의 균형고용량보다 적다.
② 이 노동시장의 균형임금과 완전경쟁 노동시장의 균형임금 사이에 최저임금을 강제적으로 설정할 경우 고용량이 증가할 수 있다.
③ 이 노동시장의 균형임금은 노동의 한계수입생산보다 낮은 수준에서 결정된다.
④ 이 노동시장의 균형임금과 완전경쟁 노동시장의 균형임금 사이에 최저임금을 강제적으로 설정할 경우 노동의 평균요소비용과 한계요소비용이 모두 감소한다.

[해설] ④ 수요독점 노동시장의 균형에서는 $MRP_L = MFC$에서 고용량을 결정한다. 그러나 임금은 더 높은 수준에서 결정된다. 즉 $MRP_L = MFC > w = AFC_L$이 성립한다. 최저임금을 균형임금보다 높은 수준에서 강제적으로 설정할 경우 노동의 평균요소비용이 상승한다.

답 ④

18 생산요소 수요의 가격탄력성의 주요 결정요인이 아닌 것은?

① 총비용에서 차지하는 생산요소 비용의 비중

② 한계생산이 체감하는 속도

③ 다른 생산요소로 대체가 가능한 속도

④ 생산요소 가격의 크기

[해설] 생산요소 수요의 가격탄력성은 요소가격이 변화할 때 요소수요량이 변화하는 정도를 나타낸다. 이는 ①, ②, ③이 클수록 커지는 반면, ④ 생산요소 가격의 크기와는 무관하다.

답 ④

19 지대, 경제적 지대 및 준지대를 설명한 것 중 옳지 않은 것은?

① 리카도(D. Ricardo)에 따르면 쌀값이 비싸지면 그 쌀을 생산하는 토지의 지대도 높아진다.

② 경제적 지대는 토지뿐만 아니라 공급량이 제한된 노동, 기계설비 등 모든 종류의 시장에서 나타날 수 있다.

③ 생산요소가 받는 보수 중에서 경제적 지대가 차지하는 비중은 수요가 일정할 때, 공급곡선이 탄력적일수록 작아진다.

④ 준지대는 산출량의 크기와는 관계없이 총고정비용보다 크다.

[해설] 준지대는 단기에 고정된 생산요소의 공급가격이므로 총고정비용과 같다.

답 ④

10 | 일반균형과 후생경제학

제1절 가격의 기능과 균형

---

1. 시장의 기능

(1) 경쟁시장에서 성립하는 균형가격은 재화의 기회비용을 반영하는 가격으로, 경쟁시장에서 가격이 형성되면 이 가격은 생산자와 소비자에게 신호(signal)의 역할을 한다.

(2) 즉 가격은 각 경제주체가 그들의 행동을 조절할 수 있는 가이드 포스트(guidepost)와 같은 역할을 한다. 이를 가격의 정보 전달기능이라고 한다.

2. 균형분석

가격의 결정과 자원배분 등 가격기구의 역할을 분석하는 데는 두 가지 접근방법, 즉 부분균형분석과 일반균형분석이 있다.

(1) **부분균형분석(partial equilibrium analysis)**
　① 부분균형분석은 마셜(A. Marshall)에 의해 체계화된 분석으로 개별 경제주체와 개별시장의 움직임을 모두 독립적으로 분리해서 다루는 분석방법이다.
　② 즉 다른 모든 시장(부문)은 일정불변(ceteris paribus)이라는 가정하에 어느 한 시장만을 분석한다. 따라서 경제주체 간의 상호 관련성이나 시장 간의 상호 관련성은 무시한다.
　③ 한 시장의 균형의 변화가 다른 시장의 균형에 미치는 영향이나 다른 시장의 균형의 변화가 이 시장에 미치는 영향(feed back 효과)은 무시한다.

(2) **일반균형분석(general equilibrium analysis)**
　① 일반균형분석은 한 시장의 균형이 변화할 때 다른 시장의 균형에 미치는 영향 및 다른 시장의 균형의 변화가 이 시장에 미치는 영향을 동시에 분석하는 방법이다.
　② 즉 모든 경제주체와 시장들이 통합된 하나의 경제 안에서 어떻게 상호연관되어 있는가를 분석한다.
　③ 일반균형분석은 모든 시장의 동시적인 균형을 다루므로 개별 경제주체와 개별시장의 상호의존 관계를 분명히 하여 세 가지 경제문제가 어떻게 동시에 그리고 상호 의존적으로 해결되는가를 분석한다.
　④ 일반균형이론은 왈라스(L. Warlas)에 의해 발전되었고, 1950년대에는 애로우(K. Arrow)와 드브레(G. Debreu) 등에 의해 일반균형의 존재와 특성이 수학적으로 밝혀졌다.

(3) 부분균형분석과 일반균형분석의 관계

이들 두 가지 분석방법은 상호 보완적이다. 즉 복잡한 경제현상의 분석을 보다 단순화하고 용이하게 하기 위해 주로 부분균형분석을 이용한다.

제2절 자원배분과 파레토 최적성

1. 파레토 최적의 의의

(1) 후생경제학

① 어떤 경제의 상태를 비교·평가하기 위해서는, 여러 가지 상태 중에서 어떤 것이 좋고 어떤 것이 나쁘다라는 객관적인 판단기준이 있어야 한다.

② 후생경제학(welfare economics)은 이러한 판단기준을 정립하고 여러 가지 경제적 상태에서의 사회후생을 비교하는 경제학의 한 분야이다.

(2) 실현 가능성과 파레토 우위

① 경제적인 효율성과 후생을 비교하기 위해 경제학에서 가장 일반적으로 사용되는 기준으로 파레토 최적기준(Pareto optimality criterion)이 있다. 이 기준의 기초가 되는 두 가지 개념이 실현 가능성과 파레토 우위이다.

② 실현 가능성(feasibility)은 어떤 자원이나 생산물의 배분상태가 경제내의 부존(endowment)을 초과하지 않는 배분상태를 말한다.

③ 어떤 두 배분상태를 비교할 때 한 배분상태가 다른 배분상태보다 구성원 어느 누구의 후생을 감소시키지 않으면서 적어도 한 사람의 후생이 증가되면 그 배분상태는 다른 배분상태보다 파레토 우위(Pareto superior) 또는 파레토 개선(Pareto improvement)이라고 한다.

(3) 파레토 최적

① 한 배분상태가 실현 가능하고 다른 배분상태와 비교할 때 이보다 우위인 배분상태가 없으면 이 배분상태를 파레토 최적(Pareto optimality) 또는 파레토 효율성(Pareto efficiency)이라고 한다.

② 즉 어느 한 사람의 효용을 감소시키지 않고는 다른 사람의 효용을 증가시킬 수 없는 배분상태를 의미한다. 다시 말하면 파레토 효율적 배분은 경제 내의 모든 경제주체의 효용을 동시에 증가시키는 것이 불가능한 배분상태를 말한다.

(4) 파레토 최적의 조건

① 경제 전체에서 자원배분의 파레토 최적을 달성하기 위해서는 세 가지 조건이 충족되어야 한다.

② 즉 교환에서의 최적성과 생산에서의 최적성, 그리고 생산물 구성에서의 최적성이 그 조건이다.

2. 교환에서의 파레토 최적성

(1) 교환에서의 파레토 최적성의 의의

① 교환에서의 최적성은 경제 내에 있는 소비자들 사이에 주어진 상품을 배분할 때 사회 내의 어떤 사람의 후생을 감소시키지 않고서는 다른 어느 누구의 후생도 증가시킬 수 없도록 상품을 배분해야 한다는 것이다.

② 이제 논의를 단순화하기 위해 X, Y 두 상품을 A, B 두 소비자에게 배분하는 경우를 살펴보자.

(2) 에지워스 상자(Edgeworth box)를 이용한 설명

① 두 소비자(A, B)와 두 상품(X, Y재)이 존재하는 경제를 상정하면, E점은 초기 부존점(initial endow-ment)으로 교환 이전의 배분상태를 표시한다.

▶ 교환에서의 최적성

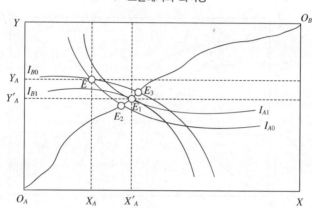

② A, B 두 소비자는 교환을 통해 효용을 증가(무차별곡선의 상방이동)시킬 수 있는 경우 교환을 한다.

③ 따라서 교환 결과 볼록렌즈 부분으로 이동하면 A, B 중 한 소비자 또는 모두의 효용이 증가하고, 최종적으로는 A, B의 무차별곡선이 접하는 E_1에서 균형을 이루게 된다.

④ 교환 결과 A의 $Y_A Y_A'$만큼의 Y재가 B의 $X_A X_A'$만큼의 X재와 교환된다.

(3) 한계대체율(MRS)을 이용한 설명

① E에서는 A의 한계대체율이 B의 한계대체율보다 크다. 이처럼 한계대체율에 차이가 있는 경우 한계대체율이 같아질 때(E_1)까지 교환이 이루어진다. 한계대체율이 같아지면 더 이상 교환을 통한 효용의 증가가 불가능하다.

② 따라서 파레토 최적상태에서는 두 소비자의 두 상품에 대한 한계대체율이 같게 된다.

$$MRS_{XY}^A = MRS_{XY}^B$$

③ 여기서 한계대체율이 같은 점을 연결한 선을 소비면의 계약곡선(contract curve)이라고 한다.

주의 파레토 효율성(efficiency)이 공평성(equity)을 의미하는 것은 아니다. 파레토 효율성은 공평성과는 무관하다.

3. 생산에서의 파레토 최적성

(1) 생산에서의 파레토 효율성의 의의

① 생산에서의 최적성은 주어진 자원을 여러 종류의 상품을 생산하는 데에 어떻게 배분할 것인가에 관한 것이다. 즉 어느 한 상품의 생산량을 감소시키지 않고서는 다른 상품의 생산량을 증가시킬 수 없는 상태를 생산에서의 최적성이라고 한다.

② 이제 X, Y 두 상품을 생산하는 기업에 노동(L)과 자본(K) 두 생산요소를 배분하는 경우를 살펴보자.

(2) 에지워스 상자(Edgeworth box)를 이용한 설명

① 두 산업(X, Y)과 두 생산요소(L, K)가 존재하는 경제를 상정하면 P는 초기 배분점으로 교환 이전의 상태를 표시한다.

▶ 생산에서의 최적성

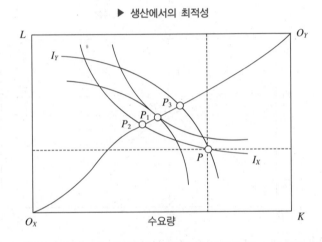

② 초기 배분점에서 두 산업 간에 노동과 자본을 교환하면 두 산업 모두, 또는 적어도 어느 한 산업에서는 생산량을 증가시킬 수 있으므로 두 산업 간에 노동과 자본의 교환이 이루어진다.

(3) 한계기술적 대체율에 의한 설명

① 초기 배분점 P에서는 두 산업의 한계기술적 대체율($MRTS$)이 서로 다르므로 두 산업 간에 생산요소의 교환이 발생하고, 그 교환은 두 산업의 한계기술적 대체율이 같아질 때까지 계속된다.

② 따라서 생산에서의 최적성 조건은 두 산업에서의 한계기술적 대체율이 같다는 것으로 정리할 수 있다.

$$MRTS_{LK}^{X} = MRTS_{LK}^{Y}$$

③ X, Y산업의 한계기술적대체율이 같은 점들을 연결한 선을 생산면의 계약곡선이라고 한다. 따라서 교환의 결과 P_1, P_2, P_3상의 어느 한 점에서 균형이 성립한다.

4. 생산물 구성에서의 파레토 최적성

(1) 의의

① 생산물 구성에서의 파레토 최적성이란 생산가능한 범위 내에서 한 사회 구성원의 효용이 극대가 되도록 두 상품(X, Y재)을 조합하여 생산이 이루어져야 한다는 것이다.

② 즉 생산가능성곡선(PPC)이 주어졌을 때 어떤 상품조합을 선택하는 것이 가장 바람직한가 하는 문제이다.

③ 다시 말하면 생산물 구성에서의 최적성이란 소비와 생산의 최적성을 동시에 만족시키도록 생산물 구성이 이루어져야 한다는 것이다.

(2) 생산물 구성에서의 파레토 최적성 조건

① 한 경제에 주어진 자원으로 최대한 생산가능한 범위를 나타내는 것은 생산가능성곡선(PPC : production possibility curve)이다. 그리고 한 사회구성원의 효용함수를 나타내는 것은 사회무차별곡선(SIC : social indifference curve)이다.

② 아래 〈그림〉에서와 같이 생산가능성곡선이 주어지고 사회구성원의 효용함수로부터 사회무차별곡선이 그려지면 사회구성원의 효용은 생산가능성곡선상에서 가능한 한 높은 수준의 사회 무차별곡선에 도달함으로써 극대화된다.

③ 이에 따라 생산가능성곡선과 사회무차별곡선이 접하는 E점이 파레토 최적이 이루어지는 점이다.

▶ 생산물 구성의 최적성

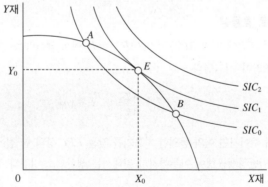

E점에서는 생산가능성곡선의 기울기와 사회무차별곡선의 기울기가 같으므로 생산물 구성에서의 파레토 최적성 조건은 다음과 같다.

$$MRT_{XY} = MRS_{XY}$$

5. 경쟁시장에서의 파레토 최적성

(1) 생산물의 교환조건

① 효용을 극대화하는 A, B 두 소비자의 균형은 무차별곡선과 예산선이 접하는 곳에서 성립한다. 이 경우 두 상품의 상대가격은 두 소비자에게 동일하게 주어지므로 다음의 조건이 성립한다.

$$MRS_{XY}^{A} = \frac{P_X}{P_Y} = MRS_{XY}^{B}$$

② 결국 두 소비자에게 동일하게 주어진 상대가격하에서 효용극대화 행동을 한 결과 파레토 최적조건을 충족시키고, 따라서 가격을 통한 자원배분은 파레토 최적조건을 충족시킨다.

(2) 생산요소의 결합조건

① 노동과 자본의 상대가격은 X, Y 두 산업에 동일하게 주어지므로 생산요소의 배합에 있어서도 다음의 조건이 성립한다.

$$MRTS_{LK}^{X} = \frac{w}{r} = MRTS_{LK}^{Y}$$

② 경쟁적인 생산요소 시장에서 생산자의 균형은 X, Y 두 산업의 한계기술적 대체율($MRTS$)이 같은 곳에서 성립한다. 따라서 일반 경쟁균형은 계약곡선 위에 위치하는 PPC상의 한 점에서 성립한다.

③ 그러므로 가격을 통한 생산요소의 배분도 파레토 효율성을 충족시킨다.

(3) 생산물 구성에서 파레토 효율성

① 각 기업은 이윤극대화 조건에 따라 $MC_X = P_X, MC_Y = P_Y$에서 생산량을 결정한다. 따라서 생산물 구성에 있어서 다음의 조건이 성립한다.

$$MRT_{XY} = \frac{MC_X}{MC_Y} = \frac{P_X}{P_Y} = MRS_{XY}$$

② 즉 재화의 상대가격이 주어지면 이와 동일한 기울기를 갖는 PPC상의 한 점에서 생산자 균형이 성립된다.

③ 결국 생산 측면에서 일반경쟁균형이 이루어지기 위해서는 생산요소 시장과 생산물 시장이 동시에 균형되어야 한다.

(4) 일반 경쟁균형의 특성

① 이제 경제 내에 소비자와 생산자가 모두 존재하는 경우 가격을 통해 이루어지는 일반경쟁균형에서 자원배분이 갖는 특성은 다음과 같다.

② 특성

　㉠ 교환경제 : $MRS_{XY}^{A} = \frac{P_X}{P_Y} = MRS_{XY}^{B}$

　㉡ 생산경제

　　ⓐ $MRTS_{LK}^{X} = \frac{w}{r} = MRTS_{LK}^{Y}$

ⓑ $MRT_{XY} = \dfrac{MC_X}{MC_Y} = \dfrac{P_X}{P_Y} = MRS_{XY}$

③ 그런데 경쟁시장에서는 소비자와 생산자 모두에게 동일한 상대가격이 주어지므로

$$MRS_{XY}^A = MRS_{XY}^B = \frac{P_X}{P_Y} = \frac{MC_X}{MC_Y} = MRT_{XY}$$

④ 결국 일반경쟁균형에서 생산, 분배, 소비는 동시에 결정되며, 그 결과는 파레토 최적을 충족한다.

제3절 시장의 실패

---

1. 일반경쟁균형의 파레토 최적성 정리가 성립하기 위한 조건

(1) 시장의 실패

① 일반 경쟁균형의 파레토 최적성 정리가 성립하기 위해서는 다음의 조건들이 충족되어야 한다. 이들 조건 중 어느 하나라도 충족되지 않으면 경쟁적 균형이 성립되지 않거나 성립된다 해도 자원의 효율적 배분은 이루어지지 않는다.

② 즉 시장기구가 자원의 효율적 배분에 실패하게 되는데 이를 시장의 실패(market failure)라고 한다.

(2) 일반경쟁균형의 파레토 최적성 정리가 성립하기 위한 조건

① 규모의 경제가 존재하지 말아야 한다. 시장규모에 비해 규모의 경제가 크게 작용하면 완전경쟁은 성립하지 않고 독점(자연독점)의 가능성이 높아진다.

② 외부효과가 없어야 한다. 즉 소비자의 효용함수는 그가 소비하는 재화만의 함수이고, 생산함수는 그 기업이 투입하는 생산요소만의 함수이어야 한다.

③ 생산요소의 자유로운 이동이 보장되어야 하고, 가격의 변화에 따라 자원배분이 원활히 조정되어야 한다.

④ 경쟁적 균형은 안정적이며, 시장의 조정작용에 의해 신속히 균형이 성립되어야 한다.

2. 시장의 실패 원인

(1) 규모의 경제(economies to scale)

생산량의 증가에 따라 장기평균비용(LAC)이 하락하는 규모의 경제가 있으면 독점이나 과점이 발생하기 쉽고, 독과점이 존재하면 자원의 비효율적 배분, 즉 시장의 실패가 발생한다.

(2) 외부효과(external effect)

① 외부효과의 뜻

㉠ 어떤 경제주체의 경제활동 결과가 시장의 외부를 통해, 즉 가격기구를 통하지 않고 다른 경제주체의 후생에 영향을 미치는 것을 말한다.

㉡ 가격기구를 통하지 않으므로 그에 대한 대가를 지불하지 않고, 따라서 시장의 실패가 발생한다. 외부효과를 외부성(externality)이라고도 한다.

② 외부효과의 유형

㉠ 외부경제 : 어떤 경제주체의 경제활동 결과가 다른 경제주체의 후생을 증가시키는 경우 이를 외부경제(external economy), 또는 양(+)의 외부효과라고 한다. 외부경제는 양봉업자와 과수원, 주택가의 꽃밭, 공원이나 호수를 조성하는 경우 나타날 수 있다.

㉡ 외부불경제 : 다른 경제주체의 후생을 감소키는 경우 이를 외부불경제(external diseconomy) 또는 음(−)의 외부효과라고 한다. 외부불경제의 예로는 공해나 환경오염 등을 들 수 있다.

③ 사회적 비용과 사적 비용

㉠ 사회적 비용은 사적 비용과 외부성으로 발생하는 외부비용(external cost)의 합계이다. 여기서 외부비용은 외부경제의 경우 음(−)이고, 외부불경제의 경우 양(+)이다. 따라서 외부불경제가 있는 경우에는 사회적 한계비용(SMC)이 사적 한계비용(PMC)보다 크고, 외부경제가 있는 경우에는 사회적 한계비용(SMC)보다 사적 한계비용(PMC)이 크다.

㉡ 음(−)의 외부비용을 외부편익(external benefit)으로 파악하여 분석하는 방법이 최근 많이 활용되고 있다.

④ 자원배분에 미치는 영향

㉠ 기업은 환경오염으로 인한 외부비용을 인식하지 않고 따라서 그에 대한 대가를 지불하지 않는다.

㉡ 기업은 사적 비용만 인식하므로, 기업은 이윤의 극대화를 위해 $PMC = MR$에서 산출량을 결정한다.

㉢ 그러나 사회적으로는 $SMC = MR$에서 산출량을 결정하는 것이 바람직하다(즉 자원의 효율적 배분이 이루어진다).

㉣ 그러나 경쟁시장에서는 외부성에 대한 외부비용을 지불하지 않으므로 $PMC = MR$에서 산출량이 결정되어 사회적으로 최적인 산출량보다 더 많이 생산되므로 시장의 실패가 발생한다.

⑤ 외부효과에 대한 정부의 정책

㉠ 외부불경제의 경우 : 정부는 자원의 효율적 배분이 이루어지는 산출량, 즉 사회적으로 최적인 산출량 Q_S를 구하고 SMC와 PMC의 차이만큼 조세를 부과한다. 그러면 단위당 조세액만큼 PMC곡선이 상방이동하여 SMC곡선과 같아지므로 사회적으로 바람직한 산출량인 Q_S가 생산된다.

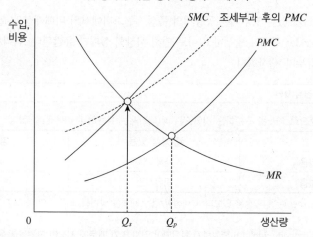

▶ 외부경제에 대한 정부의 정책-조세부과

ⓛ 외부경제의 경우 : 외부경제가 있는 경우에는 PMC가 SMC보다 크다. 따라서 정부는 SMC=MR에서 사회적으로 최적인 산출량 Q_S를 구하고 PMC와 SMC의 차이만큼 보조금을 지급한다. 그러면 단위당 보조금만큼 PMC곡선이 하방이동하여 SMC곡선과 같아지므로 사회적으로 바람직한 산출량인 Q_S가 생산된다.

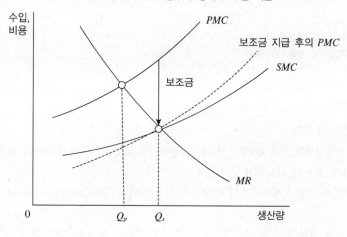

▶ 외부경제에 대한 정부의 정책-보조금 지급

더 알아보기 | 코즈 정리

- 환경오염에 외부불경제가 존재하는 이유는 오염행위자의 오염행위가 제3자에게 손해를 끼치고 있음에도 불구하고 그에 대한 배상이 이루어지지 않기 때문이다. 그런데 손해를 보는 제3자에게 환경에 대한 재산권을 부여하면 오염행위를 마음대로 할 수 없게 된다.
- 코즈(R.H. Coase)는 환경에 대한 재산권을 분명하게 해준다면 정부의 개입 없이 시장기구가 스스로 외부효과 문제를 효율적으로 해결할 수 있다는 것을 보여 주었는데 이를 코즈 정리(Coase's theorem)라고 한다.
- 코즈는 재산권의 부여를 통하여 환경오염의 수준을 조절할 수 있는 방법으로는 협상(bargain)과 합병(merger) 두 가지를 제시하고 있다. 그러나 협상이나 합병에 의한 해결방법은 오염의 내용이 단순하고 거래비용이 작을 때만 효과적이다. 협상과 합병에 따르는 거래비용이 크다면 협상이나 합병이 이루어지기 어렵다.

(3) 공공재

공공재(public goods)가 있는 경우에는 공공재의 특성, 즉 소비에서의 비배제성과 소비에서의 비경합성으로 인해 무임승차(free rider)문제가 발생하고 이로 인해 시장의 실패가 유발된다. 따라서 공공재는 민간기업이 생산하지 못하고 정부가 생산한다.

더 알아보기 공공재와 공유자원

- 배제성과 경합성을 기준으로 재화를 구분하는 것이 경우에 따라서는 유용하게 이용될 수 있다.

구분	경합성 있음	경합성 없음
배제성 있음	사적 재화	자연독점
배제성 없음	공유자원	공공재

- 공유자원(common resources)은 경합성은 있으나 배제성이 없는 재화를 말한다. 바닷속의 물고기, 깨끗한 공기와 물, 땅속의 석유 등이다.
- 공유자원의 경우 재산권(property rights)이 명확하게 확립되어 있지 않기 때문에 시장이 자원을 효율적으로 배분하지 못한다.

더 알아보기 공유자원의 비극

- 공유자원의 비극(Tragedy of the commons), 또는 황무지의 비극은 공유자원에 대해서는 재산권이 명확하게 설정되어 있지 않기 때문에 과도하게 사용되어 자원이 고갈되는 상황에 대한 우화이다. 공유자원의 비극은 외부효과 때문에 발생한 것이다. 즉 음의 외부효과 때문에 공유자원이 과도하게 사용되는 것이다.
- 정부의 해결
  - 규제를 통해 해결
  - 세금을 부과하여 외부효과를 내부화
  - 공유자원에 재산권을 부여하여 해결

---

(4) 비대칭적 정보

① 비대칭 정보의 의의

ㄱ 완전경쟁시장의 경우 완전한 정보를 가정하지만 현실적으로는 수요자와 공급자 간, 고용주와 피고용자 간에 정보가 균등하게 존재하지는 않는다.

ㄴ 그러한 사실을 경제주체들이 인식하는 경우 비대칭 정보(asymmetric information)가 존재한다고 한다.

ㄷ 비대칭적 정보가 존재하는 경우에는 도덕적 해이나 역(逆)선택의 문제가 발생하여 시장의 실패가 유발된다.

② 도덕적 해이

ㄱ 화재보험 시장의 경우 일단 보험에 가입한 사람은 화재방지를 위한 노력을 기울이지 않는다. 이에 따라 화재발생 확률이 높아지고, 보험회사는 전보다 많은 보험금을 지급하기 때문에 보험료를 인상함으로써 모든 화재보험 가입자가 높은 보험료를 부담하게 된다.

ㄴ 이처럼 화재보험 가입자가 화재를 방지하려는 노력을 기울이지 않는 현상을 도덕적 해이(moral hazard)라고 한다.

③ 역선택

    ㉠ 화재보험상품이 만들어지면 화재가 발생할 가능성이 높은 사람들이 우선적으로 보험에 가입하기 때문에 보험회사가 으레 손해를 보게 된다.

    ㉡ 이처럼 화재발생의 위험도가 커 보험금을 탈 가능성이 높은 사람들만 보험에 가입하게 되는 경향을 역선택(adverse selection)이라고 한다.

    ㉢ 보험시장은 위험에 대비하려는 사람들의 욕구를 충족시켜 주지만 도덕적 해이와 역선택 때문에 모든 위험을 피할 수 있게 해주지는 못한다.

3. 정부의 실패

(1) 정부의 시장개입

① 앞에서 경쟁시장에서도 외부효과와 공공재가 존재하면 시장의 실패가 일어날 수 있다는 것을 보았다. 그러나 불완전경쟁시장에서는 시장의 실패가 훨씬 크게 일어난다.

② 따라서 오늘날 모든 국가가 불완전경쟁을 완화하고 시장의 실패를 해결하기 위해 시장에 개입하고 있다.

(2) 정부의 실패

① 정부의 실패

정부의 개입으로 시장의 실패가 해결된다고 볼 수는 없다. 오히려 정부의 과도한 개입이나 잘못된 개입이 자원배분을 더욱 더 비효율적으로 만들기도 하는데 이를 정부의 실패라고 한다. 정부의 실패(government failure)란 정부의 시장개입과 규제가 효율적인 자원배분을 저해하는 현상을 의미한다.

② 정부의 실패 원인

    ㉠ 규제자의 불완전한 지식 · 정보

    ㉡ 규제수단의 불완전성

    ㉢ 규제의 경직성

    ㉣ 근시안적인 규제

    ㉤ 규제자의 개인적 편견이나 권한확보 욕구

    ㉥ 정치적 제약 등

10 │ 실전대비문제

01 공공재에 관한 다음 설명 중 옳은 것을 모두 고른 것은?

> ㉠ 비경합성(non-rivalry)과 배제불가성(non-excludability)이라는 특성을 가진다.
> ㉡ 그 특성상 민간에 의한 자발적 공급이 곤란하다.
> ㉢ 공공부문이 생산·공급하는 재화나 서비스라 해서 모두 공공재가 되는 것은 아니다.

① ㉠, ㉡   ② ㉡, ㉢
③ ㉠, ㉢   ④ ㉠, ㉡, ㉢

[해설] ㉠ 공공재는 비경합성과 비배제성이란 특성 갖는다.
㉡ 공공재의 비배제성 특성으로 민간에서 자발적 공급이 힘들다.
㉢ 공공재는 대부분 공공부문에서 공급하지만 공공부문에서 공급하는 재화도 경합성이 있고 배제가 가능한 재화가 존재한다. 따라서 공공부문에서 생산·공급하는 재화 모두가 공공재가 된다고 할 수 없다.

답 ④

02 학생 L은 언어검증시험에서 시험성적 10, 11, 12, 13, 14를 각각 1/5의 확률로 예상하고 있다. 시험 점수 1점에 대한 가치는 10이며, 시험 1회당 기회비용은 10이라고 하자. 시험의 횟수에 관계없이 가장 좋은 성적을 최종 성적으로 사용할 수 있다면, 첫 시험에서 얼마 이상의 성적을 받아야 더 이상 시험을 보지 않는가?

(2017년)

① 10   ② 11
③ 12   ④ 13

[해설] 학생 L의 기대점수는 $\left(\frac{1}{5}\times10\right)+\left(\frac{1}{5}\times11\right)+\left(\frac{1}{5}\times12\right)+\left(\frac{1}{5}\times13\right)+\left(\frac{1}{5}\times14\right)=12$가 된다.

문제의 조건에서 점수 1점의 가치가 10, 시험 1회당 기회비용이 10이라고 했으므로 점수가 기대점수인 12점보다 낮다면 다시 시험을 보는 것이 유리하다. 하지만 12점보다 높다면 다시 시험을 보지 않을 것이다.

답 ③

03 표는 소비의 배제성과 경합성의 존재 유무에 따라 재화를 분류하고 있다. 재화와 분류가 옳게 짝지어진 것은?

(2019년)

구분		경합성	
		있음	없음
배제성	있음	A	B
	없음	C	D

① 공해(公海)상의 어류 – C
② 국방서비스 – B
③ 민자 유료도로 – C
④ 유료 이동통신 – D

[해설] 공해(公海)는 국제법상 어느 나라의 영역에도 속하지 않고 모든 국가에 개방된 해역으로 공해(公海)상의 어류는 소유권이 없으므로 배제성은 없지만 자원이 한정적이므로 경합성은 존재한다. 따라서 C에 속한다.
② 국방서비스는 배제성과 경합성이 없으므로 D에 속한다.
③ 민자 유료도로는 배제성과 경합성이 있으므로 A에 속한다.
④ 유료 이동통신은 배제성은 있지만 경합성이 없으므로 B에 속한다.

답 ①

04 역선택의 사례로 옳지 않은 것은?

(2020년)

① 의료실손보험에는 건강하지 않은 사람이 가입할 확률이 높다.
② 안정적인 직장에 취업한 사람은 열심히 일하지 않을 확률이 높다.
③ 종신연금에는 사망 확률이 낮은 건강한 사람이 가입할 확률이 높다.
④ 중고차 시장에서는 가격보다 질이 낮은 자동차가 거래될 확률이 높다.

[해설] ② 도덕적 해이에 관한 사례이다.

┤ 심화 Tip ├

역선택 & 도덕적 해이
• 역선택 : 시장에서 거래를 할 때 경제주체 간 정보 비대칭으로 인하여 부족한 정보를 가지고 있는 쪽이 불리한 선택을 하게 되어 경제적 비효율이 발생하는 상황
• 도덕적 해이 : 감추어진 행동이 문제가 되는 상황에서 정보를 가진 측이 정보를 가지지 못한 측의 이익에 반하는 행동을 취하는 경향

답 ②

05 조세부과와 공공요금 책정의 원칙에 관한 설명으로 옳지 않은 것은? (2019년)

① 수직적 평등의 원칙에 따르면 소득이 많을수록 더 많은 세금을 부담한다.

② 수평적 평등의 원칙에 따르면 동일한 소득이라도 소득의 종류에 따라 세금이 달라진다.

③ 수익자부담의 원칙에 따르면 정부정책의 편익을 많이 받을수록 더 많은 세금을 부담해야 한다.

④ 수익자부담의 원칙에 따르면 지하철 운영에서 적자가 발생하면 지하철 요금을 인상해야 한다.

[해설] 수평적 평등은 동일 여건에 대해 동일하게 대우하는 것으로 동일한 소득이라면 동일한 세금이 부과되어야 한다.
  ① 수직적 평등은 다른 것은 다르게 취급되어야 한다는 생각에서 출발한 것으로 소득이 많을수록 더 많은 세금을 납부하여야 한다.
  ③ 수익자부담이란 이익을 받은 사람에게 부담을 지우는 것으로 수익자부담의 원칙에 의해 편익을 많이 받을수록 세금의 부담이 더 커야 한다.
  ④ 수익자부담의 원칙에 의해 지하철 운영에 적자가 발생하면 편익을 받는 소비자가 적자 부담을 져야 하므로 지하철 요금을 인상해야 한다.

답 ②

06 A국은 대표적 소비자 갑과 두 재화 X , Y가 있다. 갑의 효용함수는 $U(X, Y) = XY^2$이고, 생산가능곡선은 $X^2 + Y^2 = 12$이다. A국의 자원배분을 최적으로 만들어주는 X는? (2019년)

① 1   ② 2

③ 3   ④ 4

[해설] 최적 자원배분은 $MRS_{XY} = MRT_{XY}$일 때 나타난다.

$$MRS_{XY} = \frac{MU_X}{MU_Y} = \frac{Y^2}{2XY} = \frac{Y}{2X}, \quad MRT_{XY} = \frac{MC_X}{MC_Y} = \frac{2X}{2Y} = \frac{X}{Y}$$

따라서 $\frac{Y}{2X} = \frac{X}{Y}$ $\therefore 2X^2 = Y^2$

위에서 구한 값을 생산가능곡선에 대입하면 $X^2 + Y^2 = X^2 + 2X^2 = 3X^2 = 12$

$\therefore X = 2 (\because X$는 항상 0 이상$)$

답 ②

07 A재화가 양(+)의 외부효과(positive externality)를 창출할 경우, 다음 중 옳은 것은? (2018년)

① 재화의 사회적 가치(social value)는 사적 가치(private value)보다 높고, 시장균형수량은 사회적 최적 수량보다 많다.

② 재화의 사회적 가치는 사적 가치보다 낮고, 시장균형 수량은 사회적 최적 수량보다 많다.

③ 재화의 사회적 가치는 사적 가치보다 높고, 시장균형 수량은 사회적 최적 수량보다 적다.

④ 재화의 사회적 가치는 사적 가치보다 낮고, 시장균형 수량은 사회적 최적 수량보다 적다.

[해설] 양(+)의 외부효과가 발생할 경우에 사회적 가치는 사적 가치에 외부한계편익을 더한 것이 된다. 따라서 사회적 가치가 사적 가치보다 더 큼을 알 수 있다. 이와 같이 양(+)의 외부효과가 발생해 사회적 가치가 사적 가치보다 클 경우에 과소생산이 이루어지기 때문에 시장의 균형수량은 사회적 최적 수량보다 적게 된다.

답 ③

08 공유자원의 비극에 관한 설명으로 옳지 않은 것은? (2019년)

① 공유자원의 비극은 자원의 독점 때문에 발생한다.

② 공유자원의 사용은 다른 사람에게 부정적 외부효과를 발생시킨다.

③ 공유자원의 사용에 있어 사적 유인과 사회적 유인의 괴리가 발생한다.

④ 공유자원에 대해 재산권을 부여하는 것이 해결책이 될 수 있다.

[해설] 공유자원의 비극은 배제성이 없기 때문에 발생한다.
② 공유자원은 배제할 수 없으나 경합성이 있어 고갈되는 특성이 있는 자원으로 공유자원 사용으로 다른 사람이 사용하지 못하게 되는 부정적 외부효과가 발생한다.
③ 공유자원의 사용은 사적으로 유용하지만 사회 전체적으로는 유용하지 않기에 사적 유인과 사회적 유인에 괴리가 발생한다.
④ 공유자원에 재산권을 부여하면 공유자원의 비극 문제를 해결할 수 있다.

답 ①

09 X재의 사적 한계비용곡선(MC)은 $MC = 0.1Q + 2$이고, 한계편익곡선은 $P = 14 - 0.1Q$이다. X재의 공급에 부정적 외부효과가 존재하여 경제적 순손실이 발생하였다. 이에 정부가 공급자에게 단위당 2의 세금을 부과하여 사회적 최적을 달성했다면 정부개입 이전의 경제적 순손실은?(단, P는 가격, Q는 수량이다)

(2020년)

① 10　　　　　　　　　　　　　　② 20
③ 30　　　　　　　　　　　　　　④ 40

[해설]

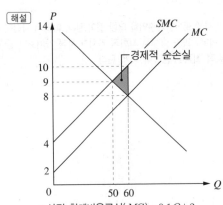

- 사적 한계비용곡선(MC) = $0.1Q + 2$
- $SMC = 0.1Q + 2 + 2 = 0.1Q + 4$
- 한계편익(MB) = $14 - 0.1Q$
- 경제적 순손실 = $(60 - 50) \times (10 - 8) \times 0.5 = 10$

답 ①

10 ( ) 안에 들어갈 용어를 옳게 짝지은 것은?

(2020년)

(A)는 비경합적이지만 배제 가능한 재화이며, (B)는 경합적이지만 비배제적인 재화이다.

	A	B
①	공유자원	클럽재
②	공유자원	공공재
③	클럽재	공공재
④	클럽재	공유자원

[해설]
- 클럽재(요금재)는 비경합적이지만 배제 가능한 재화이다.
- 공유자원은 경합적이지만 비배제적인 재화이다.
- 사용재(민간재)는 배제 가능하며 경합적인 재화이다.
- 순수공공재는 비경합적이며 비배제적인 재화이다.

답 ④

11 수요곡선은 $Q^D = 400 - 2P$이고 공급곡선은 $Q^S = 100 + 3P$이다. 종량세를 소비자에게 부과하여 발생한 사회적 후생손실(deadweight loss)이 135라면 부과한 종량세의 크기는 얼마인가? (2021년)

① 15

② 32

③ 44

④ 50

[해설] 종량세 부과 전 균형가격과 균형거래량을 구하면

$400 - 2P = 100 + 3P$

$\therefore P = 60, \ Q = 280$

• 조세부과 전 수요곡선 : $P = 200 - \dfrac{1}{2}Q$

• 단위당 조세 T 부과에 따른 수요곡선 : $P = (200 - T) - \dfrac{1}{2}Q$

  단위당 조세 T 부과에 따른 수요곡선과 공급곡선을 연립하면

  $400 - 2T - 2P = 100 + 3P$

  $5P = 300 - 2T$

  $\therefore P = 60 - \dfrac{2}{5}T$

위에서 구한 가격을 단위당 조세 T 부과에 따른 수요곡선에 대입하면

$60 - \dfrac{2}{5}T = (200 - T) - \dfrac{1}{2}Q$

$\therefore Q = 280 - \dfrac{2}{5}T$

위에서 구한 가격과 거래량을 그래프로 그려보면 다음과 같다.

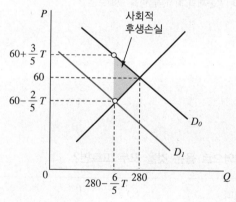

사회적 후생손실(deadweight loss) $= \dfrac{1}{2} \times T \times \dfrac{6}{5}T = \dfrac{3}{5}T^2 = 135$

$\therefore T = 15$

답 ①

12 역선택과 도덕적 해이에 대한 설명으로 옳지 않은 것은? (2021년)

① 비대칭 정보로 인해 발생하는 문제이다.
② 역선택의 발생원인은 은폐된 행동이고, 도덕적 해이의 발생원인은 은폐된 특성이다.
③ 단체보험, 강제보험은 역선택의 문제를 완화시킨다.
④ 성과에 대한 유인 부여는 도덕적 해이의 문제를 완화시킨다.

해설 역선택은 발생원인이 은폐된 특성이고, 역선택은 발생원인이 은폐된 행동이다.

답 ②

13 공공재에 대한 소비자 A, B, C의 수요함수는 각각 $P_A = 20 - Q$, $P_B = 40 - Q$, $P_C = 60 - Q$이다. 공공재 공급에 따른 한계비용이 90일 때, 공공재의 최적공급량 수준은?(단, P는 가격, Q는 수량이다) (2021년)

① 5   ② 10
③ 15   ④ 20

해설 시장 전체의 수요곡선 : $P = (20 - Q) + (40 - Q) + (60 - Q) = 120 - 3Q$
시장 전체의 수요곡선과 한계비용을 연립하여 공공재의 최적공급량을 구해보면
$120 - 3Q = 90$
$\therefore Q = 10$

답 ②

14 롤즈(J. Rawls)의 사회후생함수에 관한 설명으로 옳은 것을 모두 고르면? (2022년)

> ㄱ. 사회후생함수는 개인의 분배와 상관없다.
> ㄴ. 사회후생함수는 개인 효용의 합에 의해 결정된다.
> ㄷ. 사회후생함수는 레온티에프 함수와 같은 형태이다.
> ㄹ. 평등주의적 가치관을 담고 있다.

① ㄱ, ㄴ   ② ㄴ, ㄷ
③ ㄷ, ㄹ   ④ ㄱ, ㄹ

해설 ㄱ. (×) 롤즈(J. Rawls)의 사회후생함수는 저소득의 효용에 의해 사회후생이 결정되므로 고소득층에서 저소득층으로 소득을 재분배하면 사회후생이 증가한다. 따라서 개인의 분배와 상관있다.
ㄴ. (×) 개인 효용의 합에 의해 경절되는 것은 공리주의 사회후생함수이다.
ㄷ. (○) 롤즈(J. Rawls)의 사회후생함수는 L자 형태로 레온티에프 함수와 같은 형태이다.
ㄹ. (○) 롤즈(J. Rawls)의 사회후생함수는 극단적인 평등주의적 가치관을 내포하고 있다.

답 ③

15 X재 산업의 역공급함수는 $P = 440 + Q$이고, 역수요함수는 $P = 1,200 - Q$이다. X재의 생산으로 외부편익이 발생하는데, 외부한계편익함수는 $EMB = 60 - 0.05Q$이다. 정부가 X재를 사회적 최적수준으로 생산하도록 보조금 정책을 도입할 때, 생산량 1단위당 보조금은?(단, P는 가격, Q는 수량)

① 20   ② 30
③ 40   ④ 50

[해설] 생산량 1단위당 보조금(Pigou 보조금)을 외부한계편익 EMB만큼 지급하면 사회적 최적수준을 생산하게 된다. 역수요함수에 외부한계편익함수를 더하면 사회적 역수요함수가 구해진다.

즉 사회적 역수요함수 $= 1,200 - Q + 60 - 0.05Q = 1,260 - 1.05Q$이다. 이를 역공급함수와 연립하여 풀면 사회적 최적수준이 구해진다. 즉 $1,260 - 1.05Q = 440 + Q$이고, $820 = 2.05Q$이므로 사회적 최적수준 $Q = 400$이다. 이를 EMB함수에 대입하면 $EMB = 40$이다. 따라서 생산량 1단위당 보조금은 40이다.

답 ③

16 온실가스 배출량(Q)을 저감하기 위한 한계저감비용은 $40 - 2Q$이고, 온실가스 배출로 유발되는 한계피해비용은 $3Q$이다. 최적의 온실가스 배출량과 한계저감비용은?

① 8, 24   ② 9, 27
③ 10, 30   ④ 11, 33

[해설] 최적의 온실가스 배출량은 한계저감비용 = 한계피해에서 이루어진다. 따라서 $40 - 2Q = 3Q$에서 $Q = 8$이다. 이를 한계저감비용함수에 대입하면 한계저감비용 $= 24$이다.

답 ①

17 사적 재화 X재의 개별수요함수가 $P = 7 - q$인 소비자가 10명이 있고, 개별공급함수가 $P = 2 + q$인 공급자가 15명 있다. X재 생산의 기술진보 이후 모든 공급자의 단위당 생산비가 1만큼 하락하는 경우, 새로운 시장균형가격 및 시장균형거래량은?(단, P는 가격, q는 수량이다)

① 3.4, 36   ② 3.8, 38
③ 4.0, 40   ④ 4.5, 42

[해설] 시장수요함수는 개별수요함수의 수평합이므로 시장수요함수는 역수요함수인 경우 개별수요함수와 세로축의 절편은 같고 기울기는 1/10배가 된다.

따라서 시장수요함수는 $P = 7 - \frac{1}{10}Q$이다. 시장공급함수도 같은 방법으로 구하면 $P = 2 + \frac{1}{15}Q$이다.

기술진보로 단위당 생산비가 1만큼 하락하면 기울기는 그대로이고 절편만 1 감소하므로 시장공급함수 $P = 1 + \frac{1}{15}Q$가 된다.

두 함수를 연립하여 풀면 $7 - \frac{1}{10}Q = 1 + \frac{1}{15}Q$에서 $Q = 36$이고, 이를 시장수요함수나 시장공급함수에 대입하면 $P = 3.4$이다.

답 ①

18 정보의 비대칭성에 관한 설명으로 옳지 않은 것은?

① 사고가 발생할 가능성이 높은 사람일수록 보험에 가입할 가능성이 크다는 것은 역선택(adverse selection)에 해당한다.

② 화재보험 가입자가 화재예방 노력을 게을리할 가능성이 크다는 것은 도덕적 해이(moral hazard)에 해당한다.

③ 통합균형(pooling equilibrium)에서는 서로 다른 선호체계를 갖고 있는 경제주체들이 동일한 전략을 선택한다.

④ 항공사가 서로 다른 유형의 소비자에게 각각 다른 요금을 부과하는 행위는 신호발송(signaling)에 해당한다.

[해설] ④ 항공사가 서로 다른 유형의 소비자에게 각각 다른 요금을 부과하는 행위는 선별(screening)에 해당한다.

답 ④

19 중고차 시장에서 품질에 대한 정보의 비대칭성이 존재하는 경우 나타날 수 있는 현상으로 옳은 것을 모두 고른 것은?

ㄱ. 정보의 비대칭성이 없는 경우보다 시장에서 거래되는 중고차의 품질이 올라간다.
ㄴ. 보증(warranty)과 같은 신호발송(signaling)을 통해 정보의 비대칭으로 인한 문제를 완화할 수 있다.
ㄷ. 역선택(adverse selection)의 문제가 발생할 수 있다.

---

① ㄱ   ② ㄴ

③ ㄱ, ㄴ   ④ ㄴ, ㄷ

[해설] 중고차 시장에서 품질에 대한 정보의 비대칭성이 존재하는 경우 상태가 좋은 중고차는 제대로 된 값을 받을 수 없으므로 시장에서 사라지는 현상, 즉 역선택(adverse selection)의 문제가 발생할 수 있다. 따라서 정보의 비대칭성이 없는 경우보다 시장에서 거래되는 중고차의 품질이 낮아진다. 이런 문제를 해결하기 위해 보증(warranty)과 같은 신호발송(signaling) 방법을 도입할 수 있다.

답 ④

20 甲과 乙 두 사람이 사는 사회에서 甲의 소득을 X, 乙의 소득을 Y라 표시하고, 이들의 소득분포는 (X, Y)의 형태로 표시한다. 소득분포 상태를 평가하는 세 가지 원칙은 아래와 같다. 다음 설명으로 옳지 않은 것은?

> A : 사회에서 가장 가난한 사람의 소득이 높을수록 바람직하다.
> B : 모든 사회 구성원들의 소득의 총합이 클수록 바람직하다.
> C : 모든 사회 구성원들의 소득이 균등하게 분포될수록 바람직하다.

① 소득분포 (3, 2)와 (5, 1)을 비교할 때, 원칙 A에 따르면 (3, 2)가 더 바람직하다.
② 소득분포 (3, 2)와 (4, 2)를 비교할 때, 원칙 B에 따르면 (4, 2)가 더 바람직하다.
③ 소득분포 (1, 1)와 (4, 1)을 비교할 때, 원칙 C에 따르면 (1, 1)가 더 바람직하다.
④ 소득분포 (2, 3)와 (7, 3)을 비교할 때, 위 세 가지 원칙 중 (7, 3)이 명백히 더 바람직하다고 판단하는 원칙은 B뿐이다.

[해설] ① A는 롤스의 사회후생함수로 가장 가난한 사람의 소득이 높을수록 바람직하다. 따라서 (3, 2)가 더 바람직하다.
② B는 공리주의(벤담)의 사회후생함수로 두 사람의 소득의 합이 클수록 바람직하다. 따라서 (4, 2)가 더 바람직하다.
③ C는 평등주의 사회후생함수이다. (1, 1)이 균등분포이므로 더 바람직하다.
④ 소득분포 (2, 3)와 (7, 3)을 비교할 때, 위 세 가지 원칙 모두 (7, 3)이 더 바람직하다고 판단한다.

답 ④

21 10가구만 살고 있는 마을에서 공공재를 생산하고자 한다. 이 공공재에 대한 개별가구의 수요함수는 $Q = 100 - 10P$로 동일하고, 이 공공재 생산의 한계비용은 5로 일정하다. 이 마을의 사회적 후생을 극대화시키는 공공재 생산량은?(단, Q는 수요량, P는 가격)

① 50
② 95
③ 125
④ 250

[해설] 공공재의 시장수요함수는 개별수요함수의 수직적 합계이다. 개별수요함수 $Q = 100 - 10P$를 다시 정리하면 $P = 10 - \frac{1}{10}Q$이다. 10가구가 있으므로 시장수요함수는 $P = 100 - Q$이다. $P = MC$에서 최적생산량을 구할 수 있다. $100 - Q = 5$에서 $Q = 95$이다.

답 ②

22 X재의 생산으로 오염물질이 발생한다. X재의 수요곡선은 $P = 80 - Q$이고 사적 한계비용(PMC : social marginal cost)은 $PMC = Q + 30$이다. X재의 생산으로 사적 한계비용에 부가적으로 발생하는 사회적 한계피해액(SMD : social marginal damage)은 $SMD = 2Q + 10$이다. 이 경우 X재의 사회적 최적 생산량을 달성하기 위해 정부가 부과해야 하는 종량세의 크기는?

① 10   ② 20

③ 30   ④ 40

[해설] X재의 사회적 최적 생산량을 달성하기 위해서는 한계피해액 SMD(외부한계비용 EMC)만큼을 종량세(Pigouvian tax)로 부과해야 한다. $SMC = PMC + SMD = Q + 30 + 2Q + 10 = 3Q + 40$이다.

최적생산량을 구하기 위해 수요곡선과 연립하여 풀면 $80 - Q = 3Q + 40$에서 $Q = 10$이 된다. 이를 SMD에 대입하면 $SMD = 2Q + 10 = 30$이다. 즉 단위당 30의 종량세를 부과하면 최적 생산량을 달성할 수 있다.

답 ③

23 일반균형에 대한 설명 중 옳지 않은 것은?

① 개인의 선호의 형태와는 관계없이 일반균형은 존재한다.

② 일반균형이란 국민경제 내의 모든 시장이 동시에 균형을 이루고 있는 상태를 말한다.

③ 다른 사람의 후생을 감소시키지 않고서는 한 사람의 후생을 증가시킬 수 없는 상태를 파레토 효율이라고 하며, 에지워스 상자(Edgeworth box) 내 계약곡선(contract curve)상의 모든 점들이 이를 충족시킨다.

④ 각 재화시장이 불균형 상태에 있을 경우, 두 재화의 상대가격의 변화를 통해 일반균형에 도달할 수 있다.

[해설] 일반균형이 성립하려면 개인의 선호가 강단조성(strong monotonicity)을 보여야 한다. 즉 상품의 소비량이 늘어날수록 효용이 증가하는 선호구조가 전제될 때만 일반균형이 성립할 수 있다.

답 ①

24 외부성에 관한 코즈(Coase) 정리의 설명 중 옳지 않은 것은?

① 거래비용의 중요성을 강조하고 있다.

② 시장실패를 교정하기 위해 정부가 반드시 개입할 필요는 없음을 시사한다.

③ 거래비용이 없다면 재산권을 누구에게 귀속시키는가에 따라 자원배분의 효율성이 달라진다.

④ 소비외부성과 생산외부성에 모두 적용될 수 있다.

[해설] 정부가 재산권을 누구에게 귀속시키는가 하는 것은 민간의 자발적 협상의 결과에 아무런 영향도 미치지 못한다. 다시 말하면 재산권을 누구에게 귀속시키는가에 따라 자원배분의 효율성이 달라지는 것이 아니다.

답 ③

25 다음은 정보의 비대칭성과 관계된 경제적 현상을 설명한 것이다. 가장 부적절한 설명은 어느 것인가?

① 정보를 많이 가진 측의 감추어진 특성으로 인해 발생하는 문제를 역선택(adverse selection)이라 한다.

② 유인설계(incentive system)를 잘할 경우 도덕적 해이(moral hazard) 문제를 어느 정도 해결할 수 있다.

③ 정부가 자동차 보험의 책임보험을 의무적으로 가입하게 하면 역선택의 문제를 방지할 수 있지만, 이는 사고 위험성이 높은 사람에게는 불리한 제도이다.

④ 선별(screening)이란 불완전하게 정보를 가진 측에서 주어진 자료와 정보를 이용하여 상대방의 특성을 파악하려는 것이고, 신호발송(signaling)이란 정보를 가진 측에서 자발적으로 자신의 특성을 알리려는 노력이다.

[해설] 갑정부가 자동차 보험의 책임보험을 의무적으로 가입하게 하면 역선택의 문제를 방지할 수 있지만, 이는 사고 위험성이 낮은 사람에게는 불리한 제도이다. 왜냐하면 사고 위험성이 낮은 사람은 자동차보험을 비교적 덜 필요로 하는데 의무적으로 가입해야 하기 때문이다.

[답] ③

모든 전사 중 가장 강한 전사는
이 두 가지, 시간과 인내다.

– 레프 톨스토이 –

제2편

거시경제학

01 | 거시경제학과 거시경제지표

제1절 거시경제학의 과제와 흐름

1. 거시경제학의 과제

(1) 거시경제학의 의미

① 미시경제학(microeconomics)은 개별 경제주체의 행동이나 개별시장의 움직임을 분석하고 체계화하는 경제학의 분야이다.

② 반면 거시경제학(macroeconomics)은 전체로서의 국민경제의 구조와 성과를 연구하는 분야이다. 그리고 정부의 경제정책의 과정과 그 효과를 분석한다.

(2) 거시경제학의 연구대상

① 거시경제학의 가장 중요한 두 가지 연구대상은 실업과 인플레이션이다. 그리고 실업과 인플레이션은 국민소득, 고용, 국제수지 등 다른 경제변수들과도 밀접한 관련을 지니고 있으므로 이러한 것들도 거시경제학의 연구대상이다.

② 이와 함께 단기적인 경기변동, 장기적인 경제성장, 정부의 경제정책 등의 문제도 거시경제학의 주요 연구대상이 된다.

(3) 거시경제정책의 주요목표

① 거시경제학은 정책 지향적(policy oriented)인 성격을 지니고 있다. 이는 세계대공황 이후, 극도의 경기 침체에서 경기회복을 위한 정부의 적극적인 개입을 주장하며 등장한 케인즈(J.M. Keynes) 경제학으로부터 거시경제학이 시작된 것을 보면 쉽게 이해할 수 있다.

② 거시경제정책의 주요 목표로는 산출량의 증대와 고용의 증대, 물가안정, 국제수지의 균형 또는 환율의 안정 등을 들 수 있다.

(4) 거시경제학의 두 조류

자본주의 경제를 보는 입장의 차이에 따라 거시경제학은 크게 고전학파 계열의 거시경제학과 케인즈 계열의 거시경제학으로 구분된다.

① 고전학파(classical school)는 자유방임주의에 기초하여, 자본주의 경제의 시장 메커니즘은 보이지 않는 손(invisible hand)에 의한 자동조절 능력을 가지고 있으므로 정부의 재량적이고 적극적인 개입은 문제만 더 복잡하게 한다고 주장한다. 따라서 정부의 역할은 시장 메커니즘이 원활하게 작동할 수 있도록 여건을 조성하는 데 국한해야 한다고 주장한다.

② 이에 반해 케인즈(J.M. Keynes)는 자본주의의 시장 메커니즘은 매우 불완전하므로, 정부가 재량적이고 적극적으로 개입하여 시장 메커니즘을 보완해야 한다고 주장한다.

2. 고전학파의 거시경제학

(1) 고전학파 경제학의 기본전제

① 가격기구(price mechanism)의 완전신축성 : 물가와 임금 등 가격기구의 신축적인 작용으로 경제는 항상 균형을 이루고 또한 생산요소의 완전고용이 항상 보장된다.

② 세이(J.B. Say)의 법칙 : 완전고용 수준에서 생산되는 모든 상품은 전부 판매되고 따라서 일반적인 초과공급은 있을 수 없다.

(2) 세이의 법칙

① '공급은 스스로의 수요를 창조한다'(supply creates its own demand)는 세이의 법칙은 상품시장에서는 항상 균형이 달성된다는 것이다. 따라서 상품의 초과수요나 초과공급은 없다는 명제이다.

② 소득의 순환과정에서 누출(leakage)만큼의 주입(injection)이 항상 존재한다는 것을 의미한다.

③ 즉 저축(S)=투자(I)의 관계가 항상 성립한다. 결국 세이의 법칙은 저축이 있으면 같은 액수의 투자가 있다는 것이다. 여기서 저축이 투자로 연결되는 것은 이자율의 역할이다(고전학파의 대부자금설).

$$S > I \to \text{이자율 하락} \to \text{저축 감소, 투자 증가} \to S = I$$
$$S < I \to \text{이자율 상승} \to \text{저축 증가, 투자 감소} \to S = I$$

④ 고전학파 경제학에서 이자율은 총생산의 크기를 결정하는 데는 영향을 미치지 못하고 이미 주어진 총생산 가운데서 저축(=투자)과 소비를 가르는 역할만 한다. 그리고 $S = I$의 균형을 통해 세이의 법칙이 항상 성립하도록 하는 역할을 한다.

더 알아보기 고전학파의 이자율

- 고전학파의 이자율은 이자율의 증가함수인 저축(S)과 이자율의 감소함수인 투자(I)가 일치하는 곳에서 결정된다(대부자금설, 실물적 이자론).
- 반면 케인즈의 거시이론에서는 이자율이 국민소득(즉 총공급)의 크기를 결정하는 데 중요한 역할을 한다.
- 즉 화폐시장에서 화폐에 대한 수요와 공급이 일치하는 곳에서 이자율이 결정되면, 이자율 → 투자 → 총수요 → 총공급(즉 국민소득)의 메커니즘에 의해 이자율이 총공급, 즉 국민소득의 크기에 영향을 미친다.

⑤ 세이의 법칙에 따르면, 완전고용 수준에서 결정되는 경제의 총공급은 그대로 총소득이 된다. 이에 따라 고전학파 거시이론의 특징은 경제의 국민소득 수준은 공급측면에 의해서만 결정되며 수요측면은 국민소득이나 고용량의 결정에 아무런 영향도 미치지 못한다.

(3) 고전학파의 고용과 생산이론

① 고전학파의 고용이론은 노동의 수요와 공급이론으로, 노동시장에서 노동에 대한 수요와 공급에 의해 고용량(완전고용량)이 결정되면, 총생산함수에 따라 경제의 총생산량(즉 국민소득)이 결정된다. 이때의 생산량은 완전고용 생산량(또는 잠재GDP)이다.

② 실질임금(w_0)과 고용량(L_0)은 노동수요곡선과 노동공급곡선이 교차하는 점(E)에서 결정된다. 이때의 고용량 L_0는 최대 고용량이고, 시장에서 주어진 실질임금 수준에서 노동자들이 공급하고자 하는 노동량을 표시하므로 완전고용량이다.

③ 한편 노동시장에서 완전고용이 이루어지면 총생산량은 국민경제의 기술적 조건을 반영하는 총생산함수에 따라 Q_0에서 결정되는데 Q_0의 생산량은 완전고용 생산량이다.

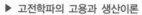
▶ 고전학파의 고용과 생산이론

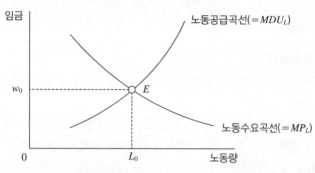

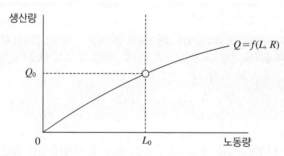

④ 고전학파 경제학에서는 명목임금의 완전신축성(flexibility)을 가정하므로 명목임금의 신축적인 변화에 의해 노동시장에서는 항상 완전고용이 달성된다.

(4) 고전학파의 화폐이론

① 화폐의 중립성

고전학파 거시이론에서 화폐는 고용량이나 총생산량 등 실물변수에는 아무런 영향도 미치지 못하고 오직 물가수준만을 결정하는데 이를 고전학파의 화폐 베일(veil)관 또는 화폐의 중립성(neutrality of money)이라고 한다.

② 화폐수량설

피셔(I. Fisher)의 교환방정식으로 표현되는 고전학파의 화폐수량설은 $MV = Py$로 화폐의 유통속도(V)와 거래량(y)이 고정되어 있다면 통화량(M)은 단지 물가수준(P)만을 결정한다는 주장이다. 거래량(y)은 총생산량이고 실질GDP이다.

③ 고전학파의 이자율

고전학파 거시이론에서 화폐부문은 소비, 투자 등 수요측면에는 영향을 미치지 못한다. 즉 주어진 완전고용국민소득 수준에서 소비, 저축 및 투자는 이자율에 의해서 결정되는데, 이자율은 저축과 투자에 의해 결정되기 때문이다(고전학파의 실물적 이자론).

④ 고전학파의 이분법

    ㉠ 이상의 논의로부터 고전학파 거시이론에서 화폐부문은 물가수준의 결정에만 관여하고 고용, 생산량, 소득, 소비, 투자 등 실물변수에는 아무런 영향도 미치지 못한다.

    ㉡ 이처럼 고전학파 경제학에서는 실물부문과 화폐부문이 완전히 분리되어 있는데 이를 고전학파의 이분성(classical dichotomy)이라고 한다.

3. 케인즈의 거시경제학

(1) 케인즈 경제학의 등장배경

① 고전학파 경제학은 임금과 물가가 완전신축적이면 항상 완전고용이 달성되고 따라서 실업은 존재할 수 없다는 주장이다.

② 그러나 1929년의 대공황과 1930년대의 장기침체로 인해 대량의 실업이 발생했음에도 가격의 자동조절 기능이 발휘되지 못함으로써 고전학파 경제학은 설득력을 잃었고 이러한 상황을 배경으로 케인즈(J. M. Keynes) 경제학이 등장하였다.

> **더 알아보기** | 대공황기의 실업에 대한 고전학파의 견해
>
> 당시의 고전학파 경제학자들은 대규모의 실업이 존재함에도 노동조합의 영향으로 인해 실질임금이 하락하지 못하여 실업이 지속되고 있으며, 따라서 노동조합의 활동을 억제하고 가격기구가 제대로 기능을 할 수 있게 해주면 실업은 해결될 것이라는 입장이다.

(2) 케인즈의 고전학파 비판

① 케인즈는 고전학파 이론의 비현실성을 지적하고, 『고용, 이자 및 화폐에 관한 일반이론』(1936)에서 고전학파 경제학을 비판하고 자신의 경제학 체계를 구축하였다.

② 케인즈의 고전학파에 대한 비판을 요약하면 다음과 같다.

    ㉠ 자본주의 경제는 항상 완전고용 수준에 있는 것이 아니고, 실업이 일반적으로 존재한다.

    ㉡ 고용수준은 노동에 대한 수요와 공급에 의해서 결정되는 것이 아니라 상품시장에서의 총수요의 크기에 의해 결정된다.

    ㉢ 총수요는 완전고용을 보장해 주는 수준 이하에 머물 수 있으며, 이것이 실업, 즉 불완전고용의 원인이 된다. 그리고 자본주의 경제에서는 불완전고용이 완전고용보다 더 일반적이다.

    ㉣ 고용 및 소득수준의 결정에는 공급측면이 아니라 수요측면, 즉 총수요가 중요한 역할을 한다.

    ㉤ 고전파의 이분법(classical dichotomy)은 잘못이다. 즉 화폐시장에서 결정된 이자율이 투자를 변화시켜 총수요에 영향을 미치고, 총수요는 국민소득과 고용의 크기를 결정하므로 화폐부문과 실물부문은 서로 독립된 것이 아니라 밀접하게 연결되어 있다.

    ㉥ 세이의 법칙에서 $S = I$가 항상 이루어져야 할 이유가 없다고 본다. 그리고 $S > I$일 경우 이자율의 하락이 아니라, 유효수요의 부족으로 국민소득은 감소하고 실업이 발생한다.

③ 케인즈는 고전학파 경제학이 무시해왔던 총수요가 국민소득의 결정과정에서 중요한 역할을 한다는 점을 지적하고 그 과정을 분석하였다.

④ 결국 유효수요이론으로 불리는 케인즈의 국민소득결정이론은 기존의 고전학파 이론과는 방향 자체가 다르기 때문에 경제학자들은 케인즈 경제학의 등장을 케인즈 혁명(Keynesian revolution)으로 부르고 있다.

4. 케인즈 경제학의 위기

(1) 케인즈 경제학의 확산

① 케인즈 경제학은 1940년대부터 1960년대 말까지 경제학의 주류를 이루면서 확산되었다. 즉 자본주의 경제는 케인즈 경제학의 처방에 입각한 정부의 적극적인 정책에 의하여 완전고용에 가까운 상태를 유지할 수 있었다.

② 이에 따라 케인즈 경제학은 1970년대 초까지만 해도 정부의 적절한 총수요관리를 통해 실업과 인플레이션을 해소할 수 있는 이론적 기초를 제공하였다.

(2) 케인즈 경제학의 위기

① 1970년대에 들어 두 차례의 석유파동을 계기로 세계경제는 이제까지 경험하지 못했던 새로운 상황에 직면하게 되었다.

② 즉 경기침체와 물가상승이 함께 나타난 스태그플레이션(stagflation)이라는 이상현상에 직면하여 케인즈 경제학은 무력해졌고 이러한 상황을 배경으로 현실경제를 새로운 방향에서 접근하려는 시도가 여러 새로운 학파들에 의해 이루어졌다.

5. 새로운 학파의 등장

1970년대 이후 케인즈 경제학이 무력해짐에 따라 통화주의와 새고전학파, 공급측 경제학 및 새케인즈학파 등이 등장하였다.

(1) 통화주의

① 시카고대학의 프리드먼(M. Friedman)으로 대표되는 통화주의(monetarism)는 제2차 세계대전 이후 고전학파 경제학을 부활시킨 학파이다.

② 이들은 고전학파에 기초하여 통화량의 변화가 경제의 변화를 야기하는 가장 중요한 요인이고 장기적으로는 물가를 결정하는 가장 핵심적인 요인이라고 본다.

(2) 새고전학파

① 통화주의의 실패에 자극받아 1970년대에는 급진적 통화주의라고 불리는 새고전학파(new classical school)가 등장하였다.

② 루카스(R. Lucas)와 사전트(T. Sargent)로 대표되는 이 학파는 고전학파의 물가의 신축성(즉각적인 시장청산) 가정을 수용하면서 통화론자와는 다르게 합리적 기대(rational expectations) 개념을 제시하고 있다.

③ 또한 이들은 예견된 정부의 정책은 단기와 장기 모두에 실물변수에 영향을 미치지 않는다는 정책무력성의 명제를 제시하고 있다.

(3) 공급측 경제학

① 공급측 경제학(supply side economics)은 1980년대 케인즈 경제학이 지나치게 수요중심적이고 시장개입적이며 단기적인 정책을 강조한다고 비판하면서, 공급중심적이고 유인적(incentive)이며 장기적인 정책을 실시할 것을 주장하며 등장하였다.

② 이들은 고전학파의 입장을 극단적으로 수용하고 있기 때문에 이들을 초고전학파(ultra-classicism)라고도 한다. 대표적인 학자로는 래퍼(A. Laffer), 펠트스타인(M. Feldstein) 등이 있다.

(4) 새케인즈학파

① 새케인즈학파(new Keynesian school)는 통화주의가 강조하는 통화량도 중요하다고 인정하고, 합리적 기대이론도 수용하며, 케인즈학파의 기본가정인 임금과 가격의 경직성의 원천을 해명하기 위해 노력하기도 한다.

② 스탠리 피셔(S. Fisher), 맨큐(N.G. Mankiw), 로머(D. Romer) 등이 새케인즈학파의 대표적인 학자들이다.

제2절   국내총생산(GDP)과 국민총소득(GNI)

1. 국내총생산의 정의

(1) 국내총생산의 일반적인 의미

① 국내총생산(GDP : gross domestic products)은 일정기간 동안 한 나라의 국내에서 생산된 최종생산물의 시장가치의 총액을 의미한다.

② 국내총생산은 한 국가의 경제상황을 잘 나타내주는 가장 보편적인 지표로 알려져 있다.

(2) 일정기간 동안에

① GDP는 일정한 기간 동안의 생산과 소득의 흐름을 측정한 것으로 유량(flow)변수이다. 따라서 기간 이전에 생산된 재화의 거래는 포함되지 않는다.

② 예컨대 재고품, 중고품, 골동품의 거래는 GDP에 포함되지 않는다.

(3) 국내에서

① GDP는 내외국인을 막론하고 국내에서 생산된 생산물만을 포함한다. 따라서 국내에서 외국인(기업)이 생산한 생산물은 포함되지만, 외국에서 내국인(기업)이 생산한 생산물은 포함되지 않는다.

② 또한 GDP에 수출품은 포함되지만 수입품은 포함되지 않는다.

> **더 알아보기** 국민총생산
>
> 국민총생산(GNP : gross national products)은 국내외를 막론하고 국민이 생산한 최종생산물의 시장가치의 총액을 의미한다. 따라서
> $$GNP = GDP + 국외수취\ 요소소득 - 국외지급\ 요소소득 = GDP + 국외순수취\ 요소소득$$
> 이다. 폐쇄경제의 경우에는 GNP = GDP이지만 선진국처럼 해외투자를 많이 한 나라의 경우에는 GNP > GDP이다.

(4) 생산된

① GDP는 일정기간에 생산된 것만을 포함한다. 따라서 생산을 수반하지 않은 이전적인 경제행위는 GDP에 포함되지 않는다.

② 예컨대 증여나 상속, 새로운 주식의 발행, 증권이나 국공채의 매매, 토지 등 부동산의 거래는 GDP에 포함되지 않는다.

(5) 최종생산물

GDP는 최종생산물(final products)만을 포함한다. 그러므로 기업 간에 거래되는 원료나 반제품과 같은 중간생산물(intermediate products)은 제외된다. 중간생산물은 가공되어 다시 판매되므로 이것을 포함시키면 이중계산이 되기 때문이다.

> **더 알아보기** 중간생산물의 이중계산을 피하는 방법
>
> • 중간생산물의 이중계산을 피하는 방법
>   – 최종생산물만을 합계하는 방법
>   – 각 생산단계에서의 부가가치만을 합계하는 방법
> • 부가가치(value added)란 어떤 생산자가 생산과정에서 새로 부가한 가치를 말한다. 즉 부가가치 = 생산액 - 원료비 - 기계설비의 감가상각액이고, 따라서 GDP = 부가가치의 합계 + 감가상각액이 된다.

(6) 시장가격으로 평가

① GDP는 시장가격으로 평가한 총가치를 말한다. 시장가격이란 부가가치세 등 간접세가 포함된 가격이다.

② 그런데 유용한 재화 및 서비스 중에는 시장에서 거래되지 않고 따라서 시장가격이 없는 것들도 있다.

③ 이런 것들을 GDP에 포함시킬 경우에는 귀속가치(imputed value)를 고려하여 포함시킨다.

(7) 총가치

GDP는 최종생산물의 총가치를 말한다. 따라서 생산된 최종생산물을 시장가격을 이용하여 금액으로 합산한다.

(8) 판매를 목적으로 생산된 생산물

① GDP 개념과 관련하여 또 하나 중요한 기준은 일정기간 동안 판매를 목적으로(production for sale) 생산된 생산물의 가치를 포함한다는 것이다.

② 따라서 자기가 소비하기 위한 생산물, 가정주부의 가사노동은 GDP에 포함되지 않는다.

③ 또한 지하경제의 생산물, 예컨대 마약이나 불법무기생산 등은 GDP에 포함되지 않는다.

④ 그러나 판매를 목적으로 생산된 것이라는 기준에는 몇 가지 예외가 있다.

    ㉠ 주택이 제공하는 서비스는 자기소유주택이든 임대주택이든 그 임대료(rent)가 GDP에 포함된다. 자기소유주택의 임대료를 귀속임대료(imputed rent)라고 하는데 GDP에 포함된다.

    ㉡ 자기가 소비하기 위한 생산물 중에서 농가의 자기 소비를 위한 생산물은 GDP에 포함된다.

    ㉢ 정부의 서비스는 GDP에 포함된다. 즉 공무원이 제공하는 서비스에 대한 대가가 공무원의 보수이므로 이는 GDP에 포함된다.

2. 국내총생산의 분류

(1) 명목GDP와 실질GDP

① GDP는 최종생산물을 시장가격으로 평가하여 합한 것이다. 그런데 이 경우 어느 해의 시장가격으로 평가하느냐에 따라 GDP의 크기에는 차이가 있다.

② 명목GDP(nominal GDP) 또는 경상가격 GDP는 최종생산물을 당해연도의 시장가격으로 평가한 것이다. 따라서 명목GDP에는 실질생산량의 변화와 함께 물가수준의 변화도 반영되어 있다.

③ 실질GDP(real GDP) 또는 불변가격GDP는 실질생산량의 변화만을 측정하기 위하여 기준연도를 정해놓고 기준연도의 시장가격으로 평가한 것이다. 실질GDP는 실질경제성장률 계산에 사용된다.

④ 따라서 명목GDP와 실질GDP의 차이는 당해연도와 기준연도의 물가지수(GDP 디플레이터)만큼 차이가 있다.

$$실질GDP = \frac{명목GDP}{GDP\ deflator} \times 100$$

⑤ GDP Deflator는 명목GDP를 실질GDP로 나눈 것으로 최종생산물의 가격변동을 모두 반영한 가장 포괄적인 물가지수이다.

(2) 실제GDP와 잠재GDP

① 실제GDP(actual GDP)는 현실에서 실제로 실현된 GDP를 의미한다. 한국은행이 추계하여 매년 발표하는 실질GDP가 실제GDP이다.

② 잠재GDP(potential GDP)는 실제GDP의 장기추세, 즉 그 경제의 장기적인 생산규모를 나타내는 것으로 물가상승(또는 인플레이션)을 유발하지 않으면서 생산해 낼 수 있는 실질GDP의 최고수준을 의미한다. 이것은 자연실업률(또는 NAIRU)에 대응하는 실질GDP 수준이라고도 하고, 완전고용수준에 대응하는 실질GDP 수준이라고도 할 수 있다.

③ 잠재GDP와 실제GDP는 차이가 나는 것이 일반적인데 이 차이를 GDP 갭(GDP gap)이라고 한다. GDP 갭이 크다는 것은 경제가 불황상태에 있다는 것을 의미하고 이 경우 물가는 하락한다.

④ GDP 갭이 작을 때는 경기후퇴(recession), GDP 갭이 클 때는 경기침체(depression)라고 한다.

⑤ 한편 GDP 갭이 마이너스일 때는 경기가 매우 호황이라는 것을 의미하고 이는 경제가 생산능력을 과다하게 사용하는 것을 의미하며 물가는 상승하게 된다.

3. 국민소득 3면 등가의 법칙

(1) 국민소득 3면 등가의 법칙

① 국민소득은 소득순환의 세 가지 측면에서 측정할 수 있는데, 세 가지 측면의 국민소득은 그 크기가 동일하다는 것을 국민소득 3면 등가의 법칙이라고 한다.

생산국민소득＝지출국민소득＝분배국민소득

② 이 법칙은 정부부문이 없을 때는 타당하다. 그러나 정부부문이 도입되면 간접세와 보조금으로 인해 약간의 조정을 거쳐야 성립된다.

(2) 생산국민소득

생산국민소득은 국민소득을 생산물시장에서의 최종생산물의 시장가치를 중심으로 파악한 것으로 국내총생산(GDP)을 의미한다.

(3) 지출국민소득

① 지출국민소득은 국민소득을 생산물시장에서의 최종생산물에 대한 지출을 중심으로 파악한 것으로 국내총지출(GDE : gross domestic expenditure)을 의미한다.

② 지출국민소득 $= C + I + G + NX$이다.

(4) 분배국민소득

① 분배국민소득은 국민소득을 생산요소시장에 있어서의 요소소득 또는 요소비용을 중심으로 파악한 것으로 국내총소득(GDI)이라고 한다.

② 분배국민소득은 요소소득의 합계 = 임금 + 이자 + 지대 + 이윤이다.

4. GDP 개념의 유용성과 한계

(1) GDP 개념의 유용성

① GDP의 크기 및 변동은 한 나라의 경제활동수준, 생산능력 또는 경제성장률을 측정하는 데 좋은 지표가 된다. 즉 GDP의 증가는 실질생산과 고용의 증가를 의미하고, 실질GDP 증가율은 경제성장의 속도를 나타내는 지표가 된다.

② GDP는 국민소득수준을 나타내는 지표로 사용된다. 즉 감가상각비, 보조금, 간접세 등을 정확히 측정하기가 어려우므로 국민소득 지표로서 NNP, NI보다는 GDP를 사용한다.

③ GDP는 국민후생지표로도 사용된다. 1인당 GDP는 경제적 복지의 지표, 즉 국민의 생활수준을 표시한다.

(2) GDP 개념의 한계

① GDP의 개념 자체가 총생산물을 정확하게 나타내지 못한다. 즉 생산은 상품생산만을 의미하므로 자신의 소비를 위해 생산한 것은 시장을 통해 매매되지 않기 때문에 GDP에는 포함되지 않는다. 예컨대 가정주부의 가사노동은 GDP에 포함되지 않지만 가사도우미 일을 하게 되면 이는 GDP에 포함된다. 이런 문제를 보완하기 위해 농가의 자가소비를 위한 생산물 및 자기소유주택의 임대료(즉 귀속 임대료)를 GDP에 포함시킨다.

② 최종생산물의 합계를 실제로 추계(estimate)하기가 곤란하다. 따라서 실제로는 일부만 조사해서 이를 근거로 GDP를 산출하기 때문에 통계자료가 부정확하거나, 지하경제의 규모가 클수록 오차는 커질 수 있다.

③ GDP가 경제복지(economic welfare)와 직결되는 것은 아니다. 그 이유 중 하나는 GDP에는 소득분배가 고려되지 않는다는 점이다.

④ GDP에는 부(wealth)가 포함되지 않는다. 그러나 인간의 경제복지는 그동안 축적되어 온 사회적 부(상하수도 시설, 주택, 도로, 학교, 공원 등)에 크게 의존하는 경향이 있다.

⑤ 또한 GDP 중에는 인간의 효용을 위한 필요악적인 지출(즉 수단적 지출)을 많이 포함하고 있다. 예컨대 국방, 교통, 도로정비 등은 최종생산물은 아니지만 GDP에는 포함된다.

⑥ GDP에는 인간의 후생에 있어서 중요한 여가(leisure)는 포함되지 않는다. 오히려 여가가 증가하면 노동시간이 감소하므로 GDP는 감소한다.

⑦ 도시로의 인구집중, 교통혼잡, 공해 등의 외부효과로 인한 효용의 삭감(disamenity)은 GDP에서 공제되지 않는다. 오히려 공해제거 비용이 증가하면 GDP는 증가한다.

더 알아보기 새로운 후생지표

후생지표로서의 GDP의 문제점을 보완하기 위해 MEW, NEW 등의 새로운 후생지표 개념이 등장하였다.
① MEW(measure of economic welfare), 즉 경제후생지표는 노드하우스(W.D. Nordhaus)와 토빈(J. Tobin)이 GDP의 항목을 일부 조정하여 만든 것이다. 즉 가정주부의 서비스와 여가의 가치를 더하고, 공해비용을 공제한 개념이다.
② NEW(net economic welfare), 즉 순경제후생은 새뮤얼슨(P.A. Samuelson)이 MEW의 개념을 일부 수정하여 작성한 지표이다.

---

5. 국민소득의 다른 지표

(1) 국민총소득(GNI : Gross National Income)

① GNI의 의의
  ㉠ 생산, 지출, 분배의 세 측면 중 분배면에서 국민소득을 측정하기 위해 국민총소득(GNI)이 이용된다.
  ㉡ 즉 국민총소득은 일정기간 동안 한 나라의 국민이 벌어들인 임금, 이자, 배당 등의 소득을 모두 합친 것이다.

② 실질GNI의 구성
  ㉠ 실질GNI는 생산활동을 통하여 획득한 소득의 실질구매력을 나타내 주는 지표이다.

ⓒ 이는 실질국내총소득(GDI)에 국가 간 생산요소의 이동에 따른 실질국외순수취 요소소득(NFR)을 합한 것이다.

ⓒ 그리고 실질GDI는 실질GDP에 교역조건의 변화를 반영한 실질무역손익을 합한 것이다.

> 실질GNI＝실질GDP + 실질국외순수취 요소소득(NFR) + 실질무역손익

(2) 기타 국민소득지표

① 국내순생산(NDP)과 국민순생산(NNP)

GDP나 GNP의 생산과정에서 발생하는 자본장비(예컨대 공장, 생산장비, 주거용 건축물 등)의 가치감소분, 즉 감가상각(고정자본 소모)을 공제해야 순수하게 창출한 생산물만을 계산할 수 있다.

ⓐ 국내순생산(NDP)＝GDP − 감가상각

ⓑ 국민순생산(NNP)＝GNP − 감가상각

② 국민소득(NI : national income)

ⓐ 국민소득계정에서 조정을 거쳐야 할 항목으로 판매세와 같은 간접세와 기업에 대한 정부의 보조금이 있다.

ⓑ 간접세는 소비자가 지불하는 가격과 기업이 실제로 얻는 가격의 차액으로, 기업이 얻는 것이 아니므로 기업의 소득이 될 수 없다. 반면 기업에 대한 정부의 보조금은 기업의 소득에 포함된다.

> NI＝NNI − 간접세 + 정부의 기업보조금

③ 가계처분가능소득(PDI : personal disposible income)

ⓐ 가계처분가능소득은 국민소득에서 법인세, 개인소득세 등의 직접세와 법인의 사내유보이윤을 빼고, 사회보장지출과 같은 정부 이전지출을 더해서 구한다.

ⓑ PDI는 가계가 임의로 소비하거나 저축으로 처분할 수 있는 소득이다.

> PDI＝NI − 법인세 − 사내유보이윤 − 개인소득세 + 이전지출

6. 국민계정

(1) 국민계정의 뜻

국민계정(national account)은 일정기간 동안 국민경제의 활동 결과와 일정 시점에서의 국민경제의 자산과 부채의 상황을 알아보기 위해 작성하는 것으로, 기업의 재무제표와 같은 성격을 지닌다.

(2) 국민계정의 구성

국민계정은 국민소득통계, 자금순환표, 산업연관표, 국제수지표, 국민대차대조표로 구성되어 있다. 이 중 국민대차대조표는 스톡(stock)계정이고, 나머지는 플로(flow)계정이다.

01 | 실전대비문제

01 다음의 정보를 이용하여 구한 2011년도의 경제성장률과 물가상승률을 각각 순서대로 올바로 나열한 것은?

(2016년)

	2010년	2011년
명목GDP	100	132
실질GDP	100	110

① 10%, 10%

② 10%, 20%

③ 20%, 20%

④ 32%, 10%

해설

• 2011년도 경제성장률 $= \dfrac{110-100}{100} = 0.1(10\%)$

• 2010년 GDP 디플레이터 $= \dfrac{100}{100} \times 100 = 100$

• 2011년 GDP 디플레이터 $= \dfrac{132}{110} \times 100 = 120$

• 2011년도 물가상승률 $= \dfrac{120-100}{100} = 0.2(20\%)$

심화 Tip

경제성장률, GDP 디플레이터, 물가상승률 구하는 공식

• 2011년도 경제성장률 $= \dfrac{\text{실질GDP}}{2010년 \text{ 실질GDP}}$

• GDP 디플레이터 $= \dfrac{\text{명목GDP}}{\text{실질GDP}} \times 100$

• 2011년도 물가상승률(GDP 디플레이터 상승률) $= \dfrac{2011년 \text{ GDP 디플레이터} - 2010년 \text{ GDP 디플레이터}}{2010년 \text{ GDP 디플레이터}}$

답 ②

02 국민소득과 관련된 설명 중 옳은 것을 모두 고른 것은? (2016년)

> ㉠ 생산국민소득, 분배국민소득, 지출국민소득이 사후적으로 모두 같다는 것을 국민소득 3면 등가의 법칙이라 한다.
> ㉡ 국민소득 순환에서 투자와 조세는 주입(injection)에 해당하고, 저축과 정부지출은 누출(leakage)에 해당한다.
> ㉢ GDP란 일정기간 동안 한 국가 내에서 생산된 모든 최종재화와 서비스의 시장가치이다.

① ㉠, ㉡　　　　　　　　　　　② ㉡, ㉢
③ ㉠, ㉢　　　　　　　　　　　④ ㉠, ㉡, ㉢

해설 ㉡ 국민소득 순환에서 주입에는 투자, 정부지출, 수출 등이 있고 누출에는 저축, 조세, 수입 등이 있다.

답 ③

03 X, Y, Z의 재화만 생산하는 경제에서 다음의 표를 이용하여 구한 2016년의 연간 실질 경제성장률은?(단, 2015년이 기준연도이고, 실질 경제성장률(%)은 소수점 첫째 자리에서 반올림) (2018년)

구분	2015년		2016년	
	가격	수량	가격	수량
X	100	20	110	22
Y	120	10	130	12
Z	80	20	90	22

① 10%　　　　　　　　　　　② 13%
③ 20%　　　　　　　　　　　④ 24%

해설 2015년 실질GDP $= (100 \times 20) + (120 \times 10) + (80 \times 20) = 4,800$
2016년 실질GDP $= (100 \times 22) + (120 \times 12) + (80 \times 22) = 5,400$
2016년 경제성장률 $= \dfrac{5,400 - 4,800}{4,800} \times 100 = 12.5\%$ → 소수 첫째 자리에서 반올림하면 13%이다.

답 ②

04 2017년에 생산된 에어컨 중 일부는 판매가 되지 않아 재고로 남아 있었다. 이 에어컨 재고가 2018년에 모두 판매되었다면 다음 중 옳지 않은 것은? (2018년)

① 이 재고판매는 2017년 GDP의 투자항목에 더해진다.

② 이 재고판매는 2018년 GDP의 민간소비항목에 더해진다.

③ 이 재고판매는 2018년 GDP의 투자항목에 음수로 더해진다.

④ 이 재고판매는 2018년에 판매되었으므로, 2018년 GDP에 더해진다.

[해설] 2017년에 생산된 에어컨 중 판매되지 않은 것은 2017년 재고투자로 집계되며 2017년에 판매되지 않은 에어컨이 2018년에 판매되면 2018년 재고투자는 감소하고 감소한 만큼 민간소비가 증가하므로 2018년 GDP 구성의 변화만 있을 뿐 2018년 GDP의 변화는 없다.

답 ④

05 소비자물가지수(CPI)와 GDP 디플레이터에 관한 설명 중 옳은 것은? (2018년)

> 가. CPI 인플레이션은 소비자의 대체가능성을 배제함으로써 생계비 상승을 과대평가하는 경향이 있다.
> 나. GDP 디플레이터는 고정된 가중치를 사용한다.
> 다. GDP 디플레이터는 수입물가를 포함한다.

① 가 　　　　　　　　　　② 나

③ 다 　　　　　　　　　　④ 모두 옳지 않다.

[해설] 소비자물가지수(CPI)가 물가변화를 과대평가하는 세 가지 이유
　• 소비자의 대체가능성을 무시
　• 신제품의 등장
　• 재화의 품질변화
　나. GDP 디플레이터는 파셰방식으로 작성된다. 따라서 매년 변화하는 가중치를 사용하여 물가변화를 측정한다.
　다. GDP 디플레이터에 수입물가(수입품 가격)가 포함되는지 포함되지 않는지는 학자들 사이에서 논란이 있다. 따라서 GDP 디플레이터에 수입물가(수입품 가격)의 포함 여부는 상대적으로 파악해야 할 것이며 이 문제에서는 수입품 가격이 포함되지 않은 것으로 정답처리되었다.

답 ①

06 두 재화 X와 Y만 생산하고 소비하는 A국 경제의 생산량과 가격이 아래와 같다. 2022년을 기준연도로 하여 2021년 실질GDP는?

(2022년)

		2020년	2021년	2022년
재화 X	수량	100	105	110
	가격	10	12	12
재화 Y	수량	100	110	105
	가격	10	11	14

① 2,150 ② 2,600
③ 2,800 ④ 2,790

해설 2021년 실질GDP는 2021년 재화의 수량과 가격의 곱의 합으로 구한다.
2021년 실질GDP = $(105 \times 12) + (110 \times 11) = 2,800$

답 ③

07 GDP 증가요인을 모두 고른 것은?

ㄱ. 주택 신축
ㄴ. 정부의 이전지출
ㄷ. 외국산 자동차 수입

① ㄱ ② ㄴ ③ ㄱ, ㄷ ④ ㄴ, ㄷ

해설 정부지출(government purchase, 정부구매)은 GDP를 증가시키지만 정부의 이전지출은 GDP에 포함되지 않는다. 또한 수출은 GDP에 포함되지만 수입은 포함되지 않는다.

답 ①

08 B국의 명목GDP는 2013년 1,000억달러에서 2014년 3,000억달러로 증가했다. B국의 GDP 디플레이터가 2013년 100에서 2014년 200으로 상승했다면 B국의 2013년 대비 2014년 실질GDP 증가율은 얼마인가?

① 5% ② 10%
③ 25% ④ 50%

해설 실질GDP $= \dfrac{\text{명목GDP}}{\text{GDP 디플레이터}} \times 100$이다. 2013년 실질GDP $= \dfrac{1,000억\ 달러}{100} \times 100 = 1,000$억달러이고, 2014년 실질 GDP $= \dfrac{3,000억\ 달러}{200} \times 100 = 1,500$억 달러이다. 500억달러 증가했으므로 2014년 실질GDP 증가율은 50%이다.

답 ④

09 거시경제변수에 관한 설명으로 옳지 않은 것은?

① GDP는 유량(flow)변수이다.
② GDP 디플레이터는 실질GDP를 명목GDP로 나눈 것으로 그 경제의 물가수준을 나타낸다.
③ 기준연도의 명목GDP와 실질GDP는 같다.
④ 외국인의 한국 내 생산활동은 한국의 GDP 추계에 포함된다.

[해설] ② GDP 디플레이터는 명목GDP를 실질GDP로 나눈 것으로 그 경제의 총체적인 물가수준을 나타낸다.

답 ②

10 GDP(gross domestic product)에 관한 설명으로 옳지 않은 것은?

① GDP를 측정할 때 중간재의 가치는 제외하고 최종상품과 최종서비스의 가치만을 더한다.
② 실질GDP의 단기 변화는 외국에서 자국민이 생산한 금액을 반영한다.
③ 주부의 가사노동으로 생산된 금액은 GDP 계산에서 제외된다.
④ 상품의 품질향상은 GDP 계산에 제대로 반영되지 못한다.

[해설] ② 국내총생산(GDP)은 국내에서 생산된 것만 포함된다. 즉 외국기업이 국내에서 생산한 것은 GDP에 포함되지만 자국민
(자국기업)이 외국에서 생산한 것은 GDP에 포함하지 않는다.

답 ②

11 국내총생산(GDP)에 포함되는 것은?

① 국내에 투자한 외국기업이 그해에 생산하여 국외에 판매한 상품
② 연초에 500만원에 구입하여 연말에 600만원에 처분한 중고자동차
③ 정부가 영세민의 생활안정을 위해 지급한 생계보조비
④ 국외에 투자한 우리 기업이 생산하여 국내로 수입한 상품

[해설] 국내에 투자한 외국기업이 생산하여 국외에 판매한 상품은 일정기간 동안 국내에서 생산된 상품은 GDP에 포함된다.

답 ①

02 | 균형국민소득의 결정

제1절 국민경제의 순환

1. 국민소득의 순환

(1) 국민소득의 순환모형

① 국민경제에서 가계와 기업, 정부 사이에는 생산물시장과 생산요소시장을 통하여 생산물과 생산요소가 교환되면 그 이면에는 화폐의 흐름이 있게 된다.

② 국민경제의 순환을 화폐소득과 그 지출이라는 측면에서 살펴볼 때 이러한 순환과정을 국민소득의 순환(circular flow of national income)이라고 한다.

▶ 국민소득의 순환

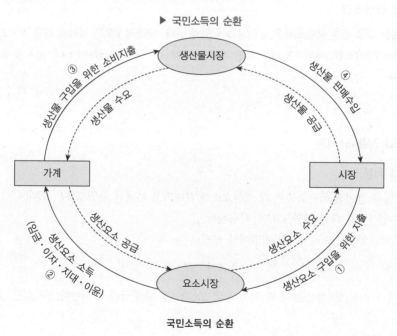

국민소득의 순환

(2) 총생산과 총소득

① 〈그림〉에서 생산물시장을 통해서 기업이 생산·판매한 생산물의 가치(총생산)는 생산요소시장을 통해서 가계가 얻는 총요소소득(총소득)과 같게 된다. 즉 총생산=총소득의 관계가 성립한다.

② 한편 한 경제가 일정기간 동안 생산한 생산물이 처분되는 측면에서 보면 생산물의 일부는 소비재(consumption goods)로서 소비되고, 일부는 자본재(capital goods)로서 소비재 또는 다른 자본재의 생산에 사용되는데, 여기서 자본을 마련하기 위한 생산물의 흐름을 투자(investment)라고 한다.

③ 가계의 총소득 중 소비되지 않은 부분을 총저축이라고 하면 총생산=총소득의 관계는 다시 총투자=총저축의 관계로 정리해 볼 수 있다. 즉 저축이 있어야 투자가 이루어질 수 있다는 것이다.

(3) 누출과 주입

① 국민소득의 순환모형에서 소득의 순환을 감소 또는 증가시키는 요인이 작용하는데 이를 누출(leakage)과 주입(leakage)이라고 한다.

② 소득의 순환에서 밖으로 빠져나가는 소득부분을 누출(leakage)이라고 한다. 예컨대 가계가 소득 중 일부를 저축한다면 그만큼 소득순환은 감소한다. 저축(S)뿐만 아니라 조세(T)나 수입(IM)도 누출에 포함되는데 누출은 소득의 처분과정에서 그 크기가 결정되므로 소득의 증가함수이다.

③ 소득순환의 외부에서 들어와 새로운 소득을 창출하는 지출을 주입(injection)이라고 한다. 주입은 그 원천이 무엇이든 소득순환을 증가시킨다. 그리고 투자(I), 정부지출(G), 수출(EX) 등의 주입은 독립적인(autonomous) 지출로 소득의 크기를 결정한다.

④ 누출과 주입이 같으면 소득순환은 같은 크기로 반복되고 이 경우 국민소득은 균형을 이룬다. 그리고 주입이 누출을 초과하면 소득순환은 증가한다.

(4) 국민소득의 균형조건

누출과 주입이 같을 경우 국민소득은 균형상태에 있게 된다. 따라서 2부문 경제의 경우 $S = I$, 3부문 경제의 경우에는 $S + T = I + G$, 해외부문이 포함된 개방경제에서는 $S + T + IM = I + G + EX$가 국민소득의 균형조건이 된다.

2. 국민소득의 창출과 처분

(1) 국민소득의 처분

① 생산을 통해 얻어진 국민소득은 각 생산요소에 분배되고 분배된 국민소득은 소비(C), 저축(S), 조세(T), 수입상품에 대한 지출(IM)로 사용된다.

② 따라서 국민소득을 소득처분의 관점에서 보면

$$Y_S = Y = C + S + T + IM$$

이다. 여기서 Y_S는 생산을 통해 얻어진 국민소득, 즉 총공급을 표시한다. 이 식은 항등식이다.

(2) 국민소득의 창출

① 생산활동은 생산물에 대한 수요를 기반으로 이루어지는데 생산물에 대한 총수요(Y_D)는 소비수요(C), 투자수요(I), 정부수요(G), 해외수요, 즉 수출(EX)로 구성된다. 총수요가 증가하면 생산이 증가하고, 이에 따라 국민소득이 증가한다.

② 따라서 국민소득을 소득창출의 관점에서 보면 다음과 같다.

$$Y_D = C + I + G + EX$$

(3) 국민소득의 균형조건

① 국민소득은 총수요와 총공급이 일치하는 수준에서 결정되므로 균형에서는 $Y_D = Y_S$가 된다.

② 그런데 총수요를 구성하는 항목 중 투자와 정부지출, 수출은 독립적으로(autonomous) 결정되므로 이 관계가 항상 성립하는 것은 아니다.

③ 총수요>총공급이면 생산이 증가하고, 이에 따라 국민소득은 증가한다. 반면 총수요<총공급이면 생산이 감소하고, 이에 따라 국민소득은 감소한다.

④ 국민소득의 균형조건은 다음과 같다.

$$C + S + T + IM = C + I + G + EX$$
$$S + T + IM = I + G + EX$$

결국 국민소득의 균형조건은 누출과 주입의 균형조건과도 일치한다.

제2절 국민소득 결정이론

1. 고전학파의 국민소득 결정

(1) 국민소득의 결정

① 고전학파는 일정기간 동안의 경제의 총생산(국민소득)은 그 경제에 주어진 생산요소의 크기(즉 노동, 자본의 양)에 의해 결정된다고 본다.

② 고전학파의 이러한 견해는 총생산함수 $Y = f(L, K)$에 반영된다. 즉 노동량 L과 자본량 K의 양에 의해 총생산(국민소득) Y의 크기가 결정된다는 것이다.

▶ 고전학파의 국민소득결정

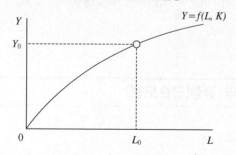

③ 〈그림〉에서 보는 것처럼 단기에 자본량이 고정되어 있다고 하면, 경제에 주어진 노동량의 크기에 의해 총생산(국민소득)의 크기가 결정된다.

(2) 고전학파의 기본적 사고 : 세이(Say)의 법칙

① 공급은 그 스스로의 수요를 창조한다(supply creates its own demand)는 세이의 법칙에 의해 수요는 문제가 되지 않고 공급만 문제가 된다.

② 따라서 경제의 모든 생산요소를 생산에 투입(완전고용)하여 생산하면 실업(즉 비자발적 실업)은 존재하지 않고, 생산된 생산물은 전부 판매된다.

③ 그러나 고전학파의 이러한 사고방식은 1929년에 시작된 세계대공황으로 설득력을 잃게 되었다.

2. 케인즈의 국민소득 결정

(1) 케인즈 이론의 등장

① 케인즈는 1929년의 세계대공황과 1930년대의 장기침체를 '풍요속의 빈곤(poverty midst plenty)'으로 표현하고, 그 원인을 유효수요(총수요)의 부족으로 설명한다.

② 즉 총생산(국민소득)은 유효수요의 크기에 의해 결정된다고 하여 고전학파와는 달리 수요의 중요성을 강조하는 유효수요이론을 제시하였다.

(2) 케인즈 이론의 특징

① 단기이론이다. 즉 케인즈의 관심은 장기적인 경제성장이 아니고, 눈 앞에 펼쳐진 단기적인 대량실업 문제의 해결에 있었다.

② 국민경제에는 잉여생산능력이 존재한다. 즉 주어진 노동과 자본의 상당부분이 실업상태에 있고, 따라서 수요만 있다면 생산의 증가는 언제든지 가능하다.

③ 물가수준은 불변이다. 즉 명목소득의 증가는 곧 실질소득의 증가를 의미한다.

④ 단기에 생산능력은 불변이다. 즉 순투자(자본투입의 증대)에 의한 생산능력의 증가는 고려하지 않는다.

⑤ 고용수준은 국민소득의 변화에 비례한다. 즉 국민소득의 크기가 결정되면 그것을 생산할 수 있을 만큼 고용수준도 함께 결정된다. 따라서 국민소득이론은 고용이론이다.

제3절 균형국민소득의 결정(단순모형)

---

1. 소비와 저축

(1) 소비와 저축은 소득의 증가함수

① 소비(consumption, C)는 소득(Y)의 증가함수로 다음과 같은 소비함수로 표시된다.

$$C = a + bY$$

② 소비함수의 세로축 절편에 해당하는 a는 기초소비이다. 즉 소득이 없어도 생계유지를 위해 필요한 최소한의 소비이다. 저축을 인출하여 소비한다고 보면 음(-)의 저축이 된다. 또한 이는 소득과는 관계없이 그 크기가 결정되므로 독립(autonomous)소비이다.

③ 소비함수의 기울기인 b는 소득증가분(ΔY)에 대한 소비증가분(ΔC)의 비중을 나타내는 한계소비성향(MPC)이다.

④ 한편 저축(savings, S)은 소득에서 소비를 제하고 남은 부분이므로 소비와 마찬가지로 소득의 증가함수이다. 저축함수는 다음과 같이 표시된다.

$$S = Y - C = -a + (1-b)Y$$

⑤ $-a$는 저축함수의 절편인데 소비함수에서의 기초소비에 해당한다. $(1-b)$는 저축함수의 기울기로 소득증가분(ΔY)에 대한 저축증가분(ΔS)의 비중을 나타내는 한계저축성향(MPS)이다.

⑥ 소비함수와 저축함수는 다음의 〈그림〉과 같이 나타낼 수 있다.

▶ 소비함수와 저축함수

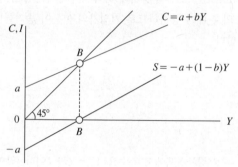

(2) 소비성향과 저축성향

① 평균소비성향(APC)은 소득에서 차지하는 소비의 비중, 즉 $\dfrac{C}{Y}$이고, 평균저축성향(APS)은 소득(Y)에서 차지하는 저축(S)의 비중, 즉 $\dfrac{S}{Y}$이다. $APC + APS = 1$이므로 APC와 APS 모두 1과 0 사이의 값을 갖는다.

② 한계소비성향(MPC)은 소득증가분에서 차지하는 소비증가분의 비중, 즉 $\dfrac{\Delta C}{\Delta Y}$이고, 한계저축성향($MPS$)은 $\dfrac{\Delta S}{\Delta Y}$이다. $MPC + MPS = 1$이므로 MPC와 MPS 모두 1과 0 사이의 값을 갖는다.

(3) 파국점

파국점(breakeven point)은 소득을 전부 소비하는 점이다. 즉 $Y = C$이고 따라서 $S = 0$인 점이다. 〈그림〉에서 45°선과 소비함수가 교차하는 점(B) 또는 저축함수가 가로축과 교차하는 점(B)이 파국점이다. 파국점에서는 $APC = 1$, $APS = 0$이다.

2. 투자

(1) 독립투자만을 가정

① 투자(investment, I)는 소득과 무관하게 기업가의 장래에 대한 기대(예상)에 의해 결정된다고 가정한다. 즉 독립투자만 있다고 가정한다. 따라서 투자함수는 $I = I_0$이고 수평선의 형태로 나타난다.

② 실제로 케인즈는 투자가 매우 즉흥적이고, 감각적으로 이루어진다고 보고 있다. 즉 투자는 이자율과 예상수익률을 정확히 고려하여 이루어지는 것이 아니라 기업가의 본능적 판단(animal spirit)에 크게 의존한다고 생각하였다.

(2) 독립투자와 유발투자

① 독립투자(autonomous investment)는 소득의 크기(변화)와 관계없이 기업가의 독자적인 판단에 따라 독립적으로 이루어지는 투자이다. 주로 기업가의 미래에 대한 예상(전망)에 따라 달라진다.

② 유발투자(induced investment)는 소득의 증가에 따라 이루어지는 투자이다. 즉 소득이 증가하면 소비가 증가하여 재화와 서비스의 판매가 증가하므로 기업가의 이윤이 증가한다. 이로 인해 투자가 증가하는데 이를 유발투자라고 한다.

3. 균형국민소득의 결정

(1) 균형국민소득의 조건

① 가계와 기업으로 구성되는 2부문 경제에서 총수요 $Y_D = C + I$이다. 앞에서의 가정에 의해 이 경제에는 잉여생산능력이 있으므로 총생산, 즉 국민소득은 총수요의 크기에 의해 결정된다.

② 즉 균형국민소득은 총수요(Y_D)와 총공급(Y_S)이 일치하는 데서 결정된다. 국민소득의 균형조건은 $Y_D = Y_S$이므로 $C + I = C + S$ 또는 $I = S$ 역시 국민소득의 균형조건이다.

(2) 총수요에 의한 균형국민소득의 결정

① 〈그림〉에서 45°선은 $Y_S = Y$이므로 총공급함수이다. 총수요는 $Y_D = C + I$이므로 소비함수와 투자함수를 수직으로 합한 것이므로 총수요함수는 $Y_D = a + bY + I_0$이다.

▶ 균형국민소득의 결정

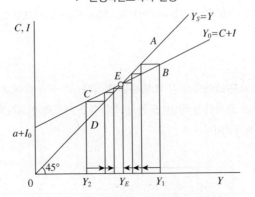

② 균형국민소득은 총수요와 총공급이 일치하는 E에서 결정된다. 따라서 Y_E가 균형국민소득이 된다. 균형 국민소득은 한 나라의 국민경제가 균형을 이루도록 하는 국민소득을 의미한다. 따라서 실제 국민소득이나 완전고용국민소득과는 구별되는 개념이다.

③ 만일 실제의 국민소득이 균형국민소득보다 높은 수준인 Y_1이면 총공급이 총수요를 초과하므로 AB만큼 기업들의 초과공급, 즉 재고가 발생하고 기업들은 예상하지 못한 재고만큼 생산을 감소시킨다. 생산이 감소하면 국민소득이 감소하여 국민소득은 Y_E로 돌아간다.

③ 실제의 국민소득이 균형국민소득보다 낮은 수준인 Y_2이면 총수요가 총공급을 초과하므로 CD만큼 기업들의 초과수요가 발생한다. 그러면 기업들은 초과수요만큼 생산을 증가시키고 이에 따라 국민소득이 증가하여 국민소득은 균형국민소득인 Y_E로 돌아간다.

(3) $S = I$에 의한 균형국민소득의 결정

① 균형국민소득은 저축(S)=투자(I)의 균형조건에 의해서 결정된다. 다음의 〈그림〉에서 보는 바와 같이 저축과 투자가 일치하는 균형점 E에서 균형국민소득 Y_E가 결정된다.

② 실제 국민소득이 Y_1이면 AB만큼의 초과공급, 즉 재고(inventory)가 증가하므로 생산이 감소하여 국민소득은 감소한다. 반면 실제 국민소득이 Y_2이면 CD만큼 재고가 감소하므로 생산이 증가하여 국민소득은 증가한다.

▶ $S = I$에 의한 균형국민소득의 결정

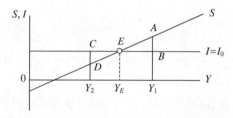

(4) 저축과 투자의 조정

① 균형국민소득의 조건 $I = S$에서 투자(I)와 저축(S)은 사전적(ex-ante) 의미, 즉 의도된(intended) 투자와 저축이다. 여기서 투자와 저축의 주체 및 동기는 서로 다르므로 사전적으로는 투자와 저축이 일치하지 않는다.

② 그러나 사후적(ex-post)으로는 투자와 저축이 항상 일치한다. 사후적은 실현된(realized) 후를 의미한다. 사후적으로 투자와 저축이 항상 일치하는 이유는 재고투자의 조정이 이루어지기 때문이다.

③ 위의 〈그림〉에서 보면 $I = S$인 Y_E에서 국민소득은 균형을 이룬다. 그런데 만일 실제의 국민소득이 Y_1이라면 사전적 저축(AY_1)이 사전적 투자(BY_2)를 초과한다. 이는 수요가 적어 재화와 용역의 판매가 부진한 것을 의미하므로 재고(AB)가 증가하는데 재고는 투자(재고투자)에 포함된다.

④ 따라서 사후적 저축(AY_1)=사후적 투자(AY_1)=사전적 투자(BY_1) + 사후적인 재고투자(AB)이다. 결국 재고투자로 인해 사후적으로는 항상 $I = S$가 된다.

4. 균형국민소득의 변화와 승수효과

(1) 승수효과(multiplier effect)

① 2부문 모형에서 독립투자가 증가하면 총수요가 증가하여 국민소득은 증가한다. 이때 국민소득은 투자증가분 이상으로 여러 배가 증가하는데 이러한 효과를 승수효과(multiplier effect)라고 한다.

② 여기서 독립투자의 증가분(ΔI)보다 국민소득의 증가분(ΔY)이 더 큰 이유는 투자 증가 → 소득 증가 → 소비 증가 → 소득 증가 → 소비 증가의 연속적인 과정이 유발되기 때문이다.

(2) 승수(multiplier)의 크기

① 독립투자가 ΔI만큼 증가할 때 국민소득의 증가분 ΔY는 다음과 같다.

$$\Delta Y = \Delta I + b\Delta I + b^2 \Delta I + b^3 \Delta I + \cdots = \Delta I(1 + b + b^2 + b^3 + \cdots) = \Delta I \times \frac{1}{1-b}$$

따라서 독립투자승수 $\dfrac{\Delta Y}{\Delta I} = \dfrac{1}{1-b}$ 이 된다.

② 만일 MPC가 0.6이라면 승수가 2.5이므로 투자가 100억 달러 증가했을 때 국민소득은 그 2.5배인 250억 달러가 증가한다는 것이다.

③ 이것이 바로 케인즈가 대공황으로부터 벗어나기 위해 제시한 유수정책(pump-priming policy)의 핵심적인 아이디어이다.

(3) 승수이론의 전제

① 소비함수가 안정적이어야 한다. 만일 한계소비성향(MPC)이 시간의 변화나 소득의 변화에 따라 변화한다면 승수의 크기는 일정하지 않다.

② 독립투자가 계속적으로 주입되어야 한다. 즉 승수효과는 상당한 기간을 두고 단계적인 과정을 거쳐 나타나므로 승수효과만큼의 소득 증가가 있기 위해서는 매 기간 독립지출(투자)이 계속 주입되어야 한다.

③ 국민경제에는 잉여생산능력이 있으며, 물가수준이 일정하여 명목소득의 증가는 곧 실질소득의 증가를 의미한다는 가정이 있어야 성립한다.

5. 모형의 확장(확장모형)

(1) 확장모형의 의의

① 이제 국민소득 결정의 단순모형을 확장하여 정부와 해외부문을 포함한 경우의 국민소득 결정원리를 분석한다.

② 정부부문이 포함되면 정부지출과 조세를 고려하고, 해외부문이 포함되면 수출과 수입을 고려한다.

③ 여기서 정부지출(G)은 정책변수(즉 외생변수)이고 수출(EX)은 해외수요에 의해 결정되는 외생변수이므로 일정한 것으로 가정한다. 반면 조세(T)와 수입(IM)은 소득의 증가함수라고 가정한다.

(2) 확장모형에서의 균형국민소득

① 확장모형에서의 총수요 $Y_D = C + I + G + (EX - IM)$ 이고, 총공급 $Y_S = Y = C + S + T$ 이므로 균형국민소득의 조건식은 다음과 같다.

$$C + I + G + (EX - IM) = C + S + T$$
$$I + G + (EX - IM) = S + T$$

▶ 확장모형에서의 균형국민소득

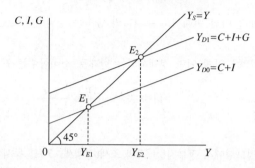

〈그림〉에서 보는 것처럼 총수요함수는 단순모형에서의 총수요함수를 정부지출(G)과 순수출($EX - IM$)만큼 상방으로 이동시킨 것이다.

② 균형국민소득이 총수요와 총공급이 일치하는 수준에서 결정되는 것은 단순모형에서와 같다. 그리고 단순모형에서보다 총수요가 더 크기 때문에 균형국민소득의 크기도 단순모형에서보다 더 크다.

(3) 확장모형에서의 승수효과

① 투자승수

㉠ 확장모형에서의 승수는 단순승수(또는 독립투자승수)와 복합승수로 구분해 볼 수 있다.

㉡ 단순승수(simple multiplier) 또는 독립투자승수는 독립투자만 있는 경우의 승수로, 단순모형에서의 승수와 동일하다.

$$\text{단순독립투자승수} \quad \frac{\Delta Y}{\Delta I} = \frac{1}{1 - b}$$

㉢ 복합승수(compound multiplier)는 유발투자까지 있는 경우의 승수로 이 경우의 투자함수는 $I = I_0 + iY$ 가 된다. 여기서 i 는 유발투자계수 또는 한계투자성향(MPI)이다.

$$\text{복합승수} \quad \frac{\Delta Y}{\Delta I} = \frac{1}{1 - b - i}$$

복합승수는 유발투자까지 고려하므로 단순승수보다 승수의 크기가 더 크다.

② 정부지출승수

정부지출은 독립투자와 마찬가지로 독립적인 지출이기 때문에 투자승수와 크기가 같다.

$$\text{정부지출승수} \quad \frac{\Delta Y}{\Delta G} = \frac{1}{1 - b}$$

③ 조세승수

 ㉠ 정액세, 즉 소득의 크기와는 무관한 조세를 부과한다고 가정하면 소비함수는 $C = a + b(Y - T)$가 된다.

$$\text{조세승수} \quad \frac{\Delta Y}{\Delta T} = \frac{-b}{1-b}$$

 ㉡ 승수에 마이너스(-) 부호가 붙은 것은 조세를 부과하면 승수배만큼 국민소득이 감소한다는 것을 의미한다.

 ㉢ 만일 조세를 정액세가 아닌 비례세로 부과하면 승수는 정액세만 있는 경우보다 작아진다.

④ 이전지출승수

 정부의 이전지출이 R만큼 있게 되면 정액세와는 반대로 소비함수는 $C = a + b(Y + R)$이 된다.

$$\text{이전지출승수} \quad \frac{\Delta Y}{\Delta R} = \frac{b}{1-b}$$

⑤ 균형재정승수

 케인즈의 국민소득 결정모형에서 정부지출(G)과 조세(정액세, T)를 동시에 같은 금액으로 증가시키면 국민소득(Y)은 ΔG(또는 ΔT)만큼, 즉 1배 증가하는데 이를 균형재정정리라고 하고 이 경우의 승수를 균형재정승수라고 한다. 즉 균형예산승수는 1이다.

$$\text{균형예산승수} \quad \frac{\Delta Y}{\Delta G(=\Delta T)} = \frac{1}{1-b} + \frac{-b}{1-b} = 1$$

⑥ 조세(정액세)와 이전지출이 같은 경우

 ΔT의 조세(정액세)를 부과하여 이를 전부 ΔR의 이전지출로 사용하는 경우의 승수는 0이다. 즉 국민소득은 변동이 없다.

$$\frac{\Delta Y}{\Delta R(=\Delta T)} = \frac{b}{1-b} + \frac{-b}{1-b} = 0$$

⑦ 조세가 비례세인 경우

 조세가 비례세인 경우 $T = tY$이므로 소비함수는 $C = a + b(Y - tY)$가 되어 위의 승수 모두 분모가 $1 - b + bt$가 된다. t는 한계세율이다.

⑧ 개방경제의 경우

 개방경제에서는 수입(IM)이 소득(Y)의 증가함수인 경우, 가처분소득($Y_D = Y - T$)인 경우로 구분하여야 한다. 수입함수는 $IM = mY$이다. m은 한계수입성향이다. 이 경우 위의 승수는 모두 분모가 $1 - b + m$이 되어야 한다.

⑨ 모든 경우를 고려한 승수

 유발투자, 비례세, 개방경제를 모두 고려한 경우 유발투자계수(한계투자성향, 가속도계수) i, 한계세율 t, 한계수입성향 m을 모두 포함하면 위 승수의 분모는 모두 $1 - b + bt + m - i$가 된다. 분자는 동일하다.

6. 완전고용국민소득

(1) 균형국민소득(Y_E)

① 균형국민소득은 국민경제의 균형을 보장하는 국민소득으로 실제의 국민소득과는 다르다.

② 케인즈의 이론에 의하면 균형국민소득은 총수요의 크기에 의해서 그 수준이 결정된다. 즉 균형국민소득은 총수요와 총공급이 일치하는 데서 결정된다.

(2) 완전고용국민소득(Y_F)

① 완전고용국민소득(잠재GDP, 자연산출량과 같은 개념)은 한 경제에 주어진 생산요소를 완전고용했을 때의 국민소득이다. 완전고용국민소득은 그 경제에 주어진 생산요소의 부존량에 의해 결정된다.

② 따라서 총수요의 크기와는 무관하게 단기에는 그 크기가 일정하다. 〈그림〉에서 Y_F가 완전고용국민소득이다.

▶ 완전고용국민소득

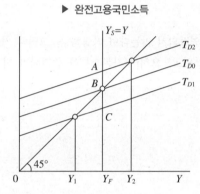

③ 만일 총수요가 Y_{D2}라면 균형국민소득(Y_2)은 완전고용국민소득(Y_F)을 초과한다. 그러나 완전고용국민소득 이상의 국민소득 증가는 불가능하므로 이때 완전고용국민소득을 초과하게 만드는 총수요의 초과분, 즉 인플레이션 갭(inflationary gap)이 발생한다. 〈그림〉에서 AB가 인플레이션 갭이다. 그리고 인플레이션 갭은 물가상승을 유발한다.

④ 만일 총수요가 Y_{D1}이라면 균형국민소득(Y_1)은 완전고용국민소득(Y_F)에 미달된다. 이때 완전고용국민소득에 미달되게 하는 총수요의 부족분을 디플레이션 갭(deflationary gap)이라고 한다. 〈그림〉에서 BC가 디플레이션 갭이다. 디플레이션 갭은 물가를 하락시킨다.

7. 절약의 역설

(1) 절약의 역설의 의미

① 저축은 개인적으로는 부의 축적수단이다. 그러나 사회적으로는 저축 증가 → 소비 감소 → 총수요 감소 → 소득 감소 → 저축 감소를 유발하는데 이를 절약의 역설(paradox of thrift) 또는 저축의 역설이라고 한다.

② 〈그림〉에서 보는 것처럼 저축이 증가하여 저축함수가 상방으로 이동하면 균형국민소득은 감소하고 이에 따라 저축도 감소한다.

▶ 절약의 역설

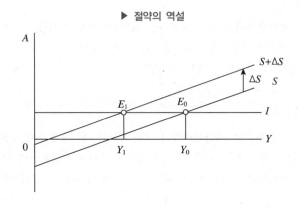

(2) 절약의 역설에 대한 평가

이 역설은 저축이 투자로 연결되지 않는다면 타당하다. 그러나 저축의 증가가 같은 크기의 투자 증가를 유발하면 총수요의 감소도 없고, 오히려 자본스톡을 증가시켜 미래의 경제성장을 가져오게 된다.

02 │ 실전대비문제

01 재화시장만 존재하는 국민소득 결정모형에서 국민소득(Y) 균형식 $Y = C + I + G$와 소비함수 $C = 50 + 0.8Y$가 주어져 있다. 최초에 소비(C) = 450, 투자(I) = 20, 정부지출(G) = 30일 때, 확장적 재정정책으로 G가 40이 된다면 Y는 얼마가 되는가? (2016년)

① 500

② 510

③ 540

④ 550

해설   최초에 소비(C) = 450이므로, 국민소득(Y)를 구하면 450 = 50 + 0.8Y ∴ Y = 500

소비함수에서 한계소비성향 0.8을 이용해 정부지출승수를 구해보면

정부지출승수 = $\dfrac{1}{1-c} = \dfrac{1}{1-0.8} = 5$이다.

확장적 재정정책으로 정부지출이 30에서 40으로 10만큼 증가함에 따라 증가하는 국민소득은 5 × 10 = 50이 됨을 알 수 있다.

따라서 확장적 재정정책 이후 균형 국민소득은 500 + 50 = 550이 될 것이다.

답 ④

02 다음 국민소득 결정모형에서 순수출의 증가분이 100일 경우 소비의 증가분은? (2017년)

$$Y = C + I + G + NX$$
$$C = 10 + 0.8(Y - T), \quad T = 5 + 0.25Y, \quad I = I_0$$
$$G = G_0, \quad NX = NX_0$$

(단, Y : 국민소득, C : 소비, T : 조세, I : 투자, G : 정부지출, NX : 순수출)

① 100

② 150

③ 200

④ 250

해설   한계소비성향(c) = 0.8, 비례세의 세율(t) = 0.25을 이용해서 순수출승수를 구해보면

순수출승수 = $\dfrac{1}{1-c(1-t)} = \dfrac{1}{1-0.8(1-0.25)} = 2.5$이다.

따라서 순수출이 100 증가하면 국민소득이 250 증가한다.

답 ②

03 폐쇄경제인 A국가의 GDP는 12이고, 민간소비는 7이며, 조세는 3, 정부의 재정적자는 1이다. 이 경우 민간(private)저축과 국민(national)저축을 각각 순서대로 올바르게 나열한 것은? (2018년)

① 5, 3

② 5, 1

③ 2, 3

④ 2, 1

> [해설] • 민간저축$(S_p) = (Y - T) - C = (12 - 3) - 7 = 2$
> • 재정적자 = 정부저축 = $T - G = -1$
> • 국민저축 = 민간저축 + 정부저축 = $2 + (-1) = 1$

답 ④

04 국민계정에서 투자가 전년도와 동일할 때 다음 설명 중 옳은 것은? (2021년)

① 국민저축이 증가했다면 순자본 유입이 증가했을 것이다.

② 균형재정하에서 민간저축이 증가했다면 순자본 유출이 감소했을 것이다.

③ 경상수지 균형하에서 민간저축이 증가했다면 재정수지가 악화되었을 것이다.

④ 민간저축은 변화가 없고 재정수지가 악화되었다면 경상수지가 개선되었을 것이다.

> [해설] $Y = C + I + G + (X - M)$
> $(X - M) = (Y - T - C) + (T - G) - I = S_P + S_G - I$
> (단, Y는 국민소득, C는 소비, I는 투자, G는 정부지출, X는 수출, M은 수입, S_P는 민간저축, S_G는 정부저축)
> 민간저축이 증가하였다면 순수출 증가로 재정수지는 악화된다.
> ① 민간저축과 정부저축의 합인 국민저축이 증가하면 순수출의 증가로 재정수지는 악화된다.
> ② 민간저축이 증가하였다면 순수출 증가로 자본유출이 증가한다.
> ④ 재정수지 악화, 즉 순수출 증가 시 민간저축에 변화가 없다면 정부저축의 증가 또는 투자 감소로 이뤄져 경상수지는 악화될 것이다.

답 ③

05 개방경제 甲국의 국민소득 결정모형이 다음과 같다. 특정 정부지출 수준에서 경제가 균형을 이루고 있으며 정부도 균형예산을 달성하고 있을 때, 균형에서 민간저축은?(단, Y는 국민소득, C는 소비, I는 투자, G는 정부지출, T는 조세, X는 수출, M은 수입이다)

• $Y = C + I + G + (X - M)$	• $C = 150 + 0.5(Y - T)$
• $I = 200$	• $T = 0.2Y$
• $X = 100$	• $M = 50$

① 150

② 200

③ 225

④ 250

> [해설] 특정 정부지출 수준에서 경제가 균형을 이루고 있으며 정부도 균형예산을 달성하고 있으므로 $G = T$이고, 이를 대입하면 총수요 $E = C + I + G + X - M = 400 + 0.6Y$이다. $Y = E$에서 균형을 이루면 균형국민소득 $Y = 1,000$이다. 민간저축 $S = -C = -150 + 0.4Y = 250$이다.

답 ④

06 정부지출과 조세가 같은 액수만큼 증가했을 경우 경제의 변화는?

① 누출이 주입과 동일한 액수만큼 증가했으므로 경제에 미치는 영향이 없다.
② 조세증가로 인한 소비지출의 감소는 정부지출액이 가지는 효과보다 크므로 국민소득이 감소한다.
③ 조세는 국민소득에 마이너스의 효과를 주므로 국민소득은 감소한다.
④ 정부지출의 증가액은 그 전체가 주입이지만 조세의 일부는 저축으로부터의 누출이기 때문에 국민소득이 증가한다.

[해설] 이 문제는 균형재정승수가 1이라는 것과 직결된다. 이에 의하면 정부지출과 조세가 같은 액수만큼 증가하면 소득도 이와 같은 액수만큼 증가한다. 그 이유는 정부지출의 증가액은 그 전체가 주입이지만 조세의 일부는 저축으로부터의 누출이기 때문에 국민소득이 증가한다.

답 ④

---

07 폐쇄경제에서 국민저축을 구성하는 두 성분이 되는 것은 다음 중 어느 것인가?

① 소비지출과 투자지출
② 민간저축과 재정수지
③ 투자지출과 국제수지
④ 조세와 재정수지

[해설] 경제전체의 총저축은 민간과 정부에 의해 소비되지 않은 부분을 말한다. 가처분소득 중에서 소비(C)되지 않은 부분이 민간저축(S)이고, 정부의 조세수입 중 정부지출을 뺀 부분이 정부저축($T-G$) 또는 재정수지이다.

식으로 구하면 폐쇄경제에서 생산물시장의 균형식 $Y = C + S + T = C + I + G$에서 양변의 C를 소거하면 $S + T = I + G$이다. 여기서 $S + (T-G) = I$가 된다. 국민저축은 $S + (T-G)$가 되고 사후적으로 국내투자 I와 일치한다.

답 ②

---

08 케인즈의 국민소득 결정모형에서 소비 $C = 0.7Y$이고, 투자 $I = 80$이다. 정부지출이 10에서 20으로 증가할 때, 균형국민소득의 증가분은?(단, C는 소비, Y는 국민소득, I는 투자)

① 10/3
② 5
③ 100/7
④ 100/3

[해설] 국민소득의 균형조건은 $Y = C + I + G$이다. 정부지출이 10인 경우 균형국민소득은 $Y = 0.7Y + 90$에서 $Y^* = 300$이다. 정부지출이 20이면 $Y = 0.7Y + 100$에서 $Y^* = \dfrac{1,000}{3}$으로 $\dfrac{100}{3}$ 증가한다.

또는 한계소비성향(b)이 0.7이므로 정부지출승수 $\dfrac{\Delta Y}{\Delta G} = \dfrac{1}{1-b} = \dfrac{1}{1-0.7} = \dfrac{1}{0.3}$ 배 증가하여 $\dfrac{100}{3}$ 증가한다.

답 ④

09 개방경제의 국민소득 결정모형이 아래와 같다. 정부지출(G)과 조세(T)를 똑같이 200에서 300으로 늘리면 균형국민소득은 얼마나 늘어나는가?(단, Y는 국민소득이다)

- 소비함수 : $C = 300 + 0.6(Y - T)$
- 정부지출 : $G = 200$
- 수출 : $EX = 400$
- 투자함수 : $I = 200$
- 조세 : $T = 200$
- 수입 : $IM = 100 + 0.1(Y - T)$

---

① 0
② 50
③ 100
④ 200

[해설] 정부지출(G)과 조세(T)를 똑같이 200에서 300으로 늘리는 경우 균형재정승수를 적용한다. 균형재정승수 $= 1$이므로 $\Delta Y = \Delta G = \Delta T = 100$이다.

문제에서 한계소비성향 $MPC(b) = 0.6$, 한계수입성향 $MPM(m) = 0.1$이다. 이 경우 정부지출승수 $\dfrac{dY}{dG} = \dfrac{1}{1-b+m} = 2$이다. 수입은 처분가능소득의 증가함수이므로 조세승수 $\dfrac{dY}{dT} = \dfrac{-b+m}{1-b+m} = -1$이다.

정부지출이 100 증가하면 국민소득은 200억 증가하고, 조세가 100 증가하면 국민소득은 100 감소한다. 따라서 정부지출과 조세가 모두 100 증가하면 국민소득은 100만큼 증가한다.

답 ③

10 정부가 지출을 10만큼 늘렸을 때 총수요가 10보다 적게 늘어났다. 그 이유로 옳은 것은?

① 소득변화에 따른 소비 증가
② 소득변화에 따른 소비 감소
③ 이자율변화에 따른 투자 증가
④ 이자율변화에 따른 투자 감소

[해설] 정부지출을 늘렸지만 총수요가 그보다 적게 늘어났다면 그 이유는 구축효과(crowding out effect)가 발생했기 때문이다. 즉 정부지출의 증가로 총수요가 증가하면 이자율이 상승하여 민간투자가 감소한 것이다.

답 ④

11 어떤 개방경제의 국민소득 결정모형이 다음과 같이 주어져 있다. 정부지출을 100에서 200으로 늘리면 균형국민소득은 얼마나 늘어나는가?

$$Y = C + I + G + (EX - IM)$$
$$C = 200 + 0.6(Y - T), \quad I = 100, \quad G = T = 100$$
$$EX = 100, \quad IM = 100 + 0.1(Y - T)$$
(Y : 국민소득, C : 소비, I : 투자, G : 정부지출, T : 조세, EX : 수출, IM : 수입)

① 100
② 150
③ 200
④ 250

[해설] $Y = C + I + G + (EX - IM)$에 제시된 수치를 넣어 풀면 $G = 100$인 경우 $Y = 700$이고, $G = 200$인 경우 $Y = 900$이므로 국민소득은 200 증가한다.

더 쉬운 방법은 한계소비성향(b)이 0.6이고 한계수입성향(m)이 0.1이므로 정부지출승수 $\dfrac{1}{1 - b + m} = 2$이다. 국민소득은 정부지출 증가분 100의 2배, 즉 200 증가한다.

답 ③

---

12 케인즈 단순모형에 기초한 총수요·총공급모형에서 경제는 완전고용상태에 있다고 하자. 정부지출을 증가시키면서 총수요 증가로 인한 물가상승을 유발하지 않으려면 조세를 어떻게 해야 하는가?(단, 단기 총공급곡선은 우상향한다고 가정한다)

① 줄여야 한다.
② 정부지출보다 적게 늘려도 된다.
③ 정부지출만큼 늘리면 된다.
④ 정부지출보다 많이 늘려야 한다.

[해설] 케인즈의 단순모형에서 정부지출승수 $\dfrac{1}{1 - \mathrm{MPC}}$은 조세승수 $\dfrac{-\mathrm{MPC}}{1 - \mathrm{MPC}}$에 비해 절댓값이 더 크다. 따라서 정부지출 증가로 국민소득이 증가하고 물가가 상승한 경우 이를 원래 수준으로 돌아오게 하여 국민소득과 물가를 유지하려면 조세는 정부지출보다 더 많이 늘려야 한다.

답 ④

03 │ 소비, 투자

제1절 소비

1. 소비함수

(1) 소비의 특성

① 소비(consumption)지출은 국내총생산에 대한 지출 중에서 가장 큰 비중을 차지한다. 대부분의 국가에서 소비지출은 국내총생산의 60% 이상을 차지한다.

② 소비지출은 또한 가장 안정적이다. 즉 경기변동이 심해도 소비지출은 큰 변동 없이 안정적이다.

(2) 소비지출의 결정요인

① 소비지출은 가계의 소득, 부(wealth), 경기에 대한 전망, 정부의 정책, 소비자의 기호 등에 의해 그 크기가 결정된다. 이 중 가계의 소득, 즉 가처분소득이 소비지출에 가장 큰 영향을 미친다.

② 따라서 다른 조건이 일정불변이라면 소비지출(C)은 가처분소득(Y)의 증가함수이다. 즉 소비함수는 $C = C(Y)$로 표시된다.

2. 케인즈의 절대소득가설

(1) 절대소득가설의 의의

케인즈(J.M. Keynes)의 소비함수는 현재소비는 현재소득의 절대적인 크기에 의존한다는 의미에서 절대소득가설(absolute income hypothesis)이라고 한다. 즉 케인즈의 소비함수는 $C = C(Y)$로 나타낼 수 있다.

(2) 케인즈 소비함수의 특징

① 소득이 증가하면 소비지출도 증가하지만, 소비의 증가는 소득의 증가보다 작다. 즉 $0 <$ 한계소비성향(MPC) <1인데 이는 미래에 대비하기 위해 저축을 하는 인간의 기본적인 심리에 기초하고 있는 것이다.

② 소득의 증가에 따라 평균소비성향(APC)은 감소한다. 이는 소득이 낮을 때는 일정 수준의 기초소비가 존재한다는 것을 의미하는 것으로 소비함수는 $C = a + bY$이다.

③ 즉 소비함수의 절편이 0보다 큰 경우에 소득이 증가하면 평균소비성향(APC)은 감소하고 또한 이 경우에는 $MPC < APC$이다.

④ 기초소비가 0이라면 소비함수는 원점을 지나는 직선이 되고, 이 경우 소득이 증가해도 APC는 일정하고 $MPC = APC$가 된다.

⑤ 소득의 증가에 따라 한계소비성향(MPC)은 감소한다. 즉 소비함수는 원점에 대해 오목한 형태이다.

3. 소비함수에 대한 실증연구

(1) 쿠즈네츠의 실증연구 결과

① 케인즈의 소비함수가 제시된 후, 여러 학자들에 의해 소비함수에 대한 실증연구가 이루어졌다. 그중 대표적인 것이 쿠즈네츠(S. Kuznets)의 실증연구이다.

② 쿠즈네츠는 미국의 소득-소비에 관한 자료를 분석한 결과, 횡단면 분석과 단기 시계열 분석에서는 케인즈의 소비함수가 잘 맞지만, 장기 시계열 분석에서는 케인즈 소비함수가 맞지 않는다는 것을 밝혀냈다.

(2) 횡단면 분석 결과

① 횡단면(cross-section) 분석은 어느 한 시점에서의 소득과 소비의 관계를 분석하는 것으로, 횡단면 분석에서는 소득을 저소득층과 고소득층으로 나누어 측정한다.

② 횡단면 분석 결과는 $MPC < APC$인 케인즈 소비함수가 잘 맞는 것으로 밝혀졌다. $MPC < APC$인 이유는 소득수준이 높은 계층일수록 평균적으로 낮은 소비성향을 보이고, 소득수준이 낮은 계층일수록 평균적으로 높은 소비성향을 보이기 때문이다.

(3) 시계열 분석 결과

① 연도별, 계절별 또는 월별 등 시간의 흐름에 따라 소득과 소비의 관계를 분석하는 시계열(time-series) 분석 결과는 단기와 장기의 경우에 다르게 나타났다.

② 단기 시계열 분석에서는 평균소비성향이 호황기에는 장기평균보다 낮고 불황기에는 장기평균보다 높다는 것이 밝혀졌다. 그러므로 단기소비함수에서는 $MPC < APC$로 나타나 케인즈의 소비함수가 잘 맞는 것으로 밝혀졌다.

③ 그러나 쿠즈네츠의 장기 시계열 분석에 의하면 APC가 대략 일정한 크기를 보인다는 사실이 밝혀졌다. APC가 일정하다는 것은 장기소비함수에서는 $APC = MPC$, 즉 장기소비함수는 원점에서 그은 직선의 형태라는 것을 의미하므로 케인즈 소비함수의 특성에 어긋난다.

④ 이러한 경험적인 사실이 밝혀진 것을 계기로 소비함수에 관한 여러 연구결과가 제시되었다.

4. 소비함수에 관한 이론

(1) 프리드먼의 항상소득가설

① 프리드먼(M. Friedman)은 케인즈의 단기소비함수에서 $APC > MPC$인 것은 소득이 실제소득(measured income)이기 때문이라는 것이다. 그러나 장기적으로 소비는 항상소득의 함수라는 항상소득가설(permanent income hypothesis)을 제시하였다.

② 실제소득은 항상소득과 임시소득으로 구성되는데, 항상소득은 임금이나 이자, 지대처럼 가계가 확실히 예상할 수 있는 기대소득(expected income), 즉 장기적인 평균소득으로 이는 소득이나 인적 또는 물적

부(wealth)에서 비롯된다.

③ 반면 임시소득은 변동소득, 즉 일시적인 소득으로 장기적으로는 0이 된다. 또한 소비도 실제소비와 임시소비로 구성된다.

④ 프리드먼은 항상소득(Y^P)과 항상소비(C^P) 간에만 일정한 상관관계가 성립한다고 주장한다. 즉 소비는 항상소득의 함수로 $C^P = mY^P$의 관계가 성립한다고 주장한다. 여기서 m은 MPC와 유사한 개념이다.

⑤ 항상소득가설에 따르면 케인즈가 매우 효과적이라고 주장한 단기의 재정정책, 특히 조세정책은 무력해진다. 정부가 단기적으로 세율을 변화시켜도 임시소득만 변화할 뿐 항상소득은 변화하지 않기 때문에 소비와 총수요에는 별다른 영향을 주지 못한다.

(2) 라이프사이클(life cycle) 가설

① 모딜리아니(F. Modigliani), 브럼버그(R. Brumberg), 앤도(A. Ando)에 의해 주장된 라이프사이클 가설, 또는 생애주기가설, MBA 가설은 소비는 소비자의 전 생애를 통한 총소득에 의해 결정된다는 이론이다.

② 〈그림〉에서와 같이 청년기와 노년기에는 소득수준이 상대적으로 낮다. 사람들의 일생을 통해서 볼 때 중년기의 저축으로 청년기와 노년기의 소비를 충당한다는 것이다.

③ 따라서 횡단면 분석을 통해서 보면 고소득층의 APC가 낮고 저소득층의 APC가 높게 나타난다. 여기서 고소득층은 중년기이고 저소득층은 청년기와 노년기이다.

▶ 라이프사이클 가설

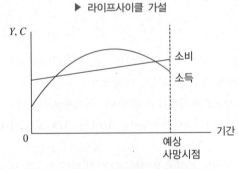

④ 라이프사이클 가설은 소비의 결정요인으로 장기소득 개념을 사용하고 있다는 점에서 프리드먼의 항상소득가설과 맥락을 같이 한다.

⑤ 그리고 소비가 당기의 소득에 의존하는 것이 아니기 때문에 단기적인 재정정책, 특히 세율의 변화는 소비와 총수요에 별다른 영향을 미치지 못한다.

(3) 듀젠베리의 상대소득가설

① 듀젠베리(J. Duesenberry)는 소비에 영향을 주는 요인으로 소비자 자신의 현재소득은 물론 비교대상이 되는 타인의 소득과 자신의 과거 최고소득을 중요시하였다.

② 이처럼 듀젠베리의 이론은 소비가 자신과 타인, 또는 현재와 과거 사이에서 성립하는 상대소득(relative income)의 함수라고 보는 것이다. 그러므로 듀젠베리의 소비이론을 상대소득가설(relative income hypothesis)이라고 한다.

③ 상호의존성과 전시효과
　　㉠ 소비와 타인의 소득과의 관계는 소비행위의 상호의존성(mutual dependence)에 의해 설명할 수 있다.
　　㉡ 즉 소비는 자신의 소득에 의해서 뿐만 아니라 타인의 소비행위에 의해서도 영향을 받는다는 것이다.
　　㉢ 예컨대 고소득층의 소비행위가 저소득층의 소비행위에 영향을 미치는 경우를 볼 수 있는데 듀젠베리는 이와 같은 소비행위의 상호의존관계를 전시효과(demonstration effect)라고 불렀다.

④ 비가역성과 톱니효과
　　㉠ 한편 소비와 과거소득의 관계는 소비행위의 비가역성(irreversibility)으로 설명한다. 비가역성은 소득이 증가함에 따라 일단 높아진 소비수준은 소득이 감소해도 쉽게 줄어들지 않는다는 것이다.
　　㉡ 비가역성에 의해 현재의 소비가 과거의 최고소비수준, 즉 과거의 최고소득수준에 의해 제약받게 되는 현상을 듀젠베리는 톱니효과(ratchet effect)라고 하였다.

(4) 불확실성하에서의 소비

① 미래소득의 불확실성

케인즈의 소비함수 이후 소비함수 논쟁 과정에서 등장한 소비이론들은 미래의 소득을 예측할 수 있다는 가정하에서 나온 이론들이다. 그러나 미래소득에 대한 불확실성을 전제로 하면 소비지출에 대한 합리적 판단은 그만큼 제약될 수밖에 없다.

② 불규칙보행가설

홀과 플라빈(R. Hall and M. Flavin)이 제시한 불규칙보행가설(random walk hypothesis) 또는 임의보행가설은 불확실성하에서는 현재 및 미래의 소득을 알 수 없기 때문에 소비자는 과거의 소비행태에 의존하여 소비를 한다는 주장이다.[1]

③ 유동성제약가설
　　㉠ 앞에서 본 라이프사이클 가설은 효율적으로 잘 움직이는 자본시장을 가정하고 있다. 즉 중년기의 소득을 청년기와 노년기에 이용하기 위해서는 이를 잘 연결해주는 자본시장이 있어야 한다.
　　㉡ 그러나 현실의 자본시장은 불완전하고 한 개인의 미래소득이 불확실하다면 대부자는 자금의 대부를 꺼리므로 개인은 그때 그때의 소득수준에 따라 소비를 할 것이다.
　　㉢ 이처럼 자금의 대부가 어려워지면 개인은 항상소득이나 평생소득보다는 현재소득에 의존하여 소비를 하게 된다는 이론이 유동성제약가설(liquidity constraint hypothesis)이다.

더 알아보기 | 소비함수에 관한 가설

- 소비함수에 관한 가설 구분
  - 현재소득을 중시하는 케인즈의 가설
  - 과거소득을 중시하는 듀젠베리의 가설(회고적 이론)
  - 미래소득을 중시하는 MBA 가설과 프리드먼의 가설(전망적 이론)로 구분해 볼 수 있다.
- 결국 이 가설들의 차이는 소득개념의 차이에 있다. 그런데 인간의 합리적 행위는 과거의 제약하에, 현재의 시점에서, 미래의 행동을 계획하므로 이 세 가설은 상호보완적이라고 할 수 있다.

---

1) 홀(R. Hall)에 의해 제시된 불규칙보행(random walk)가설은 원래 환율이나 주식가격은 정확히 예측할 수 없다는 점을 강조하는 가설이다. 즉 내일의 환율이나 주식가격은 술 취한 사람의 비틀거리는 걸음걸이와 같아서 오르내리는 방향을 정확히 예측할 수 없다는 것이다.

제2절 투자

1. 투자의 개념과 성격

(1) 투자의 뜻

① 투자(investment)는 생산설비나 재고품에 대한 지출을 말한다. 즉 자본재의 증가 또는 유지(대체)를 위한 지출을 투자라고 하는데 주로 기업에 의해서 이루어진다.

② 일반적으로 언급하는 부동산 투자나 주식투자는 국민경제 전체의 입장에서 본다면 단순한 소유권의 이전에 불과하기 때문에 경제학에서 말하는 투자가 아니다.

③ 자본재의 증가를 위한 투자를 신투자(new investment), 자본재의 유지 또는 대체를 위한 투자를 대체투자(replacement investment) 또는 재투자라고 하고 이 둘을 합하여 총투자라고 한다.

(2) 투자의 성격

① 소비지출은 GDP에 대한 지출 중에서 가장 큰 비중을 보일 뿐만 아니라 또한 경기변동에 관계없이 안정적이지만, 투자는 불안정하다. 즉 투자는 경기변동에 따라 심한 기복을 보인다.

② 비록 GDP에서 차지하는 비중이 소비지출에 비하면 작지만 투자의 불안정성은 경기변동의 원인이 되기도 한다.

2. 투자수준의 결정

(1) 투자의 동기

① 기업은 이윤, 즉 기대이윤의 확대를 위해 투자를 한다. 투자로부터 기대되는 기대이윤의 크기는 투자로부터의 미래에 얻을 것으로 기대되는 기대수익, 즉 투자의 한계효율과 투자의 비용, 즉 이자율에 의해 결정된다.

② 따라서 투자의 결정요인으로 가장 중요한 두 가지는 투자의 한계효율(또는 내부수익률)과 이자율이다.

(2) 투자의 한계효율

① 기업이 투자로부터 기대하는 기대수익을 수익률로 표시한 것을 투자의 한계효율(MEI : marginal efficiency of investment)이라고 한다. 즉 MEI는 투자의 기대수익률을 말한다.[2] 기업은 MEI가 큰 투자안을 선택할 것이며 시장 이자율보다 높은 MEI를 갖는 투자안을 모두 선택하여 투자하면 기대이윤을 극대화할 수 있다.

② 투자의 한계효율이 큰 투자안부터 낮은 투자안까지 차례로 나열하면 우하향하는 MEI곡선을 얻을 수 있는데, 이 MEI곡선을 투자수요곡선이라고 한다.

---

2) 투자의 한계효율(MEI)은 케인즈(J.M. Keynes)에 의해 제시된 것으로, 어떤 투자의 결과 미래에 예상되는 총기대수익의 현재가치와 현재의 투자비용을 같도록 만드는 할인율, 다시 말하면 순현재가치(NPV)를 0으로 만드는 할인율을 의미한다. 이는 투자사업 자체에서 계산되므로 내부수익률(IRR : internal rate of return)이라고도 하고, 간단히 기대수익률이라고도 한다.

③ MEI곡선이 우하향한다는 것은 곧 투자가 증가할수록 좋은 투자기회는 사라지기 때문에 기대수익률은 하락한다는 것을 의미한다.[3]

④ 만일 미래의 경제전망이 낙관적이면 기대수익률은 상승할 것이고 이 경우 MEI곡선은 우측으로 이동하게 된다.

(3) 이자율

이자율(interest rate)은 투자의 비용(즉 기회비용)이다. 이자율이 높으면 투자의 기회비용이 높으므로 투자는 감소하고 이자율이 낮으면 투자의 기회비용이 낮으므로 투자는 증가한다.

(4) 투자의 결정

① 〈그림〉에서와 같이 기업은 투자의 한계효율(MEI)과 이자율(r)을 비교하여 투자 여부를 결정한다.

▶ 투자의 결정

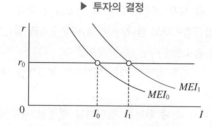

② 기업의 기대수익률, 즉 투자의 한계효율(MEI)>이자율(r)인 경우에는 투자를 늘리면 기대이윤을 증대시킬 수 있다. 반면 투자의 한계효율(MEI)<이자율(r)인 경우에는 투자를 줄여야 기대이윤을 증대시킬 수 있다.

③ 투자의 한계효율(MEI)=이자율(r)에서 적정투자의 양(I_0)이 결정되고 여기에서 기대이윤이 극대화된다.

④ 또한 미래의 경제전망이 호전되면 MEI곡선은 우측으로 이동하고 기대이윤을 극대화할 수 있는 적정투자의 양은 증가한다(I_1으로).

3. 기대수익에 의한 투자결정이론

(1) 고전학파의 현재가치 접근법

① 현재가치 접근법의 의의

현재가치 접근법은 피셔(I. Fisher)에 의해 정립된 고전학파의 투자결정이론으로 미래에 얻게 될 기대수익의 현재가치(PV : present value)와 투자비용을 비교하여 투자 결정을 하는 방법이다.

② 기대수익의 현재가치

㉠ 기대수익의 현재가치는 미래의 총기대수익을 시장이자율로 할인(discount)하여 현재가치로 환산한 것이다.

---

[3] MEI곡선은 가로축은 투자의 양을, 세로축은 이자율을 표시하므로 MEI곡선의 기울기는 투자의 이자율탄력성으로 나타낼 수 있다. 투자의 이자율탄력성은 이자율의 변화에 대한 투자의 변화 정도를 나타내는 개념으로 투자의 이자율탄력성이 탄력적이면 MEI곡선은 완만한 형태를 보이고 MEI곡선이 완만하면 뒤에서 보게 될 IS곡선도 완만한 형태를 보인다.

ⓒ I만큼의 투자금액(투자비용)을 투자하여 1년 후부터 n년 후까지 매년 R_1, R_2, $\cdots$, R_n의 수익이 기대된다고 할 때 기대수익의 현재가치(PV)는 다음과 같이 계산된다.

$$PV = \frac{R_1}{1+r} + \frac{R_2}{(1+r)^2} + \cdots + \frac{R_n}{(1+r)^n}$$

③ 투자의 결정
  ㉠ 위와 같이 계산된 기대수익의 현재가치(PV)가 투자금액(I)보다 크다면 기업은 투자를 결정할 것이고, 반대로 $PV < I$인 경우에는 투자하지 않을 것이다.
  ㉡ 다른 여건이 불변인데 시장이자율(r)이 상승하면 기대수익의 현재가치(PV)가 적어질 것이므로 투자를 줄일 것이다. 그러므로 투자는 이자율의 감소함수가 된다.

(2) 케인즈의 내부수익률 접근법(MEI 접근법)

① 투자의 한계효율(MEI), 즉 내부수익률(IRR)과 이자율에 의해서 투자가 결정된다고 보는 케인즈의 투자이론을 내부수익률 접근법이라고 한다. 따라서 내부수익률 접근법도 고전학파의 현재가치법과 마찬가지로 투자가 이자율의 감소함수라는 것을 보여준다.
② 하나의 투자안을 놓고 투자여부를 결정할 때는 현재가치 접근법을 사용하건 내부수익률 접근법을 사용하건 같은 결론에 도달한다.
③ 그러나 여러 투자안 중 어느 것에 투자할 것인가를 결정할 경우에는 두 접근법이 서로 다른 결론에 도달할 수 있다.
④ 이 경우에는 현재가치 접근법이 내부수익률 접근법보다 더 안전하고 정확한 기준을 제시해 줄 수 있다.

4. 가속도원리에 의한 투자 결정

(1) 고전적 가속도원리

① 고전적 가속도원리(acceleration principle)는 클라크(J.B. Clark)에 의해 정립된 것으로, 소비의 증가가 큰 폭의 유발투자의 증가를 초래한다는 것이다.
② 즉 소비의 증가가 생산의 증가를 초래하고 생산의 증가는 투자(유발투자)수요의 증가를 초래하는데 이때 일반적으로 소비의 증가율보다 유발투자의 증가율이 더 크게 나타난다.
③ 고전적 가속도원리를 식으로 표현하면 다음과 같다.

$$I_t = \beta \Delta C_t = \beta(C_t - C_{t-1})$$

여기서 I_t는 t기의 유발투자, ΔC_t는 t기의 소비 증가분을 표시한다. β는 소비 증가분에 대한 유발투자의 비율인데 이를 가속도계수라고 한다. 가속도계수는 1보다 크다.

(2) 근대적 가속도원리

① 고전적 가속도원리는 소비와 유발투자와의 관계를 설명하는 것이었다. 이에 비해 고전적 가속도원리를 발전시킨 근대적 가속도원리는 새뮤얼슨(P.A. Samuelson)에 의해 정립된 것으로 소득의 변동이 소비의 변동을 통하여 가속도적으로 유발투자의 변동을 야기시키는 원리를 설명하는 것이다.

② 근대적 가속도원리는 다음의 식으로 표현된다.

$$I_t = \alpha\beta(Y_{t-1} - Y_{t-2})$$

즉 소득(Y)의 증가에 따라 다음 기에 일정 비율(즉 $\alpha\beta$의 가속도계수만큼)의 투자 증가가 유발된다는 것이다. 여기서 α는 한계소비성향으로 1보다 작기 때문에 $\alpha\beta$는 고전적 가속도계수 β보다 작다.

③ 가속도원리는 생산시설의 완전가동과 가속도계수가 일정하다고 가정하고 있는데, 그러나 경기상황에 따라 가속도계수는 변화한다. 이러한 상황을 설명하기 위해 등장한 것이 자본스톡 조정모형이다.

(3) 자본스톡 조정모형

① 자본스톡 조정모형은 근대적 가속도원리의 한계를 극복하기 위해 나타난 이론으로 신축적 가속도원리라고도 한다.

② 기업은 이윤극대화를 위해 자본의 한계생산(MP_K)=실질 임대료 수준에서 자본스톡을 유지(K^*)하려 하고, 이 K^*와 기존 자본스톡의 갭을 신투자를 통해 줄여나간다는 원리이다.

③ 자본스톡 조정모형은 다음의 식으로 표현된다. 이 식에서 I_t는 t기의 신투자를 나타낸다.

$$I_t = K_t - K_{t-1} = \lambda(K^* - K_{t-1}),\ \ 0 < \lambda < 1$$

④ 자본스톡 조정모형은 신고전파적 투자수요이론으로 불리면서 가장 대표적인 신투자수요이론으로 인정받고 있다.

(4) 토빈의 q이론

① 토빈(J. Tobin)에 의해서 정립된 q이론은 투자의 수요는 투자로 인한 순한계생산력(즉 자본의 한계생산력-투자비용)과 실질이자율의 비율에 의해 결정된다는 것이다.

② q이론은 케인즈의 투자이론을 기초로 기업의 이윤극대화 조건으로부터 q를 도출함으로써 신고전파의 투자이론을 흡수했다는 평가를 받는다. 그 전개 과정은 자본스톡 조정모형과 유사하다.

③ 토빈의 q는 주식시장에서 평가된 기업의 시장가치를 기업의 실물자본 대체비용으로 나눈 것이다. 주식가격이 투자에 미치는 영향을 설명할 수 있다.

$$q = \frac{\text{설치되어 있는 자본의 시장가치}}{\text{설치되어 있는 자본의 대체비용}}$$

④ $q > 1$인 경우 자본을 새로 설치하는 비용보다 새로 설치한 자본에서 발생하는 수익의 흐름이 더 크기 때문에 기업은 투자를 증가시킨다. 반면 $q < 1$이면 투자를 감소시킨다.

03 | 실전대비문제

01 투자이론에 관한 설명으로 옳지 않은 것은? (2016년)

① 케인즈의 투자이론에서 시장이자율이 투자의 한계효율보다 클 경우 투자가 이루어진다.

② 투자는 이자율과 음(−)의 관계가 있다.

③ 토빈의 q이론에 의하면 $q > 1$인 경우 순투자가 이루어진다.

④ 국민소득의 증가로 투자가 증가할 때 이를 유발투자라 한다.

> [해설] 케인즈에 의하면 투자의 한계효율이 시장이자율보다 높을 때 투자가 이루어진다고 보았다.
>
> ② 이자율이 상승하면 투자는 감소하고 이자율이 하락하면 투자가 증가하는, 이자율과 투자는 음(−)의 관계에 있다.
>
> ③ 토빈의 q이론에서 q는 주식시장에서 평가된 기업의 시장가치를 기업의 총실물자본의 대체비용으로 나눈 값으로 정의한다.
>
> q값에 따라 기업은 투자에 대한 의사결정을 하는데
>
> $q > 1$일 경우, 투자를 늘린다.
>
> $q = 1$일 경우, 기업은 최적자본량을 달성한 것이다.
>
> $q < 1$일 경우, 투자를 멈춘다.
>
> ④ 기술혁신, 인구증가, 이자율 감소 등의 결과로 실시된 독립투자와는 달리 국민소득 내지 유효수요의 변화에 유발되어 이루어지는 투자를 유발투자라 한다.
>
> 답 ①

02 소비함수에 관한 설명으로 옳지 않은 것은? (2017년)

① 절대소득(absolute income)가설의 소비함수에서 평균소비성향은 한계소비성향보다 작다.

② 상대소득(relative income)가설에서 개인의 소비는 타인의 소비에 영향을 받는다.

③ 생애주기(life cycle)가설에서 개인의 소비는 자신의 평생재원, 즉 생애의 총자원(total resources)에 의존한다.

④ 항상소득(permanent income)가설에서 현재소득은 항상소득과 일시소득의 합이다.

> [해설] 절대소득가설에서 소비함수는 소비축을 통과하므로 소득이 증가할수록 평균소비성향은 감소하게 된다. 하지만 소비함수의 기울기인 한계소비성향보다 원점에서 연결한 직선의 기울기인 평균소비성향이 더 크다. 따라서 평균소비성향이 한계소비성향보다 크다.
>
> ② 듀젠베리에 의해서 제시된 상대소득가설은 어떤 사람의 소비는 다른 사람의 소비에 영향을 받을 뿐만 아니라 소비는 습관성이 있다는 점을 이용해서 소비함수를 제시했다.
>
> ③ 생애주기가설은 항상소득과 임시소득를 구분하지 않고 전 생애에 걸친 소득과 소비의 패턴을 관찰하는 데 주목했다.
>
> ④ 프리드먼에 의해 제시된 항상소득가설에서 실제소득은 항상소득과 임시소득의 합으로 구성된다고 보았다.
>
> 답 ①

03 현재 1년 만기 달러화 예금의 이자율이 2%이고, 대미 원/달러 환율이 1,200원인데 1년 후 1,212원으로 예상된다. 이자율평가(interest rate parity) 조건에 따른 원화 예금의 연간 기대수익률은? (2017년)

① 2% ② 3%

③ 4% ④ 5%

[해설] 현재 환율 1,200원에서 1년 후 환율이 1,212원으로 예상된다면 환율의 기대상승률은 1%이다. 따라서 원화 예금의 연간 기대수익률은 달러화 예금의 이자율 2%와 환율의 기대상승률 1%의 합인 3%가 됨을 알 수 있다.

답 ②

04 두 소비자 S와 B의 2기간 최적소비선택모형에서 1기와 2기의 소비는 각각 c_{i1}, c_{i2}, 명목소득은 각각 m_{i1}, m_{i2}이며 (i=S, B), 시장이자율 r에서 $(1+r)c_{i1}+c_{i2}=(1+r)m_{i1}+m_{i2}$를 만족한다. 현재 1기에 소비자 S는 저축, 소비자 B는 차입을 선택하고 있으며, 시장이자율이 상승해도 1기에 소비자 S는 저축, 소비자 B는 차입의 선택을 유지한다. 시장이자율의 상승에 따른 소비자 S와 B의 효용 수준 변화로 옳은 것은?(단, 소비자 S와 B의 c_{i1}, c_{i2}에 대한 한계대체율은 체감한다) (2017년)

	소비자 S	소비자 B
①	증가	증가
②	증가	감소
③	감소	증가
④	감소	감소

[해설] 이자율이 상승하는 경우에 저축자의 소비가능영역은 커지게 된다. 따라서 저축자의 효용은 증가하게 된다. 그러나 차입자는 이자율이 상승하는 경우에 소비가능영역이 축소된다. 따라서 이자율 상승 후에도 차입자가 차입자의 선택을 유지하게 된다면 효용은 감소한다.

답 ②

05 피셔(I. Fisher)의 2기간 소비효용극대화모형에서 저축자의 경우 이자율 상승 시 발생하는 현상으로 옳지 않은 것은?(단, 가로축에 현재소비, 세로축에 미래소비를 표시하고, 현재소비와 미래소비는 정상재이며, 무차별곡선은 원점에 대해 볼록한 우하향하는 곡선이다) (2019년)

① 소득효과에 의해 미래소비는 증가한다.
② 소득효과에 의해 현재소비는 증가한다.
③ 대체효과에 의해 미래소비는 감소한다.
④ 대체효과에 의해 현재소비는 감소한다.

[해설] 대체효과에 의해 미래소비는 증가하고 현재소비는 감소한다.

┤ 심화 Tip ├

이자율 상승에 따른 소비변화

〈저축자의 경우〉

	대체효과	소득효과	총효과
현재소비	↓	↑	?
미래소비	↑	↑	↑

〈차입자의 경우〉

	대체효과	소득효과	총효과
현재소비	↓	↓	↓
미래소비	↑	↓	?

답 ③

06 기간 간 소비선택모형에서 현재소비와 미래소비를 선택하는 가계에 관한 설명으로 옳지 않은 것은?(단, 가로축에 현재소비, 세로축에 미래소비를 표시하고, 현재소비와 미래소비는 정상재이며 무차별곡선은 원점에 대해 볼록한 우하향하는 곡선이다) (2019년)

① 저축자는 금리가 상승하는 경우 항상 현재소비를 증가시킨다.
② 차입자는 금리가 상승하는 경우 항상 현재소비를 감소시킨다.
③ 현재소비와 미래소비는 예산 제약선과 무차별곡선이 접하는 점에서 결정된다.
④ 가계가 미래소비에 비해 현재소비를 선호할수록 무차별곡선의 기울기는 급해진다.

[해설] 저축자는 금리가 상승하는 경우 현재소비를 감소시키고 저축을 늘린다.
② 차입자는 금리가 상승하는 경우 차입금의 부담 증가로 현재소비를 감소시킨다.
③ 소비자균형은 예산 제약선과 무차별곡선이 접하는 점에서 이루어진다.
④ 가계가 미래소비에 비해 현재의 소비를 선호한다는 것은 현재소비의 효용이 미래소비의 효용보다 크다는 것이므로 무차별곡선의 기울기인 한계대체율은 커진다.

답 ①

07 토빈의 q에 관한 설명으로 옳지 않은 것은?

(2020년)

① 1보다 클수록 신규 투자가 증가한다.

② 기업보유자본 시장가치와 기업보유자본 대체비용의 비율이다.

③ 투자 시 요구되는 실질수익률과 물가상승률의 비율로도 계산될 수 있다.

④ 주식시장에서 평가되는 기업발행주식 가치와 기업부채의 합을 자본재시장에서 평가되는 기업보유자본 가치로 나눈 값으로도 계산될 수 있다.

[해설] 케인즈(J. Keynes)는 경기변동이 주기적이지 않는 것으로 보았다.

답 ④

08 바이오 기업인 甲은 상용화가 가능한 치매치료 신약을 개발하였고, 이를 자신이 직접 생산하여 판매하려는 계획을 갖고 있다. 그런데 이를 알게 된 기업 乙은 甲에게 신약 제조방법을 포함한 일체의 권리를 매입하겠다고 제안하였다. 현재 甲은 식품의약관리청의 승인을 기다리고 있으며, 승인 여부 및 甲의 선택에 따른 甲의 이윤 크기는 다음과 같다. 甲이 기대이윤을 극대화할 때, 甲의 합리적 선택과 기대이윤은?

(2021년)

구분		甲의 의사결정	
승인 여부	확률	乙에 권리매도	甲이 생산판매
승인	10%	100억원	1,000억원
거절	90%	100억원	−20억원

① 乙에 권리매도, 100억원

② 甲이 생산판매, 82억원

③ 乙에 권리매도, 90억원

④ 甲이 생산판매, 1,000억원

[해설] • 甲의 기대이윤 = (1,000억원 × 0.1) + (−20억원 × 0.9) = 82억원
• 乙에게 권리매도 시 이윤 = 100억원
乙에게 권리매도 시 이윤이 甲의 기대이윤보다 크기 때문에 乙에게 권리매도함으로써 100억원의 이윤을 얻을 것이다.

답 ①

09 잔여 생애가 50년인 노동자 A는 앞으로 은퇴까지 30년간 매년 4,000만원의 소득을 얻을 것으로 예상한다. 현재 A가 보유하고 있는 자산은 없으며 2억원의 부채를 지고 있다. 생애주기가설을 따를 때 A의 잔여 생애 동안의 연간 소비액은?(단, 이자율은 항상 0이고, A가 사망하는 시점에서 순자산은 0이다)

(2022년)

① 1,500만원　　　　　　　　　　　② 2,000만원

③ 2,500만원　　　　　　　　　　　④ 3,000만원

해설 이자율이 0인 경우 은퇴까지 노동자 A가 30년간 매년 4,000만원의 소득을 얻을 경우 총소득의 현재가치는 12억원(= 4,000만원 × 30)이다.
총소득의 현재가치 12억원에서 부채 2억원을 차감하면 노동자 A가 사용 가능한 금액은 10억원이 된다. 사용 가능한 금액 10억원을 잔여 생애기간 50년 동안 매년 균등하게 지출한다면 노동자 A는 매년 2,000만원(= 10억원 ÷ 50)을 사용할 수 있다.

답 ②

10 케인즈가 제시한 소비함수에 관한 설명으로 옳지 않은 것은?

(2022년)

① 한계소비성향은 0과 1 사이의 값을 갖는다.

② 소득이 증가함에 따라 평균소비성향은 감소한다.

③ 소비는 현재의 소득에 의존한다.

④ 소비는 소비자가 생애 동안 기대하는 총소득에 의존한다.

해설 케인즈가 제시한 소비함수는 절대소득가설로 절대소득가설에 의하면 소비는 현재의 소득에 의존한다.

┤ 심화 Tip ├

절대소득가설
• 가정
  – 소비의 독립성 : 소비는 자신의 소득에 의해 결정되며, 타인의 소비행위와는 독립적이다.
  – 소비의 가역성 : 소득이 증가하면 소비가 증가하고, 소득이 감소하면 소비가 감소한다.
• 내용
  – 소비는 현재의 소득에 의존한다.
  – 한계소비성향은 0과 1 사이의 값을 갖는다.
  – 소득이 증가함에 따라 평균소비성향은 감소한다.
• 소비함수
  $C = C_0 + cY$ (C : 소비, C_0 : 기초소비, c : 한계소비성향, Y : 소득)

답 ④

11 소비이론에 관한 설명으로 옳지 않은 것은? (2016년)

① 생애주기가설과 항상소득가설은 장기소비함수를 잘 설명한다.

② 절대소득가설에 의하면 한계소비성향(MPC)이 평균소비성향(APC)보다 크다.

③ 상대소득가설은 전시효과와 톱니효과를 주장한다.

④ 장기소비함수에서는 $MPC = APC$이다.

[해설] 케인즈의 절대소득가설에 의하면 APC는 MPC보다 항상 크며, MPC는 0과 1사이의 값을 갖는다.

① 생애주기가설은 사람들은 남은 평생을 염두에 두고 소비한다는 이론이고 항상소득가설은 소득은 확실한 항상소득과 임시적 수입인 일시소득으로 구분되는데 소비는 항상소득에 의해서 결정된다는 이론으로 두 이론 모두 장기소비함수를 잘 설명하고 있다.

③ 상대소득가설은 사람들의 소비지출은 그들의 절대소득 수준에 의해서 결정되는 것이 아니라, 그들의 상대적인 위치에 의해서 결정된다는 이론이다. 소비와 타인의 소득과의 관계는 소비행동의 상호의존성에 의해 설명될 수 있는데 소비자는 항상 자기가 속해 있는 계층의 사람들과 비교하면서 생활하기 때문에 타인의 소비형태와 소득수준에 의해 영향을 받게 된다. 이와 같은 소비행동의 상호의존관계를 전시효과라고 부른다. 한편 소비와 과거소득의 관계는 소비행동의 비가역성으로 설명한다. 소득이 증가함에 따라 일단 높아진 소비수준은 소득이 감소해도 다시 종전의 수준으로 감소하지 않는다. 현재의 소비는 비가역성의 작용에 의해 과거의 최고 소비수준에 의해 영향을 받게 되는데, 이러한 현상을 톱니효과라 한다.

④ 소비이론에서 장기소비함수는 $MPC = APC$이다.

답 ②

12 소비이론에 관한 설명으로 옳지 않은 것은? (2018년)

① 케인즈의 절대소득가설에 의하면 한계소비성향은 평균소비성향보다 크다.

② 쿠즈네츠(S. Kuznets)에 의하면 장기시계열 소비함수에서 한계소비성향은 평균소비성향과 같다.

③ 상대소득가설에서는 톱니효과(ratchet effect)와 전시효과(demonstration effect)를 주장한다.

④ 항상소득(permanent income)가설에 의하면 소비는 현재의 자산과 소득, 그리고 미래기대소득의 현재가치에 의해서 결정된다.

[해설] 케인즈의 절대소득가설은 소비함수가 소비축을 통과하므로 소득이 증가할 때 소비함수에서 원점으로 연결한 직선의 기울기인 평균소비성향은 감소한다. 하지만 평균소비성향은 소비함수의 기울기인 한계소비성향보다는 크다.

② 쿠즈네츠는 미국의 실제자료를 이용해 소득과 소비의 관계에 대해서 분석했는데 이를 쿠즈네츠의 실증분석이라 한다. 쿠즈네츠의 실증분석에 의하면 장기 시계열 소비함수에서 평균소비성향은 일정하며 한계소비성향과 일치한다.

③ 상대소득가설은 사람들의 소비는 다른 사람의 소비에 영향을 받으며 습관성이 있음을 이용하여 소비함수를 설명하는 것으로 상대소득가설에서는 톱니효과와 전시효과를 주장한다.

④ 프리드먼에 의해서 제시된 항상소득가설은 소비를 항상소득의 일정비율로 나타내는 것으로 항상소득은 정상적인 소득흐름에서 확실하게 기대할 수 있는 장기적인 기대소득을 말한다.

답 ①

13 소비이론에 관한 설명으로 옳지 않은 것은? (2019년)

① 절대소득가설에 의하면 소비의 이자율탄력성은 0이다.

② 항상소득가설에 의하면 현재소득의 증가 중에서 임시소득이 차지하는 비중이 높을수록 현재소비가 크게 증가한다.

③ 상대소득가설에 의하면 소비지출에 톱니효과가 존재한다.

④ 생애주기가설에 의하면 사람들은 일생에 걸친 소득 변화를 고려하여 적절한 소비수준을 결정한다.

해설 항상소득가설은 현재소득의 증가 중에서 항상소득이 차지하는 비중이 높을수록 현재소비가 증가한다.

① 절대소득가설에 의하면 소비는 현재소득에 의해서만 결정되므로 이자율과 관련이 없다. 따라서 절대소득가설의 이자율탄력성은 0이다.

③ 상대소득가설에서는 개인의 소비는 습관성이 있어 소득의 변화가 소비의 변화로 바로 나타나지 않는 톱니효과가 존재한다고 한다.

④ 생애주기가설은 현재소비가 현재소득뿐만 아니라 평생소득에 달려 있다는 것으로 사람들의 소비수준은 현재소득이 아닌 일생에 걸친 소득에 의해 결정된다.

답 ②

14 소비이론에 관한 설명으로 옳지 않은 것은?

① 생애주기가설에 따르면 장기적으로 평균소비성향이 일정하다.

② 항상소득가설에 따르면 단기적으로 소득 증가는 평균소비성향을 감소시킨다.

③ 케인즈(J. M. Keynes)의 소비가설에서 이자율은 소비에 영향을 주지 않는다.

④ 임의보행(random walk)가설에 따르면 소비의 변화는 예측할 수 있다.

해설 ④ 임의보행가설(random walk hypothesis) 또는 불규칙보행가설은 불확실성하에서는 현재 및 미래의 소득을 알 수 없기 때문에 소비자는 과거의 소비행태에 의존하여 소비를 한다는 주장이다. 따라서 소비의 변화도 예측할 수 없다.

답 ④

15 소비이론에 관한 설명으로 옳은 것을 모두 고른 것은?

> ㄱ. 케인즈 소비함수에 의하면 평균소비성향이 한계소비성향보다 크다.
> ㄴ. 상대소득가설에 의하면 장기소비함수는 원점을 통과하는 직선으로 나타난다.
> ㄷ. 항상소득가설에 의하면 항상소비는 평생 부(wealth)와 관계없이 결정된다.
> ㄹ. 생애주기가설에 의하면 중년층 인구 비중이 상승하면 국민저축률이 하락한다.

① ㄱ, ㄴ   ② ㄱ, ㄷ
③ ㄴ, ㄷ   ④ ㄴ, ㄹ

[해설] ㄱ. 케인즈 소비함수(절대소득가설)에 의하면 기초소비(basic consumption)로 인해 <u>평균소비성향(APC)이 한계소비</u>
<u>성향(MPC)보다 크다</u>. 그러나 기초소비＝0이면 소비함수는 원점을 통과하는 직선형태이므로 $APC = MPC$이다.
ㄴ. 전시효과와 톱니효과 두 가설을 이용하여 단기소비함수와 장기소비함수의 괴리를 설명하는 상대소득가설에 의하면
장기소비함수는 원점을 통과하는 직선으로 나타난다.
ㄷ. 프리드먼의 항상소득가설에서 부(wealth)가 증가하면 항상소득이 증가하므로 항상소비는 증가한다.
ㄹ. 생애주기가설에 의하면 중년층은 저축을 많이 하므로 중년층 인구 비중이 높아지면 국민저축률은 높아진다.

답 ①

16 피셔(I. Fisher)의 기간 간 선택(intertemporal choice)모형에서 최적소비선택에 관한 설명으로 옳은
것을 모두 고른 것은?(단, 기간은 현재와 미래이며, 현재소비와 미래소비는 모두 정상재이다. 무차별곡선
은 우하향하며 원점에 대하여 볼록한 곡선이다)

> ㄱ. 실질이자율이 상승하면, 현재 대부자인 소비자는 미래소비를 증가시킨다.
> ㄴ. 실질이자율이 하락하면, 현재 대부자인 소비자는 현재저축을 감소시킨다.
> ㄷ. 실질이자율이 상승하면, 현재 차입자인 소비자는 현재소비를 감소시킨다.
> ㄹ. 미래소득이 증가하여도 현재 차입제약에 구속된(binding) 소비자의 현재소비는 변하지 않는다.

① ㄱ, ㄴ   ② ㄴ, ㄷ
③ ㄷ, ㄹ   ④ ㄱ, ㄷ, ㄹ

[해설] ㄴ. 실질이자율이 하락하면 현재소비의 상대가격이 하락하므로 현재 대부자인 소비자는 대체효과에 의해 현재소비가
증가하므로 현재저축이 감소한다. 한편, 실질이자율 하락으로 실질소득이 감소하면 소득효과에 의해 현재소비가
감소하므로 현재저축이 증가한다. 따라서 실질이자율이 하락할 때 대체효과와 소득효과가 다르므로 현재저축의
증감 여부는 불분명하다.

답 ④

17 甲 기업이 새로운 투자프로젝트 비용으로 현재 250원을 지출하였다. 1년 후 120원, 2년 후 144원의 수익을 얻을 수 있다. 연간 시장이자율(할인율)이 20%일 때, 이 투자프로젝트의 순현재가치(net present value)는?

① −50원

② −30원

③ −3원

④ 14원

[해설] 미래 기대수익의 현재가치를 구하려면 시장이자율(r)로 할인해야 한다. 기대수익의 현재가치 $PV = \dfrac{R_n}{(1+r)^n}$ 이다.

1년 후 120원 2년 후 144원의 $PV = \dfrac{120}{(1+0.2)} + \dfrac{144}{(1+0.2)^2} = 200$원이다. 현재의 투자비용은 250원이므로 순현재가치(NPV)는 −50원이다.

답 ①

18 효용을 극대화하는 甲은 1기의 소비(c_1)와 2기의 소비(c_2)로 구성된 효용함수 $U(c_1, c_2) = c_1 c_2^2$을 가지고 있다. 甲은 시점 간 선택(intertemporal choice) 모형에서 1기에 3,000만원, 2기에 3,300만원의 소득을 얻고, 이자율 10%로 저축하거나 빌릴 수 있다. 1기의 최적선택에 관한 설명으로 옳은 것은?(단, 인플레이션은 고려하지 않는다)

① 1,000만원을 저축할 것이다.

② 1,000만원을 빌릴 것이다.

③ 저축하지도 빌리지도 않을 것이다.

④ 1,400만원을 저축할 것이다.

[해설] 현재소비와 미래소비 간의 한계대체율 $MRS_{C1C2} = \dfrac{MU_{C1}}{MU_{C2}} = \dfrac{C_2^2}{2C_1 C_2} = \dfrac{C_2}{2C_1}$ 이다.

소비자균형점에서는 $MRS = (1+r)$이고 $r = 0.1$이므로 $\dfrac{C_2}{2C_1} = 1.1$, 따라서 $C_2 = 2.2 C_1$ 이다.

1기 소득 $Y_1 = 3,000$, 2기 소득 $Y_2 = 3,300$, 이자율 $r = 0.1$을

두 기간 모형의 예산제약식 $Y_1 + \dfrac{Y_2}{(1+r)} = C_1 + \dfrac{C_2}{(1+r)}$ 에 대입하면 $3,000 + \dfrac{3,300}{1.1} = C_1 + \dfrac{C_2}{1.1}$ 이 된다.

이를 다시 정리하면 $1.1C_1 + C_2 = 6,600$이 된다.

소비자균형조건을 예산제약식에 대입하여 풀면 $1.1C_1 + 2.2C_1 = 6,600$이고, $C_1 = 2,000$이다. 1기 소득이 3,000만원이고, 1기 소비가 2,000원이므로 1기 저축은 1,000만원이다.

답 ①

19 어빙 피셔(Irving Fisher)의 2기간 최적소비선택모형에서 도출되는 결론으로 옳은 것만을 모두 고른 것은?(단, 기간별로 소비되는 재화는 모두 정상재, 차입제약은 없고, 각 기간의 소비는 모두 0보다 큼)

> ㄱ. 제1기의 소득증가는 제1기의 소비를 증가시킨다.
> ㄴ. 제2기의 소득증가는 제2기의 소비를 감소시킨다.
> ㄷ. 실질이자율이 상승하면 제2기의 소비는 증가한다.
> ㄹ. 제2기의 소득증가는 제1기의 소비를 감소시킨다.

① ㄱ   ② ㄴ
③ ㄴ, ㄷ   ④ ㄴ, ㄹ

[해설] ㄱ. 제1기에 소비되는 재화는 정상재이므로 제1기의 소득이 증가하면 제1기의 소비는 증가한다.
ㄴ. 제2기에 소비되는 재화는 정상재이므로 제2기의 소득이 증가하면 제2기의 소비는 증가한다.
ㄷ. 실질이자율이 상승하면 차입자의 현재소비는 감소하고 대부자(저축자)의 미래소비는 증가한다.
ㄹ. 제2기의 소득이 증가하면 정상재이므로 제1기의 소비는 증가한다.

답 ①

20 소비이론에 관한 설명으로 옳은 것은?

① 피셔(I. Fisher)의 기간 간 소비선택이론에 따르면 차입제약이 없는 경우 이자율은 현재소비에 영향을 줄 수 없다.
② 항상소득가설(permanent income hypothesis)은 소비자들이 유동성제약에 처해 있다고 전제한다.
③ 생애주기가설(life cycle hypothesis)은 현재 소비는 현재소득에만 의존한다고 전제한다.
④ 항상소득가설에 따르면 평균소비성향은 현재소득에 대한 항상소득의 비율에 의존한다.

[해설] ④ 프리드먼(M. Friedman)의 항상소득가설에 따르면 평균소비성향은 $APC = \dfrac{\beta Y_P}{Y}$ 이다. 즉 평균소비성향은 현재소득에 대한 항상소득의 비율에 의존한다.
① 피셔(I. Fisher)의 기간 간 소비선택이론에 따르면 차입제약이 없는 경우 이자율이 현재소비에 미치는 영향은 차입자와 저축자의 경우에 다르게 나타난다. 이자율이 상승하면 차입자의 현재소비는 감소한다. 그러나 저축자(대부자)의 현재소비는 알 수 없다.
② 항상소득가설은 소비자들이 유동성제약에 처해 있지 않다고 가정한다.
③ 생애주기가설(life cycle hypothesis)은 현재소비는 평생소득에 의존한다고 전제한다.

답 ④

21 정부가 불황을 극복하기 위해 일시적으로 재정조세정책을 변경시키려고 한다. 생애주기(life cycle)가설에 입각할 때, 다음 중 경제 전체의 소비를 증가시키는 데 가장 기여할 것으로 보이는 조치는?

① 노년층에 대한 재정지출을 집중적으로 증가시킨다.

② 근로소득세를 일률적으로 인하한다.

③ 법인세를 일률적으로 인하한다.

④ 청장년층에 대한 조세를 집중적으로 감면한다.

[해설] 생애주기가설에 의하면 청년층과 노년층의 평균소비성향이 높은 반면, 장년층의 평균소비성향은 낮다. 따라서 노년층에 대한 재정지출을 증가시키면 경제 전체의 소비를 증가시키는 효과가 크다.

답 ①

22 신고전학파(Neoclassical) 투자이론에 관한 설명으로 옳지 않은 것은?(단, 모든 단위는 실질 단위이며 자본비용은 자본 한 단위당 비용이다)

① 자본량이 증가하면 자본의 한계생산물은 감소한다.

② 감가상각률이 증가하면 자본비용도 증가한다.

③ 자본량이 균제상태(steady state) 수준에 도달되면 자본의 한계생산물은 자본비용과 일치한다.

④ 실질이자율이 상승하면 자본비용은 감소한다.

[해설] ④ 신고전학파 투자이론은 기업이 실물자본투자의 한계비용과 한계수익을 비교하여 투자를 결정한다는 이론이다. 여기서 실물자본투자의 한계비용을 자본의 사용자비용이라고 한다. 실질이자율을 r, 감가상각률을 δ라고 하면 자본의 사용자비용은 $ucc = (r+\delta)P^K$이다. r이나 δ가 상승하면 자본비용은 증가한다.

답 ④

23 투자이론에 대한 다음 설명 중 가장 옳지 않은 것은?

① 케인즈는 투자의 한계효율(marginal efficiency)과 이자율이 일치하는 수준에서 투자수준이 결정된다고 보았다.

② 가속도원리에 의하면 투자는 소득변화의 증가함수이다.

③ 신고전학파의 투자이론에 의하면 자본의 한계생산성이 투자의 주요 결정요인이다.

④ 토빈(Tobin)의 q이론에 의하면 주식시장에서 평가된 어느 기업의 시장가치가 그 기업의 실물자본 대체비용보다 큰 경우 이 기업의 투자는 감소한다.

[해설] 토빈(Tobin)의 q이론에 의하면 주식시장에서 평가된 어느 기업의 시장가치가 그 기업의 실물자본 대체비용보다 큰 경우, 즉 토빈의 q가 1보다 큰 경우 이 기업의 투자는 증가한다.

답 ④

04 | 재정과 재정정책

제1절 재정의 의의와 기능

1. 정부의 경제적 역할

(1) 고전학파

① 고전학파는 스미스(A. Smith)의 '보이지 않는 손(invisible hand)'의 원리에 기초하여 정부의 역할은 국방, 치안 등에만 국한해야 한다고 생각하였다. 이러한 고전학파의 입장은 흔히 자유방임주의(laissez faire) 또는 값싼 정부론(cheap government)으로 표현된다.

② 따라서 고전학파는 정부의 국민경제활동에 대한 적극적인 개입에 반대하는 자유주의의 입장을 보인다.

(2) 케인즈와 케인즈학파

① 세계대공황을 배경으로 등장한 케인즈학파는 실업과 인플레이션의 해소를 위해 정부의 적극적인 개입을 주장한다.

② 케인즈경제학은 재정정책과 금융정책을 통한 총수요관리정책의 효과를 강조함으로써 제2차 세계대전 이후 1960년대 말까지의 자본주의 경제의 고도성장에 기여하였다.

(3) 통화주의와 새고전학파, 공급측 경제학

① 1970년대 세계적으로 극심한 인플레이션과 스태그플레이션이 나타나면서 케인즈경제학이 위기에 직면하면서 새로운 이론들이 등장하였다.

② 즉 통화주의(monetarism)와 공급측 경제학(supply-side economics), 새고전학파(new classical school) 등이 등장하였는데 이들 학파들은 고전학파의 자유주의적 사고를 계승하여 시장기구를 신뢰하고, 정부의 적극적인 개입에는 반대하는 입장을 보인다.

2. 재정의 의의와 기능

(1) 재정의 의의

① 정부는 국방과 치안은 물론 시장의 실패를 해결하고, 경제발전과 국민복지 향상을 위한 역할 등 다양한 기능을 수행한다.

② 이러한 다양한 기능을 수행하기 위하여 정부는 필요한 자금을 마련하고 그 자금으로 여러 가지 지출을 하게 되는데 이와 같은 정부의 활동을 재정(public finance)이라고 한다. 즉 정부의 수입과 지출에 관련된 정부의 모든 경제활동을 재정이라 한다.

(2) 재정의 기능

① 재정, 특히 중앙정부의 재정은 자원의 효율적 배분기능, 공평한 소득분배의 기능, 그리고 경제의 안정화 기능 등 세 가지 주요 기능을 수행한다.

② 자원의 효율적 배분기능은 시장의 실패(market failure)를 해결하는 기능, 특히 공공재를 공급하는 기능을 말한다.

③ 공평한 소득분배의 기능은 빈부의 격차를 완화하여 사회의 안정을 이루는 기능을 말한다.

④ 경제의 안정화 기능은 경기변동의 진폭을 줄여 국민경제의 안정적 성장을 지속시키는 기능을 말한다.

제2절　재정정책

1. 재정정책의 의의

(1) 재정정책의 뜻

재정정책(fiscal policy)은 정부지출과 조세를 수단으로 하여 국민경제의 안정적인 성장과 국민의 복지를 증대시키려는 정부의 정책을 의미한다.

(2) 재정정책의 목표

① 재정정책의 최종목표는 물가안정과 완전고용, 국제수지의 균형, 경제성장, 공평한 소득분배 등을 들 수 있다.

② 그리고 이들 목표는 크게 국민경제의 안정적 성장과 국민의 복지증대로 요약할 수 있다.

2. 조세

(1) 조세의 의의

① 정부의 재정수입은 크게 조세수입과 조세외 수입, 그리고 자본수입으로 나뉜다. 조세수입과 조세외 수입을 합하여 경상수입이라고 한다. 이 중 가장 큰 비중을 차지하는 것은 역시 조세수입이다.

② 어느 한 해의 명목GDP에 대한 조세의 비율을 조세부담률이라고 한다. 조세부담률은 한 나라 국민의 조세부담의 정도를 나타내는 지표인데 사회보장제도가 잘 마련된 선진국일수록 조세부담률은 높은 것으로 나타나고 있다.

③ 조세(tax)는 민간으로부터 정부로의 부(wealth)의 강제적 이전을 의미하기 때문에 국민의 경제활동 수준, 자원배분, 소득재분배 등에 큰 영향을 미친다.

(2) 세율에 따른 조세

① 납세자의 소득이 얼마이든 세율이 일정하여 조세부담이 납세자의 소득에 비례하여 변화하는 조세를 비례세(proportional tax)라고 한다. 비례세는 역진적인 성격이 있기 때문에 세부담의 형평성 문제를 야기하고 빈부의 격차를 심화시키는 효과가 있다.

② 소득의 증가에 따라 세율이 높아지는 조세를 누진세(progressive tax)라고 한다. 일반적으로 소득세와 법인세 등에 누진세를 적용한다. 누진세는 세부담의 형평성을 실현하여 소득의 재분배에 크게 기여할 수 있는 조세이다.

③ 소득의 증가에 따라 세율이 낮아지는 조세를 역진세(regressive tax)라고 한다. 주민세처럼 소득이나 자산의 크기와 관계없이 일정한 금액을 부담해야 하는 정액세(lump-sum tax)나 생활필수품에 부과되는 소비세는 역진세의 효과가 있다.

(3) 조세의 기능

① 소득분배 및 재분배 기능
② 투자에 대한 세액공제(tax credit), 특정이윤에 대한 비과세 제도 등으로 기업의 투자에 영향
③ 자원배분에 영향
④ 거시적으로 국민의 경제활동과 경제성장에 영향

3. 정부지출

(1) 경제적 성격에 따른 분류

① 정부지출을 경제적 성격에 따라 분류하면 경상지출과 자본지출, 그리고 순대출로 구분할 수 있다.
② 경상지출은 정부의 소비지출과 이전지출로 구성되는데 이 중에서 정부의 소비지출(즉 정부구매)만 국내총생산(GDP)에 포함된다.
③ 자본지출은 정부와 토지와 각종 자본재 등을 취득하는 데 따른 지출로 정부의 투자지출이다.

(2) 지출대상을 기준으로 한 분류

① 정부지출의 대상을 기준으로 분류하면 그 기간의 생산물을 구입하기 위한 지출, 개인이나 단체에 대한 보조금, 민간에의 대여 등으로 구분할 수 있다.
② 그 기간의 생산물을 구입하기 위한 지출은 정부의 소비지출(경상지출)과 투자지출(자본지출)로 구성되는데 이는 그 기간의 국민소득을 증가시킨다.
③ 정부의 투자지출은 공공사업에 대한 투자나 교육에 대한 투자, 사회간접자본의 형성을 위한 지출로 국민소득에 대한 효과가 가장 강력하고, 따라서 경제성장에 기여하는 정도는 매우 크다.
④ 개인이나 기업, 또는 단체에 대한 보조금(subsidy)은 이전지출(transfer payment)이라고 부르는데 여기에는 두 가지가 있다. 하나는 실업자나 생활무능력자 등 개인에 대한 이전지출이고, 다른 하나는 수출보조금 등과 같이 기업이나 단체에 대한 이전지출이다.
⑤ 개인에 대한 이전지출은 소득재분배의 효과가 있고, 기업이나 단체에 대한 이전지출은 특정산업이나 특정경제활동에 대한 보호 및 육성책으로 사용된다. 이전지출은 국내총생산(GDP)에는 포함되지 않는다.

1. 재량적 재정정책

(1) 재량적 재정정책의 의의

① 정부가 '의도적으로' 국민경제에 개입하여 정부지출과 조세의 조정을 통해 국민소득의 증가 및 경제안정을 이루고자 취하는 정책을 재량적 재정정책(discretionary fiscal policy)이라고 한다.

② 즉 재량적 재정정책은 그때 그때의 경제상황에 따라 정부가 개입하여 총수요를 조정하는 총수요관리정책을 의미한다. 그러나 케인즈의 이러한 주장에 대해 고전학파는 재량적 재정정책의 효과를 인정하지 않는다.

(2) 디플레이션 갭의 경우

① 정부부문이 포함된 국민소득 결정모형에서 균형국민소득의 조건식은 $I + G = S + T$이다. 케인즈는 이때의 균형국민소득(Y_E)은 완전고용국민소득(Y_F)에 미달할 수 있다고 본다.

② 따라서 이 경우에 경제를 완전고용 수준으로 회복하기 위해서는 총수요의 부족분, 즉 디플레이션 갭(deflationary gap)을 조세를 줄이거나 정부지출을 늘리는 확장적 재정정책을 통해 보전해야 한다는 것이다. 그렇게 하면 국민소득이 증가하여 완전고용국민소득 수준을 달성할 수 있다는 것이다.

(3) 인플레이션 갭의 경우

인플레이션 갭이 존재하는 경우에는 완전고용국민소득(Y_F)을 초과하도록 만드는 총수요의 초과분, 즉 인플레이션 갭(inflationary gap)을 조세를 늘리거나 정부지출을 줄이는 긴축적 재정정책을 통해 조정할 수 있다는 것이다.

2. 재정의 자동안정화장치

(1) 재정의 자동안정화장치의 의미

① 재정의 자동안정화장치(built-in stabilizer, automatic stabilizer)는 케인즈의 재량적 재정정책과 대비되는 개념으로 경기침체나 호황에서 정부가 의도적으로 정부지출과 조세를 변동시키지 않아도 자동적으로 정부지출이나 조세가 변화하여 경기침체나 호황의 강도를 완화시켜주는 재정제도 말한다.

② 재정의 자동안정화장치의 역할을 하는 것

    ㉠ 누진적인 소득세

    ㉡ 실업보험

    ㉢ 사회보장을 위한 이전지출

    ㉣ 농산물 가격 지지제도 등

(2) 고전학파의 견해

고전학파는 이 자동안정화장치가 시장의 자율적인 조정기구의 일부라고 본다. 그리고 이 장치만으로 조정되지 않는 총수요는 이자율의 신축적인 조정을 통해 총공급과 같아지도록 조정된다고 생각하여 정부의 국민경제에 대한 개입은 필요가 없다고 주장한다.

(3) 케인즈의 견해

이러한 고전학파의 주장에 대해 케인즈는 이 장치만으로는 단기적인 경기조절이 어려우므로 적극적이고 재량적인 재정정책의 사용을 주장하였다.

제4절   재정정책의 효과

1. 구축효과

(1) 구축효과의 뜻

① 어떤 지출의 증가가 다른 지출의 증가를 상쇄시키는 효과를 구축효과(crowding out effect) 또는 상쇄효과, 잠식효과라고 한다.

② 즉 일반적으로 정부지출(G)의 증가는 총수요의 증가를 통해 국민소득을 증가시키지만 구축효과가 있는 경우 정부지출(G)의 증가는 민간의 투자(I)를 감소시켜 국민소득을 증가시키지 못한다는 것이다.

③ 구축효과는 케인즈가 주장하는 재정정책은 효과가 없다는 것을 강조하기 위한 근거로 고전학파나 통화주의자가 주장하는 것이다.

(2) 구축효과의 메커니즘

① 구축효과의 메커니즘은 여러 가지 파급경로로 설명할 수 있다. 그중 한 가지 경로는 다음과 같다. 즉 정부의 확장적 재정정책에 의해 정부지출(G) 증가 → 국민소득(Y) 증가 → 화폐시장에서 화폐수요 증가 → 이자율(r) 상승 → 민간투자(I) 감소 → 국민소득(Y) 감소가 나타난다.

② 또한 통화량(M)의 증가 없이 정부지출(G)을 증가시키기 위해 국채를 발행하는 경우 민간부문은 국채매입으로 자금 부족 → 투자 감소를 가져오고, 또한 국채 판매 증가 → 국채가격 하락 → 이자율 상승 [4] → 민간투자 감소하여 국민소득을 감소시킨다는 것이다.

---

4) 정부가 국채의 발행을 늘리면 국채의 공급이 증가하여 국채의 가격은 하락하는데, 국채의 가격 하락은 이자율의 상승을 의미한다는 점에 유의해야 한다. 즉 국채의 가격과 이자율은 역(−)관계에 있다.

(3) 고전학파의 견해

① 고전학파 모형에서 국민소득은 공급측면에 의하여 결정되고 수요측면은 국민소득의 결정에 아무런 영향을 미치지 못한다. 따라서 수요측면의 재정정책의 효과를 논하는 것은 별 의의가 없다.

② 재무성 견해(treasury view)가 재정정책에 대한 고전학파의 입장을 나타낸다고 볼 수 있다. 재무성 견해는

$$총저축 = 총투자 = 정부투자(G) + 민간투자(I)$$

이라는 것이다. 따라서 정부투자의 증가는 그만큼 민간투자를 감소시키므로 구축효과가 100% 나타나고 따라서 재정정책은 전혀 효과가 없게 된다.[5]

③ 고전학파의 견해는 뒤에서 보게 될 IS-LM 모형에 의해서도 설명이 된다. 즉 고전학파의 화폐의 중립성 가정과 이자율 결정이론, 고전파의 이분성에 근거하여 보면 화폐수요의 이자율탄력성이 0이므로 LM곡선은 수직선의 형태가 된다.

④ 따라서 정부지출을 증가시켜 IS곡선이 오른쪽으로 이동해도 국민소득은 전혀 증가하지 못하므로 구축효과는 100%가 된다.

(4) 케인즈의 견해

① 케인즈는 정부지출의 증가로 국민소득이 증가하면 이자율이 상승하기는 하지만 투자의 한계효율(MEI) 곡선이 비탄력적이므로(즉 가파르므로) 민간투자의 감소효과는 작다고 보아 재정정책의 효과는 매우 크다고 본다.

② 더구나 대공황과 같은 극도의 경기침체 상황에서 유동성 함정(liquidity trap)이 나타나면 구축효과는 0이 되고, 따라서 이런 경우에는 재정정책만이 강력한 효과를 나타낼 수 있다고 주장한다.

(5) 통화주의자의 견해

① 프리드먼(M. Friedman) 등의 통화주의자(monetarists)는 구축효과가 거의 100%에 가깝다고 본다.

② 즉 정부지출의 증가로 인한 국민소득의 증가로 화폐수요가 증가하면 이자율의 급격한 상승이 유발되고, 따라서 민간투자를 크게 감소시키므로 구축효과는 매우 크고 따라서 재정정책은 별 효과가 없다고 주장한다.

2. 정책의 시차

(1) 시차의 의의

① 정책의 시차(time-lag) : 문제도 정책의 유효성 문제를 제시할 때 매우 중요한 근거로 작용한다.

② 만일 정책의 효과가 나타날 때까지 길고 가변적인 시차가 있다면 그러한 정책은 별로 효과가 없을 뿐만 아니라 오히려 경제의 불안정성을 확대시킬 수 있다.

---

5) 재무성 견해(Treasury view)는 영국 재무성의 견해를 나타내는 것으로 고전학파 경제학의 전제가 되는 세이의 법칙과 부합된다. 즉 총저축과 총투자는 항상 일치하므로 총저축이 일정할 때 정부지출이 증가하면 민간투자는 그만큼 감소할 수밖에 없다는 것이다.

(2) 시차의 유형

① 현실의 경제상황을 정확히 인식하고 정책의 필요성을 인식할 때까지의 시차를 인식시차(recognition lag)라고 하고, 정책의 필요성을 인식한 후 정책을 실행에 옮길 때까지의 시차를 실행시차(implemen-tation lag)라고 한다.

② 그리고 인식시차와 실행시차를 합하여 내부시차(inside lag)라고 한다. 한편 정책을 실행에 옮긴 이후 정책의 효과가 나타날 때까지의 시차를 외부시차(outside lag)라고 한다.

③ 시차가 길수록 재량적 재정정책의 효과는 작고, 경우에 따라서는 정반대의 결과를 가져올 수도 있다.

④ 일반적으로 재정정책은 내부시차(특히 실행시차)가 길고 외부시차는 짧은 것으로 알려져 있다. 반면 통화정책(monetary policy)은 내부시차는 짧지만 외부시차가 긴 것으로 알려져 있다.

3. 리카도 동등성 정리

(1) 리카도 동등성 정리의 의의

① 케인즈학파는 정부지출을 증대시키기 위해 조세를 부과하면 소비를 감소시키기 때문에 효과가 별로 없지만 국공채를 발행하여 재원을 조달하는 것은 민간의 저축을 대신하므로 효과적이라고 본다.

② 리카도(D. Ricardo) 등 고전학파와 새고전학파 학자들은 케인즈학파와 달리 정부지출의 변화 없이 조세 수입만의 변화에 의한 재정적자 규모의 변화는 경제에 아무런 영향을 미치지 못한다고 주장하는데 이들의 주장을 리카도 동등성 정리(Ricardian equivalence theorem) 또는 리카도 대등정리(등가정리)라고 한다.

③ 즉 정부지출의 변화 없이 현재의 조세를 감소시키는 것은 정부부채의 증가를 의미하기 때문에 정부지출의 재원을 현재 조세로 충당하든지 정부부채로 충당하든지 경제의 실질변수에 미치는 영향은 동일하다는 것이다.

④ 이러한 주장은 리카도에 의해 제시되었지만 1970년대 배로(R. Barro)에 의해 발전되어 리카도-배로 정리(Ricardo-Barro theorem)라고도 한다.

(2) 리카도 동등성 정리가 성립하기 위한 조건

① 리카도 동등성 정리는 정부가 국채를 발행하여 재원을 조달하면 만기에는 국채를 상환할 것이므로 장기적으로 정부는 균형재정을 유지하는 것으로 가정한다.

② 리카도 대등정리가 성립하려면 주어진 이자율 수준에서 자유롭게 저축과 차입이 가능해야 한다. 즉, 유동성 제약(차입의 제약)이 없어야 한다.

③ 또한 경제활동인구 증가율이 0이 되어야 한다.

④ 경제주체들이 합리적이어서 현재시점에서 조세가 감면되면 미래의 조세증가를 예견할 수 있어야 한다. 즉, 경제주체들은 '합리적 기대'에 따라 합리적으로, 미래지향적으로 행동한다고 가정한다.

(3) 리카도 동등성 정리가 성립하지 않는 경우

따라서 민간이 근시안적 소비를 하는 경우, 민간의 소비가 절대소득에 반응하는 경우(지금 조세를 부과하지 않고 공채를 발행하는 경우), 국민들이 현재 유동성 계약이나 차입 제약에 빠져 있는 경우, 조세를 부담할 경제활동인구가 증가하는 경우에는 리카도 동등성 정리가 성립할 수 없다.

04 | 실전대비문제

01 다음 중 누진세제를 옹호하는 근거로서 가장 적당하지 않은 것은? (2016년)

① 경제적 불평등의 감소 ② 경제적 효율성의 제고

③ 과세의 공평성의 실현 ④ 편익원칙에 합치

해설 누진세제는 경제적인 부에 따른 세금 방식으로서 자원배분의 효율성 측면에서는 부정적인 영향을 미친다고 할 수 있다.

①, ③ 누진세제를 시행하면 경제적 부를 많이 가진 사람이 더 많은 세금을 내게 된다. 이러한 세금방식은 경제적 불평등을 축소시키며 조세부담의 공평성 측면에서 바람직스러운 부분이 있다고 할 수 있다.

④ 경제적 부를 많이 가지고 있는 사람은 사회적·경제적 편익을 경제적 부를 적게 가지고 있는 사람보다 더 많이 얻고 있다고 할 수 있다. 따라서 경제적인 부를 많이 가진 사람에게 더 많은 세금을 내게하는 누진세제는 편익원칙 측면에서 합리적이라고 할 수 있다.

답 ②

02 2010년의 통계를 이용하여 다음 물음에 답하시오.

	2010년
GDP	8,000억원
세출(정부지출)	1,100억원
세입(조세)	1,000억원

다른 조건이 일정할 때 2009년 말의 정부부채가 1,900억원이면, 2010년 GDP 대비 2010년 말의 정부부채 비율은 얼마인가? (2016년)

① 15% ② 20%

③ 25% ④ 30%

해설 2010년 세입(조세) 1,000억원, 세출(정부지출) 1,100억원으로 2010년도에 정부부채가 100억원 발생했다.

2009년 말 정부부채가 1,900억원이었으므로 2010년도말의 정부부채는 2,000억(1,900억 + 100억)원이다.

따라서 2010년의 GDP가 8,000억원, 정부부채가 2,000억원으로 정부부채비율은 25%$\left(\dfrac{2,000억}{8,000억}\right)$이다.

답 ③

03 리카디언 등가(Ricardian Equivalence)에 관한 설명으로 옳지 않은 것은? (2020년)

① 정부부채를 통해 조세삭감의 재원을 충당하는 정책은 소비를 변화시키지 않는다.

② 정부부채는 미래의 조세와 같기 때문에 민간이 미래를 충분히 고려한다면 민간의 소득에는 변화가 없다.

③ 정부가 장래의 정부구매를 축소하기 위해 조세를 삭감했을 경우에도 민간은 소비를 증가시키지 않는다.

④ 리카도(D. Ricardo)는 정부 재정을 부채를 통해 확보하는 것이 조세를 통해 확보하는 것과 같다고 주장했다.

해설 정부가 장래의 정부구매를 축소하기 위해 조세를 삭감했을 경우에는 다음에 조세 증세 요인이 없기 때문에 민간은 소비를 증가시킨다.

답 ③

04 ( ) 안에 들어갈 내용으로 옳은 것은? (2022년)

> 납세자의 소득에 따른 세율은 비례세(proportional tax)의 경우 한계세율과 평균세율이 동일하다. 그러나 누진세(progressive tax)는 (가)세율이 (나)세율보다 높고, 역진세(regressive tax)는 (다)세율이 (라)세율보다 높다.

	(가)	(나)	(다)	(라)
①	한계	평균	한계	평균
②	한계	평균	평균	한계
③	평균	한계	한계	평균
④	평균	한계	평균	한계

해설 • 비례세(proportional tax)는 소득이 많고 적음에 상관없이 평균세율이 일정한 세율이다.
• 누진세(progressive tax)는 소득이 많을수록 평균세율이 높아지는 조세로 한계세율이 평균세율보다 높다.
• 역진세(regressive tax)는 소득이 많을수록 평균세율이 낮아지는 조세로 평균세율이 한계세율보다 높다.

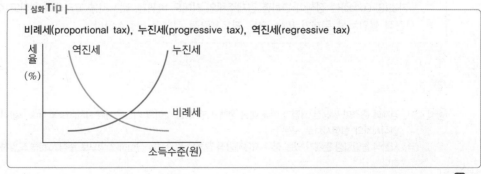

| 심화 Tip |

비례세(proportional tax), 누진세(progressive tax), 역진세(regressive tax)

답 ②

05 경기안정화 정책에 관한 설명으로 옳은 것은?

① 재정지출 증가로 이자율이 상승하지 않으면 구축효과는 크게 나타난다.

② 투자가 이자율에 비탄력적일수록 구축효과는 크게 나타난다.

③ 소득이 증가할 때 수입재 수요가 크게 증가할수록 정부지출의 국민소득 증대효과는 크게 나타난다.

④ 소득세가 비례세보다는 정액세일 경우에 정부지출의 국민소득 증대효과는 크게 나타난다.

해설 ④ 정액세일 경우 정부지출승수 $\frac{1}{1-c}$ 는 비례세일 경우 정부지출승수 $\frac{1}{1-c(1-t)}$ 보다 크다. 따라서 국민소득 증대효과가 크게 나타난다.

① 재정지출 증가로 이자율이 상승하지 않으면 투자 감소가 없으므로 구축효과는 나타나지 않는다.

② 투자가 이자율에 비탄력적일수록 구축효과는 작게 나타난다. 구축효과의 메커니즘은 $G\uparrow \rightarrow Y\uparrow \rightarrow M^D\uparrow \rightarrow r\uparrow \rightarrow I\downarrow \rightarrow Y\downarrow$이다. r이 크게 올라도 I가 조금 하락하면, 즉 투자의 이자율탄력성이 비탄력적이면 구축효과는 작게 나타난다.

③ 수입을 고려하는 경우 한계수입성향(MPM)을 m이라고 하면 정부지출승수는 $\frac{1}{1-c+m}$ 이다. 한계수입성향(m)이 커서 소득이 증가할 때 수입재 수요가 크게 증가할수록 정부지출의 국민소득 증대효과는 작게 나타난다.

답 ④

06 경제정책에 관한 설명으로 옳은 것을 모두 고른 것은?

> ㄱ. 외부시차는 경제에 충격이 발생한 시점과 이에 대한 정책 시행 시점 사이의 기간이다.
> ㄴ. 자동안정화장치는 내부시차를 줄여준다.
> ㄷ. 루카스(R. Lucas)는 정책이 변하면 경제주체의 기대도 바뀌게 되는 것을 고려해야 한다고 주장하였다.
> ㄹ. 시간적 불일치성 문제가 있는 경우 자유재량적 정책이 바람직하다.

① ㄱ, ㄴ   ② ㄱ, ㄷ

③ ㄱ, ㄹ   ④ ㄴ, ㄷ

해설 ㄱ. 경제에 충격이 발생한 시점과 이에 대한 정책 시행 시점 사이의 기간은 내부시차(inside time lag)이다. 내부시차는 인식시차와 실행시차로 구분한다.

ㄹ. 시간적 불일치성 문제가 있는 경우 자유재량적 정책은 일관성을 상실하게 되므로 준칙(rule)을 도입하는 것이 바람직하다.

답 ④

07 리카디언 등가(Ricardian equivalence) 정리에 관한 설명으로 옳지 않은 것은?

① 민간 경제주체는 합리적 기대를 한다.

② 소비자가 차입 제약에 직면하면 이 정리는 성립되지 않는다.

③ 소비자가 근시안적 견해를 가지면 이 정리는 성립되지 않는다.

④ 정부가 미래의 정부지출을 축소한다는 조건에서 현재 조세를 줄이는 경우에 현재의 민간소비는 변하지 않는다.

[해설] 리카디언 등가(Ricardian equivalence theorem)는 정부지출의 흐름이 일정하게 주어진 경우 재정적자(또는 정부부채)의 변동이 저축이나 자본축적에 어떤 영향도 미치지 않는다는 것이다.

④ 정부가 미래의 정부지출을 축소한다는 조건에서 현재 조세를 줄이는 경우라면 현재의 민간소비는 증가할 수 있다. 리카디언 등가는 정부가 국채를 발행하여 재원을 조달하면 만기에는 국채를 상환할 것이므로 장기적으로 정부는 균형재정을 유지하는 것으로 가정한다.

답 ④

08 리카도 대등정리(Ricardian equivalence theorem)는 정부지출의 재원조달 방식에 나타나는 변화가 민간부문의 경제활동에 아무런 영향을 주지 못한다는 것이다. 이 정리가 성립하기 위한 가정으로 옳은 것을 모두 고른 것은?

> ㄱ. 유동성 제약
> ㄴ. 경제활동인구 증가율 양(+)의 값
> ㄷ. 일정한 정부지출수준과 균형재정
> ㄹ. '합리적 기대'에 따라 합리적으로 행동하는 경제주체

① ㄱ, ㄴ 　　　　　　　　　　　　　② ㄴ, ㄷ

③ ㄷ, ㄹ 　　　　　　　　　　　　　④ ㄱ, ㄷ, ㄹ

[해설] 리카도 대등정리(Ricardian equivalence theorem)는 정부가 국채를 발행하여 재원을 조달하면 만기에는 국채를 상환할 것이므로 장기적으로 정부는 균형재정을 유지하는 것으로 가정한다. 리카도 대등정리가 성립하려면 주어진 이자율 수준에서 자유롭게 저축과 차입이 가능해야 한다. 즉, 유동성 제약(차입의 제약)이 없어야 한다. 또한 경제활동인구 증가율이 0이 되어야 하며, 경제주체들이 합리적이어서 현재시점에서 조세가 감면되면 미래의 조세증가를 예견할 수 있어야 한다. 즉, 경제주체들은 '합리적 기대'에 따라 합리적으로 행동한다고 가정한다.

답 ③

09 단기적 재정정책이 가장 큰 효과를 발휘하는 경우는 다음 중 어느 것인가?

① 소비과정에 항상소득가설이 적용된다.

② 화폐수요가 이자율에 민감하게 영향을 받는다.

③ 사람들이 합리적으로 미래에 대한 기대를 형성한다.

④ 투자가 이자율에 민감하게 영향을 받는다.

[해설] 단기적 재정정책이 큰 효과를 발휘하기 위해서는 구축효과(crowding out effect)가 작아야 한다. 정부지출의 증가로 국민소득이 증가하면 화폐수요가 증가하고 이자율이 상승하여 민간투자를 감소시킨다. 이 경우 화폐수요가 이자율에 민감하게 영향을 받아 화폐수요의 이자율탄력성이 크면 화폐수요곡선이 완만해지므로 화폐수요가 증가해도 이자율이 조금 상승하므로 민간투자는 적게 감소한다(즉 구축효과가 작다). 이 내용은 IS-LM 모형으로도 설명할 수 있다.

답 ②

10 자동안정화장치에 대한 예로서 옳은 것은?

(a) 누진적 소득세
(b) 실업보험
(c) 법인의 이윤에 부과하는 조세

---

① (a)만 해당   ② (a)와 (b)만 해당

③ (a), (b), (c) 모두   ④ 위의 것 모두 아님

[해설] 자동안정화장치의 예로는 누진세, 실업보험 등 사회보장제도를 들 수 있다. 법인의 이윤에 부과하는 조세인 법인세도 누진세이므로 자동안정화장치에 해당한다.

답 ③

11 정부의 정책과 관련된 설명 중 옳은 것을 모두 고르면?

ㄱ. 시간 불일치(time inconsistency)의 문제를 완화하려면 준칙에 따른 정책을 수행해야 한다.
ㄴ. 균형을 회복하는 시장의 조정과정이 빠를수록 재량적 정책이 선호된다.
ㄷ. 정책 시차가 길고 정책의 효과가 불확실할수록 재량적 정책이 선호된다.

---

① ㄱ   ② ㄴ

③ ㄷ   ④ ㄱ, ㄴ

[해설] ㄱ. 통화주의는 시간 불일치(time inconsistency)의 문제를 완화하려면 준칙에 따른 정책을 수행해야 한다고 주장한다.
ㄴ. 균형을 회복하는 시장의 조정과정이 빠르면 준칙을 도입하는 것이 바람직하다.
ㄷ. 정책의 시차가 길고 정책의 효과가 불확실할수록 준칙을 도입하는 것이 바람직하다. 준칙(rule)을 강조하는 통화주의는 케인즈학파의 재량적 정책은 불확실성을 야기하고, 정책의 시차가 있고, 시간 불일치(동태적 비일관성) 등으로 경제를 더욱 불안정하게 만든다고 비판한다.

답 ①

05 | 화폐와 금융

제1절 화폐의 공급

1. 화폐의 기능

(1) 교환의 매개수단

화폐는 교환의 매개수단(medium of exchange)으로서의 기능을 하는데 이는 회계단위로서의 기능과 함께 화폐의 가장 본질적인 기능이다. 고전학파는 화폐를 단순한 교환수단으로서만 인식한다.

(2) 가치의 저장수단

① 화폐는 가치의 저장수단(store of value)으로서의 기능, 즉 저축수단으로서의 기능을 한다. 이러한 기능 때문에 화폐는 현재와 미래 간의 자원배분(intertemporal resource allocation)을 더욱 효율적으로 할 수 있게 한다.

② 이 기능이 제대로 수행되기 위해서는 물가안정, 즉 화폐가치의 안정이 전제가 된다.

③ 가치 저장수단의 기능은 케인즈(J.M. Keynes)와 케임브리지 학파에 의해 인식된 기능으로, 화폐가 실물 경제활동에 중요한 영향을 미치는 요소라는 현실로부터 유도된 것이다.

(3) 회계의 단위

화폐는 회계의 단위(unit of account)로서의 기능을 한다. 또는 가치척도의 기능이라고도 한다.

2. 본원통화의 공급

화폐의 공급은 두 가지 경로를 통해 이루어진다. 중앙은행은 중앙은행의 기능을 통해 본원통화(현금통화)를 공급하고, 예금은행은 신용창조 기능을 통해 파생통화(예금통화)를 공급한다.

(1) 본원통화의 뜻

① 본원통화(reserve base)는 중앙은행의 창구를 통하여 시중에 나온 현금을 말한다. 본원통화는 민간의 수중으로 들어가기도 하고 예금취급기관의 수중으로 들어가기도 한다.

② 따라서

> 본원통화＝현금통화＋예금취급기관의 지급준비금
> ＝현금통화＋예금취급기관의 시재금＋중앙은행 지준예치금
> ＝화폐발행액＋중앙은행 지준예치금

의 관계가 성립한다. 본원통화는 중앙은행이 정부부문, 민간은행부문, 해외부문을 통해 공급한다.

③ 본원통화가 공급되면 이를 기초로 예금은행의 신용창조 과정에서 몇 배의 요구불예금을 창조하기 때문에 본원통화를 고성능 화폐(high-powered money)라고 한다.

(2) 본원통화의 공급경로

① 본원통화는 정부부문을 통하여 공급된다. 즉 중앙은행의 대정부여신이 증가하면 본원통화가 증가하고, 정부의 예금이 증가하면 본원통화는 감소한다. 또한 재정적자가 발생하여 정부가 직접 차입하거나 정부가 발행한 국채를 중앙은행이 인수하면 본원통화는 증가한다.

② 본원통화는 민간은행부문을 통하여 공급된다. 민간은행의 자금이 부족하여 중앙으로부터 자금을 차입하면 중앙은행의 대민간은행여신이 증가하고 본원통화는 증가한다. 또한 민간은행이 보유한 어음을 중앙은행이 재할인(rediscount)하면 본원통화는 증가한다.

③ 본원통화는 해외부문을 통하여 공급된다. 수출이 증가하여 중앙은행의 외환매입액이 증가하면 본원통화는 증가하고, 수입이 증가하여 중앙은행의 외환매출액이 증가하면 본원통화는 감소한다.

④ 중앙은행은 기타자산의 순증가를 통해 본원통화를 증가시킬 수 있다. 중앙은행이 국공채와 같은 유가증권을 매입하면 본원통화는 증가한다.

3. 예금은행의 신용창조와 예금통화의 공급

(1) 신용창조의 뜻

중앙은행을 통해 본원통화가 공급되면 예금은행은 이를 기초로 본원통화의 여러 배에 해당하는 예금통화를 창조하는데 이를 신용창조(credit creation)라고 한다.

(2) 신용창조의 원리

① 요구불예금만 존재하고, 예금은행 밖으로의 현금유출이 없으며, 은행은 법정지급준비금만 보유한다고 가정한다. 즉 법정지급준비율을 r, 은행은 예금을 수취하면 법정지급준비금을 제외한 전액을 대출하고, 차입자는 대부받은 자금을 전액 예금한다고 가정한다.

② 이 경우 본원통화 B 만큼 공급되어 전액 요구불예금(본원적 예금)으로 예금되면 전체 은행조직을 통해 대출과 예금이 반복되는 과정에서 신용창조가 이루어진다. 여기서

$$\text{은행조직의 요구불 예금의 합계} = \frac{B}{r}$$

이고, 신용창조액은 은행조직의 요구불예금의 합계에서 최초의 본원적 예금(본원통화)을 뺀 금액이다.

따라서

$$\text{신용창조액} = \left(\frac{B}{r} - B \right) = \left[\left(\frac{1-r}{r} \right) B \right]$$

가 된다. 여기서 $\frac{1}{r}$, 즉 법정지급준비율의 역수를 신용승수(credit multiplier)라고 한다. $\frac{1-r}{r}$ 을 순신용승수라고 한다.

더 알아보기 | 지급준비금(reserves)

- 지급준비금은 법정지급준비금과 초과지급준비금으로 나뉜다. 법정지급준비금의 비율은 중앙은행이 정하고 초과지급준비금의 비율은 예금은행이 결정한다.
- 예금은행은 지급준비금의 일부를 중앙은행에 예치해야 한다. 따라서 지급준비금 = 법정지급준비금 + 초과지급준비금 = 중앙은행 예치금 + 시재금(vault cash)의 관계가 성립된다.

4. 통화량의 결정

(1) 본원통화와 통화량

앞에서 본 것처럼 통화량=본원통화(현금통화)+예금통화이다. 이 관계를 이용하여 본원통화와 통화량 간의 관계, 즉 통화공급 방정식을 만들면 다음과 같다.

$$M = mB$$

여기서 M은 통화량, B는 본원통화이고, 통화량을 본원통화로 나눈 값 m을 통화승수(money multiplier)라고 한다. 은행조직 밖으로 현금유출이 있는 것으로 가정하여 통화승수를 계산하여 정리하면

$$M = mB = \frac{1}{c+r-cr} B$$

가 된다. 여기서 c는 민간이 통화량 중에서 현금으로 보유하려는 비율, 즉 현금보유비율(currency ratio)이고, r은 지급준비율이다. 통화승수 m은 c와 r이 작을수록 커진다.

(2) 통화량의 결정요인

① 결국 통화량의 크기, 즉 통화공급에 영향을 미치는 요인은 세 가지이다. 본원통화(B)가 클수록, 현금보유비율(c)이 낮을수록, 지급준비율(r)이 낮을수록 통화량은 커진다.

② 그런데 현금보유비율은 단기적으로 안정적이며, 초과지급준비율은 은행의 관행에 따르므로 역시 단기적으로 안정적이다. 따라서 통화량의 크기는 단기적으로는 주로 본원통화에 달려있다.

③ 그러므로 통화량의 조절은 중앙은행의 재량에 달려있다고 할 수 있으며 이런 의미에서 통화량은 정책변수(외생변수)이다.

제2절   화폐수요

1. 화폐수요이론

(1) 화폐수요의 뜻

화폐수요(demand of money)는 일정 시점에서 사람들이 보유하고자 하는 화폐의 양을 말한다. 따라서 화폐수요는 일반 재화에 대한 수요와는 달리 일정 시점에서의 저량수요(stock demand)이다.

(2) 화폐수요이론

① 화폐수요는 물가수준, 실질소득 및 지출, 사회의 지불제도 및 관습, 인플레이션율, 이자율 등에 의해 변화한다.
② 이러한 요인들 중 가장 중요한 요인이 무엇인가를 밝히려는 이론이 화폐수요이론이다.

2. 화폐수량설

(1) 화폐수량설의 의의

① 화폐수량설(quantity theory of money)은 화폐수요에 대한 가장 전형적인 초기이론이다. 화폐수량설은 18세기 유명한 철학자인 흄(D. Hume)에 의해 주장되었고, 피셔(I. Fisher)에 의해 교환방정식으로 정리되었으며, 근래에 들어서는 프리드먼(M. Friedman)에 의해 지지되고 있다.
② 화폐수량설은 원래 통화량의 변화 → 같은 비율로 총지출의 변화 → 같은 비율로 물가 변화, 즉 통화량의 변화는 같은 비율로 물가를 변화시킨다는 고전학파의 물가이론이다. 그러나 오늘날에는 고전학파의 화폐수요이론으로 해석하고 있다.
③ 화폐수량설에는 피셔의 교환방정식과 케임브리지(Cambridge) 학파의 현금잔고 방정식의 두 형태가 있지만 근본적인 차이는 없다.

(2) 교환방정식

① 어빙 피셔의 교환방정식(equation of exchange)은 거래수량설이라고도 하는데 다음과 같이 표시된다.

$$MV = PT$$

여기서 M은 통화량, V는 화폐의 거래유통속도,[6] P는 물가수준 그리고 T는 거래량을 나타낸다.

---

6) 화폐의 거래유통속도란 일정기간 동안 일어난 재화의 모든 거래에서 화폐의 각 단위가 평균적으로 몇 번씩 사용되었는가 하는 사용횟수를 말한다. 예컨대 일정기간 동안 100원짜리가 5번 사용되었고 1,000원짜리가 3번 사용되었다면 $V = \frac{(5 \times 100 + 3 \times 1000)}{(100 + 1000)} = 3.18$이 된다. 고전학파는 화폐의 유통속도는 그 사회의 상거래 관습에 의해 결정되기 때문에 단기에는 일정하다고 본다.

② 이는 일정기간 동안 재화의 거래액(PT)은 그 대가로 지출되는 화폐지출액(MV)과 항상 일치한다는 것이다. 이 식을 변형하면

$$M=\left(\frac{T}{V}\right)P$$

가 되는데 V와 T가 단기에 불변이라고 보면 물가(P)는 통화량(M)에 정비례한다는 고전학파의 물가이론이 된다.

③ 이 교환방정식은 거래개념을 사용했지만 소득개념으로 보는 것이 더 일반적이다. 따라서 거래량 T를 실질소득 y로 바꾸면[7]

$$MV=Py$$

가 된다. 이 경우의 V를 화폐의 소득유통속도라고 하는데 최종생산물의 구매에 화폐 1단위가 평균적으로 몇 번 사용되었는가를 나타낸다.

④ 교환방정식은 화폐수요이론으로 해석할 수 있다. 즉 균형상태에서는 화폐공급(통화량)과 화폐수요가 일치하므로 M을 경제 전체의 화폐수요로 보면 다음과 같은 화폐수요함수로 변형될 수 있다.

$$M=M^D\left(\frac{1}{V}\right)Py$$

즉 경제 전체의 화폐수요는 명목소득 Py에 의해 결정된다는 것이다.

⑤ 또한 단기에는 V와 y가 일정하므로 통화량의 변화는 동일한 비율로 물가를 변화시키고, 나아가 명목소득 (명목산출량) Py를 동일한 비율로 변화시킨다는 것이다. 이것이 피셔의 화폐수량설의 핵심이다.

(3) 현금잔고 방정식

① 고전학파의 화폐수량설은 마셜(A. Marshall)과 피구(A. Pigou) 등 케임브리지(Cambridge) 학파에 의해 발전하였다. 케임브리지 학파의 화폐수요함수는

$$Md=kPQ$$

로 나타낸다. 여기서 P는 물가수준, Q는 일정기간 동안 재화의 거래량이므로 PQ는 총거래액(소득)이다. 따라서 일정기간 동안의 총거래액 중 k의 비율만큼 화폐를 수요한다는 것이다.

② 이 식을 케임브리지 방정식, 또는 현금잔고 방정식(cash balance equation)이라고 한다. k를 Marshall의 k라고 하고 이는 단기에 일정하다고 본다.

③ 따라서 교환방정식과 마찬가지로 물가는 통화량에 비례하고, 총거래액(명목소득)이 증가하면 화폐수요가 증가한다는 것이다.

④ 차이가 있다면 교환방정식의 경우에는 화폐를 교환의 매개수단으로만 인식한 데 반해, 현금잔고 방정식에서는 화폐를 가치의 저장수단으로 인식하고 있다는 점이다.

---

7) 고전학파는 세이의 법칙에 기초하므로 생산된 것은 전부 팔리는 것으로 본다면 생산량＝거래량이 된다. 따라서 거래량 T는 생산량을 의미한다고 볼 수 있으므로 실질소득으로 볼 수 있다.

3. 유동성 선호이론

(1) 유동성 선호

① 유동성(liquidity)이란 어떤 자산이 가치의 감소 없이 즉시 화폐와 교환될 수 있는 가능성의 정도를 의미한다.

② 화폐는 완전한 유동성을 가지고 있으므로 케인즈의 용어인 유동성 선호(liquidity preference)는 곧 화폐수요를 의미한다.

(2) 유동성 선호의 동기

케인즈(J.M. Keynes)는 사람들이 화폐를 보유하려는 동기가 무엇인가에 착안하여 그의 화폐수요이론인 유동성 선호이론을 제시한다. 케인즈는 화폐보유의 동기, 즉 유동성 선호의 동기를 세 가지로 구분한다.

① 거래적 동기(transactions motive)

거래적 동기는 일상에서의 거래를 위하여 화폐를 보유하려는 것을 말한다. 거래적 화폐수요는 교환의 매개수단으로서의 화폐의 기능에 기초하고 있고, 명목소득(명목산출량)의 증가함수이다.

② 예비적 동기(precautionary motive)

예상하지 못한 지출에 대비하기 위하여 화폐를 보유하려는 것을 말한다. 케인즈는 소득이 크면 예비적 수요도 크다고 보고 소득의 증가함수로 본다.

③ 투기적 동기(speculative motive)

좋은 투자기회가 발생할 경우 투자하기 위하여 화폐를 보유하려는 것을 말한다. 또는 증권시장에서의 자본손실(capital loss)을 피하기 위하여 일시적으로 증권 대신 화폐로 보유하려는 것이다. 따라서 이는 가치의 저장수단으로서의 기능에 기초하고 있다. 케인즈는 투기적 화폐수요는 이자율의 감소함수로 본다.[8]

(3) 유동성 함정

① 유동성 함정의 의의

㉠ 케인즈 경제학에서 가장 중요한 개념 중의 하나가 유동성 함정(liquidity trap)이다. 이 개념은 케인즈가 고전학파를 비판하고 자신의 주장을 옹호할 때 이용하는 아주 강력한 무기이다.

㉡ 유동성 함정은 경기가 극도의 침체상태에 빠져 있을 때 나타날 수 있는 현상이다. 즉 극도로 경기가 침체하면 이자율(r)은 아주 낮은 수준으로 하락하고 증권가격($1/r$)은 최고수준이 된다.

㉢ 그러면 사람들은 증권가격의 하락을 예상하여 보유하고 있던 증권을 전부 매각하고 자산의 전부를 화폐로만 보유하려 한다는 것이다.

---

8) 투기적 화폐수요를 근래에는 투자적 화폐수요로 번역하는 경우도 있다. 투기적 화폐수요가 이자율의 감소함수인 것은, 이자율(r) 상승 → 증권가격($1/r$) 하락 → 증권가격의 상승을 예상하여 증권매입 → 투기적 화폐수요 감소이기 때문이다. 여기서 이자율과 증권(또는 채권)의 가격이 역수인 점에 주의해야 한다.

② 유동성 함정의 특징

　㉠ 유동성 함정에서는 화폐수요의 이자율탄력성(L_r)은 무한대가 되고 따라서 화폐수요곡선은 수평, 나아가 LM곡선도 수평이 된다.

▶ 유동성 함정

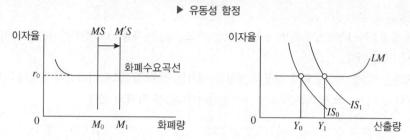

　㉡ 경제가 유동성 함정에 빠지면 고전학파와 통화주의자가 주장하는 통화정책은 전혀 효력을 발휘할 수 없고, 오직 재정정책만이 경기를 회복시킬 수 있다(이 경우 구축효과는 0이다).

(4) 총화폐수요(유동성 선호)

① 앞의 논의를 요약하면 거래적 동기와 예비적 동기에 의한 화폐수요(L_1)는 소득의 증가함수이고, 투기적 동기에 의한 화폐수요(L_2)는 이자율의 감소함수이다.

② 따라서 화폐수요함수는 $L = L_1(Y) + L_2(r)$ 또는 $L = L(Y, r)$로 나타낼 수 있다.

③ 결국 화폐수요의 결정요인으로 고전학파가 강조한 소득(Y)에 더하여 이자율(r)을 포함시킨 것이다. 그러나 케인즈는 소득보다는 이자율을 더 중요한 요인으로 파악한다.

④ 여기서 소득이 증가하면 화폐수요함수는 오른쪽으로 이동하는데 그 이동 정도는 화폐수요의 소득탄력성(L_Y)으로 나타낸다.

4. 신화폐수량설

(1) 의의

① 신화폐수량설은 프리드먼(M. Friedman)에 의해 제시된 화폐수요이론으로 고전학파의 화폐수량설의 결론과 유사하기 때문에 신화폐수량설이라고 한다.

② 프리드먼은 화폐보유의 동기와는 관계없이 이론적으로 화폐수요에 영향을 미치는 요인들에 직접 관심을 갖는다.

③ 따라서 프리드먼은 화폐도 하나의 자산에 불과하므로 화폐수요는 미시이론에서처럼 예산제약 조건과 화폐보유의 기회비용에 의해서 결정된다고 주장한다.

④ 예산제약조건은 실질소득(항상소득)이고, 화폐보유의 기회비용은 화폐 이외의 자산을 보유할 경우 예상되는 수익률(즉 실질이자율)과 물가상승률이다.

(2) 프리드먼의 화폐수요함수

① 프리드먼의 화폐수요함수는 다음과 같이 표시할 수 있다.

$$\left(\frac{M}{P}\right)^d = f(r,\ Y,\ \pi)$$

여기서 실질소득(Y)이 클수록 화폐수요는 증가하고, 실질이자율(r)과 인플레이션율(π)이 작을수록 화폐수요는 증가한다.

② 프리드먼은 이 중 화폐수요에 결정적 영향을 미치는 것은 실질소득이라고 주장한다. 즉 화폐수요의 소득탄력성(L_Y)은 크고, 화폐수요의 이자율탄력성(L_r)은 작다고 본다.

5. 자산선택이론

(1) 의의

① 자산선택이론(portfolio selection theory)은 토빈(J. Tobin)에 의해서 제시된 이론으로, 자산을 보유할 때 어느 하나의 자산이 아니고 여러 유형의 자산을 배합하여 보유함으로써 위험을 피하고 나아가 결합이익을 극대화할 수 있다는 주장이다.

② 토빈은 화폐도 금융자산의 하나로 간주하여 자산의 구성항목 중 얼마를 화폐로 보유할 것인가를 설명한다.

(2) 자산의 선택기준

① 자산 중 얼마를 화폐로 보유할 것인가는 자산의 수익성, 안전성을 비교하여 결정한다.

② 불확실성하에서 모험을 회피하는 주체(risk averter)는 수익성 대신 안전성을 선호하고, 불확실성하에서 모험을 선호하는 주체(risk lover)는 안전성 대신 수익성을 선호한다.

제3절   이자율

---

1. 이자율의 뜻과 의의

(1) 이자율의 뜻

① 다른 자산과 마찬가지로 화폐도 소유가격과 임대가격 두 가지 가격을 가지고 있다.

  ㉠ 화폐의 소유가격은 화폐 1단위로 구매할 수 있는 재화의 양을 말한다. 따라서 화폐의 소유가격은 물가와 반비례한다.

  ㉡ 화폐의 임대가격은 화폐 1단위를 일정기간 동안 빌려준 경우의 임대료를 말하는데 실질적인 임대료와 화폐가치의 하락에 대한 보상으로 구성된다.

② 이 경우 임대가격(즉 임대료)을 임대한 자금의 크기에 대한 비율로 표시한 것이 이자율(interest), 즉 명목이자율이다.

③ 따라서 명목이자율은 두 가지 항목으로 구성된다. 실질임대료에 해당하는 부분이 실질이자율이고 물가상 승으로 인한 화폐가치 하락에 대한 보상이 인플레이션 보상(inflation premium)이다. 즉 명목이자율=실 질이자율 + 인플레이션 보상이 된다.

④ 명목이자율에 인플레이션 보상(inflation premium)이 가산된다는 것을 처음 밝힌 학자는 미국의 경제학 자인 어빙 피셔(I. Fisher)이다. 따라서 이 식을 피셔관계식(Fisherian relation), 피셔효과라고 한다.

(2) 이자율의 의의

① 고전학파는 실물부문과 화폐부문은 서로 영향을 미치지 못하고 독립적으로 움직인다고 생각하였다(고전 파의 이분성).

② 그러나 케인즈의 단순모형에서 소득은 소비와 투자의 합계인 총수요에 의해 결정되고, 이 중 투자는 이자율에 의해 영향을 받는다. 이자율은 화폐시장에서 화폐의 수요와 공급에 의해 결정되기 때문에 이자율은 실물부문과 화폐부문을 연결시켜주는 역할을 한다.

2. 이자율의 종류

(1) 명목이자율과 실질이자율

① 명목이자율(nominal interest rate)은 화폐단위로 나타낸 이자율이다. 우리가 흔히 대출이자율, 시장이 자율이라고 할 때의 이자율은 명목이자율이다. 명목이자율에는 인플레이션율이 반영되어 있기 때문에 물가가 상승하면 명목이자율은 상승한다.

② 실질이자율(real interest rate)은 실물단위로 나타낸 이자율이다. 따라서 미래의 실질이자율은 명목이 자율에서 예상인플레이션율을 공제하여 구한다. 즉 실질이자율=명목이자율−예상인플레이션율이다.

(2) 명목이자율의 다양성

① 현실에는 매우 다양한 이자율이 존재한다. 은행의 경우에도 예금이자율이 있고 대출이자율이 있으며 예금의 종류마다 이자율이 서로 다르다. 이자율의 크기에 영향을 미치는 요인들을 다음과 같다.

② 기간(또는 만기)이 이자율에 영향을 미친다. 기간이 길수록 불확실성이 더 커지므로 단기이자율보다 장기이자율이 더 높다.

③ 위험도(risk)에 따라 이자율에 차이가 있다. 통상 위험이 클수록 이에 대한 보상으로 인해 이자율은 높다. 위험에는 채무불이행(default)의 위험, 즉 신용위험과 시장위험이 있다.

④ 유동성(liquidity)의 정도가 이자율 수준에 영향을 미친다. 일반적으로 유동성이 클수록 이자율은 낮다.

⑤ 경기순환에 따라 이자율이 달라진다. 일반적으로 경기의 수축국면에서는 이자율이 떨어지고 경기의 확장국면에서는 이자율이 상승한다.

제4절 통화정책

1. 통화정책의 의의

(1) 통화정책의 뜻

① 통화정책(monetary policy)은 통화당국이 통화량이나 이자율 등 금융변수를 조정함으로써 국민경제의 안정적 성장을 이루고자 하는 경제정책을 말한다.

② 재정정책(fiscal policy)이 국민소득의 흐름에 직접적인 영향을 미치는 것과는 달리 통화정책은 통화량과 이자율의 조정을 통해 간접적으로, 즉 총수요의 변화를 통해 국민소득의 흐름에 영향을 미친다.

(2) 통화정책의 파급경로

① 통화정책은 다음의 〈그림〉에서 보는 것처럼 일반적으로 최종목표(goals), 운용목표(operating targets), 정책수단(instruments)의 세 가지 요소로 구성된다.

▶ 통화정책의 파급경로

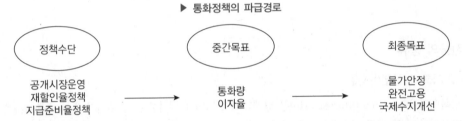

정책수단	중간목표	최종목표
공개시장운영 재할인율정책 지급준비율정책	통화량 이자율	물가안정 완전고용 국제수지개선

② 통화정책은 통화당국이 통화정책 수단을 사용하여 통화량과 이자율 등 통화정책의 운용목표(중간목표)에 영향을 마치고, 나아가 국민경제의 안정적 성장이라는 최종목표를 달성하고자 하는 것을 뜻한다. 이러한 일련의 과정을 통화정책의 파급경로(transmission mechanism)라고 한다.

(3) 물가안정목표제

① 물가안정목표제의 의의

㉠ 물가안정목표제(inflation targeting)는 중앙은행이 일정기간 동안 달성해야 할 물가상승률 목표치를 미리 제시하고 이에 맞추어 통화정책을 운영하는 방식이다. 1990년 이후 우리나라를 포함한 대부분의 선진국들이 채택하고 있다.

㉡ 이때 물가는 중앙은행이 통제하기 어려운 비곡물 농산물과 석유류의 가격을 뺀 소비자 물가(CPI)의 상승, 즉 근원 인플레이션(core inflation)을 말한다. 그리고 한국은행은 설정된 물가목표를 달성하기 위해 기준금리(call rate)를 운용목표로 하는 금리 중시 통화정책을 활용하고 있다.

② 물가안정목표제의 장점

㉠ 물가안정목표제는 중앙은행이 최종적인 물가목표를 공개적으로 제시함에 따라 명목기준지표가 명료하고, 민간의 기대인플레이션 형성이 용이하며, 목표달성 여부를 직접 쉽게 확인할 수 있다는 장점이 있다.

㉡ 또한 인플레이션 기대를 목표물가 수준에 맞도록 안정화시켜 재량적 통화정책이 초래할 수 있는 인플레이션 기대 편의(bias)를 극복할 수 있다.

(4) 물가수준목표제

① 물가수준목표제의 의의

㉠ 물가수준목표제(price level targeting)는 중앙은행이 물가상승률 대신 물가수준의 장래 목표경로를 사전에 제시하고 이를 달성하려는 방식이다.

㉡ 물가수준이 목표경로를 벗어나면 중앙은행이 조정을 통해 물가수준을 목표경로로 복귀시켜야 한다.

② 물가수준목표제의 특징

㉠ 과거의 충격이 현재 및 장래의 통화정책에 영향을 미치는 역사의존성(history dependence)이 나타나게 된다.

㉡ 반면 물가안정목표제는 과거의 충격이 현재 및 장래의 통화정책에 영향을 미치지 않는다.

㉢ 물가수준목표제는 장기적인 물가수준의 예측이 가능하다. 또한 경제주체의 인플레이션 기대에 영향을 미치고 이를 통해 인플레이션 및 총산출량의 변동성을 줄일 수 있다.

㉣ 그러나 지속적인 비용 상승 충격이 나타나는 경우 물가수준목표제는 오히려 인플레이션과 총산출량의 변동성을 늘릴 수도 있다.

2. 통화정책의 수단

(1) 일반적 정책수단

일반적 정책수단(general control)은 통화량의 크기와 이자율을 조정함으로써 국민경제 전체에 영향을 미치고자 하는 정책을 말한다. 공개시장운영, 재할인율정책(여·수신제도), 지급준비율정책(지급준비제도) 세 가지가 있다.

① 지급준비율(reserve requirement)정책

중앙은행이 법정지급준비율을 변경시킴으로써 통화량의 크기를 조절하는 것을 말한다. 법정지급준비율을 인상하면 통화량은 감소한다.

② 재할인율(rediscount rate)정책

중앙은행이 예금취급기관을 상대로 재할인율을 변동시켜 통화량을 조정하고 시중금리에 영향을 미치는 것을 말한다. 재할인율을 인상하면 통화량은 감소한다.

③ 공개시장운영(open market operation)

중앙은행이 국공채의 매매를 통해 통화량을 조절하는 것을 말한다. 중앙은행이 보유하고 있던 국공채를 매각하면 통화량이 감소한다. 공개시장조작은 우리나라를 포함하여 증권시장이 잘 발달된 선진국에서 보편적으로 이용하는 정책수단이다.

④ 각종 한도제(ceiling)

㉠ 창구규제라고도 하는데 앞에서 본 정책수단만 가지고는 통화량 규제의 효과를 보기가 어려운 경우에 보다 직접적인 통화량 규제수단으로 채택되는 것이다.

㉡ 예컨대 대출한도제(국내 여신한도제), 통화량 최고한도제, 중앙은행과 예금은행의 자산 규제 등이 있다.

(2) 테일러 준칙

① 테일러 준칙의 의의

현재 대부분의 중앙은행은 자국의 경제상황에 맞게 기준금리를 조정하여 통화정책을 수행하고 있다. 이 경우 중앙은행이 기준금리를 수준을 설정할 때 참고로 하는 것이 테일러 준칙(Taylor's rule)이다.

② 테일러 준칙의 내용

㉠ 테일러 준칙은 다음과 같이 간략하게 나타낼 수 있다.

> 목표 명목기준금리＝균형 명목기준금리＋α·총생산갭＋β·인플레이션갭

여기서 각 항은 다음을 의미한다.

> 균형 명목기준금리 ＝ 실제 인플레이션율＋균형 실질기준금리
>
> 총생산갭 ＝ $\dfrac{\text{실제 실질GDP}-\text{잠재 실질GDP}}{\text{잠재 실질GDP}} \times 100$
>
> 인플레이션갭 ＝ 실제 인플레이션율－목표 인플레이션율

㉡ 이를 수식으로 나타내면 다음과 같다.

$$i = 0.05 + \pi + 0.5(\pi - \pi^*) - 0.5\left(\frac{Y^* - Y}{Y^*}\right)$$

여기서 i는 명목이자율, π는 인플레이션율, π^*는 목표 인플레이션율, Y^*는 잠재GDP, Y는 실제GDP 이고 따라서 $(Y^* - Y)/Y^*$는 총생산갭이다.

③ 테일러 준칙의 해석

테일러 준칙에 의하면 중앙은행은 실제 인플레이션율과 목표 인플레이션율의 차이가 클수록, 실제GDP와 잠재GDP의 차이가 클수록 명목 목표기준금리를 올린다는 것이다. 이는 곧 긴축적인 통화정책을 의미한다.

05 | 실전대비문제

01 화폐수요 $M_d = kPY$이다. k는 5, 인플레이션율은 3%, 경제성장률은 4%일 때 화폐수요 증가율은?(단, k : 상수, P : 물가수준, Y : 생산량) (2019년)

① 7% ② 12%

③ 35% ④ 60%

[해설] k가 5로 일정하므로 화폐수요는 인플레이션과 경제성장률에 의해 결정된다. 따라서 화폐수요의 증가율은 인플레이션율과 경제성장률의 합인 7%가 된다.

답 ①

02 통화(M)＝현금통화(C)＋요구불예금(D), 본원통화(H)＝현금통화(C)＋지급준비금(R)으로 주어져 있다. 현금예금비율 $\dfrac{C}{D}=0.5$, 지급준비율 $\dfrac{R}{D}=0.1$일 때, 통화승수는 얼마인가? (2016년)

① 2.5 ② 5

③ 7.5 ④ 10

[해설] 통화승수 ＝ $\dfrac{현금예금비율＋1}{현금예금비율＋지급준비율} = \dfrac{0.5＋1}{0.5＋0.1} = 2.5$

답 ①

03 유동성 함정과 부(wealth)의 효과에 관한 설명으로 옳지 않은 것은? (2016년)

① 유동성 함정은 LM곡선의 수평구간에서 발생한다.

② 케인즈의 유동성 함정에 대한 반론으로서 고전학파는 부의 효과를 주장하였다.

③ 유동성 함정은 화폐수요의 이자율탄력성이 영(0)일 때 발생한 부(wealth)의 효과이다.

④ 유동성 함정에 빠진 경제라도 부의 효과가 존재한다면 확장적 통화정책은 국민소득을 증가시킨다.

[해설] 유동성 함정은 화폐수요의 이자율탄력성이 무한대인 구간이다.

① 유동성 함정의 구간에서는 LM곡선은 수평선이다. 따라서 통화량의 증가로 LM곡선이 오른쪽으로 이동하더라도 국민소득 증가에 영향을 주지 못한다. 따라서 유동성 함정 구간에서 통화정책은 효과가 없다.

②·④ 고전학파는 케인즈의 유동성 함정의 구간에서의 통화정책의 효과를 가질 수 없다는 주장에 대한 반론을 펼쳤다. 고전학파는 경제가 유동성 함정의 구간일지라도 부의 효과가 존재하면 통화정책의 효과를 가질 수 있다고 주장했다. 고전학파가 이러한 주장을 펼친 이유는 통화량이 증가할 경우 민간이 보유한 실질자산이 증가해서 민간소비의 증가가 발생한다면 IS곡선이 오른쪽으로 이동하게 되어 국민소득이 증가가 발생한다고 생각했기 때문이다.

답 ③

04 명목GDP와 관련된 교환(화폐수량)방정식에 대한 설명으로 옳지 않은 것은? (2016년)

① 완전고용하에서 화폐유통속도가 일정할 경우 화폐공급이 증가하면 물가가 상승한다.

② 화폐시장의 균형하에서 화폐유통속도가 일정할 경우 화폐수요는 명목GDP에 비례한다.

③ 투기적 화폐수요를 설명하고자 교환방정식이 도입되었다.

④ 명목GDP가 1,000이고 화폐공급이 100이면 화폐유통속도는 사후적으로 10이 된다.

[해설] 교환방정식은 고전학파의 물가이론으로 화폐의 기능은 교환매개의 수단으로 보고 있다.

M : 통화량, V : 유통속도, P : 물가, T : 거래량, Y : 최종생산물

• 교환방정식

MV(일정기간 동안의 총지출액)$= PT$(일정기간 동안의 총거래액)

• 일반적인 교환방정식

MV(일정기간 동안의 명목거래액)$= PY$(일정기간 동안의 명목국민소득)

①·②·④ 위 방정식을 보면 유통속도가 일정할 경우 화폐공급의 증가가 물가상승을 일으킴을 알 수 있고 화폐수요는 명목GDP에 비례함을 알 수 있다. 또한 명목GDP가 1,000이고 화폐공급이 100일 때의 화폐유통속도는 10임을 확인할 수 있다.

답 ③

05 통화량의 증가가 이자율에 미치는 효과에 대한 설명으로 옳지 않은 것은? (2016년)

① 단기적으로 명목이자율이 하락하는 유동성효과가 발생한다.

② 장기적으로 물가상승으로 인해 명목이자율이 상승하는 피셔효과가 발생한다.

③ 피셔(I. Fisher)는 인플레이션율이 1%p 상승할 경우 명목이자율이 1% 포인트 상승하는 피셔효과를 주장하였다.

④ 장기적으로 화폐의 중립성이 성립하므로 실질이자율이 상승한다.

[해설] 화폐의 중립성이 성립할 경우에 통화량의 증가로 인플레이션이 발생하면 명목이자율도 같은 크기로 상승하기 때문에 실질이자율의 변화는 없다.

① 통화량의 증가는 단기적으로 소득수준과 물가수준이 일정할 경우 이자율이 하락하게 된다. 따라서 통화량 증가 시 단기적으로 명목이자율이 하락하는 유동성효과는 발생한다고 할 수 있다.

②·③ 피셔효과에 의하면 명목이자율은 실질이자율과 예상인플레이션율의 합과 같다고 한다. 따라서 물가상승, 즉 인플레이션 1% 상승하면 명목이자율 또한 1% 상승한다고 할 수 있다.

답 ④

06 다음 자료를 이용하여 구한 통화량 $M1$의 통화승수는? (2017년)

$$M1 = C + D, \ H = C + R$$
$$c = \frac{C}{M1} = \frac{1}{6}, \ z = \frac{R}{D} = \frac{1}{10}$$

(단, C : 현금통화, D : 요구불예금, H : 본원통화, R : 지급준비금, c : 현금-통화비율, z : 지급준비율)

① 2   ② 3

③ 4   ④ 5

[해설] 통화승수$(m) = \dfrac{1}{c + z(1-c)} = \dfrac{1}{\dfrac{1}{6} + \dfrac{1}{10}\left(1 - \dfrac{1}{6}\right)} = 4$

답 ③

---

07 케인즈의 유동성 함정에서 나타나는 현상으로 적절하지 않은 것은? (2017년)

① 화폐수요의 이자율탄력성의 절댓값이 무한대이다.

② 명목이자율이 거의 0%로 떨어진다.

③ LM곡선이 수직이다.

④ 확대통화정책이 국민소득을 증가시킬 수 없다.

[해설] 유동성 함정 시 화폐수요의 이자율탄력성은 무한대로 LM곡선은 수평선으로 도출된다.

① 유동성 함정 시 화폐수요곡선은 수평선으로 화폐수요의 이자율탄력성은 무한대이다.

② 유동성 함정 시 이자율은 매우 낮은 수준으로 명목이자율이 거의 0%로 떨어진다.

④ 유동성 함정 시에는 화폐공급이 증가해도 증가된 통화량이 모두 화폐수요로 흡수되어 이자율의 변화가 없기 때문에 국민소득의 변화에 영향을 주지 못한다.

답 ③

08 교환(화폐수량)방정식에 관한 설명으로 옳지 않은 것은? (2017년)

① 거래적 화폐수요를 설명하는 이론이다.

② 물가수준을 설명하는 이론이다.

③ 투자를 설명하는 이론이다.

④ 화폐공급 증가율의 목표치를 설정할 때 이론적 근거로 활용된다.

[해설] ①·③ 교환방정식 $MV = PT$에서 물가(P)와 거래량(T)을 곱한 PT는 일정기간 동안의 총거래액을 나타내고, 통화량(M)과 유통속도(V)를 곱한 MV는 일정기간 동안의 총지출액으로서 위 방정식은 일정규모의 거래를 위해서 필요한 통화량을 보여주는 화폐수요이론으로 거래적 화폐수요를 설명하고 있다. 하지만 투자와는 관련이 없다.

② 교환방정식에서 단기적으로 거래량(T)과 최종생산물(Y) 간에 일정한 비례관계가 있어 $MV = PY$로 나타낼 수 있다.

위 방정식에서 유통속도(V)와 산출량(Y)이 일정한 값이므로 통화량(M)과 물가(P)는 정비례함을 볼 수 있기에 교환방정식은 고전학파의 물가이론으로 물가수준을 설명한다.

④ 교환방정식을 통화량(M)에 대해서 정리하면 $M = \dfrac{1}{V}PY$로 PY(명목GDP)만큼 거래를 위해서는 명목GDP의 일정

비율$\left(\dfrac{1}{V}\right)$만큼 화폐가 필요함을 나타낸다. 따라서 교환방정식은 필요한 통화량을 위해 화폐공급 증가율을 설정하는 데 이용된다.

🅐 ③

09 통화공급에 관한 설명으로 옳은 것은? (2019년)

① 중앙은행의 은행에 대한 대출금리가 상승하면 통화공급이 증가한다.

② 지급준비율이 인상되면 통화공급이 증가한다.

③ 민간부분의 요구불예금 대비 현금보유 비중이 상승하면 통화공급이 증가한다.

④ 중앙은행이 공개시장운영을 통해 채권시장에서 채권을 매입하면 통화공급이 증가한다.

[해설] 중앙은행이 채권시장에서 채권을 매입하면 본원통화의 증가로 통화공급이 증가한다.

① 중앙은행의 은행에 대한 대출금리가 상승하면 시중은행의 차입 감소로 통화공급이 감소한다.

② 지급준비율이 인상되면 은행의 현금보유 증가로 통화공급이 감소한다.

③ 요구불예금 대비 현금보유 비중이 상승하면 통화공급이 감소한다.

🅐 ④

10 유동성 함정에 관한 설명으로 옳은 것은? (2019년)

① 유동성 함정에서는 LM곡선이 수직으로 나타난다.

② 유동성 함정은 채권 가격이 매우 낮은 상황에서 발생한다.

③ 유동성 함정에서 소득을 증가시키기 위해서는 통화정책보다 재정정책이 더 효과적이다.

④ 유동성 함정에서 빠져나오기 위해서는 LM곡선을 오른쪽으로 이동시켜야 한다.

[해설] 유동성 함정 구간에서는 LM곡선이 수평선이므로 통화정책보다는 재정정책이 더 효과적이다.

① 유동성 함정 구간에서는 화폐수요의 이자율탄력성이 무한대이므로 LM곡선은 수평으로 나타난다.

② 유동성 함정 구간에서는 이자율이 낮아 채권 가격은 높게 나타난다.

④ 유동성 함정에서 벗어나기 위해선 IS곡선을 오른쪽으로 이동시켜야 한다.

🅐 ③

11 통화승수를 상승시키는 것으로 옳지 않은 것은? (2020년)

① 법정지급준비율 하락   ② 은행자기자본비율 하락
③ 초과지급준비율 하락   ④ 민간현금보유율 하락

[해설] 통화승수$(m) = \dfrac{1}{c + z(1-c)}$

은행자기자본비율 하락은 가계대출과 같은 위험가중자산이 증가되었다는 의미가 되므로 민간현금보유율이 상승하게 되어 통화승수가 하락하게 된다.

답 ②

12 현금예금비율(민간보유 현금통화/요구불예금)이 0.6이고 지급준비율(지급준비금/요구불예금)이 0.2라면, M1 통화승수는? (2021년)

① 1   ② 2
③ 3   ④ 4

[해설] 통화승수 $= \dfrac{\text{현금예금비율} + 1}{\text{현금예금비율} + \text{지급준비율}} = \dfrac{0.6 + 1}{0.6 + 0.2} = 2$

답 ②

13 통화량 목표제와 이자율 목표제에 대한 설명으로 옳은 것은? (2021년)

① 화폐수요함수가 명목국민소득만의 함수라면 이자율 조절이 용이해진다.
② 화폐수요가 이자율에 민감할수록 통화량 조절을 통한 경기안정화 정책의 유효성이 커진다.
③ 중앙은행은 기준금리를 통해 장기 실질이자율을 통제할 수 있다.
④ 화폐수요함수가 외부충격으로 변동하면 통화량과 이자율 목표를 동시에 달성하기 어렵다.

[해설] 외부충격으로 화폐수요가 증가할 경우 통화량을 일정하게 유지하고자 한다면 이자율이 상승하고, 이자율을 일정하게 유지하고자 한다면 통화량이 증가하기 때문에 통화량과 이자율을 동시에 만족시키는 것은 어렵다.
① 화폐수요함수가 명목국민소득만의 함수로 이자율에 영향을 받지 않는다면 화폐수요함수는 수직선 형태로 중앙은행은 통화량 변동을 통해 이자율을 조정할 수 없다.
② 화폐수요가 이자율에 민감할수록 LM곡선은 완만해지기 때문에 통화량 조절을 통한 경기안정화 정책의 유효성은 낮아진다.
③ 중앙은행은 기준금리를 통해 명목이자율에 영향을 주지만 장기적으로 실질이자율을 통제하기는 힘들다.

답 ④

14 화폐수요함수가 $\dfrac{M^d}{P} = 5,000 - 5,000i$ 이고, 기대물가상승률은 10%, 화폐공급은 8,000, 물가수준은 2이다. 피셔효과가 성립할 때 균형실질이자율은 얼마인가?(단, M^d는 화폐수요, P는 물가수준, i는 소수로 표시된 명목이자율이다) 　　　　　　　　　　　　　　　　　　　　(2021년)

① 8% 　　　　　　　　　　　　　　　　② 9%

③ 10% 　　　　　　　　　　　　　　　④ 11%

[해설] $\dfrac{M^d}{P} = \dfrac{M^s}{P}$

$5,000 - 5,000i = \dfrac{8,000}{2} = 4,000$

$\therefore i = 0.2 = 20\%$

$\therefore$ 실질이자율 = 명목이자율 − 기대인플레이션 = 20% − 10% = 10%

답 ③

15 A경제의 지급준비율이 실질이자율의 함수로서 $0.4 - 2r$ 이고, 현금/요구불예금 비율이 0.2, 물가수준은 1로 고정되어 있다고 한다. 본원통화는 100이고, 화폐수요함수는 $L(Y, r) = 0.5Y - 10r$ 이다. 실질이자율이 10%인 경우, 화폐시장이 균형을 이루는 소득수준은 얼마인가?(단, Y는 실질소득, r은 소수로 표시한 실질이자율이다) 　　　　　　　　　　　　　　　　　(2021년)

① 302 　　　　　　　　　　　　　　　② 402

③ 502 　　　　　　　　　　　　　　　④ 602

[해설]　• A경제의 지급준비율 = $0.4 - 2r = 0.4 - (2 \times 0.1) = 0.2$

　• 통화승수 = $\dfrac{현금예금비율 + 1}{현금예금비율 + 지급준비율} = \dfrac{0.2 + 1}{0.2 + 0.2} = 3$

　• 통화공급량 = 통화승수 × 본원통화 = $3 \times 100 = 300$

통화공급량과 화폐수요함수를 연립하면

$300 = 0.5Y - 10r = 0.5Y - (10 \times 0.1)$

$\therefore Y = 602$

답 ④

16 기대인플레이션 상승이 채권시장에 미치는 영향으로 옳은 것은? 　　　　　　　　　　　　(2021년)

① 채권 공급이 감소한다. 　　　　　　② 채권 수요가 증가한다.

③ 채권 거래량이 증가한다. 　　　　　④ 채권 가격이 하락한다.

[해설] 기대인플레이션이 상승하면 채권 수요는 감소하고, 실물자산에 대한 수요는 증가한다. 채권 수요 감소는 채권 가격 하락으로 이어진다.

답 ④

17 다음 중 시계열 차원의 거시건전성 정책수단으로서 금융의 경기순응성을 완화하기 위한 정책으로 옳지 않은 것은?

(2021년)

① 호황기에 은행의 의무 자기자본비율을 높인다.

② 불황기에 LTV(loan-to-value)를 높인다.

③ 호황기에 대손충당금 적립의무를 높인다.

④ 불황기에 은행 자산에 은행세(bank levy)를 부과한다.

[해설] ①·③ 호황기에 대출을 늘리면 경기가 과열되는 현상이 발생되는데 이를 억제하기 위해서는 은행의 자기자본비율을 높이거나 대손충당금 적립의무를 높여 대출을 억제하여야 한다.
②·④ 불황기에 대출을 축소하면 경기가 위축되는 현상이 발생되는데 이를 억제하기 위해서는 LTV(loan-to-value)를 높여주거나 은행 자산에 은행세(bank levy)를 낮춰 대출 규모를 크게 해주어야 한다.

[답] ④

18 피셔효과가 성립하는 경제에서 실질이자율이 4%, 기대인플레이션율이 6%이다. 이자소득세율이 20%인 경우 세후 명목이자율과 세후 기대실질이자율은?

(2021년)

	세후 명목이자율	세후 기대실질이자율
①	6%	2%
②	8%	2%
③	6%	4%
④	8%	4%

[해설] • 명목이자율 = 실질이자율 + 기대인플레이션
• 세전 명목이자율 = 4%+6% = 10%
• 세후 명목이자율 = 세전 명목이자율 × (1 − 이자소득세율) = 10% × (1 − 20%) = 8%
• 세후 기대실질이자율 = 세후 명목이자율 − 기대인플레이션 = 8% − 6% = 2%

[답] ②

19 통화량(M)이 현금통화(C)와 예금통화(D)의 합계로 정의되고, 본원통화(H)는 현금통화와 은행의 지급준비금(R)으로 구성된다. 또한 민간의 현금 − 통화비율$\left(c = \dfrac{C}{M}\right)$이 0.2이고, 총지급준비율$\left(z = \dfrac{R}{D}\right)$이 0.25이다. 중앙은행이 10조원의 본원통화를 증가시킬 때, 통화량의 증가는?

(2022년)

① 15조원   ② 20조원

③ 25조원   ④ 30조원

[해설] 통화승수 $= \dfrac{1}{c+z(1-c)} = \dfrac{1}{0.2+0.25(1-0.2)} = 2.5$

∴ 통화승수가 2.5이므로 중앙은행이 10조원의 본원통화를 증가시키면 통화량은 25조원(= 2.5×10조원) 증가한다.

[답] ③

20 이자소득세율이 25%, 명목이자율이 4%이다. 예상 물가상승률이 3%에서 6%로 상승하였을 때. 세후 실질이자율이 이전과 같은 수준이 되기 위해서 필요한 명목이자율 수준은? (2022년)

① 5% ② 6%

③ 7% ④ 8%

[해설] 예상 물가상승률이 3%인 경우
- 이자소득세 = 이자소득세율 × 명목이자율 = 0.25 × 4% = 1%
- 세후 명목이자율 = 명목이자율 − 이자소득세 = 4% − 1% = 3%
- 세후 실질이자율 = 세후 명목이자율 − 예상 물가상승률 = 3% − 3% = 0%

예상 물가상승률이 6%인 경우
명목이자율을 x%라 하면
- 이자소득세 = 이자소득세율 × 명목이자율 = 0.25 × x% = $0.25x$%
- 세후 명목이자율 = 명목이자율 − 이자소득세 = x% − $0.25x$% = $0.75x$%
- 세후 실질이자율 = 세후 명목이자율 − 예상 물가상승률 = $0.75x$% − 6% = 0%
- ∴ 명목이자율 = 8%

답 ④

21 통화공급 감소 요인으로 옳은 것은? (2022년)

① 본원통화량 증가 ② 재할인율 인하

③ 현금 − 예금 비율의 하락 ④ 은행의 초과지급준비금의 증가

[해설] 은행의 초과지급준비금이 증가하게 되면 통화승수의 감소로 통화공급이 감소한다.
① 본원통화량이 증가하면 통화공급이 증가한다.
② 재할인율이 인하되면 예금은행의 차입이 증가한다. 예금은행의 차입은 본원통화를 증가시키며 본원통화의 증가는 통화공급을 증가시킨다.
③ 현금 − 예금 비율이 하락하게 되면 통화승수가 증가하여 통화공급이 증가한다.

답 ④

22 화폐수량설에 의하면, 물가상승률이 통화량 증가율보다 낮을 때 이에 관한 이유로 옳은 것은? (2022년)

① 산출량 증가 또는 화폐유통속도 증가
② 산출량 증가 또는 화폐유통속도 감소
③ 산출량 감소 또는 화폐유통속도 증가
④ 산출량 감소 또는 화폐유통속도 감소

[해설]
- 화폐수량설 교환방정식 : $MV = PY$
- 화폐수량설 교환방정식 증가율 : $\dfrac{\Delta M}{M} + \dfrac{\Delta V}{V} = \dfrac{\Delta P}{P} + \dfrac{\Delta Y}{Y}$

물가상승률이 통화량 증가율보다 낮다는 의미는 $\dfrac{\Delta M}{M} > \dfrac{\Delta P}{P}$ 이다. 따라서 위에 서술한 화폐수량설 교환방정식 증가율 공식이 성립하기 위해선 산출량 증가율이 화폐유통속도 증가율보다 커야 한다.
산출량 증가율이 화폐유통속도 증가율보다 커지기 위해선 산출량이 증가하거나 화폐유통속도가 감소해야 한다.

답 ①

23 다음은 3인(i=1, 2, 3)만이 존재하는 경제의 화폐수요를 나타낸다. 경제 전체의 마샬 k는? (2018년)

> 개인 i의 화폐수요 : $M_i^d = k_i Y_i$(단, M_i^d, Y_i, k_i는 각각 개인 i의 화폐수요, 소득, 마샬 k)
>
> 경제 전체의 화폐수요 : $M^d = k Y$(단, M^d, Y, k는 각각 경제 전체의 화폐수요, 소득, 마샬 k)
>
> $Y_1 = 20$, $Y_2 = 40$, $Y_3 = 60$, $k_1 = 0.4$, $k_2 = 0.4$, $k_3 = 0.2$

① 0.30   ② 0.33

③ 0.36   ④ 0.39

[해설]
- 개인1 화폐수요 $M_1^d = 0.4 \times 20 = 8$
- 개인2 화폐수요 $M_2^d = 0.4 \times 40 = 16$
- 개인3 화폐수요 $M_3^d = 0.2 \times 60 = 12$
- 경제 전체의 화폐수요 $M_d = 8 + 16 + 12 = 36$
- 경제 전체의 소득 $Y = 20 + 40 + 60 = 120$

따라서 경제 전체의 화폐수요함수 $M^d = kY$이므로
위에서 구한 경제 전체의 화폐수요와 소득을 대입하면 $36 = k \times 120$
$\therefore k = 0.3$이 된다.

답 ①

24 다음은 화폐수량설에 대해 설명한 것이다. 바르지 못한 것은?

① 흄(D. Hume)이 주장하고 피셔(I. Fisher)가 정리하였으며, 프리드먼(M. Friedman)이 지지한 이론이다.

② 통화량이 증가하면 물가는 비례적으로 상승한다는 주장이다.

③ 화폐의 유통속도가 일정하면 통화량의 증가는 실질국민소득을 증가시킨다는 주장이다.

④ 명목국민소득이 증가하면 화폐수요는 비례적으로 증가한다는 이론이다.

[해설] 화폐수량설에서 통화량의 증가는 실질국민소득은 증가시키지 못하고 물가만 비례적으로 상승한다. 이는 고전학파가 주장한 것으로 화폐의 중립성(neutrality of money)이라고 한다. 실물부문과 화폐부문은 서로 영향을 미치지 못하고 완전히 분리되어 있다는 고전학파의 이분성(classical dichotomy)의 근거가 되는 주장이다.

답 ③

25 유동성 함정(liquidity trap)에 관한 설명으로 옳은 것을 모두 고른 것은?

> ㄱ. IS곡선이 수직선이다.
> ㄴ. LM곡선이 수평선이다.
> ㄷ. 재정정책이 국민소득에 영향을 주지 않는다.
> ㄹ. 화폐수요의 이자율탄력성이 무한대일 때 나타난다.

① ㄱ, ㄷ   ② ㄴ, ㄹ

③ ㄷ, ㄹ   ④ ㄱ, ㄴ, ㄷ

[해설] 유동성 함정(liquidity trap)은 극도로 경기가 침체하여 투자수요가 거의 없어 이자율이 최저수준으로 하락했을 때 나타나는 현상으로 케인즈에 의해 주장된 것이다. 화폐수요의 이자율탄력성이 무한대가 되어, 화폐수요곡선과 LM 곡선은 수평선이 된다. 유동성 함정이 존재하면 통화량을 증가시키는 통화정책은 전혀 효과가 없고, 구축효과는 0이 되어 재정정책의 효과는 매우 강력하다.

답 ②

26 A국에서 인플레이션 갭과 산출량 갭이 모두 확대될 때, 테일러 준칙(Taylor's rule)에 따른 중앙은행의 정책은?

① 정책금리를 인상한다.

② 정책금리를 인하한다.

③ 정책금리를 조정하지 않는다.

④ 지급준비율을 인하한다.

[해설] 테일러 준칙을 간략하게 나타내면 목표 명목기준금리 = 균형 명목기준금리 + α · 산출량 갭 + β · 인플레이션 갭이다.
① 인플레이션 갭과 산출량 갭이 모두 확대되면 중앙은행은 정책금리를 인상한다.

답 ①

27 화폐수요함수는 $\dfrac{M^d}{P} = \dfrac{Y}{5i}$ 이다. 다음 중 옳은 것을 모두 고른 것은?(단, $\dfrac{M^d}{P}$ 는 실질화폐잔고, i는 명목이자율, Y는 실질생산량, P는 물가이다)

ㄱ. 명목이자율이 일정하면, 실질생산량이 $k\%$ 증가할 경우 실질화폐잔고도 $k\%$ 증가한다.

ㄴ. 화폐유통속도는 $\dfrac{5i}{Y}$ 이다.

ㄷ. 명목이자율이 일정하면 화폐유통속도는 일정하다.

ㄹ. 실질생산량이 증가하면 화폐유통속도는 감소한다.

① ㄱ, ㄴ   ② ㄱ, ㄷ

③ ㄴ, ㄷ   ④ ㄴ, ㄹ

[해설] ㄱ. 화폐수요함수가 $\dfrac{M^d}{P} = \dfrac{Y}{5i}$ 이므로 실질화폐잔고 $\dfrac{M^d}{P}$ 는 실질생산량 Y와 정비례 관계에 있다. 실질생산량이 $k\%$ 증가할 경우 실질화폐잔고도 $k\%$ 증가한다.

ㄴ. 교환방정식 $MV = PY$ 에서 화폐의 유통속도 $V = \dfrac{PY}{M}$ 이다. 균형에서는 $M^d = M^s = M$ 이므로 $V = \dfrac{PY}{M} = 5i$ 이다.

ㄷ, ㄹ. $V = 5i$ 이므로 명목이자율이 일정하면 화폐의 유통속도는 일정하고, 화폐의 유통속도와 실질생산량은 아무 관계가 없다.

답 ②

28 통화량(M)을 현금(C)과 요구불예금(D)의 합으로, 본원통화(B)를 현금(C)과 지급준비금(R)의 합으로 정의하자. 이 경우 현금보유비율(cr)은 C/D, 지급준비금비율(rr)은 R/D로 나타낼 수 있다. 중앙은행이 본원통화를 공급할 때 민간은 현금 보유분을 제외하고는 모두 은행에 예금하며, 은행은 수취한 예금 중 지급준비금을 제외하고는 모두 대출한다고 가정한다. cr이 0.2, rr이 0.1이면 통화승수의 크기는?

① 1.5   ② 2.0

③ 3.7   ④ 4.0

[해설] 통화승수 $m = \dfrac{M}{B} = \dfrac{C+D}{C+R}$ 에서 양변을 D로 나누면 $m = \dfrac{C/D+1}{C/D+R/D} = \dfrac{cr+1}{cr+rr} = \dfrac{0.2+1}{0.2+0.1} = 4$ 이다.

답 ④

29 A국 경제가 유동성 함정(liquidity trap)에 빠졌을 경우 이에 관한 설명으로 옳은 것은?

① 투자가 이자율에 대해 매우 탄력적이다.

② 확대통화정책이 확대재정정책보다 국민소득을 더 많이 증가시킨다.

③ 확대재정정책을 실시하면 구축효과로 0이므로 국민소득의 증가효과가 크다.

④ 화폐수요가 이자율에 대해 완전비탄력적이다.

[해설] 유동성 함정(liquidity trap)은 극도로 경기가 침체하여 투자수요가 거의 없어 이자율이 최저수준으로 하락했을 때 나타나는 현상으로 케인즈에 의해 주장된 것이다. 화폐수요의 이자율탄력성이 무한대가 되어, 화폐수요곡선과 LM곡선은 수평선이 된다. 유동성 함정이 존재하면 통화량을 증가시키는 통화정책은 이자율의 변화가 없으므로 전혀 효과가 없고, 재정정책의 효과는 구축효과는 0이 되므로 매우 강력하다.

답 ③

30 중앙은행은 아래와 같은 테일러 준칙(Taylor's rule)에 따라 명목이자율을 조정한다. 이에 관한 설명으로 옳지 않은 것은?(단, i는 명목이자율, π는 인플레이션율, π^*는 목표 인플레이션율, Y^*는 잠재GDP, Y는 실제GDP, $(Y^*-Y)/Y^*$는 총생산 갭이다.

$$i = 0.05 + \pi + 0.5(\pi - \pi^*) - 0.5(Y^* - Y)/Y^*$$

① 목표 인플레이션율이 낮아지면 중앙은행은 명목이자율을 인상한다.

② 실제GDP가 잠재GDP보다 더 큰 경우에 중앙은행은 명목이자율을 인상한다.

③ 총생산 갭은 0이고 인플레이션율이 3%에서 4%로 상승하는 경우에, 중앙은행은 명목이자율을 0.5%p 인상한다.

④ 인플레이션율은 목표치와 같고 총생산 갭이 0%에서 1%로 상승하는 경우에, 중앙은행은 명목이자율을 0.5%p 인하한다.

[해설] ③ 총생산 갭 $(Y^*-Y)/Y^*$은 0이고 인플레이션율 π가 3%에서 4%로 1%p 상승하는 경우에, 중앙은행은 명목이자율을 1.5%p 인상해야 한다.

답 ③

31 민간은 화폐를 현금과 요구불예금으로 각각 2분의 1씩 보유하고, 은행은 예금의 3분의 1을 지급준비금으로 보유한다. 통화공급을 150만큼 늘리기 위한 중앙은행의 본원통화 증가분은?(단, 통화량은 현금과 요구불예금의 합계이다)

① 50

② 100

③ 150

④ 200

⑤ 250

[해설] 현금보유비율 $c = \dfrac{1}{2}$ 이고, 지급준비율 $r = \dfrac{1}{3}$ 이므로 통화승수 $m = \dfrac{1}{c+r(1-c)} = \dfrac{3}{2} = 1.5$이다. 통화공급을 150 증가시키려면 본원통화는 100 증가해야 한다.

답 ②

06 | 총수요 · 총공급 이론

제1절 생산물시장의 균형과 IS곡선

1. IS-LM 모형의 의의

(1) 생산물시장의 분석

① 앞에서 우리는 생산물시장(또는 실물부문)만을 대상으로 하여 총수요의 크기에 의해 국민소득(또는 산출량)이 결정되는 과정을 살펴보았다.

② 그러나 이러한 분석은 총수요에 영향을 미치는 다른 요인이나 다른 시장은 일정불변이라는 가정하에서 이루어진 것이다.

(2) 화폐시장의 도입

① 생산물시장은 화폐시장(또는 화폐부문)과 밀접한 연관을 맺고 있다. 즉 화폐시장에서 화폐공급이나 화폐수요가 변화하면 이자율이 변화하고 이자율이 변화하면 투자가 변화하여 국민소득이 변화하게 된다. 즉 생산물시장과 화폐시장은 이자율을 매개로 밀접하게 연관되어 있다.

② 따라서 국민소득(또는 산출량)이 결정되는 원리를 좀 더 본질적으로 이해하기 위해서는 두 시장에 대한 동시적인 분석이 필요한데, 두 시장의 동시적인 균형분석은 힉스(J.R. Hicks)와 한센(A. Hansen)에 의해 개발되어 이를 힉스-한센분석 또는 IS-LM분석이라고 한다.[9]

(3) 국민경제의 일반균형의 의의

① 국민경제의 일반균형을 분석하기 위해 국민경제를 4개의 시장으로 구분한다. 즉 생산물시장, 화폐시장, 노동시장 및 증권시장으로 구분한다.

② 4개의 시장은 상호 연관되어 있다. 따라서 어느 한 시장에서 불균형이 발생하면 이는 다른 시장에 파급되어 다른 시장의 균형을 파괴한다.

(4) 왈라스의 법칙

국민경제의 일반균형을 분석하기 위해서는 4개 시장에 대한 동시적인 분석이 필요하지만 왈라스의 법칙(Walras' law)에 의거하여 3개의 시장이 동시균형을 이루면 나머지 하나의 시장도 균형을 이루기 때문에 3개 시장의 동시균형만 분석하면 된다.

---

9) IS-LM분석에서 IS는 생산물시장의 균형을 의미한다. 즉 생산물시장의 균형은 I=S, 즉 투자와 저축이 같은 곳에서 이루어지므로 생산물시장의 균형을 나타내는 곡선을 IS곡선이라고 한다. 한편 LM은 화폐시장의 균형을 의미하는데 화폐시장의 균형은 L=M, 즉 화폐수요와 화폐공급이 같은 곳에서 이루어지므로 화폐시장의 균형을 나타내는 곡선을 LM곡선이라고 한다.

(5) 일반균형의 체계

따라서 앞으로 분석하게 될 국민경제의 일반균형의 체계를 정리하면 다음과 같다.

▶ 일반균형의 체계

생산물시장의 균형 : IS곡선 ┐
                       ├ AD곡선 ┐
화폐시장의 균형 : LM곡선 ┘   ├ AD-AS의 균형
노동시장의 균형 ─────── AS곡선 ┘
증권시장의 균형

2. IS곡선의 도출

(1) IS곡선의 뜻

IS곡선은 생산물시장의 균형을 보장하는 이자율(r)과 국민소득(Y)의 조합점을 연결한 선이다. 따라서 IS곡선 위에서는 생산물시장이 균형상태에 있게 된다.

(2) IS곡선의 도출

① IS곡선은 생산물시장의 균형으로부터 도출한다. 즉 생산물시장의 균형조건 $I(r) = S(Y)$로부터 IS곡선을 도출한다.

▶ IS곡선의 도출

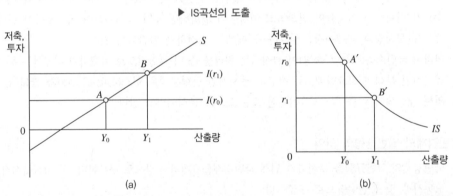

(a)   (b)

② 〈그림〉 (a)에서 A점은 이자율이 r_0일 때 생산물시장의 균형점이다. 즉 이자율이 r_0일 때 생산물시장의 균형을 보장하는 국민소득은 Y_0이다. 따라서 A점을 공간을 바꾸어 이자율(r)과 국민소득(Y) 공간에 표시하면 A'이 된다.

③ 이제 이자율이 r_0에서 r_1으로 하락하면 투자는 $I(r_0)$에서 $I(r_1)$으로 증가하므로 생산물시장의 균형점은 B가 된다. B는 이자율이 r_1일 때 생산물시장의 균형을 보장하는 국민소득은 Y_1이라는 것을 의미한다.

④ 마찬가지 방법으로 이를 이자율, 국민소득 공간에 표시하면 B'이 되고, A'과 B'을 연결하면 우하향하는 IS곡선이 도출된다.

3. IS곡선의 기울기

(1) IS곡선의 기울기의 결정요인

① 우하향하는 IS곡선의 기울기는 투자의 이자율탄력성(Ir)과 한계저축성향(MPS)에 의해서 결정된다.

② 투자의 이자율탄력성은 앞의 〈그림〉 (a)에서 이자율이 하락할 때 투자가 증가하는 정도를, 한계저축성향은 저축함수의 기울기를 나타낸다.

③ 따라서 투자의 이자율탄력성이 클수록, 한계저축성향이 작을수록 IS곡선의 기울기는 완만하다.

(2) IS곡선의 기울기에 대한 각 학파의 견해

① 고전학파, 통화주의

고전학파의 경우 저축(S)과 투자(I)에 의해 이자율이 결정되므로 투자의 이자율탄력성은 매우 크고, 따라서 IS곡선의 기울기는 매우 완만하다고 본다.

② 케인즈학파

케인즈는 투자는 이자율보다는 기업가의 동물적 본능(animal spirit)에 많이 의존하고, 또한 이자율은 화폐시장에서 화폐의 수요와 공급에 의해 결정되기 때문에 따라서 투자의 이자율탄력성은 매우 작고, IS곡선의 기울기는 가파르다고 본다.

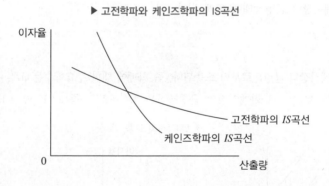

▶ 고전학파와 케인즈학파의 IS곡선

4. IS곡선의 이동

생산물시장의 균형이 변화하면 IS곡선이 이동한다. 따라서 정부부문을 포함한 생산물시장의 균형조건 $I+G = S+T$에서 주입(I, G)이 증가하거나 누출(S, T)이 감소하면 IS곡선은 오른쪽으로 이동한다.

5. 생산물시장의 불균형

(1) IS곡선은 생산물시장의 균형을 보장하는 이자율과 국민소득의 조합점을 연결한 선이므로 IS곡선 위에서는 어디서나 생산물시장이 균형상태에 있다. 그러나 IS곡선 이외의 점은 생산물시장이 불균형상태에 있음을 의미한다.

(2) 이 경우 IS곡선의 윗부분(오른쪽 부분)은 생산물시장의 초과공급, 즉 I<S인 상태이고, IS곡선의 아랫부분(왼쪽 부분)은 생산물시장의 초과수요, 즉 I>S인 상태를 의미한다.

(3) 생산물시장에 초과공급이 있게 되면 기업들은 생산량을 줄이므로 국민소득이 감소하는 방향으로 조정이 이루어진다.

제2절   화폐시장의 균형과 LM곡선

---

1. LM곡선의 도출

(1) LM곡선의 뜻

LM곡선은 화폐시장의 균형을 보장하는 이자율(r)과 국민소득(Y)의 조합점을 연결한 선이다. 따라서 LM곡선 위에서는 화폐시장이 균형상태에 있게 된다.

(2) LM곡선의 도출

① LM곡선은 화폐시장의 균형으로부터 도출된다. 즉 화폐에 대한 수요함수는 $M^D = L(Y, r)$이고 화폐공급함수는 $M^S = M_0$이므로 화폐시장의 균형조건은 $M^D = M^S$, 즉 $L(Y, r) = M_0$이다.

▶ LM곡선의 도출

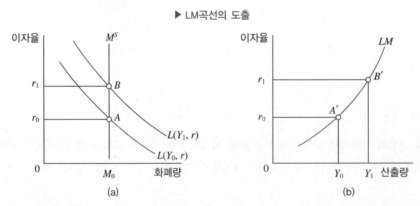

(a)   (b)

② 〈그림〉 (a)에서 국민소득이 Y_0일 때 화폐수요함수는 $L(Y_0)$이므로 화폐시장의 균형점은 A이고 따라서 화폐시장의 균형을 보장하는 이자율은 r_0이다. 이를 이자율과 국민소득 공간에 표시하면 A'이 된다.

③ 한편 국민소득이 Y_1으로 증가하면 화폐수요함수는 오른쪽으로 이동하여 $L(Y_1)$이 되고 화폐시장의 균형점은 B가 되어 화폐시장의 균형을 보장하는 이자율은 r이 된다. 이를 이자율과 국민소득 공간에 표시하면 B'이 되고 A'과 B'을 연결하면 우상향하는 LM곡선이 도출된다.

2. LM곡선의 기울기

(1) 기울기의 결정요인

우상향하는 LM곡선의 기울기는 화폐수요의 이자율탄력성과 화폐수요의 소득탄력성에 의해서 결정된다. 화폐수요의 이자율탄력성이 클수록, 화폐수요의 소득탄력성이 작을수록 LM곡선의 기울기는 완만하다.

(2) LM곡선의 기울기에 대한 각 학파의 견해

① 고전학파

고전학파는 화폐는 거래목적으로만 보유하고, 이자율은 투자와 저축에 의해서 결정된다고 본다. 즉 화폐의 중립성과 고전학파의 이분성에 근거하여 보면 화폐수요의 이자율탄력성은 0이므로, 화폐수요곡선은 수직이 되고, LM곡선도 수직의 형태를 보인다.

② 통화주의자

프리드먼(M. Friedman)의 신화폐수량설에 의하면 화폐수요의 소득탄력성은 크고, 화폐수요의 이자율탄력성은 매우 작으므로 LM곡선은 매우 가파른 형태를 보인다.

③ 케인즈

케인즈(J.M. Keynes)의 유동성 함정에서 화폐수요의 이자율탄력성은 무한대가 된다. 따라서 LM곡선은 수평의 형태를 보인다.

④ 케인즈학파

케인즈의 이자율 결정이론에 기초하여 화폐수요의 이자율탄력성은 크고 화폐수요의 소득탄력성은 작으므로 LM곡선은 완만한 형태를 보인다.

▶ LM곡선에 관한 각 학파의 견해

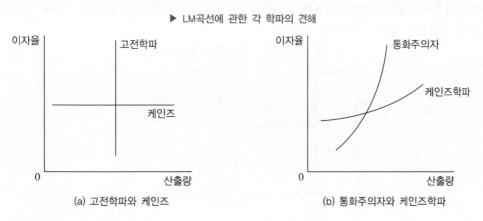

(a) 고전학파와 케인즈   (b) 통화주의자와 케인즈학파

3. LM곡선의 이동

화폐시장의 균형이 변화하면 LM곡선이 이동한다. 따라서 화폐공급(통화량)의 증가, 화폐수요의 감소, 물가 하락이 있으면 LM곡선은 오른쪽으로 이동한다.

4. 화폐시장의 불균형

(1) LM곡선은 화폐시장의 균형을 보장하는 이자율과 국민소득의 조합점을 연결한 선이므로 LM곡선 위에서는 어느 점에서나 화폐시장이 균형상태($M^D = M^S$)에 있다.

(2) 그러나 LM곡선 이외의 점에서는 화폐시장이 불균형상태에 있음을 의미한다. 이 경우 LM곡선의 윗부분은 화폐시장이 초과공급 상태, LM곡선의 아랫부분은 화폐시장이 초과수요 상태에 있게 된다.

(3) 화폐시장이 초과공급이면 이자율이 하락하는 방향으로 균형으로의 조정이 이루어진다. 초과수요이면 이자율이 상승하는 방향으로 균형으로의 조정이 이루어진다.

제3절　IS-LM의 균형

---

1. 두 시장의 동시균형

생산물시장과 화폐시장의 동시균형은 IS곡선과 LM곡선이 교차하는 E점에서 이루어진다. 즉 $E(r_0,\ Y_0)$는 양시장의 동시균형을 보장하는 이자율, 국민소득이고, E 이외의 점은 두 시장 중 어느 하나, 또는 두 시장 모두에 불균형이 있음을 의미한다.

▶ 생산물시장과 화폐시장의 동시균형

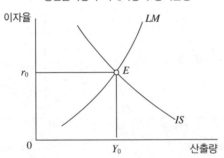

2. 균형이자율과 균형국민소득의 변화

(1) 균형의 변화요인

① IS곡선과 LM곡선의 교차점은 생산물시장과 화폐시장의 동시균형점, 즉 국민경제의 수요측면의 일반균형점으로 이 균형점은 IS곡선과 LM곡선이 이동하면 변화한다.

② 즉 투자, 정부지출, 저축, 조세 등의 변동으로 IS곡선이 이동하거나, 화폐공급(통화량), 화폐수요 등의 변동으로 LM곡선이 이동하면 균형이자율과 균형국민소득은 변화한다.

(2) 화폐공급(통화량)의 변화

① 화폐공급(통화량)이 증가하면 LM곡선이 우측으로 이동한다. 이에 따라 이자율이 하락하고 국민소득은 증가한다.

② 이 경우 이자율의 하락효과를 세분화해서 보면 다음과 같다. 즉 화폐공급(통화량) 증가 → 이자율 하락(r_0에서 r_2로) → 투자 증가 → 국민소득 증가, 그런데 국민소득의 증가로 화폐수요 증가 → 이자율 상승(r_2에서 r_1으로)

③ 즉 화폐공급의 증가는 이자율을 하락시키지만 화폐시장만을 고려했을 때 화폐공급 증가의 완전효과(r_0에서 r_2로의)를 반영하지는 못한다.

④ 따라서 이자율은 r_0에서 r_1까지만 하락한다. 이는 생산물시장을 함께 고려했기 때문이다.

▶ 통화량 증가의 효과

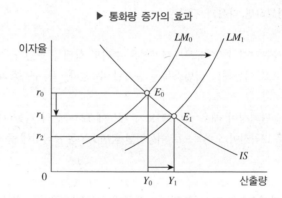

(3) 정부지출의 변화

① 정부지출(G)이 증가하면 IS곡선은 오른쪽으로 이동하고 이에 따라 이자율이 상승하고 국민소득은 증가한다.

② 만일 정부지출이 증가할 때 생산물시장만을 고려하면(즉 이자율이 상승하지 않는 것으로 가정하면) 국민소득은 Y_0에서 Y_2까지 증가한다.

③ 그러나 화폐시장을 함께 고려하면 이자율이 상승하므로 투자는 감소하고 이에 따라 국민소득은 감소한다(Y_2에서 Y_1으로).

④ 결과적으로 생산물시장과 화폐시장을 함께 고려하면 정부지출이 증가할 때 국민소득은 Y_0에서 Y_1까지만 증가한다.

⑤ 즉 정부지출(G)의 증가로 인한 국민소득의 증가를 민간투자(I)가 감소함으로써 상쇄하게 되는데 이를 구축효과(crowding out effect), 또는 밀어내기효과, 상쇄효과, 잠식효과라고 한다.

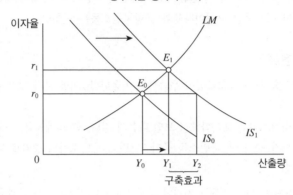

▶ 정부지출 증가의 효과

(4) 구축효과에 대한 각 학파의 견해

구축효과의 크기는 LM곡선의 기울기와 밀접한 관계가 있으므로 각 학파가 상이한 견해를 보이고 있다. 각 학파의 견해를 비교하면 다음과 같다.

① 고전학파

화폐수요의 이자율탄력성이 0이므로 LM곡선은 수직의 형태를 보인다. 따라서 정부지출이 증가하여 IS곡선이 오른쪽으로 이동해도 국민소득은 증가할 수 없다. 즉 구축효과가 100%이다.

② 통화주의자

화폐수요의 이자율탄력성이 매우 작다고 보기 때문에 LM곡선의 기울기는 가파른 형태이다. 따라서 정부지출의 증가로 IS곡선이 오른쪽으로 이동하면 국민소득은 조금밖에 증가하지 못한다. 즉 구축효과가 매우 크다.

③ 케인즈

유동성 함정에서 화폐수요의 이자율탄력성이 무한대이므로 LM곡선은 수평의 형태이고 따라서 구축효과는 0이다.

④ 케인즈학파

화폐수요의 이자율탄력성이 크기 때문에 LM곡선은 완만한 형태이다. 따라서 구축효과는 작고 따라서 정부지출을 증가시키는 재정정책은 효과가 크다.

3. 재정정책과 통화정책의 유효성

재정정책과 통화정책의 목표를 국민소득(Y)의 증가라고 하면 정책의 효과는 IS곡선과 LM곡선의 기울기에 따라 차이가 있다.

(1) 재정정책의 효과

재정정책은 정부지출(G) 증가, 조세(T) 감소를 통해 IS곡선을 오른쪽으로 이동시켜 국민소득을 늘리는 데 목적이 있다.

① 화폐수요의 이자율탄력성이 0, 즉 LM곡선이 수직인 경우 : 고전학파의 견해로 IS곡선의 기울기가 어떻든 구축효과가 완전하기 때문에 재정정책은 효과가 없다.
② 투자의 이자율탄력성이 무한대, 즉 IS곡선이 수평인 경우 : LM곡선의 기울기가 어떻든 재정정책은 효과가 없다.
③ 화폐수요의 이자율탄력성이 무한대, 즉 LM곡선이 수평인 경우 : 케인즈의 유동성 함정(liquidity trap)에서는 IS곡선의 기울기가 수평만 아니라면 재정정책의 효과는 아주 강력하다.
④ IS곡선과 LM곡선이 정상인 경우 : 재정정책을 실시하면 이자율도 상승하지만 국민소득도 증가한다.

▶ 재정정책의 효과

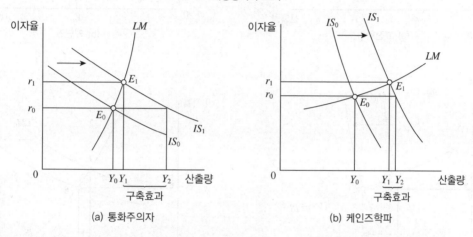

(a) 통화주의자　　　　　　　　　　(b) 케인즈학파

(2) 통화정책의 효과

통화정책은 화폐공급(통화량)을 늘려 LM곡선을 오른쪽으로 이동시킴으로써 국민소득(Y)을 늘리는 데 목적이 있다.

① LM곡선이 수평인 경우 : 케인즈의 유동성 함정(liquidity trap)에서는 수평의 LM곡선을 이동시킬 수가 없기 때문에 통화정책은 전혀 효과가 없다.
② IS곡선이 수직인 경우 : 투자의 이자율탄력성이 0인 경우로 화폐공급을 늘려 이자율이 하락해도 투자가 전혀 증가하지 못하므로 통화정책은 전혀 효과가 없다.
③ LM곡선이 수직인 경우 : 고전학파의 주장으로 통화정책의 효과는 매우 강력하다.

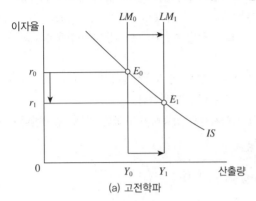

(a) 고전학파

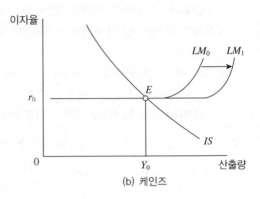

(b) 케인즈

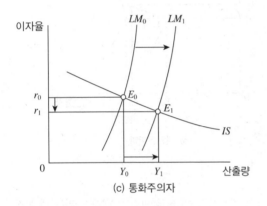

(c) 통화주의자

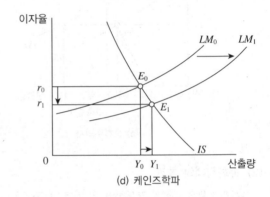

(d) 케인즈학파

(3) 재정정책과 통화정책의 유효성 논쟁

케인즈 이후 재정정책과 통화정책의 유효성을 놓고 케인즈학파와 통화론자 간에 치열한 논쟁이 전개되었다.
이 논쟁의 내용은 주로 IS곡선과 LM곡선의 기울기에 관한 것이다.

① 케인즈학파

   ㉠ 케인즈학파(Keynesian)는 자본주의 경제의 민간부문은 불안정하므로 정부가 개입하여 불안정을 제
   거하고 재량적 재정정책을 이용하여 경제를 안정화시켜야 한다는 입장이다.

   ㉡ 케인즈학파는 투자의 이자율탄력성이 작기 때문에 따라서 IS곡선은 가파른 반면, 화폐수요의 이자율
   탄력성은 크기 때문에 LM곡선은 완만하다고 본다.

   ㉢ 따라서 금융정책의 효과는 작고, 재정정책의 효과가 강력하다고 주장한다.

② 통화론자

   ㉠ 통화론자(Monetarists)는 자본주의 시장경제는 안정적이기 때문에 따라서 경제에 대한 정부의 지나
   친 개입은 경제를 오히려 불안정하게 만든다는 입장이다.

   ㉡ 통화주의자는 투자의 이자율탄력성은 크기 때문에 IS곡선은 완만하고, 반면 화폐수요의 이자율탄력
   성은 거의 0에 가까우므로 LM곡선은 수직에 가깝다고 본다.

   ㉢ 따라서 재정정책은 구축효과로 인해 효과가 별로 없고, 통화공급의 일정한 준칙(money supply rule)
   을 도입하는 통화정책의 효과가 크다고 주장한다.

③ 논쟁 결과

　　⊙ 경기침체 시에 아주 낮은 이자율 수준에서는 LM곡선이 수평선에 접근하고, 완전고용국민소득 수준에
　　　가까워짐에 따라 LM곡선은 점점 가파르게 된다. 그러다가 완전고용국민소득 수준에 이르면 LM곡선
　　　은 수직선이 된다.

　　⊙ 여기서 LM곡선이 수평인 부분을 케인즈 영역, 우상향하는 부분을 중간 영역, 수직인 부분을 고전학파
　　　영역이라고 한다.

▶ LM곡선

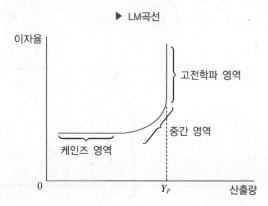

　　⊙ 케인즈 영역에서는 재정정책만이 효과가 있고, 중간 영역에서는 재정정책과 통화정책이 모두 효과가
　　　있다. 그리고 고전학파 영역에서는 통화정책만이 효과가 있다.

　　⊙ 따라서 경기가 침체상태에 있을 때는 정부가 적극적으로 개입하여 확대재정정책을 통해 경기를 회복
　　　시키고, 경제가 완전고용 수준에 이르면 정부의 개입을 줄여 시장경제 원리에 맡기는 것이 바람직하다
　　　는 하다는 것이다.

4. 피구효과

(1) 피구효과의 의의

　　피구효과(Pigou effect)는 피구가 고전학파의 입장에서, 케인즈의 적극적인 재정정책의 유효성 주장에 대한
　　반론으로 제시한 것이다.

(2) 케인즈의 견해

　　① 케인즈는 대공황과 같은 경기침체상태에서 나타나는 유동성 함정에서는 통화정책은 효과가 없고 재정정
　　　책만이 효과가 있다고 주장한다. 따라서 확대재정정책으로 대량의 실업을 구제하고 국민소득을 증가시켜
　　　야 한다고 주장한다.

　　② 이에 대해 고전학파의 전통을 유지하는 피구(A. Pigou)는 피구효과, 또는 실질잔고효과(real balance
　　　effect)를 제시하여 반론을 제기한다.

(3) 피구효과

① 피구는 고전학파의 물가와 임금의 신축성을 가정하면 유동성 함정에서는 물가가 하락한다고 본다. 물가가 하락하면 경제주체들이 보유하고 있는 화폐잔액(현금잔고)의 실질가치(즉 화폐가치, 또는 실질잔고)가 상승하여 소비가 증가한다.

② 소비의 증가는 IS곡선을 오른쪽으로 이동시키므로 국민소득이 증가하는데, 이 효과를 피구효과, 실질잔고효과, 또는 자산효과, 부의 효과(wealth effect)라고 한다.

▶ 피구(Pigou)효과

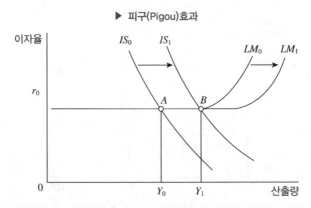

③ 최초에 균형점 A에서 균형국민소득 Y_0는 완전고용국민소득에 미달되므로 실업이 존재한다. 실업과 경기침체가 장기화되면 물가가 하락하여 화폐의 실질잔고(즉 화폐가치)가 증가하면 LM곡선이 오른쪽으로 이동한다.

④ 이와 함께 소비의 증가로 IS곡선은 오른쪽으로 이동하므로 B에서 균형이 이루어지고 국민소득은 완전고용국민소득 수준에 이르게 된다.

⑤ 즉 피구는 유동성 함정이 존재해도 물가하락이 실질잔고를 증가시키는 효과(즉 피구효과)를 통해 IS곡선과 LM곡선을 오른쪽으로 이동시켜 완전고용균형을 달성한다는 것이다.

⑥ 그러나 피구의 주장은 물가의 신축성을 전제로 해야 성립될 수 있다. 또 이 경우 경기회복을 위한 정부의 개입은 필요하지 않다.

(4) 피구효과의 문제점

① 물가가 하락해도 소비가 증가하지 않을 수도 있다. 즉 물가하락이 계속될 것으로 예상하면 현재의 소비를 감소시키고, 미래의 소비를 증가시키려고 할 수도 있다.

② 물가하락은 부(wealth)의 재분배 효과를 발생시킬 수 있다. 그리고 이로 인해 가계와 기업의 행동은 차이를 보인다. 즉 화폐의 실질가치의 상승으로 소비가 증가하지만 채권자인 기업의 경우 이자 부담과 자금조달 비용의 상승으로 투자를 감소시킨다. 따라서 국민소득 증가는 없을 수도 있다.

③ 물가하락으로 정부의 부채는 증가하고 민간부문의 자산가치는 상승한다. 이 경우 정부의 이자지급이 결국은 조세 증가에 의해 이루어질 것으로 인식하면 물가하락으로 인한 피구효과의 상당부분이 상쇄된다.

5. IS-LM 모형의 한계

IS-LM 모형은 재정정책과 통화정책의 효과를 분석하는 데 매우 유용한 도구로 이용된다. 그러나 다음과 같은 몇 가지의 한계를 지니고 있다.

(1) IS-LM 모형은 현실경제의 불확실성과 심리적 기대 측면을 반영하지 못하는 한계가 있다.

(2) IS-LM 모형은 공급측면을 고려하지 못하는 문제점이 있다. 따라서 기술 진보, 원자재 가격의 변동, 노동생산성의 향상 등 공급측면의 요인이 변동하는 경우에는 분석상의 한계가 있다.

(3) IS-LM 모형은 폐쇄경제를 가정한다. 따라서 환율 변동 등의 영향을 고려하지 못하는 한계가 있다. 이 문제는 개방경제에서 수지균형곡선(BP curve)을 도입하여 해결된다.

(4) IS-LM 모형은 기본적으로 정태모형(static model)이다. 따라서 자본형성과정, 인플레이션 등의 동태 분석에는 한계가 있다.

제4절　총수요곡선

---

1. 총수요곡선의 의의

(1) 총수요곡선의 뜻

생산물시장과 화폐시장의 동시적인 균형을 보장하는 물가수준(P)과 국민소득수준(Y)의 조합점을 연결한 선을 총수요(AD : aggregate demand)곡선이라고 한다. 수요측면의 균형을 나타내는 선이다.

(2) 고전학파의 총수요곡선

① 고전학파의 총수요곡선은 고전파의 이분성에 기초하여 화폐시장에서 도출되므로 생산물시장과 무관하게 유도된다.

② 즉 피셔(I. Fisher)의 교환방정식

$$MV = Py, \text{ 따라서 } y = \frac{MV}{P}$$

에서 화폐의 유통속도 V는 단기에 일정하다. 따라서 통화량 M을 일정하게 유지하면 실질국민소득 y와 물가 P는 역관계에 있게 된다.

③ 이를 물가(P), 국민소득(y) 공간에 표시하면 우하향하는 AD곡선이 유도된다. 그리고 여기서 Py는 일정하므로 AD곡선은 직각쌍곡선의 형태를 보이게 된다.

④ 여기서 통화량 M이 증가하면 명목국민소득 Py가 증가하므로 AD곡선은 오른쪽으로 이동한다. 따라서 고전학파의 총수요곡선은 통화량의 크기에 의해 그 위치가 결정된다.

⑤ 그러므로 고전학파의 총수요곡선에서 정부지출(G), 조세(T) 등 재정정책 수단은 총수요에 전혀 영향을 미치지 못한다. 그 이유는 구축효과가 크기 때문이다.

2. 케인즈학파의 총수요곡선

(1) 총수요곡선의 유도

① 케인즈학파는 물가수준(P)이 변화할 때 IS-LM 모형의 균형점의 변화를 추적하여 AD곡선을 도출한다.

② 즉 물가수준(P)이 상승하면 명목화폐수요가 증가하여 LM곡선이 왼쪽으로 이동하고, 이에 따라 이자율은 상승하고 국민소득은 감소한다. 이 경우 물가(P)와 국민소득(Y)이 역관계에 있게 되므로 우하향하는 AD곡선이 유도된다.

▶ 총수요곡선(AD)의 도출

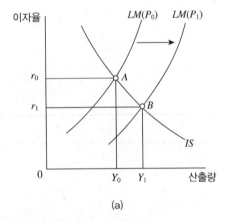
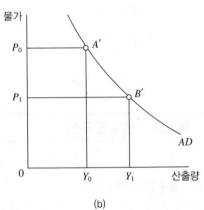

(a)　　　　　　　　　　　　　　(b)

③ 〈그림〉 (a)에서 A는 물가가 P_0일 때의 균형점이다. 즉 물가가 P_0일 때의 LM곡선은 $LM(P_0)$이므로 이 경우의 균형국민소득은 Y_0이다. 이 관계를 물가, 국민소득 공간에 표시하면 A′이 된다.

④ 물가가 P_1으로 하락하면 LM곡선은 오른쪽으로 이동하여 $LM(P_1)$이 되고 균형점 B에서 국민소득은 Y_1이 되는데 마찬가지 방법으로 이 균형점을 물가, 국민소득 공간에 표시하면 B′이 된다. 여기서 A′과 B′을 연결한 선이 우하향하는 AD곡선이다.

(2) 총수요곡선의 이동

① 케인즈학파의 AD곡선은 IS곡선이나 LM곡선을 이동시키는 요인이 작용하면 이동한다.

② 즉 정부지출(G), 투자(I), 소비(C), 통화량(M)이 증가하거나 조세(T), 저축(S)이 감소하면 AD곡선은 오른쪽으로 이동한다.

③ 결국 케인즈학파의 경우 총수요가 총공급을 창출하게 된다.

(3) 특이한 형태의 AD곡선

① 극단적인 경우에는 수직형태의 AD곡선이 유도되기도 한다. 즉 LM곡선이 수평이면 물가의 변화로 LM곡선이 이동해도 국민소득은 불변이므로 수직의 AD곡선이 유도된다.

② 또한 IS곡선이 수직이면 물가의 변화로 LM곡선이 이동해도 국민소득은 불변이므로 수직의 AD곡선이 유도된다.

3. AD곡선이 우하향하는 이유

(1) 총수요의 구성

① 물가와 총수요(또는 국민소득) 사이에 역(−)관계가 존재하는 이유를 설명하기 위해 국민소득(Y)이 소비(C), 투자(I), 정부지출(G), 순수출(NX)의 합이라는 사실을 떠올릴 필요가 있다.

② 여기서 정부지출은 정책변수로서 고정된 것으로 가정하면 나머지 소비, 투자, 순수출은 물가수준의 영향을 받는다.

③ 따라서 AD곡선이 우하향하는 이유를 알기 위해서는 물가수준이 소비, 투자, 순수출을 위한 총수요에 어떤 영향을 미치는지 살펴보아야 한다.

(2) AD곡선이 우하향하는 이유

① 물가수준과 소비(피구효과)

물가가 하락하면 화폐의 실질가치(실질잔고)가 상승한다. 이에 따라 소비가 증가하여 재화 및 서비스에 대한 총수요는 증가한다. 이를 피구효과(Pigou effect), 또는 자산효과(wealth effect), 부(wealth)의 효과, 실질잔고효과라고 한다.

② 물가수준과 투자(이자율효과)

물가가 하락하면 명목화폐수요가 감소하여 이자율은 하락한다. 이자율의 하락은 투자를 증가시켜 재화 및 서비스에 대한 총수요는 증가하는데 이를 이자율효과라고 한다. 이자율효과는 케인즈에 의해 처음으로 강조되었기 때문에 케인즈효과(Keynes effect)라고 한다.

③ 물가수준과 순수출(환율효과)

물가가 하락하면 이자율이 하락하고 실질환율이 상승하여(즉 평가절하) 수출이 증가하고 수입이 감소한다. 즉 순수출이 증가하여 총수요를 증가시키는데 이를 환율효과라고 한다.

1. 총공급곡선의 의의

(1) 총공급곡선의 뜻

① 다른 조건들이 일정할 때, 주어진 물가수준에서 한 경제의 모든 기업들이 생산·판매하려는 재화와 서비스의 양을 나타내는 것을 총공급(AS : aggregate supply)곡선이라고 한다.

② 총공급(AS)곡선은 국가경제의 공급측면의 균형을 나타내므로 노동시장의 균형과 총생산함수로부터 도출된다.

(2) 총공급곡선의 형태

① AD곡선이 항상 우하향하는 데 반해 AS곡선은 노동시장을 보는 각 학파의 입장에 따라 여러 가지 형태의 AS곡선이 유도된다.

② 즉 물가와 임금의 완전신축성을 가정하는 고전학파의 경우에는 수직의 AS곡선, 케인즈학파의 경우 고정물가에서는 수평의 AS곡선과 변동물가에서는 우상향하는 AS곡선이 유도된다.

③ 새고전학파의 경우에는 루카스(R. Lucas) 공급곡선에 기초하여 우상향하는 AS곡선이 유도된다.

④ 그러나 근래에는 이러한 다양한 주장들이 장기 AS곡선과 단기 AS곡선으로 설명되고 있다.

2. 고전학파의 AS곡선 : 장기 AS곡선

(1) 장기 총공급의 결정

① 장기적으로 한 경제의 재화와 서비스의 공급량(즉 실질국민소득)은 그 경제가 지니고 있는 노동과 자본의 양, 그리고 생산기술에 의해 좌우된다.

② 따라서 물가수준은 장기 총공급에 영향을 주지 않으므로 장기 AS곡선은 〈그림〉에서 보는 것처럼 완전고용국민소득(또는 자연산출량10)) 수준에서 수직이다.

③ 수직인 장기 AS곡선은 고전학파의 이분성과 화폐의 중립성, 물가와 임금의 완전신축성이라는 고전학파 경제학의 기본명제가 그대로 AS곡선에 적용된 것이다.11)

④ 즉 장기 AS곡선이 수직이면 산출량이라는 실질변수가 물가수준이라는 명목변수에 의해 영향을 받지 않는다는 고전학파의 이분성에 부합된다.

---

10) 장기 AS곡선의 위치는 완전고용국민소득 또는 잠재산출량(potential output)이라고 불린다. 그러나 단기적으로 실제산출량이 잠재산출량 수준보다 높을 수도 있고 낮을 수도 있기 때문에 이 산출량 수준을 자연산출량(natural rate of output)이라고 부른다. 자연산출량은 실업률이 자연실업률이나 정상실업률 수준에 있을 때의 산출량을 나타내기 때문이다. 자연실업률은 한 나라 경제의 산출량이 장기적으로 수렴하는 수준을 말한다.

11) 고전학파는 노동에 대한 수요와 노동공급이 모두 실질임금의 함수라고 보고, 노동시장의 균형상태에서는 완전고용이 이루어진다고 본다. 그리고 물가와 임금의 완전신축성 가정에 기초하여 노동시장에 불균형이 발생하면 명목임금이 신속히 변화하여 다시 균형으로 회복되고 완전고용이 이루어진다고 본다. 따라서 물가수준이 얼마이건 항상 완전고용국민소득(또는 자연산출량) 수준에 있게 되므로 수직의 AS곡선이 유도된다.

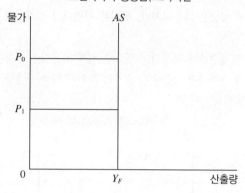

▶ 고전학파의 총공급(AS)곡선

(2) 장기 AS곡선의 이동

① 장기 AS곡선은 자연산출량 수준에 위치하므로 어떤 요인에 의해 자연산출량이 변화하면 장기 AS곡선이 이동한다.

② 고전학파의 모형에서는 산출량이 노동, 자본, 자연자원, 생산기술과 지식 등에 의해 결정되기 때문에 이들 요인이 변화하면 장기 AS곡선이 이동한다.

3. 단기 AS곡선

(1) 케인즈학파의 AS곡선

① 케인즈의 노동시장에 대한 가정

㉠ 케인즈는 일반이론에서 명목임금의 하방경직성과 고정물가를 가정하기도 하고, 명목임금의 하방경직성(wage rigidity)과 변동물가를 가정하기도 한다.

㉡ 케인즈는 노동수요는 실질임금의 함수이나, 노동공급은 노동자들이 화폐환상(money illusion)[12]을 가지고 있으므로 명목임금의 함수라고 본다.

㉢ 또한 불균형이 발생했을 때 가격조정은 신속하지 않으며, 세이(J.B. Say)의 법칙은 성립하지 않는다고 본다.

② 고정물가 – 화폐임금의 하방경직성하의 AS곡선

경제에 광범위한 실업이 존재하고, 실업이 있으면 물가상승 없이도 AS의 증가가 가능하다. 즉 P_0의 물가수준에서 실업이 있는 한 AS의 증가가 가능하기 때문에 AS곡선은 수평이라는 것이다.

---

12) 노동자들은 물가에 대한 정보가 불완전하기 때문에 화폐임금(즉 명목임금)의 변화에 반응한다는 것을 화폐환상(money illusion)이라고 한다. 즉 화폐임금이 상승하면, 물가가 더 많이 상승하여 실질임금이 하락함에도 불구하고 노동공급량을 증가시킨다는 것이다. 고전학파는 완전한 정보를 전제로 하기 때문에 화폐환상을 인정하지 않는다.

③ 변동물가 – 화폐임금의 하방경직성하의 AS곡선

　⊙ 케인즈는 화폐임금의 상승은 가능하지만, 하락은 어렵다고 생각하였는데 이를 명목임금의 하방경직
　　성이라고 한다.

　⊙ 따라서 화폐임금이 일정수준에 고정되어 있으면 실제 고용량은 노동수요에 의해 결정되므로 물가가
　　상승하여 노동수요가 증가하면 고용량은 증가하고 이에 따라 산출량도 증가한다고 생각하여 우상향
　　하는 AS곡선이 유도된다.13)

▶ 케인즈의 총공급(AS)곡선

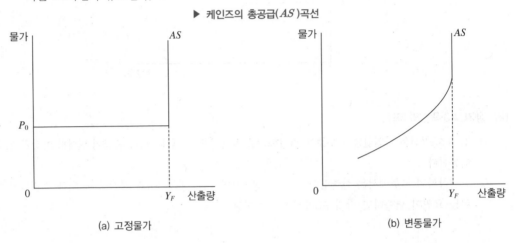

(a) 고정물가　　　　　　　　　　　　　　(b) 변동물가

(2) 단기 AS곡선이 우상향하는 이유

① 착각이론

　　물가수준의 하락을 상대가격의 하락으로 잘못 인식하여 공급자들이 재화와 서비스의 공급량을 줄이게
　　되기 때문에 물가가 하락하면 공급량이 감소하는 것이다.

② 임금경직성 이론

　⊙ 단기에는 명목임금이 경직적(sticky)이고 자유롭게 변동하지 않기 때문에 AS곡선이 우상향한다.

　⊙ 즉 물가가 변동할 때 임금은 즉각적으로 변동하지 않기 때문에, 물가수준이 낮아지면 고용과 생산의
　　수익성이 하락하여 기업들이 재화와 서비스의 생산을 줄인다는 것이다.

③ 가격경직성 이론

　　물가수준이 예상보다 낮으면 일부 기업의 가격이 바람직한 수준보다 높아 판매가 감소하고 이에 따라
　　생산을 줄인다.

④ 루카스 공급함수

　⊙ 세 가지 이론에 대해서는 학자들 간에 논란이 있지만 공통점이 있다. 즉 실제물가가 사람들이 예상한
　　수준과 다르면 산출량이 자연산출량과 달라진다는 사실이다.

　⊙ 이는 다음과 같은 루카스(R. Lucas) 공급함수로 표시할 수 있다. 여기서 Y_N은 자연산출량, P^e는
　　예상 물가수준을 나타낸다. 그리고 α는 산출량이 예상하지 못한 물가수준 변동에 얼마나 민감하게
　　반응하는지를 나타낸다.

$$Y = Y_N + \alpha(P - P^e)$$

13) 노동수요는 노동의 한계생산가치($VMPL = P \cdot MPL$)에 의해서 결정되므로 물가가 상승하면 노동수요는 증가하고 고용량이 증가한다.

© 즉 물가가 예상한 수준보다 높으면 산출량이 자연산출량을 초과하고, 물가가 예상한 수준보다 낮으면 산출량이 자연산출량에 미달한다는 것이다.

(3) 단기 AS곡선의 이동요인

① 단기 AS곡선이 이동하는 요인은 장기 AS곡선이 이동하는 요인에 더하여 착각, 경직적 임금, 경직적 가격에 영향을 미치는 예상물가수준이라는 변수를 고려해야 한다.

② 따라서 단기 AS곡선은 노동, 자본, 자연자원, 기술지식의 변동에 더하여 예상물가수준이 변화하면 이동한다.

제6절 AD-AS에 의한 국민경제의 균형

1. 국민경제의 일반균형

(1) 일반균형의 의의

한 경제를 구성하는 모든 시장이 동시에 균형을 이룰 때 이를 일반균형이라고 한다. 즉 생산물시장과 화폐시장, 노동시장, 증권시장이 동시에 균형을 이루는 경우 이를 국민경제의 일반균형이라고 한다.

(2) AD-AS의 균형

① 이미 본 바와 같이 AD곡선은 생산물시장과 화폐시장, 즉 수요측면의 균형을 나타내고, AS곡선은 공급측면의 균형을 나타낸다.

② 따라서 AS곡선과 AD곡선이 교차하는 곳에서 한 경제의 균형 물가수준(P)과 균형 실질국민소득 수준(Y)이 결정된다.

▶ 총수요-총공급의 균형

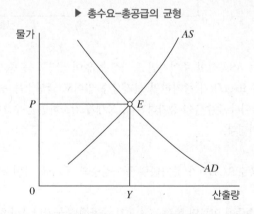

2. 각 학파의 견해

(1) 고전학파

AS곡선이 수직이므로 산출량(실질국민소득)은 AD곡선에 관계없이 AS곡선에 의해 결정되고, AD곡선은 AS과 결합하여 물가수준만을 결정한다.

(2) 케인즈의 고정물가 모형

아주 낮은 물가수준에서 AS곡선이 수평이므로, 따라서 국민소득은 AD곡선의 변동에 의해 결정된다. 즉 총수요가 증가하여 AD곡선이 오른쪽으로 이동하면 물가상승 없이 산출량의 증가가 이루어진다.

(3) 케인즈의 변동물가 모형

변동물가 모형에서는 AS곡선이 우상향하므로 물가수준과 국민소득은 AS곡선과 AD곡선의 교차점에서 결정된다.

(4) 종합적 이해

AS곡선이 수평인 부분을 케인즈 영역, 우상향하는 부분을 중간 영역, 수직인 부분을 고전학파 영역이라고 한다.

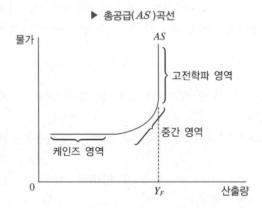

▶ 총공급(AS)곡선

① 케인즈 영역
  ㉠ 극심한 불황에는 AS곡선이 주어지면 물가상승 없이 국민소득 증가가 가능하므로 설득력이 있다. 즉 이 경우 총수요(AD)가 증가하면 물가상승 없이도 국민소득 증가가 이루어진다.
  ㉡ 따라서 정부지출이나 순수출이 증가하거나, 조세가 감소하면 총수요(AD)가 증가하여 물가상승 없이 국민소득이 증가한다.
② 중간 영역
  중간 영역에서는 총수요(AD)가 증가하면 물가상승과 동시에 국민소득이 증가한다.
③ 고전학파 영역
  완전고용국민소득 수준에 이르면 총수요(AD)가 증가해도 물가만 상승하고 국민소득의 증가는 이루어지지 않는다.

06 | 실전대비문제

01 단기총공급(AS)곡선이 우상향하는 이유로 옳지 않은 것은?

(2016년)

① 정보의 완전성

② 메뉴비용

③ 명목임금의 경직성

④ 실제 물가수준이 예상물가수준과 다름

[해설] 통화량의 증가 발생 시 물가는 상승한다. 이때 생산자들은 물가의 상승을 자신들의 재화의 상대가격 상승으로 착각해 생산량을 늘리게 되는데 이러한 요인으로 단기총공급곡선은 우상향하게 된다. 하지만 정보가 완전할 경우에는 물가상승에 관한 오류가 발생하지 않기 때문에 총공급곡선이 수직선으로 도출된다.

답 ①

02 다음은 A국가의 경제를 나타낸다. 총생산 갭을 제거하기 위해 정부지출을 얼마나 변화시켜야 하는가?

(2021년)

- $C = 3,000 + 0.5(Y - T)$
- $I = 1,500$
- $G = 2,500$
- $NX = 200$
- $T = 2,000$
- $Y^* = 12,000$

(단, C는 소비, Y는 소득, T는 조세, I는 투자, G는 정부지출, NX는 순수출, Y^*는 잠재생산량이다)

① 200 증가

② 400 증가

③ 200 감소

④ 400 감소

[해설] 총지출 $= C + I + G + NX$

$\qquad = 3,000 + 0.5(2,000 - Y) + 1,500 + 2,500 + 200$

$\qquad = 6,200 + 0.5Y$

$\qquad = Y$

$\therefore Y = 12,400$

잠재생산량은 12,000인데 국민소득이 12,400이므로 국민소득이 400만큼 초과한 상태이다. 따라서 국민소득을 400만큼 감소시켜야 한다.

- 정부지출승수 $= \dfrac{1}{1-c} = \dfrac{1}{1-0.5} = 2$

- 정부지출승수가 2이므로 국민소득을 400만큼 감소시키기 위해선 정부지출을 200만큼 감소시켜야 한다.

답 ③

03 국민소득을 증가시키는 정책으로 옳지 않은 것은?(단, IS곡선은 우하향하고, LM곡선은 우상향하며, 한계소비성향은 1보다 작다) (2016년)

① 정부지출과 조세를 동일한 금액으로 감소시킨다.

② 조세를 감소시키고 통화량을 증가시킨다.

③ 정부지출을 증가시킨다.

④ 통화량을 증가시킨다.

[해설] 정부지출승수와 조세승수의 절댓값 크기를 비교하면 정부지출승수가 조세승수보다 크므로 정부지출과 조세가 동일금액 감소 시 IS곡선은 왼쪽으로 이동한다. 따라서 국민소득은 증가하지 않는다.

⎯| 심화 Tip |⎯

승수(c＝한계소비성향, m＝한계수입성향, t＝세율)

승수	폐쇄경제		개방경제	
	정액세	비례세	정액세	비례세
정부지출승수	$\dfrac{1}{1-c}$	$\dfrac{1}{1-c(1-t)}$	$\dfrac{1}{1-c+m}$	$\dfrac{1}{1-c(1-t)+m}$
투자승수	$\dfrac{1}{1-c}$	$\dfrac{1}{1-c(1-t)}$	$\dfrac{1}{1-c+m}$	$\dfrac{1}{1-c(1-t)+m}$
조세승수	$\dfrac{-c}{1-c}$	$\dfrac{-c}{1-c(1-t)}$	$\dfrac{-c}{1-c+m}$	$\dfrac{-c}{1-c(1-t)+m}$
이전지출승수	$\dfrac{c}{1-c}$	$\dfrac{c}{1-c(1-t)}$	$\dfrac{c}{1-c+m}$	$\dfrac{c}{1-c(1-t)+m}$
수출승수	－	－	$\dfrac{1}{1-c+m}$	$\dfrac{1}{1-c(1-t)+m}$
수입승수	－	－	$\dfrac{-1}{1-c+m}$	$\dfrac{1}{1-c(1-t)+m}$
균형재정승수	$\dfrac{1-c}{1-c}=1$	$\dfrac{1-c}{1-c(1-t)}<1$	$\dfrac{1-c}{1-c+m}<1$	$\dfrac{1-c}{1-c(1-t)+m}<1$

답 ①

04 총수요(AD)와 총공급(AS) 모형에 관한 설명으로 옳지 않은 것은? (2016년)

① 단기AS곡선은 우상향하고, 장기AS곡선은 수직이다.

② 통화량의 증가는 AD곡선을 오른쪽으로 이동시킨다.

③ 정부지출의 증가는 단기AS곡선을 오른쪽으로 이동시킨다.

④ 장기적으로 화폐의 중립성이 성립하고, 완전한 구축효과가 발생한다.

[해설] 정부지출이 증가할 경우 총수요곡선은 오른쪽으로 이동한다. 하지만 총공급곡선은 이동하지 않는다.

①, ②, ④ 단기총공급곡선은 우상향하고 장기총공급곡선은 수직선이다. 따라서 단기에는 확대재정정책 시행 시 총수요곡 선이 오른쪽으로 이동해 국민소득이 증가하나 장기에는 확대재정정책 시행 시 총수요곡선이 오른쪽으로 이동해도 총공급곡선이 수직선이므로 국민소득이 증가하지 않는다. 즉 장기에는 화폐의 중립성이 성립하고 완전한 구축효과가 발생함을 알 수 있다.

답 ③

05 IS곡선과 LM곡선에 관한 설명으로 옳지 않은 것은? (2016년)

① 정부지출과 조세는 IS곡선의 이동변수이다.

② 통화량은 LM곡선의 이동변수이다.

③ IS곡선은 노동시장을 균형시키는 국민소득과 이자율의 조합을 그래프로 나타낸 것이다.

④ LM곡선은 화폐시장을 균형시키는 국민소득과 이자율의 조합을 그래프로 나타낸 것이다.

[해설] IS곡선은 재화시장의 균형을 이루는 국민소득과 이자율의 조합을 그래프로 나타낸 것이다.
  ① 정부지출 증가, 조세 감소는 IS곡선을 오른쪽으로 이동시키며 정부지출의 감소, 조세 증가는 IS곡선을 왼쪽으로 이동시킨다.
  ② 통화량의 증가는 LM곡선을 오른쪽으로 이동시키며 통화량의 감소는 LM곡선을 왼쪽으로 이동시킨다.
  ④ LM곡선은 화폐시장을 균형시키는 국민소득과 이자율의 조합을 그래프로 나타낸 것이다.

답 ③

06 IS-LM 모형에서 균형국민소득을 가장 크게 증가시키는 정책조합으로 옳은 것은?(단, IS곡선은 우하향, LM곡선은 우상향하며, 해당 곡선들의 수평거리로 측정한 이동 폭은 모두 동일하다) (2017년)

① 정부지출 증가와 통화량 감소

② 조세 감소와 통화량 증가

③ 정부지출 감소와 통화량 감소

④ 조세 증가와 통화량 증가

[해설] 확대재정정책과 확대통화정책을 같이 시행하게 되면 균형국민소득을 가장 크게 증가시킬 수 있다. 따라서 ②번 조세 감소인 확대재정정책과 통화량 증가인 확대통화정책 시행 시 균형국민소득을 가장 크게 증가시킬 수 있다.

답 ②

07 IS-LM 모형 및 AD(총수요)-AS(총공급) 모형에 관한 설명으로 옳지 않은 것은? (2017년)

① IS곡선은 재화시장을 균형시키는 국민소득과 이자율의 조합을 나타낸다.

② LM곡선은 화폐시장을 균형시키는 국민소득과 이자율의 조합을 나타낸다.

③ IS곡선과 LM곡선의 교차점에서 총수요의 크기가 결정된다.

④ 정부지출과 조세는 IS곡선과 AS곡선의 이동변수이다.

[해설] 정부지출과 조세는 IS곡선과 AD곡선의 변화에 영향을 준다.
정부지출 증가, 조세 감소 시에는 IS곡선과 AD곡선을 오른쪽으로 이동시키며 정부지출 감소, 조세 증가 시에는 IS곡선과 AD곡선을 왼쪽으로 이동시킨다.

답 ④

08 화폐수요와 화폐공급에 관한 설명으로 옳지 않은 것은? (2017년)

① 본원통화는 화폐발행액과 중앙은행에 예치한 지급준비예금의 합계이다.

② 마샬의 k가 커지면 유통속도도 증가한다.

③ 부분지급준비제도하에서 통화량을 본원통화로 나눈 통화승수는 1보다 크다.

④ 화폐공급이 이자율의 증가함수라면 화폐공급의 내생성이 존재한다.

해설   마샬 k는 유통속도의 역수로 마샬 k가 커지면 유통속도는 감소한다.

   ① 본원통화는 화폐발행액과 지급준비예치금의 합으로 나타낸다.

   ③ 통화승수란 본원통화 1단위가 증가하였을 때 통화량이 몇 단위 증가하는지 나타내는 것으로서 부분지급준비제도 하에서는 예금통화 창조현상으로 통화량이 본원통화보다 커 통화승수는 1보다 크다.

   ④ 화폐공급의 내생성이란 화폐공급이 경제상황인 이자율에 영향을 받아 크기가 달라지는 것으로, 화폐공급이 이자율의 증가함수일 경우 LM곡선은 평평하게 도출되어 화폐수요의 이자율탄력성이 커져서 화폐시장은 이자율에 영향을 많이 받아 크기가 달라지는 화폐공급의 내생성이 존재함을 알 수 있다.

답 ②

09 다음 IS-LM 모형에서 정부지출의 증대를 통하여 균형국민소득을 현재보다 2만큼 더 증가시킨다면 새로운 균형이자율은? (2017년)

$$Y = C + I + G$$
$$C = 2 + 0.5Y, \quad I = 5 - r, \quad G = 3$$
$$\text{LM곡선}: r = 2 + 0.5Y$$

(단, Y : 국민소득, C : 소비, I : 투자, G : 정부지출, r : 이자율)

① 5   ② 6

③ 7   ④ 8

해설 $Y = C + I + G = (2 + 0.5Y) + (5 - r) + 3$, $\therefore r = 10 - 0.5Y$

   따라서 IS곡선은 $r = 10 - 0.5Y$가 된다.

   IS곡선과 LM곡선을 이용해 균형국민소득을 구해보면

   $10 - 0.5Y = 2 + 0.5Y$, $\therefore Y = 8$

   균형국민소득 $Y = 8$일 때 이자율을 LM곡선을 이용해 구해보면 $r = 2 + 0.5 \times 8 = 6$이 나온다.

   정부지출 후 균형국민소득이 2만큼 증가했으므로 새로운 균형국민소득은 $Y = 10$이 되고 이때의 이자율을 LM곡선을 이용해 구해보면 $r = 2 + 0.5 \times 10 = 7$이 됨을 알 수 있다.

답 ③

10 IS-LM 모형에서 완전한 구축효과(crowding out effect)가 나타나는 경우는? (2017년)

	IS곡선	LM곡선
①	수직	우상향
②	우하향	우상향
③	우하향	수직
④	우하향	수평

[해설] ③ 완전한 구축효과는 LM곡선이 수직선이고 IS곡선이 우하향할 때 발생한다.

구축효과 : 확대재정정책으로 인해 실질이자율이 상승해 민간투자와 민간소비가 감소하는 것으로 완전한 구축효과(100% 구축효과)는 확대재정정책으로 인한 정부지출 증가와 실질이자율의 상승으로 인한 민간투자와 민간소비의 감소분이 일치해 총수요의 변화가 없는 것을 말한다.

[답] ③

11 다음의 IS-LM 모형에서 통화량을 0.4만큼 더 증가시킬 경우 새로운 균형이자율은? (2018년)

$$Y = C + I + G$$
$$C = 3 + 0.5Y, \ I = 2 - r, \ G = 5$$
$$\text{LM곡선 } M = -r + 0.5Y, \ M = 9$$

(단, Y : 국민소득, C : 소비, I : 투자, G : 정부지출, M : 통화량, r : 이자율)

① 0.2   ② 0.3

③ 0.4   ④ 0.5

[해설] IS곡선 : $Y = C + I + G$

$\qquad\qquad Y = (3 + 0.5Y) + (2 - r) + 5$

$\qquad\qquad \therefore \ Y = 20 - 2r$

LM곡선 : $9 = -r + 0.5Y$

$\qquad\qquad \therefore \ Y = 18 + 2r$

IS곡선과 LM곡선을 연립해서 풀면 $20 - 2r = 18 + 2r \ \therefore \ r = 0.5$

따라서 균형이자율은 0.50이다.

통화량이 0.4만큼 증가한 이후의 LM곡선은 $9.4 = -r + 0.5Y \ \therefore \ Y = 18.8 + 2r$

변경된 LM곡선을 IS곡선과 연립해서 풀면 $20 - 2r = 18.8 + 2r \ \therefore \ r = 0.3$

따라서 변경된 균형이자율은 0.30이다.

[답] ②

12 폐쇄경제에서 총수요총공급 모형과 관련된 설명으로 옳지 않은 것은? (2018년)

① 총수요곡선은 재화시장과 화폐시장으로부터 도출된다.

② 총공급곡선은 노동시장과 생산함수로부터 도출된다.

③ 정부지출 또는 통화량의 변동은 총수요곡선을 이동시킨다.

④ 장기총공급곡선은 우상향하고 단기총공급곡선은 수직이다.

[해설] 단기총공급곡선은 우상향이지만 장기총공급곡선은 수직선의 형태이다.

　① ② 총수요곡선은 재화시장과 화폐시장으로부터 도출되고 총공급곡선은 노동시장과 생산함수로부터 도출된다.

　③ IS곡선과 LM곡선의 이동 시 총수요곡선은 이동한다.

　　IS곡선은 민간소비, 투자, 정부지출, 순수입이 증가할 경우 오른쪽으로 이동하고 감소할 경우에는 왼쪽으로 이동한다.

　　LM곡선은 화폐공급이 증가 또는 화폐수요가 감소 시 오른쪽으로 이동하고 그 반대는 왼쪽으로 이동한다.

답 ④

13 소비는 처분가능소득만의 함수이고, 투자는 이자율만의 함수인 IS-LM 모형에서 화폐수요가 외생적으로 증가하면?(단, IS곡선은 우하향, LM곡선은 우상향) (2018년)

① IS곡선이 오른쪽으로 이동한다.

② IS곡선이 왼쪽으로 이동한다.

③ LM곡선이 왼쪽으로 이동한다.

④ LM곡선이 오른쪽으로 이동한다.

[해설] 외생적 요인에 의해 화폐수요가 증가하면 화폐시장에서 균형이자율은 상승하게 된다. 따라서 LM곡선은 왼쪽으로 이동한다.

답 ③

14 IS-LM 모형에서 IS곡선에 관한 설명으로 옳지 않은 것은? (2019년)

① 저축과 투자를 일치시켜 주는 이자율과 소득의 조합이다.

② 정부지출이 외생적으로 증가하면 IS곡선이 오른쪽으로 이동한다.

③ 투자가 금리에 민감할수록 IS곡선 기울기의 절댓값은 작아진다.

④ 투자가 케인즈의 주장대로 동물적 본능(animal spirit)에 의해서만 이루어진다면 IS곡선은 수평이 된다.

[해설] 투자가 동물적 본능에 의해서만 이루어진다는 것은 이자율의 변화에 상관없이 투자가 이루어진다는 의미로 투자가 동물적 본능에 의해 이루어진다면 투자의 이자율탄력성의 크기는 0으로 IS곡선의 기울기는 수직이 된다.

　① 투자와 저축이 일치하는 생산물시장의 균형에서의 이자율과 소득의 조합을 IS곡선이라 한다.

　② 정부지출 증가 시 IS곡선은 우측으로 이동한다.

　③ 투자의 이자율탄력성이란 이자율변화율에 따른 투자의 변화율로 투자의 이자율탄력성이 클수록 IS곡선의 기울기는 완만해진다. 따라서 투자가 금리에 민감할수록 IS곡선의 기울기는 작아진다.

답 ④

15 총수요곡선(AD)–총공급곡선(AS) 모형에 관한 설명으로 옳은 것을 모두 고르면? (2019년)

> 가. 총공급곡선은 단기에서는 수직이며 장기에서는 수평이다.
> 나. 물가가 상승하면 실질통화량이 감소하여 총수요량이 감소한다.
> 다. 총수요곡선은 개별 재화시장의 수요곡선을 수평으로 합한 것이다.

① 가　　　　　　　　　　　　② 나

③ 가, 다　　　　　　　　　　④ 나, 다

[해설] 실질통화량은 명목통화량을 물가로 나눈 것으로 물가상승 시 실질통화량은 감소하며 실질통화량 감소 시 수요량은 감소한다.

　가. 일반적으로 총공급곡선은 단기에는 우상향, 장기에는 수직이다.

　다. 총수요곡선은 재화시장과 화폐시장에서의 균형을 나타낸 IS-LM곡선으로부터 유도된다.

답 ②

16 아래와 같은 IS-MP 모형을 이용한 총수요-총공급 분석에서 현재 A국의 명목금리가 0이고, 경기침체로 기대인플레이션이 하락할 때 이에 관한 설명으로 옳은 것을 모두 고르면? (2020년)

MP곡선 : $i > 0$ 경우 $r = \bar{r} + \lambda\pi$, $i = 0$일 경우 $r = -\pi$

IS곡선 : $Y = a - br$

단기총공급곡선 : $\pi = \pi^e + \delta(Y - Y^*)$

(단, i는 명목금리, r은 실질금리, $\bar{r}$는 정책목표실질금리, π는 인플레이션, Y는 생산, π^e는 기대인플레이션, Y^*는 잠재생산, a, b, λ, δ는 각각 0보다 크다)

가. 단기총공급곡선이 우측으로 이동한다.
나. 단기총공급곡선이 좌측으로 이동한다.
다. 생산은 현재보다 증가한다.
라. 생산은 현재보다 감소한다.

---

① 가, 다　　　　　　　　　② 가, 라
③ 나, 다　　　　　　　　　④ 나, 라

해설 MP곡선과 IS곡선을 결합하여 단기총수요곡선을 구해보면 다음과 같다.

- $i > 0$ 경우 : $Y = a - b(\bar{r} + \lambda\pi)$ → $\pi = -\dfrac{Y}{b\lambda} + \dfrac{a - b\bar{r}}{b\lambda}$: 기울기가 ($-$)인 우하향 형태

- $i = 0$ 경우 : $Y = a - b(-\pi) = a + b\pi$ → $\pi = \dfrac{Y}{b} - \dfrac{a}{b}$: 기울기가 ($+$)인 우상향 형태

$-\dfrac{Y}{b\lambda} + \dfrac{a - b\bar{r}}{b\lambda}$ 와 $\dfrac{Y}{b} - \dfrac{a}{b}$ 이 동일한 π를 π_Z라 하고 그때의 생산을 Y_Z라 할 경우 단기수요곡선과 단기총공급곡선의 그래프는 다음과 같다.

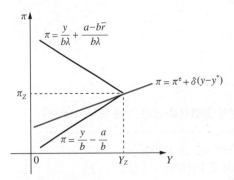

위 그래프에서 단기총공급곡선 $\pi = \pi^e + \delta(Y - Y^*)$가 경기침체로 기대인플레이션이 하락하게 되면 단기총공급곡선은 우측이동하면 생산(Y)은 현재보다 감소한다.

답 ②

17 A국 경제는 총수요-총공급 모형에서 현재 장기균형상태에 있다. 부정적 충격과 관련한 설명으로 옳은 것은? (2020년)

① 부정적 단기공급 충격 시 정부의 개입이 없을 경우 장기적으로 물가는 상승한다.

② 부정적 단기공급 충격 시 확장적 재정정책으로 단기에 충격 이전 수준과 동일한 물가와 생산으로 돌아갈 수 있다.

③ 부정적 수요 충격 시 정부의 개입이 없을 경우 장기적으로 충격 이전 수준과 동일한 물가로 돌아간다.

④ 부정적 수요 충격 시 확장적 통화정책으로 단기에 충격 이전 수준과 동일한 물가와 생산으로 돌아갈 수 있다.

[해설] 부정적 수요 충격으로 단기공급곡선이 좌측으로 이동한 상태에서 확장적 통화정책을 시행함으로 인해 단기공급곡선이 우측으로 이동하게 되어 충격 이전과 동일한 물가와 생산으로 돌아간다.
① 부정적 단기공급 충격이 발생하면 단기공급곡선이 좌측으로 이동하여 물가상승과 생산량 감소가 발생한다. 이러한 상황에서 정부의 개입이 없으면 실업률 증가로 임금 및 생산 비용이 하락하여 단기공급곡선이 점점 우측으로 이동하여 결국 장기에는 장기균형상태로 돌아온다.
② 부정적 단기공급 충격 시 확장적 재정정책을 시행하면 생산량은 단기 충격 이전과 동일하나 물가는 상승한다.
③ 부정적 수요 충격이 발생하면 단기수요곡선이 좌측으로 이동하여 물가와 생산량 모두 하락한다. 이러한 상황에서 정부의 개입이 없으면 실업률 증가로 임금 및 생산 비용이 하락하여 단기공급곡선이 점점 우측으로 이동하여 장기에는 생산량은 충격 이전과 동일하나 물가는 여전히 충격 이전보다 낮은 상태이다.

답 ④

18 IS곡선과 LM곡선이 아래와 같을 때 AD곡선으로 옳은 것은? (2022년)

> • IS곡선 : $0.4Y + 20r = 600$
>
> • LM곡선 : $600 + 0.2Y - 50r = \dfrac{300}{P}$
>
> (단, Y는 소득, r은 이자율, P는 물가이다)

① $1.2Y = 900 + \dfrac{300}{P}$

② $1.2Y = 900 + \dfrac{200}{P}$

③ $Y = 600 + \dfrac{300}{P}$

④ $Y = 600 - \dfrac{300}{P}$

[해설] IS곡선과 LM곡선을 r에 대해 정리하면 다음과 같다.

• IS곡선 : $r = 30 - \dfrac{1}{50}Y$

• LM곡선 : $r = 12 - \dfrac{6}{P} + \dfrac{1}{250}Y$

위에서 구한 IS곡선과 LM곡선을 연립하여 Y에 대해 정리하면 AD곡선이 된다.

$$30 - \frac{1}{50}Y = 12 - \frac{6}{P} + \frac{1}{250}Y$$

$$\frac{3}{125}Y = 18 + \frac{6}{P}$$

$$Y = 750 + \frac{250}{P}$$

위에서 구한 AD곡선 $Y = 750 + \dfrac{250}{P}$ 양변에 1.2를 곱하면 $1.2Y = 900 + \dfrac{300}{P}$ 이 된다.

답 ①

19 단기총공급곡선이 우상향하는 이유를 설명하는 이론으로 옳지 않은 것은? (2022년)

① 상대가격 착각 이론

② 화폐의 중립성 이론

③ 임금의 경직성 이론

④ 가격의 경직성 이론

[해설] 화폐의 중립성은 "통화량의 변화는 명목변수에만 영향을 주지만 실질변수에는 영향을 주지 못한다"는 이론으로 총공급곡선이 수직으로 도출되는 경우를 설명하는 데 이용된다.

① 상대가격 착각 이론은 생산자는 재화가격이 상승한 경우에 재화가격이 상승한 이유가 물가상승 때문인지 재화의 상대가격 상승 때문인지 판단할 수 없는 상황에서 재화의 상대가격 상승으로 재화가격이 상승하였다고 착각하여 생산량을 증가시킨다는 이론으로 단기총공급곡선이 우상향하는 이유를 설명한다.

③ 임금의 경직성 이론은 명목임금이 경직적인 상황에서 물가 상승하면 실질임금은 하락한다. 실질임금의 하락으로 기업이 고용량을 늘려 생산량을 증가시킨다는 이론으로 단기총공급곡선이 우상향하는 이유를 설명한다.

④ 가격의 경직성 이론은 수요증가로 물가가 상승할 때 기업이 가격조정 없이 생산량을 증가시키는 경우를 설명하는 이론으로 단기총공급곡선이 우상향하는 이유를 설명한다.

[답] ②

20 폐쇄경제의 IS-LM 모형에서 물가수준이 하락할 경우 새로운 균형에 관한 설명으로 옳은 것을 모두 고른 것은?(단, 초기 경제는 균형상태이며, IS곡선은 우하향, LM곡선은 우상향)

ㄱ. 명목이자율이 하락한다.
ㄴ. 투자가 감소한다.
ㄷ. 명목 통화량이 증가한다.

① ㄱ

② ㄴ

③ ㄱ, ㄷ

④ ㄴ, ㄷ

[해설] 폐쇄경제의 IS-LM 모형에서 물가수준의 하락은 LM곡선을 우측으로 이동시킨다. LM곡선이 우측으로 이동하면 명목이자율은 하락하고 국민소득은 증가한다.

[답] ①

21 총수요–총공급 모형의 단기 균형 분석에 관한 설명으로 옳은 것은?(단, 총수요곡선은 우하향하고, 총공급곡선은 우상향한다)

① 물가수준이 하락하면 총수요곡선이 오른쪽으로 이동하여 총생산은 증가된다.

② 단기적인 경기변동이 총수요 충격으로 발생되면 물가수준은 경기역행적(countercyclical)으로 변동한다.

③ 정부지출이 증가하면 총공급곡선이 오른쪽으로 이동하여 총생산은 증가한다.

④ 중앙은행이 민간 보유 국채를 대량 매입하면 총수요곡선이 오른쪽으로 이동하여 총생산은 증가한다.

[해설] 중앙은행이 민간 보유 국채를 대량 매입하면 통화량이 증가하므로 총수요곡선이 오른쪽으로 이동하여 총생산은 증가한다.

① 물가수준은 내생변수이므로 물가수준이 하락하면 총수요곡선상의 한 점에서 아래쪽의 한 점으로 이동한다.

② 단기적인 경기변동이 총수요 충격으로 발생되면 물가수준은 경기순응적(procyclical)으로 변동한다. 실질GDP의 변동과 양(+)의 상관관계를 가지면 경기순응적이다.

③ 정부지출이 증가하면 총수요곡선이 오른쪽으로 이동하여 총생산은 증가한다.

답 ④

22 다음의 폐쇄경제 모형에서 생산물시장과 화폐시장을 동시에 균형시키는 물가수준은?(단, Y는 국민소득, C는 소비, I는 투자, G는 정부지출, r은 이자율, M^d는 명목화폐수요, M^s는 명목화폐공급, P는 물가수준이다)

> $Y = C + I + G$ (생산물시장의 균형)
>
> $Y = 100$, $C = 20 + 0.5Y$, $I = 30 - 50r$, $G = 10$
>
> $M^s = M^d$ (화폐시장의 균형)
>
> $\dfrac{M^d}{P} = 0.01Y - r$
>
> $M^s = 20$

① 15

② 25

③ 50

④ 75

[해설] IS곡선은 $Y = C + I + G = 20 + 0.5Y + 30 - 50r + 10$에서 $0.5Y + 50r = 60$이므로 IS곡선 식은 $Y = 120 - 100r$이다. $Y = 100$을 대입하면 $r = 0.2$이다.

LM곡선은 $\dfrac{M^s}{P} = \dfrac{M^d}{P}$에서 $0.01Y - r = \dfrac{20}{P}$이다. 여기에 $Y = 100$, $r = 0.2$를 대입하면 $P = 25$이다.

답 ②

23 단기총공급곡선에 관한 설명으로 옳은 것은?

① 케인즈(J.M. Keynes)에 따르면 명목임금이 고정되어 있는 단기에서 물가가 상승하면 고용량이 증가하여 생산량이 증가한다.

② 가격경직성 모형(sticky-price model)에서 물가수준이 기대물가수준보다 낮다면 생산량은 자연산출량 수준보다 높다.

③ 가격경직성 모형은 기업들이 가격수용자라고 전제한다.

④ 불완전정보 모형(imperfect information model)은 가격에 대한 불완전한 정보로 인하여 시장은 불균형을 이룬다고 가정한다.

[해설] 케인즈(J.M. Keynes)에 따르면 명목임금이 고정(임금 경직성)되어 있는 단기에서 물가가 상승하면 재화·서비스의 가격이 생산요소의 가격(예컨대 임금)보다 더 빨리 오르기 때문에 기업의 이윤이 증가하므로 생산량이 증가한다.

② 새케인스학파의 AS곡선 또는 가격경직성 모형과 유사한 의미를 지니는 루카스(Lucas) 공급함수 $Y = Y_N + \alpha(P - P^e)$에서 물가수준($P$)이 기대물가수준($P^e$)보다 낮으면 $Y < Y_N$이 된다.

③ 가격경직성 모형에서 기업들은 가격설정자라고 전제한다.

④ 새고전학파의 불완전정보 모형(imperfect information model)은 재화가격이 신축적이므로 시장은 균형상태에 있는 것으로 가정한다.

답 ①

---

24 물가수준이 하락할 때 총수요가 증가하는 이유를 모두 고른 것은?

> ㄱ. 실질 화폐공급이 증가하여 실질이자율이 하락하고 투자가 증가
> ㄴ. 수입가격에 비해 수출가격이 상대적으로 하락하여 순수출이 증가
> ㄷ. 가계의 실질자산가치가 하락하여 소비가 증가

① ㄱ

② ㄴ

③ ㄱ, ㄴ

④ ㄴ, ㄷ

[해설] ㄷ은 물가수준이 하락하면 가계의 실질자산가치가 상승하므로 소비가 증가한다. 이를 피구효과(Pogou effect) 또는 자산효과(wealth effect)라고 한다. 물가수준이 하락할 때 총수요가 증가하는 이유는 총수요(AD)곡선이 우하향하는 이유이다. 그 이유로 피구효과(자산효과), 이자율 효과(케인즈 효과) 및 환율효과(무역수지 효과)를 들 수 있다. ㄱ은 이자율 효과, ㄴ은 환율효과이다.

답 ③

25 甲국의 국민소득(Y)은 소비(C), 민간투자(I), 정부지출(G), 순수출(NX)의 합과 같다. 2016년과 같이 2017년에도 조세(T)와 정부지출의 차이($T-G$)는 음(−)이었고 절대크기는 감소하였으며, 순수출은 양(+)이었지만 절대크기는 감소하였다. 이로부터 유추할 수 있는 2017년의 상황으로 옳은 것을 모두 고른 것은?

> ㄱ. 국가채무는 2016년 말에 비해 감소하였다.
> ㄴ. 순대외채권은 2016년 말에 비해 감소하였다.
> ㄷ. 민간저축은 민간투자보다 더 많았다.
> ㄹ. 민간저축과 민간투자의 차이는 2016년보다 그 절대크기가 감소하였다.

① ㄱ, ㄴ   ② ㄱ, ㄷ
③ ㄴ, ㄷ   ④ ㄷ, ㄹ

[해설] GDP 항등식 $Y = C + I + G + NX$을 저축과 투자의 관계로 나타내면 $NX = (S_p - I) + (T - G)$가 된다.
    ㄱ. 2017년에 $(T - G)$는 음(−)이면 국채가 발행되었고 국가채무는 2016년 말에 비해 증가한다.
    ㄴ. 2017년의 순수출 NX가 양(+)이면 순대외채권은 2016년 말에 비해 증가한다.
    ㄷ · ㄹ. 2017년에 $(T - G)$는 음(−)이며 절대크기가 감소하고, NX가 양(+)이고 절대크기가 감소하면 $(S_p - I)$는 양이며 절대크기가 감소한다. 따라서 2017년에는 민간저축은 민간투자보다 더 많고, 그 차이는 2016년보다 그 절대크기가 감소한다.

답 ④

26 총수요−총공급 모형에서 일시적인 음(−)의 총공급 충격이 발생한 경우를 분석한 설명으로 옳지 않은 것은?(단, 총수요곡선은 우하향, 총공급곡선은 우상향한다)

① 확장적 통화정책은 국민소득을 감소시킨다.
② 스태그플레이션을 발생시킨다.
③ 단기총공급곡선을 왼쪽으로 이동시킨다.
④ 통화정책으로 물가 하락과 국민소득 증가를 동시에 달성할 수 없다.

[해설] ① 스태그플레이션이 발생한 경우 확장적 통화정책을 사용하면 국민소득은 증가하지만 물가는 더 크게 상승한다. 과거의 석유파동(oil shock)처럼 총수요−총공급 모형에서 일시적인 음(−)의 총공급 충격이 있게 되면 단기총공급(AS)곡선이 왼쪽으로 이동하여 물가(P) 상승과 국민소득(Y) 감소, 즉 스태그플레이션(stagflation) 현상이 나타난다. 이 경우 총수요에 영향을 주는 통화정책이나 재정정책으로 물가 하락과 국민소득 증가를 동시에 달성할 수는 없다.

답 ①

27 IS-LM 모형에 관한 설명으로 옳은 것을 모두 고른 것은?

> ㄱ. IS곡선이 우하향할 때, 확장적 재정정책은 IS곡선을 왼쪽으로 이동시킨다.
> ㄴ. LM곡선이 우상향할 때, 중앙은행의 공개시장을 통한 채권 매입은 LM곡선을 오른쪽으로 이동시킨다.
> ㄷ. 투자가 이자율의 영향을 받지 않는다면 IS곡선은 수직선이다.

① ㄱ

② ㄴ

③ ㄱ, ㄷ

④ ㄴ, ㄷ

해설 ㄱ. 정부지출을 증가시키거나 조세를 감면하는 확장적 재정정책을 실시하면 IS곡선은 오른쪽으로 이동한다.

답 ④

28 단기 또는 장기 총공급곡선을 오른쪽으로 이동시키는 요인으로 옳지 않은 것은?

① 물적자본 증가

② 노동인구 증가

③ 예상물가수준 하락

④ 자연실업률 상승

해설 ④ 자연실업률이 상승하면 자연산출량(잠재GDP)이 감소하므로 수직인 장기총공급곡선을 왼쪽으로 이동시킨다. 물적자본 증가, 노동인구 증가, 기술지식의 진보는 경제의 생산능력을 확대시키므로 단기와 장기 총공급곡선 모두를 오른쪽으로 이동시킨다. 예상물가수준의 하락은 단기총공급곡선만 오른쪽으로 이동시킨다.

답 ④

29 IS곡선에 관련된 설명으로 옳지 않은 것은?(단, IS곡선은 우하향)

① IS곡선은 생산물시장의 균형을 이루는 이자율과 국민소득의 조합을 나타낸다.

② 현재의 이자율과 국민소득의 조합점이 IS곡선보다 위쪽에 있다면, 생산물시장에서 수요가 공급을 초과하고 있음을 의미한다.

③ 조세부담이 증가하면 IS곡선은 좌측으로 이동한다.

④ 정부의 재정지출이 증가하면 IS곡선은 우측으로 이동한다.

해설 ② 현재의 이자율과 국민소득의 조합점이 IS곡선보다 위쪽에 있다면 생산물시장이 초과공급 상태에 있다는 것을 의미한다. 또한 현재의 이자율과 국민소득의 조합점이 LM곡선보다 위쪽에 있다면 화폐시장이 초과공급 상태에 있다는 것을 의미한다.

답 ②

30 피구효과(Pigou effect)에 대한 다음의 설명 중 바르지 못한 것은?

① 소비가 가처분소득뿐만 아니라 가계가 보유하고 있는 금융자산의 실질가치에 의해서도 영향을 받는다는 것을 전제로 한 것이다.

② 경기침체 시 재량적이고 적극적인 재정정책만이 효과가 있다는 케인즈의 주장에 대한 반론으로 제시된 것이다.

③ 경제가 유동성 함정에 빠져 있는 경우 물가 하락이 LM곡선뿐만 아니라 IS곡선도 오른쪽으로 이동시킨다는 것이다.

④ 물가가 하락하면 이자율이 상승하여 투자가 감소하므로 총수요가 감소한다는 것이다.

[해설] ④는 총수요곡선이 우하향하는 이유를 설명하는 케인즈 효과(이자율 효과)이다.

답 ④

31 화폐시장을 설명하는 다음의 내용 중 올바르지 못한 것은?

① LM곡선은 유동성 선호와 화폐공급이 일치한다는 것을 나타낸다.

② 화폐수요는 명목소득과는 양(+)의 관계를 갖고, 이자율과는 음(−)의 관계를 갖는다.

③ 중앙은행에 의해 화폐공급이 증가하면 이자율은 하락한다.

④ 이자율이 높아지면 채권수익률이 높아지므로 채권 가격은 상승한다.

[해설] 채권 가격은 채권에서 나오는 이자의 현재가치의 합계이다. 따라서 이자율이 높아지면 채권 가격은 하락한다.

답 ④

32 IS-LM 모형에서 거시경제정책이 국민소득에 미치는 영향에 대한 다음 설명 중 가장 옳지 않은 것은?(단, IS곡선은 우하향하고 LM곡선은 우상향한다)

① 투자가 이자율에 민감하게 반응할수록 확장적 통화정책은 국민소득을 크게 증가시킨다.

② 한계소비성향이 클수록 긴축적 통화정책은 국민소득을 크게 감소시킨다.

③ 화폐수요가 소득에 민감하게 반응할수록 확장적 재정정책은 국민소득을 크게 증가시킨다.

④ 화폐수요가 이자율에 민감하게 반응할수록 긴축적 재정정책은 국민소득을 크게 감소시킨다.

[해설] 화폐수요가 소득에 민감하게 반응할수록 LM곡선은 가파르게 우상향한다. 이 경우 확장적 재정정책을 실시하면 구축효과의 부작용이 커서 국민소득은 별로 증가하지 않는다.

답 ③

33 장기총공급곡선에 관한 설명으로 옳지 않은 것은?

① 장기적으로 한 나라 경제의 재화와 서비스 공급량은 그 경제가 가지고 있는 노동과 자본 그리고 생산기술에 의해 좌우된다.

② 장기총공급곡선은 고전학파의 이분성을 뒷받침해준다.

③ 확장적 통화정책으로 통화량이 증가하더라도 장기총공급곡선은 이동하지 않는다.

④ 장기총공급량은 명목임금이 경직적이고 자유롭게 변동하지 않기 때문에 물가수준이 얼마가 되든 변하지 않는다.

[해설] 장기총공급량이 변하지 않는 이유는 명목임금이 경직적이기 때문이 아니라 장기적으로는 경제활동수준이 자연산출량 수준에서 이루어지기 때문이다.

답 ④

07 | 실업과 인플레이션

제1절 실업

---

1. 실업의 의의

(1) 실업의 뜻

① 실업(unemployment)은 일할 능력과 의사가 있음에도 불구하고 취업기회가 주어지지 않는 상태를 말한다.

② 따라서 사회적으로는 유용한 생산자원의 유휴, 낭비를 의미한다. 실업이 있는 경우의 GDP는 잠재GDP보다 작게 된다.

(2) 실업에 대한 관심

① 고전학파는 임금, 물가의 신축성을 가정하므로 따라서 항상 완전고용이 이루어지고 실업은 있을 수 없다는 입장을 보인다. 즉 현실의 실업은 모두 자발적이라는 것이다. 노동조합의 압력으로 임금이 경직적이라면 실업이 발생할 수 있다고 보았다.

② 그러나 1930년대 대공황을 계기로 고전학파의 주장은 설득력을 잃었고 케인즈 경제학이 등장하였다.

③ 케인즈 경제학은 대공황으로 인한 대량실업의 해결을 목적으로 등장하였다. 케인즈는 총수요가 부족하여 생산이 완전고용 수준 이하에 머물면 비자발적 실업(unvoluntary unemployment)이 존재할 수 있음을 보였다.

2. 실업의 측정

(1) 경제활동인구

① 총인구에서 15세 미만의 인구(재소자와 군인 포함)를 제외한 것을 생산가능인구(15세 이상 인구)라고 한다.

② 여기서 일할 의사가 없고 따라서 구직활동을 하지 않는 비경제활동인구를 제외하면 경제활동인구가 된다. 비경제활동인구는 학생(통학)이나 전업주부, 노령인구, 자원봉사자, 심신장애인, 구직단념자, 취업준비자 등을 말한다.

③ 경제활동인구는 다시 취업자와 실업자로 분류된다. 따라서 다음의 관계가 성립한다.

> 경제활동인구 = 생산가능인구(15세 이상 인구) − 비경제활동인구 = 취업자수 + 실업자수

(2) 경제활동참가율과 실업률

① 경제활동참가율은 생산가능인구(15세 이상 인구)에 대한 경제활동인구의 비율이다. 일반적으로 경제가 발전할수록 여성의 경제활동 참가가 높아지기 때문에 경제활동참가율은 높아지는 경향이 있다.

② 실업률(unemployment rate)은 경제활동인구에서 차지하는 실업자의 비율이다. 또한 고용률은 생산가능인구에서 차지하는 취업자수의 비율이다.

> ㉠ 경제활동참가율(%) = $\dfrac{경제활동인구}{생산가능인구(15세\ 이상\ 인구)}$
>
> ㉡ 실업률(%) = $\dfrac{실업자수}{경제활동인구}$
>
> ㉢ 고용률(%) = $\dfrac{취업자수}{생산가능인구(15세\ 이상\ 인구)}$

(3) 자연실업률

① 특정한 해의 실업률은 정상적인 실업률을 중심으로 위아래로 변동하는데 이와 같은 정상적인 실업률을 자연실업률(또는 NAIRU)이라고 하고, 자연실업률을 벗어난 실제 실업을 경기적 실업이라고 한다.

② 자연실업률은 마찰적 실업과 구조적 실업만 있는 경우의 실업률이다. 완전고용 실업률이라고도 한다.

3. 실업의 형태

(1) 마찰적 실업

① 어떤 노동자가 다른 일자리를 찾기 위해 정보수집활동을 하며 실업을 택하고 있을 때 이를 마찰적 실업 (frictional unemployment)이라고 한다. 마찰적 실업은 더 나은 일자리를 탐색한다는 의미에서 탐색적 실업(search unemployment)이라고도 한다.

② 마찰적 실업은 노동시장의 정보부족으로 발생하는 것이므로 고용기회에 관한 정보의 흐름을 원활하게 하면 해결될 수 있다. 마찰적 실업은 자발적이고 불가피한 실업이다.

③ 전통적으로 마찰적 실업만 있는 상태를 완전고용이라고 하고, 이때의 실업률을 자연실업률(natural rate of unemployment)이라고 한다. 그러나 최근 맨큐(N.G. Mankiw)나 크루그먼(P. Krugman) 등의 교과서에서는 마찰적 실업과 구조적 실업만이 있는 상태를 완전고용으로 파악하기도 한다.

(2) 경기적 실업

경기적 실업(cyclical unemployment)은 불경기에 수반하여 발생하는 실업이다. 따라서 총수요의 부족으로 인해 발생하는 것이므로 장기적인 대량실업으로 나타난다. 케인즈에 의해 그 가능성이 제시되어 케인즈 (Keynes)적 실업이라고도 한다.

(3) 구조적 실업

① 구조적 실업(structural unemployment)은 어떤 특수한 종류의 노동에 대한 수요부족으로 발생하는 실업이다. 산업 간, 지역 간의 불균등한 발전이나 노동의 이동성 부족(immobility)에서 원인을 찾는다.

② 예컨대 소비유형이 변화하면 소비가 감소한 재화의 생산이 감소하여 이 부문(사양산업)에서 실업이 발생하는데 이런 경우의 실업을 구조적 실업이라고 한다.

③ 최근 맨큐(N.G. Mankiw)나 크루그먼(P. Krugman) 등의 교과서에서는 구조적 실업을 높은 임금으로 인하여 발생하는 실업으로 설명한다. 그 원인으로는 노동조합의 저항, 최저임금제 및 기업주의 효율임금 정책을 제시한다.

(4) 기술적 실업

① 기술적 실업(technological unemployment)은 마르크스(K. Marx)가 제시한 것으로 기술진보로 인해 노동 대신 기계를 사용하게 됨으로써 발생하는 실업이다.

② 그러나 기술진보는 실업을 창출하기도 하지만 일자리도 함께 창출하므로 그 존재는 미미한 것으로 알려져 있다.

(5) 계절적 실업

계절적 실업(seasonal unemployment)은 계절에 따른 고용기회의 감소로 발생하는 외생적 실업이다. 정부는 공공근로사업 등을 통해 계절적 실업자들의 최저생활을 보장한다.

(6) 위장실업

① 위장실업(disguised unemployment)은 조앤 로빈슨(J. Robinson)이 제시하는 개념으로 외형상으로는 취업상태에 있으나 노동의 한계생산성이 0이거나 0에 가까운 경우를 말한다.

② 루이스(Lewis) 모델과 페이-래니스(Fei-Ranis) 모델은 위장실업을 이용하는 저개발국의 경제발전 모델로 유명하다.

4. 실업대책

완전고용은 마찰적 실업을 제외하고는 실업자가 없는 상태, 즉 경제가 자연실업률에 있는 상태를 의미하므로 정부의 고용정책은 경기적 실업과 구조적 실업을 제거하고자 하는 것으로 볼 수 있다.

(1) 경기적 실업대책

경기적 실업은 총수요의 부족으로 발생하므로 조세 감면, 정부지출 증가, 화폐공급 증대 등 확장적 재정정책과 통화정책을 통한 총수요의 증대를 통해 해결할 수 있다. 그러나 이 경우 실업은 해소되지만 인플레이션이 발생할 수 있다.

(2) 구조적 실업대책

① 구조적 실업은 인력정책(human power policy), 즉 노동력에 대한 수요변화에 따라 노동력의 공급구조를 변화시키는 정책을 통해서 해결할 수 있다.

② 인력정책

　　㉠ 직업 소개 및 보도 등 취업 알선

　　㉡ 교육, 훈련 및 재훈련

　　㉢ 노동자의 지역적 이동을 촉진하는 방안 등 노동의 이동성(mobility)을 증대시키는 정책 포함

5. 실업의 존재이유

(1) 구조적 실업에 대한 새로운 설명

현실적으로 실업은 임금이 시장의 균형임금보다 높게 유지되는 경우에 발생한다. 임금이 높기 때문에 기업의 노동수요량보다 노동자의 노동공급량이 많고 따라서 노동의 초과공급량, 즉 실업이 발생하는 것이다.

(2) 높은 임금이 나타나는 이유

임금이 시장의 균형임금보다 높게 유지되는 이유로 맨큐(N.G. Mankiw), 크루그먼(P. Krugman) 등은 세 가지를 제시하고 있다.

① 최저임금제

　　㉠ 최저임금(minimum wage)은 시장의 균형임금보다 높게 설정되므로 노동의 초과공급량, 즉 실업을 발생시킨다. 최저임금제가 전체 실업의 주된 원인은 아니지만 숙련도와 경험이 부족한 계층의 실업을 설명하는 데는 설득력이 있다.

　　㉡ 노동수요의 임금탄력성과 노동공급의 임금탄력성이 비탄력적일수록 최저임금으로 인한 실업은 적게 발생한다.

② 노동조합과 단체교섭

　　㉠ 노동조합은 일종의 카르텔(cartel)이다. 노동조합이 임금을 균형임금 수준 이상으로 인상하면 노동의 공급량은 늘고 수요량은 감소하여 실업이 발생한다.

　　㉡ 노동조합은 내부자(insiders)와 외부자(outsiders) 사이의 갈등을 야기하고, 노동조합이 결성되어 있지 않은 직종의 임금을 하락시킨다.

③ 효율임금

　　㉠ 효율임금(efficiency wages)은 기업이 균형임금보다 더 높은 임금을 지불하면 효율이 높아지기 때문에, 노동의 초과공급이 있는 경우에도 높은 임금을 유지하는 것이 기업에게 더 이익이라는 것이다.

　　㉡ 효율성 임금이론은 균형임금보다 높은 실질임금이 노동자의 생산성 또는 근로의욕(work effort)을 높일 수 있다고 전제한다.

　　㉢ 그 이유로는 높은 실질임금은 이직률을 낮춘다는 노동이직 모형(labor turnover model), 높은 실질임금은 노동자의 근무태만이나 태업을 방지하여 생산성을 높일 수 있다는 태업방지 모형(shirking model), 노동의 생산성에 대한 정보가 비대칭적으로 존재할 때 효율성 임금이 노동의 평균적인 질을 향상시킬 수 있다는 역선택 모형(adverse selection model) 등이 제시되고 있다.

제2절 인플레이션

인플레이션(inflation)은 일반물가수준의 지속적인 상승과정, 즉 물가지수의 상승현상을 의미한다.

1. 물가지수의 의의

(1) 가격지수

가격지수(price index)는 개별상품의 가격변화를 측정한다. 가격지수=비교시점의 가격/기준시점의 가격이다.

(2) 물가지수

① 물가지수(prices index)는 여러 상품의 가격변화를 종합한 것으로, 어떤 기준연도의 재화 및 서비스의 가격을 100으로 놓고 비교연도의 이들 가격을 평균하여 지수로 나타낸 것이다. 물가지수는 측정방법에 따라 단순물가지수와 가중물가지수로 구분한다.

② 가중물가지수는 대상상품의 경제적 중요성, 거래량 등을 고려하여 각 상품마다 서로 다른 가중치(weight)를 부여하여 가중평균하여 산출한 물가지수이다. 현실적인 물가지수는 전부 가중물가지수이다.

(3) 물가지수의 측정방법

가중물가지수는 가중치를 어떻게 구하는가(또는 가중치로 무엇을 이용하는가)에 따라 세 가지 방식이 이용된다.

① 라스파이레스(Laspeyres) 방식

기준시 가중 산술평균법이라고 하는데 기준시점의 상품거래량을 가중치로 이용한다. 우리나라에서는 이 방식의 수정방식을 이용하여 소비자물가지수(CPI)와 생산자물가지수(PPI)를 계산한다.

② 파셰(Paasche) 방식

비교시 가중 산술평균법이라고 하는데, 비교시점의 상품거래량을 가중치로 이용한다. GDP 디플레이터(deflator)는 그해에 생산된 최종생산물을 추계하는 데 관련되어 있으므로 파셰 방식과 관련이 있다.

③ 피셔(Fisher) 방식

피셔 방식은 라스파이레스 방식과 파셰 방식의 기하평균치이다. 즉 기준연도에는 기준연도의 상품 거래량을, 비교연도에는 비교연도의 상품 거래량을 가중치로 이용한다. 수출입 물가지수의 작성에 이용된다.

2. 물가지수의 종류

현재 우리나라에서 흔히 쓰이는 일반적인 물가지수로는 소비자물가지수, 생산자물가지수, GDP 디플레이터 등이 있다. 소비자물가지수는 통계청이, 생산자물가지수는 한국은행이 작성하는데 기준연도는 5년마다 개편된다.

(1) 소비자물가지수

① 소비자물가지수(CPI : consumer price index)는 가계의 소비생활에 필요한 재화 및 서비스의 가격변동을 측정하기 위해 작성되는 물가지수로, 최종적으로 소비자에게 판매되는 소비재와 서비스의 소비자가격을 기준으로 작성된다.

② 도시근로자의 생계비와 밀접한 관련이 있기 때문에 생계비지수라고도 한다. 현재는 전국 38개 도시지역에서 거래되는 460개 품목의 가격변화를 조사하여 통계청이 작성하고 있다.

(2) 생산자물가지수

생산자물가지수(PPI : producer price index)는 기업 상호간에 거래되는 재화와 서비스의 가격을 기준을 작성한다. 870개 재화와 서비스 품목을 대상으로 한국은행이 작성하고 있다.

(3) GDP 디플레이터

① GDP 디플레이터(deflator)는 경상가격 GDP를 불변가격 GDP로 환산하기 위한 일종의 물가지수이다.

> GDP 디플레이터 = (명목GDP / 실질GDP) × 100이다.

② GDP 추계 시에는 생산자물가지수(PPI)나 소비자물가지수(CPI)뿐만 아니라 수출입물가지수, 임금, 환율 등 각종 가격지수가 종합적으로 이용되고 있기 때문에 GDP 디플레이터는 국민소득에 영향을 주는 모든 물가요인을 포괄하는 종합적인 물가지수로서 GDP라는 상품의 가격수준을 나타낸다고 할 수 있다.

(4) 차이점

앞의 세 가지 물가지수에 의한 물가변동은 대체로 같은 방향으로 움직이지만 똑같은 크기로 나타나지는 않는다. 대상품목과 가중치, 포착하는 거래단계가 다르기 때문이다.

① CPI에는 소비재와 서비스의 가격이 반영되지만 PPI에 포함되는 원재료와 중간재, 그리고 최종재 중 자본재의 가격은 포함되지 않는다. 석유파동 등 해외부문의 충격은 PPI에는 직접적인 영향을 주지만 CPI에는 간접적으로만 영향을 미친다. GDP 디플레이터에는 최종생산물이 모두 포함되기 때문에 가장 광범위한 물가지수이다.

② 수입품의 가격은 CPI에만 반영된다.

③ 주택이나 토지 등 부동산의 가격은 CPI와 PPI에 포함되지 않는다. 그러나 신축주택이나 건물 등의 가격은 GDP 디플레이터에는 포함되나, 기존 주택에 대한 투기에 의한 부동산 가격은 포함되지 않는다. 주택임대료가 상승하면 이는 CPI, PPI와 GDP 디플레이터 모두에 포함된다.

3. 인플레이션의 영향

(1) 예상하지 못한 인플레이션

① 예상하지 못한 인플레이션은 채권자와 채무자 사이에 부와 소득을 재분배한다.[14] 또한 일시적으로 생산이 증가하여 고용을 증가시킬 수 있다.

② 그러나 예상하지 못한 인플레이션에 따른 불확실성이 경제의 효율성은 낮추는데 이것이 인플레이션의 경제적 비용이다.

(2) 예상된 인플레이션

① 예상된 인플레이션이 발생하는 경우 채권자로부터 채무자로의 소득의 재분배는 일어나지 않는다.

② 인플레이션이 예상된 경우에는 생산과 고용에 별다른 영향을 미치지 않는다. 이는 루카스 공급함수를 통해 확인할 수 있다.

③ 예상된 인플레이션이 지속되면 국민경제의 효율성이 낮아진다. 인플레이션으로 인한 손해를 줄이기 위해 실물자산에 대한 투기가 증가하여 자원배분을 비효율적으로 만든다.

> **더 알아보기** 인플레이션 비용
>
> 맨큐(N.G. Mankiw)는 인플레이션 비용을 여섯 가지로 요약하고 있다. 구두창 비용(shoeleather costs), 메뉴비용(menu costs), 상대가격 변화에 의한 자원배분의 왜곡, 의도하지 않은 세금 부담, 혼란과 불편, 부(wealth)의 자의적 재분배 등이다.

제3절   인플레이션의 유형

---

1. 수요견인 인플레이션

(1) 의의

① 총수요가 증가하여 총공급을 초과하면 물가상승이 유발되는데 수요견인 인플레이션(demand pull inflation), 또는 초과수요 인플레이션이라고 한다.

② 즉 과잉투자, 적자재정, 수출 증가, 과소비 등으로 총수요가 증가하면 총수요가 총공급을 초과하여 초과수요가 발생하고, 이로 인해 물가상승이 유발된다. 이 경우 생산과 고용은 증가한다. 가장 전형적인 인플레이션이다.

---

14) 예상하지 못한 인플레이션은 민간으로부터 정부로 부와 소득을 재분배한다. 화폐와 공채는 일종의 정부의 부채이기 때문이다. 따라서 인플레이션은 화폐라는 세원에 대하여 부과하는 조세와 같다는 의미에서 인플레이션을 인플레이션 조세(inflation tax), 강제저축(forced savings)이라고 한다. 또한 인플레이션이 일어날 때 채무자, 기업부문(순적자지출), 정부부문, 실물보유자, 수입업자는 이득을 보고, 채권자, 가계부문(순흑자지출), 민간부문, 화폐보유자, 수출업자는 손해를 본다. 또한 금리생활자, 연금생활자, 봉급생활자 등 정액소득자는 손해를 보게 된다.

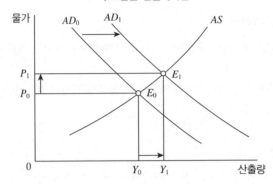

▶ 수요견인 인플레이션

(2) 수요견인설

① 수요견인 인플레이션을 설명하는 이론으로는 고전학파의 화폐수량설이 가장 전형적이고, 통화주의와 케인즈의 이론이 있다.

② 화폐수량설은 통화량의 증가에 비례하여 물가가 상승하므로 인플레이션의 원인은 통화량의 증가가 유일하다고 본다.

③ 통화주의자인 프리드먼(M. Friedman)은 신화폐수량설을 통해 물가가 통화량에 비례한다고는 할 수 없으나 인플레이션은 언제 어디서나 화폐적 현상이라고 주장한다. 이들은 인플레이션의 원인이 된 통화팽창은 정부의 방만한 재정운영(즉 재정적자), 중앙은행의 무책임한 통화신용정책에 기인한다고 본다.

④ 케인즈(J.M. Keynes)는 물가와 통화량 간에 직접적인 관계는 없다고 생각하였다. 즉 통화량의 증가는 투자와 저축을 통해 간접적으로 물가상승을 가져올 뿐 직접적인 관계는 없다고 주장한다.

더 알아보기 | 케인즈의 인플레이션

케인즈(J.M. Keynes)는 인플레이션을 두 가지로 설명한다.
• 총수요가 증가하여 완전고용 산출량 수준을 초과할 때, 즉 인플레이션 갭(inflationary gap)이 존재할 때 물가가 상승하는데 이를 진성 인플레이션(true inflation)이라고 하였다.
• 총수요가 완전고용 산출량 수준에 접근해감에 따라 수확체감의 법칙이 작용하고, 또 일부 생산요소의 부족현상으로 임금, 원료비 등이 상승하여 물가가 상승하게 되는데 이를 애로 인플레이션(bottle neck inflation)이라고 하였다.

(3) 총수요 억제정책

① 수요견인 인플레이션에 대한 대책으로는 총수요 억제정책(또는 긴축정책)이 있다. 즉 재정정책과 통화정책을 통해 총수요를 억제하면 총수요와 총공급이 균형을 이룸으로써 물가가 안정된다는 것이다.

② 즉 정부지출의 억제와 조세 인상 등의 긴축재정, 통화량을 축소하는 긴축통화정책을 통해 물가안정을 이룰 수 있다.

2. 비용상승 인플레이션

(1) 의의

① 생산비의 상승으로 총공급이 감소하여 물가상승을 유발할 때 이를 비용상승 인플레이션(cost push inflation)이라고 한다. 즉, 인플레이션의 원인을 공급측면에서 찾는 것이다.

② 이 경우에 생산은 감소하고 고용도 감소한다. 즉 경기침체와 함께 발생하는 인플레이션이다.

▶ 비용상승 인플레이션

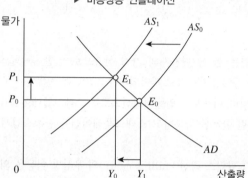

(2) 생산비 상승의 원인

생산비를 상승시키는 주요 원인으로는 노동생산성의 증가율을 초과하는 과도한 임금인상(이 경우에는 임금 -물가의 악순환을 초래한다), 기업의 이윤인상, 원자재 가격의 상승, 환율 인상으로 수입원자재의 국내가격 상승, 독점이윤의 인상 등이 있다.

(3) 비용상승설

① 비용상승 인플레이션은 1970년대에 들어와 두 차례의 석유파동을 계기로 가속화된 것이다. 공급측면에서 그 원인을 찾기 때문에 통화론자(monetarists)들은 비용상승 인플레이션의 존재를 인정하지 않는다.

② 그러나 케인즈는 물가는 생산비에 의해 결정되며, 생산비 중에서는 임금이 압도적인 비중을 차지하므로 임금이 상승하면 물가가 상승한다고 본다.

(4) 소득정책

① 비용상승 인플레이션에 대한 대책으로 가장 대표적인 것은 소득정책(income policy)이다.

② 즉 노동생산성을 초과하는 임금인상이 이루어지는 경우 기술개발이나 투자효율의 증대를 통해 생산성을 향상시키는 것도 한 가지 방법이지만 이는 단기적으로는 실현될 수 없기 때문에 소득정책을 실시할 수 있다.

③ 소득정책(income policy)은 정부가 직접 중요한 가격과 임금의 과도한 상승을 억제하는 것이다. 예컨대 임금 가이드라인(guide line) 정책 같은 것들이다.

3. 스태그플레이션

(1) 스태그플레이션의 의미

① 1970년대 이후 두 차례의 석유파동(oil shock)을 계기로 본격화된 스태그플레이션(stagflation)은 경기 침체(stagnation)와 물가상승(inflation)이 동시에 진행되는 현상이다.

② 즉 실업률의 증대와 인플레이션이 동시에 진행되는 현상이다. 제2차 세계대전 이후에도 간헐적으로 발생하였으나, 1970년대 두 차례의 오일쇼크 이후 가속화되었다.

(2) 스태그플레이션의 원인

① 스태그플레이션의 원인은 임금, 원자재의 가격 상승으로 인한 총공급의 감소에 있다.

② 비용상승 인플레이션과 동일한 현상으로 파악되지만 1970년대 이후에는 물가상승률과 실업률 간의 관계가 불안정하게 나타남에 따라 비용상승 인플레이션으로는 스태그플레이션을 만족스럽게 설명하지 못한다.

③ 케인즈학파 이론의 이런 한계를 극복하고 스태그플레이션을 만족스럽게 설명하기 위해 등장한 이론이 자연실업률이론이다.

④ 스태그플레이션은 단기 필립스 곡선(Phillips curve)의 우상방 이동을 의미한다. 그리고 필립스 곡선의 우상방 이동은 총공급(AS)곡선의 왼쪽 이동을 의미한다.

제4절   자연실업률이론

1. 필립스 곡선

(1) 의미

① 필립스 곡선(Phillips curve)은 1958년 영국의 경제학자인 필립스(A.W. Phillips)가 1861~1957년간의 영국경제를 대상으로 실증분석을 한 결과, 명목임금 상승률과 실업률 간에 매우 안정적인 역(trade-off) 관계가 있다는 것을 나타낸 곡선이다.

② 후에 립시(R. Lipsey)는 명목임금 상승률과 물가상승률은 비례관계가 있다는 데 착안하여 이를 물가상승률(인플레이션율)과 실업률 간의 역(−)관계로 추가하였다.

③ 인플레이션율을 π, 실제실업률을 u, 자연실업률을 u_N이라고 하면 필립스 곡선은 다음과 같다.

$$\pi = -\alpha(u - u_N)$$

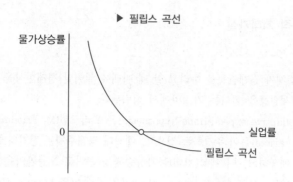

▶ 필립스 곡선

물가상승률

0 ────────────── 실업률

필립스 곡선

(2) 정책적 함의

① 물가상승률과 실업률 간에 안정적인 역관계가 존재한다는 것은, 정책당국이 실업률을 낮추려면 물가상승을 감수해야 하고, 물가상승률을 억제하려면 어느 정도의 실업을 받아들여야 함을 의미한다.

② 즉 완전고용과 물가안정이라는 두 가지 정책목표 간의 모순을 지적하는 것이다.

(3) 필립스 곡선과 총공급곡선

① 필립스 곡선의 형태와 총공급곡선은 매우 밀접한 관계에 있다. 여기서 필립스 곡선과 AS곡선을 연결하는 고리는 오쿤(Okun)의 법칙이다. 정상적인 경우 필립스 곡선이 우하향하는 형태인 경우 AS곡선은 우상향한다.

② 그러나 장기 필립스 곡선처럼 필립스 곡선이 수직인 경우에는 물가와 실업률, 즉 역으로 하면 산출량 간에 아무런 관계가 없다는 것을 의미하므로 AS곡선도 수직의 형태가 된다.

(4) 오쿤의 법칙

① 오쿤의 법칙의 의의

㉠ 미국의 경제학자인 아서 오쿤(A. Okun)이 미국경제에 대한 실증분석을 통해서 찾아낸 실업률과 GDP 갭 간의 상관관계를 말한다.

㉡ 잠재GDP와 실제GDP를 각각 Y_P와 Y, 자연실업률과 실업률을 u_N과 u로 표시하면 오쿤의 법칙을 다음과 같이 나타낼 수 있다.

$$\frac{Y_P - Y}{Y_P} = \alpha(u - u_N)$$

② 오쿤의 법칙의 의미

㉠ 오쿤의 법칙은 GDP 갭($Y_P - Y$)과 실업률 간의 정(+)의 상관관계를 나타낸다. 산출량(Y)의 증가는 GDP 갭을 감소시켜 실업률을 하락시킨다.

㉡ 이는 산출량과 실업률 간의 음(−)의 관계를 나타내고 AS곡선과 필립스 곡선의 관계를 도출하는 데 활용된다.

2. 자연실업률과 적응적 기대가설

(1) 기대가설

① 기대가설은 경제주체가 경제활동을 하려고 할 때 미래에 일어날 경제현상을 미리 예상(expectations) 또는 기대하여 경제활동을 한다는 가정하에서 성립된다.

② 적응적 기대가설(adaptive expectations hypothesis)은 프리드먼(M. Friedman), 펠프스(E.S. Phelps) 등 통화론자(Monetarists)들이 주장하는 것으로, 예컨대 경제주체는 전기의 물가상승률을 보고 이번기의 물가상승률을 예상하고, 이 예상(기대)물가상승률을 근거로 노동계약을 체결한다는 것이다.

③ 합리적 기대가설(rational expectations hypothesis)은 루카스(R. Lucas), 사전트(T. Sargent) 등 합리적 기대학파, 즉 새고전학파가 주장하는 것으로 이용 가능한 모든 정보를 근거로 미래를 예상하고 이에 따라 경제활동을 한다는 가설이다.

(2) 자연실업률이론의 의의

① 프리드먼(M. Friedman) 등 통화론자는 적응적 기대가설에 기초하여 단기 필립스 곡선은 우하향하지만, 장기 필립스 곡선은 자연실업률에서 수직이라고 주장한다.

② 즉 단기적으로는 실업률과 물가상승률 간에 역관계가 존재하지만, 장기적으로는 관계가 없다.[15]

③ 여기서 자연실업률은 장기적으로 평균적인 실업률로 인플레이션과는 관계없이 결정되는 실업률이다.[16]

④ 따라서 자연실업률 이하로 실업률을 줄이려는 재량적 재정정책이나 통화정책은 장기적으로 물가만 상승시키고 실업률은 줄일 수 없다.

⑤ 그러므로 통화공급의 증가율을 $k\%$로 일정하게 유지하는 통화준칙($k\%$ rule)을 도입하는 정책이 필요하다고 주장한다.

▶ 자연실업률가설

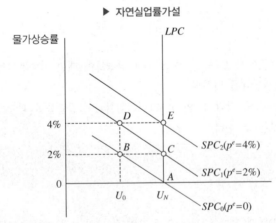

---

15) 자연실업률이론에 대한 실증분석 결과 이 이론은 1960년대 후반 이후 지금까지 선진국들이 보이고 있는 인플레이션과 실업과의 상호관계를 잘 설명해주는 모형으로 밝혀졌다. 따라서 자연실업률이론은 오늘날 대부분의 케인즈학파나 새케인즈학파 경제학자들도 받아들이는 이론이 되었다.

16) 자연실업률(natural unemployment rate)은 정부의 재량적인 안정화 정책에 관계없이 생산물시장의 불완전 경쟁의 정도, 구직자와 구인기업의 탐색비용, 노동의 이동가능성, 최저임금제, 노동조합의 역할, 효율성 임금 등 생산물시장과 노동시장의 구조적 특성에 의해 결정된다.

(3) 자연실업률이론의 전개

① 자연실업률이론에서 중요한 것은 예상물가가 상승하면 단기 필립스 곡선은 상방으로 이동한다는 점이다. 〈그림〉에서 최초의 상태는 자연실업률 수준인 A점이다.

② A점에서 정부가 자연실업률 수준 이하로 실업률을 줄이기 위해 확대재정정책을 실시하면 단기적으로 실업률은 감소하지만 물가는 상승하여 경제는 B점으로 이동한다.

③ 시간이 흐르면서 노동자들은 물가상승을 인식하게 되고 실질임금이 하락한 것을 알게 되므로 명목임금의 인상을 요구한다.

④ 이에 따라 명목임금이 상승하므로 기업은 노동수요를 줄이게 되어 실업률이 상승하여 경제는 C점으로 이동한다. 또한 예상물가가 상승하게 되므로 단기 필립스 곡선은 SPC_0에서 SPC_1으로 이동한다.

⑤ 이러한 상황이 반복되면 장기적으로 경제는 A → C → E로 이동하게 되고 이 수직선이 장기 필립스 곡선이 된다.

더 알아보기 | 재량적 안정화 정책의 효과에 대한 견해

- 케인즈학파 : 케인즈학파(Keynesian)는 재량적인 총수요 확대정책의 효과에 대해 단기에 효과가 있으면 그 효과는 장기에도 지속된다고 주장한다.
- 통화주의자 : 통화주의자(monetarists)는 자연실업률이론에 기초하여 재량적인 총수요 확대정책은 단기에는 실업률을 줄이는 효과가 있지만 장기에는 아무런 효과가 없다고 주장한다.
- 새고전학파 : 새고전학파(new classical)는 경제주체들이 합리적 기대를 갖게 되면 실제물가를 정확하게 예상할 수 있기 때문에 재량적인 안정화 정책은 장기는 물론 단기에도 효력이 없다고 주장한다. 이를 정책무력성의 명제(policy ineffectiveness proposition)라고 한다.

07 | 실전대비문제

01 다음 중 실업률 하락을 가져오는 정책이 아닌 것은?(단, 노동시장은 경쟁적이다) (2016년)

① 실업급여의 축소
② 구직활동지원 강화
③ 훈련프로그램 강화
④ 최저임금의 인상

[해설] 실업급여의 축소, 구직활동지원 강화, 훈련프로그램 강화는 실업률 하락을 가져오나 최저임금제 인상은 실업률 상승을 유발한다.

답 ④

02 다음의 정보를 이용하여 구한 경제활동참가율과 실업률을 각각 순서대로 올바로 나열한 것은?

(2016년)

전체 인구	5,000만명
생산가능인구	4,000만명
경제활동인구	3,600만명
취업자	3,240만명

① 90%, 19%
② 72%, 10%
③ 72%, 19%
④ 90%, 10%

[해설] 경제활동참가율 $= \dfrac{3,600만명}{4,000만명} = 0.9(90\%)$

실업자수 $= 3,600만명 - 3,240만명 = 360만명$

실업률 $= \dfrac{360만명}{3,600만명} = 0.1(10\%)$

┤ 심화 Tip ├

경제활동참가율, 실업자수, 실업률 구하는 공식

• 경제활동참가율 $= \dfrac{경제활동인구}{생산가능인구}$

• 실업자수 $=$ 경제활동인구 $-$ 취업자

• 실업률 $= \dfrac{실업자수}{경제활동인구}$

답 ④

03 필립스 곡선과 관련된 설명으로 옳지 않은 것은? (2016년)

① 필립스(W. Phillips)는 실업률과 실질임금 상승률 간의 역관계를 나타내는 필립스 곡선을 제시하였다.

② 프리드먼(M. Friedman)은 단기 필립스 곡선과 장기 필립스 곡선을 구별하였다.

③ 스태그플레이션은 단기 필립스 곡선의 이동으로 설명할 수 있다.

④ 프리드먼(M. Friedman)은 자연실업률가설을 제시하였다.

[해설] 필립스 곡선은 실질임금 상승률이 아닌 명목임금 상승률이다. 즉, 명목임금 상승률과 실업률 간에 역관계를 나타낸 것이 필립스 곡선이다. 하지만 프리드먼과 펠프스는 노동자는 명목임금이 아니라 예상실질임금을 기준으로 의사결정을 내린다고 생각하였다.

   ② 프리드먼과 펠프스는 전통적인 필립스 곡선에 기대인플레이션을 부가한 기대부가 필립스 곡선을 제시하였는데 이는 단기에는 사람들이 인플레이션을 정확히 예상하지 못하기 때문에 우하향하지만 장기에는 인플레이션을 정확히 예상해 필립스 곡선이 자연실업률 수준에서 수직선으로 도출된다고 본 것이다.

   ③ 인플레이션과 실업률이 동시에 상승하는 스태그플레이션 현상은 전통적인 필립스 곡선 자체가 우상방으로 이동하는 것으로 해석가능하다.

   ④ 프리드먼은 전통적인 필립스 곡선이 문제가 있음을 지적하면서 자연실업률가설을 제시하였다.

답 ①

04 다음 통계로부터 구한 2014년의 GDP 디플레이터는? (2017년)

	2013년	2014년
명목GDP	160	240
실질GDP	125	200

① 120
③ 140
② 130
④ 150

[해설] $2014년\ GDP\ 디플레이터 = \dfrac{2014년\ 명목GDP}{2014년\ 실질GDP} \times 100 = \dfrac{240}{200} \times 100 = 120$

답 ①

05 필립스 곡선에 관한 설명으로 옳지 않은 것은? (2017년)

① 필립스(W. Phillips)는 명목임금 상승률과 실업률 간의 상충관계를 제시했다.

② 프리드먼(M. Friedman)은 필립스 곡선을 단기와 장기로 구분하여 설명했다.

③ 필립스(W. Phillips)가 제시한 필립스 곡선은 1970년대의 스태그플레이션을 설명하지 못했다.

④ 프리드먼(M. Friedman)의 모형에서 기대인플레이션의 상승은 단기 필립스 곡선을 왼쪽으로 이동시 킨다.

[해설] 프리드먼(M. Friedman)의 모형에서 기대인플레이션의 상승은 단기 필립스 곡선을 상방으로 이동시킨다.

   ① 1958년 경제학자 필립스는 명목임금 상승률과 실업률 간에 역의 상관관계가 있음을 발견하였다.

   ② 프리드먼과 펠프스는 인플레이션을 정확히 예상하지 못하는 단기에는 필립스 곡선이 우상향하지만 장기에는 인플레이션을 정확히 예상해 필립스 곡선이 장기실업률 수준에서 수직선으로 도출된다고 보았다.

   ③ 1970년대에 인플레이션과 실업률이 동시에 높아지는 스태그플레이션이 발생하는데 인플레이션과 실업률 간의 역의 관계가 안정적이라고 제시한 필립스 곡선은 이런 현상을 설명하지 못하였다.

답 ④

06 다음 중 우리나라의 경제활동인구에 포함되지 않는 사람은?(단, 조사대상 기간 중 해당되는 사람을 기준으로 한다) (2017년)

① 취업 포기자
② 파트타임 일자리를 구하고 있는 30세 주부
③ 건강상 이유로 1년간 휴직한 취업자
④ 부모가 운영하는 식당에서 주당 10시간 유급으로 일을 하고 있는 20세 학생

[해설] 경제활동인구란 15세 이상의 인구 중에서 취업자와 적극적으로 구직활동을 한 실업자의 합을 말한다. 따라서 구직활동을 포기한 취업 포기자는 경제활동인구에 포함되지 않는다.

답 ①

07 취업자수가 100, 실업자수가 20, 경제활동참가율이 60%일 때 고용률은?(단, 소수점 첫째 자리에서 반올림한다) (2017년)

① 17%
② 50%
③ 55%
④ 83%

[해설] 경제활동인구 = 취업자 + 실업자 = 100 + 20 = 120

$$경제활동참가율 = \frac{경제활동인구}{15세\ 이상의\ 인구} = \frac{120}{15세\ 이상의\ 인구} = 0.6$$

따라서 15세 이상의 인구는 200명이 된다.
15세 이상의 인구가 200명 취업자수가 100명이므로 고용률은 50%가 된다.

답 ②

08 다음의 통계로부터 구한 생산가능인구는? (2018년)

> 경제활동참가율 : 50%, 실업률 : 20%, 취업자 : 2,600만명

① 3,000만명   ② 3,250만명

③ 6,000만명   ④ 6,500만명

[해설] • 실업률 $= \dfrac{\text{실업자}}{\text{취업자} + \text{실업자}}$ 이므로 $0.2 = \dfrac{\text{실업자}}{2{,}600\text{만명} + \text{실업자}}$

따라서 실업자는 650만명이다.

• 경제활동인구는 취업자와 실업자의 합이 되므로 2,600만명 + 650만명 = 3,250만명이다.

• 경제활동참가율이 50%이므로 경제활동인구와 비경제활동인구는 3,250만명으로 같다.

∴ 생산가능인구 = 경제활동인구 + 비경제활동인구 = 3,250만명 + 3,250만명 = 6,500만명

답 ④

09 프리드먼(M. Friedman)이 주장한 장기적 경제현상에 관한 설명으로 옳지 않은 것은? (2018년)

① 확장적 통화정책은 장기적으로 실질국민소득을 증가시킨다.

② 필립스 곡선은 장기에 수직이다.

③ 실업률은 자연실업률과 같게 된다.

④ 실제 인플레이션은 기대인플레이션과 같게 된다.

[해설] 장기총공급곡선이 수직선이기 때문에 장기에는 확장적 통화정책을 실시해도 실질GDP는 변하지 않는다.

②·③·④ 프리드먼과 펠프스는 전통적인 필립스 곡선에 기대인플레이션을 부가한 필립스 곡선을 제시하였는데 적응적 기대하에서 사람들은 인플레이션을 정확히 예상해 인플레이션 수준에 상관없이 장기에는 필립스 곡선이 자연실업률 수준에서 수직선으로 도출된다고 보았다.

답 ①

10 다음 설명 중 옳지 않은 것은? (2018년)

① 화폐의 중립성(neutrality of money)이 성립하면 명목통화량의 증가는 실질국민소득에 영향을 미치지 못한다.

② 실질잔액효과(real balance effect)에 의하면 기대인플레이션이 발생할 경우 명목이자율은 기대인플레이션보다 더 크게 상승한다.

③ 기대인플레이션의 상승은 기대가 추가된(expectation augmented) 필립스 곡선을 위쪽으로 이동시킨다.

④ 리카도 동등성(Ricardian equivalence) 정리가 성립하면, 현재의 정액세 감소는 총수요를 증가시키지 못한다.

[해설] 실질잔액효과(real balance effect, 실질잔고효과)는 물가가 하락하면 화폐 구매력이 증가해 실질부가 증가하는 효과가 발생하게 되어 소비가 증가하게 된다는 것으로 기대인플레이션과는 관련이 없다.

　① 화폐의 중립성(neutrality of money)이란 통화량의 변화가 실물부문에 아무런 영향을 미치지 못하는 것을 말한다. 따라서 명목통화량의 증가는 실질국민소득에 아무런 영향을 주지 못한다.

　③ 기대인플레이션이 상승하게 되면 단기 필립스 곡선이 상방으로 이동한다.

　④ 리카도 동등성 정리(Ricardian equivalence theorem, 리카도 등가 정리)는 정부지출이 고정된 상태에서 조세를 감면하고 국채를 통해 지출재원을 조달해도 경제의 실질변수에는 아무런 영향을 줄 수 없다는 것으로 공채중립성 정리라고도 한다.

답 ②

11 자연실업률에 관한 설명 중 옳은 것은? (2018년)

① 자연실업률은 마찰적 실업을 포함하지 않는다.

② 자연실업률은 구조적 실업을 포함하지 않는다.

③ 실업수당이 증가하면 자연실업률은 낮아진다.

④ 경기호황기에 실업률은 자연실업률보다 낮다.

[해설] 경기호황기에는 실제실업률이 자연실업률보다 낮고, 경기침체기에는 실제실업률이 자연실업률보다 높다.

　①·② 마찰적 실업과 구조적 실업만 존재할 때의 실업률을 자연실업률이라 한다.

　③ 실업수당이 증가하면 구직활동을 적극적으로 할 동기가 줄어 자연실업률이 증가한다.

답 ④

12 기대인플레이션율은 2%, 자연실업률은 5%, 성장률은 잠재성장률보다 1%p 낮다. 오쿤의 법칙과 필립스 곡선이 다음과 같을 때, 실업률과 인플레이션율은? (2019년)

- 오쿤의 법칙 : $u - u^n = -0.3(Y - \overline{Y})$
- 필립스 곡선 : $\pi = E(\pi) - 0.5(u - u^n)$

(단, u : 실업률, u^n : 자연실업률, Y : 성장률, $\overline{Y}$: 잠재성장률, π : 인플레이션, $E(\pi)$: 기대인플레이션)

---

① 4.7%, 2.15%   ② 4.7%, 1.85%

③ 5.3%, 2.15%   ④ 5.3%, 1.85%

[해설] • 주어진 조건을 오쿤의 법칙을 대입하여 실업률을 구해보면

$u - 5 = -0.3 \times (-1)$ (※ $Y - \overline{Y}$이 −1인 이유는 성장률이 잠재성장률보다 1%p 낮기 때문에)

∴ u(실업률) = 5.3(%)

• 위에서 구한 실업률과 주어진 조건을 필립스 곡선에 대입하여 인플레이션율을 구해보면

π(인플레이션) = 2 − 0.5(5.3 − 5) = 1.85(%)

답 ④

---

13 피셔방정식이 성립할 때, 이자율과 인플레이션율에 관한 설명으로 옳은 것은? (2019년)

① 실질이자율은 인플레이션율에서 명목이자율을 뺀 것이다.

② 예상보다 낮은 인플레이션율은 채무자에게 유리하고 채권자에게는 불리하다.

③ 예상인플레이션율이 상승하면 예상실질이자율이 상승한다.

④ 예상인플레이션율이 상승하면 명목이자율이 상승한다.

[해설] 피셔방정식에 의하면 명목이자율은 실질이자율과 예상인플레이션의 합으로 예상인플레이션이 상승하면 명목이자율은 상승하게 된다.

① 실질이자율은 명목이자율에서 예상인플레이션을 뺀 값이다.

② 예상보다 인플레이션율이 낮다면 상환받을 채무금액의 실질가치 상승으로 채권자에게 유리하고 채무자에게 불리하다.

③ 예상인플레이션이 상승하면 실질이자율은 낮아지게 된다.

답 ④

14 합리적 기대 모형에 관한 설명으로 옳지 않은 것은? (2020년)

① 주식시장에 대해 효율적 시장가설이 성립한다.

② 완전예견(perfect foresight)이 가능한 것은 아니다.

③ 적응적 기대 모형과 달리 예측에 있어 체계적 오류를 범하지 않는다.

④ 불완전정보하에서 단기에 인플레이션과 실업률 사이에 상충관계가 존재하지 않는다.

해설 불완전정보하에서 단기에 인플레이션과 실업률 사이에 상충관계가 존재하기도 한다.

┌ 심화Tip ┐

합리적 기대
① 개념
  이용 가능한 정보들을 이용하여 경제변수 및 경제상황을 예상하는 것을 말한다.
② 특징
  • 예측오류가 발생하며 예측오류의 평균은 0이다.
  • 체계적 오류를 범하지 않는다.
  • 이용 가능한 정보를 활용하며 예측오차를 즉각 기대치에 반영한다.

답 ④

15 A국에서 2019년에 실업자가 일자리를 구할 확률은 20%이며, 취업자가 일자리를 잃고 실업자가 될 확률은 4%이다. 2019년 초의 실업자수가 500만명인 경우 2020년 초의 실업률은?(단, A국 경제의 생산가능인구는 4,000만명, 경제활동참가율은 75%이다. 또한 생산가능인구와 경제활동참가율은 불변이며, 경제활동인구와 비경제활동인구 사이의 이동은 없다고 가정한다) (2021년)

① 11.1% 　　　　　　　　　② 14.5%

③ 15.5% 　　　　　　　　　④ 16.7%

해설 • 경제활동인구 = 생산가능인구 × 경제활동참가율 = 4,000만명 × 0.75 = 3,000만명
  • 2019년 취업자수 = 경제활동인구 − 실업자 수 = 3,000만명 − 500만명 = 2,500만명
  • 2019년 취업자에서 실업자로 바뀌는 수 = 2,500만명 × 0.04 = 100만명
  • 2019년 실업자에 취업자로 바뀌는 수 = 500만명 × 0.2 = 100만명
  • 2019년 취업자에서 실업자로 실업자에서 취업자로 변경되는 수는 동일하다. 따라서 2020년 초 취업자수와 실업자수는 2019년과 동일하다.
  • 2020년 초 실업자수 = 500만명
  • 2020년 초 취업자수 = 2,500만명
  • 2020년 초 실업률 = $\dfrac{\text{실업자수}}{\text{취업자수} + \text{실업자 수}}$ = $\dfrac{500\text{만명}}{2,500\text{만명} + 500\text{만명}}$ ≒ 0.167

답 ④

16 소비자물가지수에 관한 설명으로 옳은 것을 모두 고르면? (2021년)

> ㄱ. 재화가 질적으로 개선되는 경우 생활비용이 과소평가될 가능성이 있다.
> ㄴ. 특정 재화가격이 상승하여 소비재 사이의 대체가 발생하는 경우 생활비용이 과대평가될 가능성이 있다.
> ㄷ. 재화가격에 부여되는 가중치가 매년 조정되어 체감생활비용의 변화를 반영할 수 있다.

① ㄱ   ② ㄴ
③ ㄱ, ㄴ   ④ ㄱ, ㄴ, ㄷ

[해설] ㄴ. (○) 특정 재화가격이 상승하여 소비재 사이의 대체가 발생한다고 해도 소비자물가지수는 구입량이 기준연도로 고정되었다고 가정하는 라스파이레스 방식으로 가격효과를 제대로 반영하지 못하기 때문에 생활비용이 과대평가 된다.
      ㄱ. (×) 재화가 질적으로 개선되는 경우 재화가격이 상승하더라도 품질 개선에 따른 가격효과로 인해 실질적인 재화가격의 상승은 크지 않다. 하지만 소비자물가지수는 품질 개선에 따른 가격효과를 반영하지 못하므로 생활비용이 과대평가 될 가능성이 있다.
      ㄷ. (×) 가중치가 매년 바뀌어 현실의 물가 동향을 잘 파악할 수 있는 장점을 가지고 있는 물가지수는 파셰 방식으로, 파셰 방식은 GDP 디플레이터 계산에 이용된다.

답 ②

17 실업률 u와 인플레이션 π 사이의 관계식이 다음과 같다. 다음의 설명 중 옳은 것은? (2021년)

> $$\pi = \pi^e + h(u - u_n)$$
> (단, π^e는 기대인플레이션, u_n은 자연실업률, 함수 $h(\cdot)$는 $h(0)=0$, $h'(\cdot)<0$이다)

① 적응적 기대를 가정하는 경우 장기에서도 화폐의 초중립성이 성립하지 않는다.
② 합리적 기대를 가정하는 경우 $\pi > \pi^e$이면 $u < u_n$이 될 수 있다.
③ 합리적 기대하에서 통화정책이 예상 가능한 경우에도 화폐의 초중립성이 성립하지 않는다.
④ 적응적 기대를 가정하는 경우 단기에 인플레이션과 실업률은 상충(trade off)관계가 존재하지 않는다.

[해설] 합리적 기대를 가정하여 예측하는 경우 체계적 오류는 발생하지 않지만 예측오차는 발생하게 된다. 예측오차가 발생하여 인플레이션이 기대인플레이션보다 큰 경우 실업률이 잠재실업률보다 작은 상황이 발생하게 된다.
  ① 적응적 기대를 가정하는 경우에는 단기적으로 경제상황을 정확히 예측하지 못하는 오류를 범하지만 장기적으로 경제상황을 정확히 예측하게 된다. 따라서 장기에는 적응적 기대하에서 필립스 곡선이 수직선 형태로 통화율 증가율의 변화가 인플레이션에만 영향을 줄 뿐 실물경제에는 영향을 주지 못한다. 따라서 장기에 적응적 기대하에서는 화폐의 초중립성이 성립한다고 할 수 있다.
  ③ 합리적 기대하에서 통화정책이 예상 가능한 경우에는 단기적으로도 실업률을 낮출 수 없고 물가상승만 가져온다. 따라서 합리적 기대하에서 통화정책이 예상 가능한 경우에는 화폐의 초중립성이 성립한다.
  ④ 적응적 기대를 가정하는 경우 단기에는 사람들이 인플레이션을 정확하게 예상하지 못하는 예측오차가 발생하므로 필립스 곡선이 우하향 형태를 갖는다. 따라서 적응적 기대를 가정하는 경우 단기에는 인플레이션과 실업률이 상충 (trade off)관계가 존재함을 알 수 있다.

답 ②

18 아래 표는 A국의 고용통계이다. 생산가능인구의 크기는 변화가 없을 때, A국 노동시장 변화에 관한 설명으로 옳은 것은? (2022년)

(단위 : 만명)

구분	2021년		2022년
취업자수	850	⇒	800
비경제활동인구수	300		350

① 경제활동참가율은 상승하였다.

② 실업자수는 증가하였다.

③ 고용률은 변화가 없다.

④ 실업률은 상승하였다.

해설 • 생산가능인구(15세 이상의 인구) = 경제활동인구 + 비경제활동인구
• 경제활동인구 = 취업자 + 실업자
• 고용률 $= \dfrac{\text{취업자수}}{\text{생산가능인구}} \times 100$
• 실업률 $= \dfrac{\text{실업자수}}{\text{경제활동인구}} \times 100$

실업자가 이전과 동일한 상황에서 경제활동인구가 감소하였으므로 실업률은 상승한다.
① 생산가능인구의 크기가 변화가 없는 상황에서 비경제활동의 인구가 증가하였다는 것은 경제활동인구의 감소를 의미하며, 이는 경제활동참가율의 하락을 나타낸다.
② 생산가능인구가 변화가 없는 상황에서 비경제활동인구가 50만명 증가하였다는 사실은 경제활동인구가 50만명 감소하였다는 의미가 된다. 경제활동인구 중 취업자가 50만명 감소하였으므로 실업자는 이전과 동일함을 알 수 있다.
③ 생산가능인구가 동일한 상황에서 취업자수가 감소하였으므로 고용률은 감소한다.

답 ④

19 단기 및 장기 필립스 곡선의 이동을 초래하는 요인으로 옳지 않은 것은? (2022년)

① 자연실업률의 상승

② 수입 원유가격의 하락

③ 정부지출의 증가

④ 예상인플레이션의 하락

해설 단기 필립스 곡선은 정부지출이 증가하면 단기 필립스 곡선상에서 좌상방으로 이동하며 장기 필립스 곡선은 자연실업률 수준에서 수직선이므로 정부지출이 증가해도 장기 필립스 곡선은 이동하지 않는다. 따라서 정부지출 증가 시에는 단기 및 장기 필립스 곡선이 이동하지 않는다.
① 자연실업률이 상승하면 단기 및 장기 필립스 곡선은 오른쪽으로 이동한다.
② 수입 원유가격이 하락하면 단기 필립스 곡선이 왼쪽으로 이동하지만 장기 필립스 곡선은 이동하지 않는다.
④ 예상인플레이션이 하락하면 단기 필립스 곡선이 왼쪽으로 이동하지만 장기 필립스 곡선은 이동하지 않는다.

답 ③

20 중앙은행이 물가상승률을 2%p 낮출 때, 실업률이 4%에서 5%로 상승하였다. 자연실업률은 4%, 잠재성장률은 2%이다. 아래와 같은 오쿤(Okun)의 법칙을 이용하여 성장률의 관점에서 희생률(sacrifice ratio)을 구하면?(단, u는 실업률, u^*는 자연실업률, y는 성장률, y^*는 잠재성장률이다) (2022년)

$$u = u^* - 0.5(y - y^*)$$

① 0   ② 1

③ 2   ④ 3

[해설] 문제에서 주어진 오쿤(Okun)의 법칙에 의하면 실업률이 4%에서 5%로 1% 증가하게 되면 성장률과 잠재성장률의 차인 실질GDP는 2% 감소하게 된다.

$$\therefore \ 희생률(sacrifice\ ratio) = \frac{실질GDP\ 감소율}{인플레이션(물가상승률)\ 하락률} = \frac{2\%}{2\%} = 1$$

답 ②

21 실업에 관한 설명으로 옳지 않은 것은?

① 일자리를 가지고 있지 않으나 취업할 의사가 없는 사람은 경제활동인구에 포함되지 않는다.

② 실업이란 사람들이 일할 능력과 의사를 가지고 일자리를 찾고 있으나 일자리를 얻지 못한 상태를 말한다.

③ 자연실업률은 구조적 실업만이 존재하는 실업률이다.

④ 실업자가 구직을 단념하여 비경제활동인구로 전환되면 실업률이 감소한다.

[해설] ③ 자연실업률은 마찰적 실업과 구조적 실업만이 존재하는 경우의 실업률을 의미한다.

자연실업률 : 잠재산출량(자연산출량)에 대응되는 실업률이다. 총수요 변동과 관계없이 구조적·마찰적 요인에 따라 결정되는 실업률 또는 공급측면의 교란 요인이 없을 때 장기적으로 인플레이션 압력을 유발하지 않는 수준의 실업률, 즉 NAIRU(non-accelerating inflation rate of unemployment)를 의미한다. 또한 자연실업률은 노동시장에서 수요와 공급이 균형을 이루어 실제 자발적 실업만 존재하는 경우의 실업률을 의미한다.

④ 실업자가 구직을 단념하여 비경제활동인구로 전환되면(실망노동자, 구직단념자) 경제활동인구와 실업자수가 감소하므로 경제활동참가율과 실업률은 감소한다(실망노동자효과).

답 ③

22 실업에 관한 설명으로 옳지 않은 것은?

① 구직자와 구인자의 연결을 촉진하는 정책은 마찰적 실업을 감소시킨다.

② 실업급여 인상과 기간 연장은 자발적 실업 기간을 증가시킨다.

③ 정부의 확장적 재정정책은 경기적 실업을 감소시킨다.

④ 인공지능 로봇의 도입은 경기적 실업을 증가시킨다.

[해설] ④ 인공지능 로봇의 도입은 산업구조의 변화를 가져와 실업을 증가시키므로 구조적 실업을 증가시킨다.

답 ④

23 만 15세 이상 인구(생산가능인구) 1,250만명, 비경제활동인구 250만명, 취업자 900만명인 甲국의 경제활동참가율, 실업률, 고용률은?

① 80%, 10%, 72%

② 80%, 20%, 72%

③ 80%, 30%, 90%

④ 90%, 20%, 72%

[해설] 경제활동인구 = 15세 이상 인구 − 비경제활동인구 = 1,250만명 − 250만명 = 1,000만명이다.

실업자 = 경제활동인구 − 취업자 = 1,000만명 − 900만명 = 100만명이다.

경제활동참가율 $= \dfrac{경제활동인구}{생산가능인구} = \dfrac{1,000}{1,250}$만명 = 80%이다.

실업률 $= \dfrac{실업자}{경제활동인구} = \dfrac{100}{1,000}$만명 = 10%이다.

제고용률 $= \dfrac{취업자}{생산가능인구} = \dfrac{900}{1,250}$만명 = 72%이다.

답 ①

24 A국의 단기 필립스 곡선은 $\pi = \pi^e - 0.4(u - u_n)$이다. 현재 실제인플레이션율이 기대인플레이션율과 동일하고 기대인플레이션율이 변하지 않을 경우, 실제인플레이션율을 2%p 낮추기 위해 추가로 감수해야 하는 실업률의 크기는?(단, u는 실제실업률, u_n는 자연실업률, π는 실제인플레이션율, π^e는 기대인플레이션율이고, 자연실업률은 6%이다)

① 5.0%p

② 5.2%p

③ 5.4%p

④ 5.6%p

[해설] 제시된 필립스 곡선 식에서 실제 실업률이 1%p 상승하면 인플레이션율은 0.4%p 하락한다. 이 경우 실제 인플레이션율을 2%p 낮추려면 $\dfrac{2\%p}{0.4\%p} = 5$이므로 실업률이 5%p 상승해야 한다.

답 ①

25 필립스(Phillips) 곡선에 관한 설명으로 옳은 것은?

① 필립스(A.W. Phillips)는 적응적 기대가설을 이용하여 최초로 영국의 실업률과 인플레이션 간의 관계가 수직임을 그래프로 보였다.

② 1970년대 석유파동 때 미국의 단기 필립스 곡선은 왼쪽으로 이동되었다.

③ 단기총공급곡선이 가파를수록 단기 필립스 곡선은 가파른 모양을 가진다.

④ 프리드먼(M. Friedman)과 펠프스(E. Phelps)에 따르면 실업률과 인플레이션 간에는 장기 상충 (trade-off)관계가 존재한다.

해설 ① 프리드먼(M. Friedman)과 펠프스(E. Phelps)는 적응적 기대가설에 기초하여 최초로 실업률과 인플레이션 간의 장기적 관계가 자연실업률 수준에서 수직임을 그래프로 보였다.
② 1970년대 석유파동은 공급충격으로 물가상승과 경기침체가 함께 진행하는 스태그플레이션을 야기하였다. 이는 단기 필립스 곡선의 우상방(또는 우측) 이동을 가져온다.
④ 프리드먼(M. Friedman)과 펠프스(E. Phelps)의 자연실업률이론에 따르면 장기에는 실업률과 인플레이션 간에는 아무런 관계가 존재하지 않는다.

답 ③

26 인플레이션에 관한 설명으로 옳지 않은 것은?

① 인플레이션이 예상되는 경우에도 메뉴비용(menu cost)이 발생할 수 있다.

② 정부가 화폐공급을 통해 얻게 되는 추가적인 재정수입이 토빈세(Tobin tax)이다.

③ 비용상승 인플레이션은 총수요관리를 통한 단기 경기안정화 정책을 어렵게 만든다.

④ 예상하지 못한 인플레이션은 채권자에서 채무자에게로 소득재분배를 야기한다.

해설 ② 정부가 화폐공급을 통해 얻게 되는 추가적인 재정수입은 인플레이션 조세(inflation tax)이다. 즉 정부지출을 보전하기 위해 화폐를 발행하여 인플레이션이 발생하면 국민이 보유하고 있는 화폐가치가 하락하는 것을 의미한다.
토빈세(Tobin tax) : 투기를 목적으로 하는 단기적인 외환거래에 부과하는 세금으로 토빈(J. Tobin)에 의해 주장되었다.

답 ②

27 인플레이션 조세(inflation tax)에 관한 설명으로 옳은 것은?

① 물가가 상승함에 따라 납세자들이 더 높은 세율등급을 적용받아 납부하는 소득세로 정의된다.

② 물가가 상승함에 따라 경제주체가 보유하고 있는 통화의 실질가치가 상승할 때 발생한다.

③ 세율이 인상됨에 따라 인플레이션율이 상승하는 것을 의미한다.

④ 정부가 통화량을 증가시켜 재정자금을 조달할 때 발생한다.

해설 ④ 정부가 통화량을 증가시켜 재정자금을 조달하면 인플레이션이 나타나 화폐의 구매력이 감소하여 화폐를 보유한 사람의 실질소득이 감소한다. 이는 정부가 세금을 부과한 것과 같은 결과를 가져온다고 해서 인플레이션 조세 (inflation tax)라고 한다.

답 ④

28 다음 중 옳은 것을 모두 고른 것은?(단, 피셔효과가 성립한다)

> ㄱ. 실질이자율은 명목이자율에서 인플레이션율을 뺀 것이다.
> ㄴ. 예상보다 높은 인플레이션율은 채무자에게 유리하고 채권자에게는 불리하다.
> ㄷ. 예상되는 미래인플레이션율의 상승은 예상되는 실질이자율을 상승시킨다.

① ㄱ   ② ㄴ
③ ㄱ, ㄴ   ④ ㄱ, ㄷ

해설 ㄱ. 피셔방정식에 의하면 실질이자율은 명목이자율에서 인플레이션율을 뺀 것이다.
ㄴ. 예상보다 높은 인플레이션율은 화폐가치를 하락시키므로 채무자에게 유리하고 채권자에게는 불리하다.
ㄷ. 피셔방정식에 의하면 예상되는 미래인플레이션율의 상승은 예상되는 실질이자율을 하락시킨다.

답 ③

29 오쿤의 법칙(Okun's Law)에 따라 실업률이 1%p 증가하면 실질GDP는 약 2%p 감소한다고 가정하자. 만약, 중앙은행이 화폐공급 증가율을 낮추어 인플레이션율은 10%에서 8%로 하락하였으나 실업률은 4%에서 8%로 증가하였을 경우 희생비율(sacrifice ratio)은?(단, 희생비율 = 실질GDP 감소율/인플레이션 하락률)

① 약 2   ② 약 4
③ 약 6   ④ 약 8

해설 오쿤의 법칙(Okun's Law)에 따라 실업률이 1%p 증가하면 실질GDP는 약 2%p 감소하므로 긴축적인 통화정책으로 실업률이 4%p 상승하는 경우 실질GDP는 8%p 감소한다. 인플레이션이 2%p 하락하고 실질GDP가 8%p 하락하는 경우 희생비율은 $\frac{8\%p}{2\%p} = 4$가 된다.

답 ②

30 甲국 통화당국의 손실함수와 필립스 곡선이 다음과 같다. 인플레이션율에 대한 민간의 기대가 형성되었다. 이후, 통화당국이 손실을 최소화하기 위한 목표 인플레이션율은?(단, π, π^e, u, u_n은 각각 인플레이션율, 민간의 기대인플레이션율, 실업률, 자연실업률이고, 단위는 %이다)

통화당국의 손실함수 : $L(\pi, u) = u + \dfrac{1}{2}\pi^2$

필립스 곡선 : $\pi = \pi^e - \dfrac{1}{2}(u - u_n)$

---

① 0%   ② 1%

③ 2%   ④ 3%

[해설] 통화당국의 손실함수 $L(\pi, u) = u + \dfrac{1}{2}\pi^2$에 따르면 u와 π가 낮아질수록 통화당국의 손실은 감소하지만 u와 π 간의 역관계로 인해 u와 π를 모두 낮추는 것은 불가능하다. 이 경우 통화당국이 손실을 최소화하기 위한 목표인플레이션율을 구하려면 필립스 곡선 식을 u에 관해 정리한 후 통화당국의 손실함수에 대입하여 손실함수를 인플레이션의 함수로 나타낸 후, 이 손실함수를 π에 관하여 미분한 값을 0으로 하면 된다.

필립스 곡선 $\pi = \pi^e - \dfrac{1}{2}(u - u_n)$를 u에 대해 정리하면 $u = u_n + 2(\pi^e - \pi)$이다. 이를 손실함수에 대입하면

$L(\pi, u) = u_n + 2(\pi^e - \pi) + \dfrac{1}{2}\pi^2$가 된다. 이를 π에 관하여 미분하고 0으로 하면 $\dfrac{dL}{d\pi} = -2 + \pi = 0$이 된다. $\pi = 2$,

즉 통화당국이 손실을 최소화하기 위한 목표 인플레이션율은 2%이다.

답 ③

---

31 A국의 단기 필립스 곡선이 아래와 같을 때 이에 관한 설명으로 옳지 않은 것은?(단, π, π^e, u, u_n은 각각 인플레이션율, 기대인플레이션율, 실업률, 자연 실업률이다)

$$\pi - \pi^e = -0.5(u - u_n)$$

---

① 총공급곡선이 수직선인 경우에 나타날 수 있는 관계이다.

② 총수요 충격이 발생하는 경우에 나타날 수 있는 관계이다.

③ 인플레이션율을 1%p 낮추려면 실업률은 2%p 증가되어야 한다.

④ 고용이 완전고용수준보다 높은 경우에 인플레이션율은 기대인플레이션율보다 높다.

[해설] ① 필립스 곡선이 수직이 되는 경우는 $\pi = \pi^e - \beta(u - u_n)$에서 $\pi = \pi^e$인 경우 또는 $u = u_n$인 경우이다. 이 경우 총공급곡선은 수직이 된다.

답 ①

32 필립스 곡선에 관한 설명으로 옳은 것만을 모두 고른 것은?

> ㄱ. 합리적 기대이론에 따르면 기대인플레이션율이 0%인 경우에만 단기 필립스 곡선은 수직이 된다.
> ㄴ. 자연실업률가설에 따르면 통화정책에 의해서 장기적으로 자연실업률을 변화시킬 수 있다.
> ㄷ. 적응적 기대가설하에서 정부의 재량적 안정화 정책은 단기적으로 실업률을 낮출 수 있다.
> ㄹ. 자연실업률가설에 따르면 장기 필립스 곡선은 수직이다.

① ㄱ, ㄴ   ② ㄴ, ㄷ

③ ㄴ, ㄹ   ④ ㄷ, ㄹ

[해설] ㄱ. 합리적 기대에 기초하여 물가예상이 완전예견, 즉 $\pi = \pi^e - \beta(u - u_N)$ 에서 $\pi = \pi^e$ 라면 필립스 곡선은 단기에도 수직선이 된다.
　　　 ㄴ. 자연실업률가설에 따르면 통화정책에 의해서는 장기적으로 자연실업률을 변화시킬 수 없다.
　　　 ㄷ·ㄹ. 자연실업률가설의 전제가 되는 적응적 기대가설하에서 정부의 재량적 안정화 정책은 단기적으로 실업률을 낮출 수 있다. 그러나 장기에는 다시 실업률이 높아져 장기 필립스 곡선은 수직이 된다.

답 ④

33 적응적 기대가설에 기초한 필립스 곡선에 관한 설명으로 옳지 않은 것은?

① 정부지출이 증가하면 단기적으로 경제의 균형은 필립스 곡선을 따라 실업률이 더 낮고 인플레이션율이 더 높은 점으로 옮겨간다.
② 통화량이 증가하면 장기적으로 경제의 균형은 필립스 곡선을 따라 실업률은 변하지 않고 인플레이션율만 더 높은 점으로 옮겨간다.
③ 유가상승과 같은 공급충격은 단기적으로 필립스 곡선을 왼쪽으로 이동시켜 경제의 균형은 실업률과 인플레이션율 모두 낮은 점으로 옮겨간다.
④ 프리드먼(M. Friedman)에 의하면 장기적으로는 실업률과 인플레이션율 사이에 상충관계가 성립하지 않는다.

[해설] ③ 유가상승과 같은 공급충격은 단기적으로 필립스 곡선을 오른쪽으로(우상방으로) 이동시켜 경제의 균형은 실업률과 인플레이션율 모두 높은 점으로 옮겨간다. 이때 나타나는 현상이 스태그플레이션(stagflation)이다.

답 ③

34 실업과 인플레이션에 대한 다음의 설명 중 바르지 못한 것은?

① 자연실업률은 현재 진행되고 있는 인플레이션을 가속화시키지 않고 달성할 수 있는 실업률이다.

② 미래인플레이션에 대한 합리적 기대하에서 예상하지 못한 확장적 재정정책은 단기적으로 실업과 인플레이션 간 상충관계를 가져온다.

③ 인플레이션과 실업률이 동시에 상승하는 현상은 필립스 곡선의 우상방 이동으로 설명될 수 있다.

④ 프리드먼-펠프스의 자연실업률이론에 의하면 자연실업률 아래로 실업을 줄이고자 하는 어떠한 정책도 장기와 단기를 막론하고 효과가 없다.

해설 ④ 자연실업률이론에 따르면 자연실업률 아래로 실업을 줄이고자 하는 정책은 장기에는 효과가 없지만 단기적으로는 효과가 있다.

답 ④

08 | 경기변동과 안정화 정책

제1절   경기변동

1. 경기변동의 의의

(1) 경기변동의 뜻

자본주의 경제의 경제활동은 어느 정도의 규칙성을 띠고 호황과 불황이 반복되는데 이러한 현상을 경기순환(business cycle), 경기변동 또는 경제변동(economic fluctuation)이라고 한다.

(2) 경기변동의 국면

① 경기변동이론의 대표적인 학자인 미첼(W.C. Mitchell)은 경기변동(business cycle)을 경제활동 변화의 일종으로 보고, 하나의 순환과정은 네 국면을 거친다고 주장하였다.

② 거의 동시에 모든 경제활동이 확대되는 확장국면(expansion), 정점(peak)을 지나 경제활동이 활기를 상실하는 후퇴국면(recession), 경제가 침체상태로 진입하는 수축국면(contraction), 저점(trough)을 지나 경제활동이 활기를 회복하는 회복국면(recovery) 등으로 구분하였다.

(3) 경기변동의 특징

① 경기변동은 불규칙적이고 예측하기가 어렵다.

② 경기변동은 반복적이지만 비주기적이다. 즉 경기변동의 주기와 진폭은 경기변동마다 다르다.

③ 경기변동은 지속적이고 비대칭적이다. 경기가 후퇴하면 상당기간 동안 경기는 더 나빠진다. 그리고 확장국면이 수축국면보다 길게 나타난다.

④ 대부분의 거시경제변수들은 함께 움직인다. 많은 거시경제변수들이 경기변동 과정에서 예측 가능한 방향으로 같이 움직이는 현상을 공행(comovement)이라고 한다.

(4) 경기변동의 측정지표

어떤 경제가 경기변동의 네 국면 중 어디에 위치하는가를 판단하기 위해 경기종합지수(composite indexes of business indicators)를 작성한다. 우리나라의 경기종합지수는 21개 계열의 경기지표를 이용하는데 크게 세 가지가 있다.

① 동행종합지수(coincident composite index)는 경기 전체의 움직임과 시간적으로 함께 움직이는 것으로 공급측면의 광공업생산지수, 도소매업을 제외한 서비스업생산지수, 실질가격 기준 수입액, 비농림어업 취업자수 등과 수요측면의 소매판매액지수, 내수출하지수, 건설기성액 등 7개 지표로 구성된다.

② 선행종합지수(leading composite index)는 실제 경기의 움직임에 선행하는 것으로 경기예측에 주로 이용한다. 선행종합지수는 제조업 재고순환지표, 기계류내수출하지수, 국제원자재가격지수, 수출입물가 비율, 코스피지수, 장단기금리차, 구인구직비율, 건설수주액, 소비자기대지수 등 9개 지표로 구성된다.

③ 후행종합지수(lagging composite index)는 실제 경기의 움직임에 뒤이어 따라가는 지수이다. 상용근로 자수, 생산자제품재고지수, 도시가계소비지출(실질), 비재수입액(실질), 회사채유통수익률 등 5개 지표 로 구성된다.

2. 경기변동의 유형

(1) 단기순환

① 단기순환은 키친순환(kitchin cycle)이라고도 하고 주기가 가장 짧기 때문에 소순환(minor cycle) 또는 재고순환이라고 한다.

② 단기순환은 기업의 재고투자 변동, 통화공급이나 이자율의 변동에서 원인을 찾는다. 주기는 30~40개월 정도이다. 재고순환 과정은 가속도원리와 유사하다.

(2) 중기순환

① 중기순환은 8~10년을 주기로 하는 경기변동으로 주글라 순환(Juglar cycle) 또는 주순환(major cycle) 이라고 한다.

② 주로 기업의 설비투자 변동으로 발생하는데 자본주의 경제가 성립된 후 가장 빈번하고 뚜렷하게 관찰되는 경기변동이다.

(3) 건축순환

18~20년을 주기로 하는 경기변동으로 쿠즈네츠 순환(Kuznets cycle)이라고 한다. 건축투자의 변동으로 발생하는 경기변동이다.

(4) 장기파동

① 장기파동은 콘드라티에프 파동(Kondratiev's wave)이라고 하는데 자본주의 경제가 시작된 후 약 50년을 주기로 하는 파동이다.

② 콘드라티에프(Kondratiev)는 전쟁, 혁명 등 주요 사회변동을 원인으로 제시하고 있고, 슘페터(J.A. Schumpeter) 대발명이나 발견 등 기술혁신과 새로운 자원의 개발에서 그 원인을 찾는다.

(5) 세 가지 순환의 도식

미첼(W. Mitchell)에 따르면 세 가지 순환은 동시적으로 진행된다고 한다. 즉 장파의 하강과정에서 중파의 상승은 짧아지고 중파의 하강은 길어지며, 장파의 상승과정에서 중파의 상승은 길어지고 중파의 하강은 짧아진다고 본다.

3. 새고전학파의 경기변동이론 : 균형경기변동이론

(1) 의의

① 새고전학파는 기존의 이론과는 달리 경기변동 현상을 각 경제주체들이 합리적 기대하에서 최적화 행동을 추구하는 과정에서 발생한다고 주장한다.

② 새고전학파는 고전학파에 기초하여 모든 시장이 항상 균형상태에 있다는, 즉 완전히 신축적인 물가와 임금을 가정하면서도 외부의 충격이 산출량과 고용의 순환적 변동을 야기시킨다는 것이다.

③ 이 경우 경제에 충격을 주는 요인이 화폐적 요인이면 화폐적 균형경기변동이론, 경제에 충격을 주는 요인이 실물적 요인이면 실물적 경기변동이론이라고 한다.

(2) 화폐적 균형경기변동이론

① 이는 루카스(R. Lucas)에 의해 주장된 것이다. 루카스는 명목통화량의 불규칙적 교란(random monetary shock)과 이에 따른 경제주체의 상대가격 구조에 대한 잘못된 인식이 경기변동의 원인이라는 것이다.

② 이론의 핵심은 루카스 공급함수 $Y = Y_N + \alpha(P - P^e)$로 설명되는데 루카스에 의해 제시된 이 인식오류 모형을 불완전 정보이론이라고도 한다.

(3) 실물적 균형경기변동이론

① 1980년대 들어 쉬들란(F. Kydland), 프레스콧(E.C. Prescott) 등 새고전학파 경제학자들은 기술혁신, 경영혁신, 석유파동, 노사분규, 기후 등과 같은 생산물의 총공급(AS)곡선에 영향을 미치는 요인들이 경기변동의 주요 원인이라는 이론을 전개하였다. 이 이론을 실물적 균형경기변동이론이라고 한다.

② 실물적 균형경기변동이론은 기본적으로 고전학파의 수직의 AS곡선을 받아들인다.[17] 따라서 총수요 측면은 경기변동을 일으키는 주요 원인이 아니라고 본다.

4. 새케인즈학파의 경기변동이론

(1) 케인즈학파의 경기변동이론

케인즈학파는 명목임금과 물가는 경직적인 경향이 있으며 따라서 AS곡선은 수직이 아니라는 가정에 기초하여 경기변동은 기본적으로 총수요의 변화에 의하여 야기된다는 입장을 보이고 있다. 그리고 정부가 개입하여 이러한 경기변동의 진폭을 줄이는 것이 바람직하다는 입장이다.

(2) 새케인즈학파의 경기변동이론

① 기본적인 케인즈학파의 경기변동 모형은 명목임금과 물가의 변동이 단순히 가정된 것이고 미시경제학적 기초를 갖지 못하고 있다는 사실 때문에 많은 비판을 받았다.

---

17) 실물적 경기순환이론을 실질 경기순환이론(real business cycle theory)이라고도 하는데 고전학파의 가정하에서 이론을 전개한다. 즉 고전학파의 수직의 AS곡선을 받아들이는데 이는 단기적으로도 가격은 완전신축적이라는 가정, 따라서 고전학파의 이분법을 전제로 한다는 것이다.

② 새케인즈학파(new Keynesian school)는 새고전학파가 제시하는 합리적 기대와 최적화 행동원리를 받아들이고 있으나 명목임금과 물가의 경직성이 경제주체들의 합리적인 최적화 행동의 결과라는 것을 보임으로써, 시장이 즉각적으로 청산된다는 사실을 받아들이지 않고 있다.

③ 경직성을 유발하는 요인으로 새케인즈학파는 여러 가지의 시장 불완전성 요소들을 제시하고 있다. 예컨대 고용의 장기계약, 노동조합의 임금결정, 암묵적 계약, 효율 임금, 메뉴비용 등을 제시하고 있다.

제2절 안정화 정책

1. 안정화 정책의 의의와 효과

(1) 안정화 정책의 의의

① 경기가 지나친 호황을 보이면 인플레이션의 가능성이 높아지고, 지나친 불황을 보이면 실업의 가능성이 높아진다. 따라서 경기변동의 진폭이 너무 큰 것은 바람직하지 않다.

② 안정화 정책(stabilization policy)은 경기변동의 진폭을 줄여 경제가 안정적 성장을 이루도록 하려는 정책이다. 앞에서 본 재정정책과 통화정책은 총수요에만 영향을 미치기 때문에 총수요관리정책이라고도 하는데, 안정화 정책은 이를 포함하는 보다 포괄적인 개념이다.

(2) 단기와 장기

① 미시경제 분석에서와는 달리 거시경제 분석에서는 단기에는 물가와 임금이 경직적(또는 비신축적)이고 장기에는 물가와 임금이 신축적이라고 봄으로써 단기와 장기를 구분한다.

② 즉 고전학파의 이분법과 화폐의 중립성이 단기에는 성립하지 않지만 장기에는 성립한다고 본다.

③ 또한 단기에는 필립스 곡선이 우하향하고 AS곡선이 우상향하지만, 장기에는 필립스 곡선과 AS곡선이 모두 수직이다.

(3) 안정화 정책의 효과 : 단기와 장기

① 케인즈 모형이나 기대물가가 고정된 루카스 공급함수는 단기모형이고 고전학파 모형은 장기모형이다. 따라서 안정화 정책은 단기에는 생산과 고용을 변화시키지만 장기에는 물가만 변화시킨다.

② 경기가 침체되어 있을 때 확장적인 재정정책과 통화정책이 단기적으로는 생산과 고용을 증가시킨다는 것은 고전학파도 인정한다. 그리고 안정화 정책이 장기에는 생산과 고용에 별다른 영향을 주지 못하고 물가에만 영향을 미친다는 것은 케인즈학파도 인정한다.

2. 안정화 정책의 효과 : 재정정책과 통화정책

(1) 재정정책과 통화정책

① 통화주의자의 주장처럼 투자의 이자율탄력성이 탄력적이어서 IS곡선이 완만하거나 화폐수요의 이자율탄력성이 비탄력적이어서 LM곡선이 가파른 경우에는, 구축효과(crowding out effect)가 크기 때문에 재정정책은 별 효과가 없고 통화정책은 큰 효과를 거둘 수 있다.

② 그러나 케인즈학파의 주장처럼 투자의 이자율탄력성이 비탄력적이거나 화폐수요의 이자율탄력성이 탄력적인 경우에는 통화정책은 효과가 적고 재정정책의 효과가 크다.

(2) 안정화 정책의 효과

① 경기가 침체되어 있는 경우에 케인즈학파는 화폐수요의 이자율탄력성이 크고 투자의 이자율탄력성이 작기 때문에 확장적인 재정정책이 효과가 크다고 주장한다.

② 반면 프리드먼(M. Friedman) 등 통화주의자는 확장적인 통화정책이 효과가 크다고 주장한다.

③ 두 학파의 주장이 큰 차이를 보이는 것은 투자와 화폐수요의 이자율탄력성과 안정화 정책의 전달장치에 대한 입장이 다르기 때문이다.

3. 안정화 정책의 효과 : 재량과 준칙

(1) 재량과 준칙

① 재량정책(discretionary policy)은 경기상황에 따라 정부가 의도적으로 개입하여 재정정책과 통화정책을 통해 총수요를 조절하는 정책이다.

② 반면 준칙정책(rules policy)은 경제운영에서 정부의 권한을 제한하고 일정한 준칙(rule)을 도입하는 것이다.

(2) 안정화 정책의 효과

① 재정정책에서도 케인즈학파의 재량적 재정정책에 대한 자동안정화 장치(build-in stabilizer)에서 보는 것처럼 준칙에 대한 여러 주장들이 있지만, 재량과 준칙에 대한 논의는 주로 통화정책을 중심으로 전개되고 있다.

② 통화정책을 일정한 준칙에 따라 집행해야 한다는 통화준칙으로 가장 대표적인 것은 프리드먼의 $k\%$ 통화준칙($k\%$ monetary rule)이다. 경제성장률과 연계하여 통화량을 일정한 율($k\%$)로 증가시키는 것이 경제안정을 위해 바람직하다는 것이다. 그러나 이러한 주장은 화폐의 유통속도가 안정적이지 않으면 설득력이 없어진다.

4. 합리적 기대와 안정화 정책

(1) 합리적 기대의 뜻

① 합리적 기대(rational expectations)란 경제주체들이 물가를 비롯한 미래의 경제변수를 예측할 때, 그 변수에 영향을 미치는 과거, 현재 및 미래의 이용 가능한 모든 정보를 이용하여 합리적으로 예측한다는 것이다.

② 합리적 기대는 루카스(Robert Lucas), 사전트(T. Sargent) 등의 새고전학파에 의해 도입되었는데 새케인즈학파도 이를 수용한다.

(2) 새고전학파 : 안정화 정책의 무력성

① 새고전학파는 경제주체들이 합리적 기대를 가지면 변동하는 물가를 평균적으로 정확하게 예상할 수 있다.

② 루카스 공급함수 $Y = Y_N + \alpha(P - P^e)$에서 물가예상이 정확하여 평균적으로 $P = P^e$이면 안정화 정책에 관계없이 단기에 총공급은 평균적으로 $Y = Y_N$이 되어 안정화 정책은 무력하고 따라서 불필요해진다. 이를 정책무력성의 명제(policy ineffectiveness preposition)라고 한다.

③ 그러나 경제주체가 예상하지 못한 깜짝정책(surprise policy)으로 실제물가와 기대물가 사이에 괴리가 발생하면 정부의 안정화 정책은 효과를 볼 수 있다고 주장한다.

(3) 새케인즈학파 : 안정화 정책의 옹호

① 새케인즈학파는 물가와 임금 등 가격변수들이 단기에 완전신축적으로 변하지 않는 이유를 연구하여 안정화 정책이 유효하고 필요하다고 주장한다.

② 물가의 비신축성(경직성)과 관련해서는 테일러(J.B. Taylor)와 피셔(S. Fisher)의 엇갈리는 가격설정(staggered price setting) 모형과 맨큐(N.G. Mankiw)의 메뉴비용(menu cost) 모형이 있다.

　㉠ 엇갈리는 가격설정 모형은 현실적으로 독과점 기업들이 가격을 동시에 조정하지 않기 때문에 단기에 체계적인 안정화 정책은 효과가 있다는 것이다.

　㉡ 그리고 메뉴비용 모형은 가격을 변화시키는 데 따르는 비용 때문에 기업들은 시장수요가 변화해도 즉각적으로 가격을 변화시키지 않는다는 것이다.

③ 임금의 비신축성(경직성)과 관련해서는 고용의 장기계약, 효율임금, 노동조합의 저항과 노동자의 저항(화폐환상으로 인한) 등의 이유를 제시하여 현실적인 실업을 설명하고 있다.

08 | 실전대비문제

01 경기변동과 관련된 다음 설명 중 옳은 것을 모두 고른 것은? (2016년)

> ㉠ 투자와 실업은 일반적으로 경기순응적이다.
> ㉡ 경기순환의 국면은 회복, 호황, 후퇴, 불황의 4분법과 확장기, 수축기의 2분법으로 구분된다.
> ㉢ 기준순환일은 경기의 정점(peak) 또는 저점(trough)이 발생하는 시점을 말한다.

① ㉠, ㉡　　　　　　　　　　　　　② ㉡, ㉢
③ ㉠, ㉢　　　　　　　　　　　　　④ ㉠, ㉡, ㉢

[해설] ㉠ 투자는 경기가 좋을 때는 증가하지만 경기가 좋지 못할 땐 감소한다. 따라서 경기순응적이라 할 수 있지만 실업률은 경기가 좋을 때에는 감소하지만 경기가 좋지 못할 땐 증가하게 된다. 따라서 실업률은 경기역행적이라 할 수 있다.
㉡ 경기순환의 국면은 회복, 호황, 후퇴, 불황의 4분법과 확장기, 수축기의 2분법으로 구분된다.
㉢ 기준순환일은 경기의 정점(peak) 또는 저점(trough)이 발생하는 시점을 말한다.

답 ②

02 우리나라의 경기변동에 관한 설명으로 옳지 않은 것은? (2017년)

① 경기의 저점에서 정점까지의 기간을 확장국면이라 하고, 정점에서 저점까지의 기간을 수축국면이라 한다.
② 현재 통계청이 확장국면과 수축국면의 2분법으로 통계를 공표하고 있다.
③ 제1순환부터 현재까지 확장국면이 수축국면보다 평균적으로 짧은 경기의 비대칭성을 보인다.
④ 경기변동은 지속성과 비대칭성의 특징을 갖는다.

[해설] ① 경기변동은 호황, 경기후퇴, 불황, 경기회복의 4국면으로 구분되는데 경기의 저점에서 정점까지의 기간을 확장국면이라 하고, 정점에서 저점까지의 기간을 수축국면이라 한다.
② 2분법은 호황과 경기회복을 하나로 묶어서 확장국면, 경기후퇴와 불황을 묶어서 수축국면이라 구분하는 방법으로서 현재 통계청은 2분법을 이용하여 통계를 공표하고 있다.
③·④ 확장국면 또는 수축국면은 한번 시작되면 상당기간 지속되는 지속성의 특징을 갖고 있다. 그리고 확장국면과 수축국면의 반복으로 경제성장이 이루어진 현상이 나타나기 때문에 확장국면이 수축국면보다 긴 비대칭적인 특징이 있다고 할 수 있다. 따라서 경기변동은 지속성과 비대칭성의 특징을 갖는다고 할 수 있다.

답 ③

03 실물경기변동이론(real business cycle theory)에 관한 설명으로 옳은 것은? (2017년)

① 상품가격은 완전신축적이지만 임금은 경직적이다.

② 불경기에도 가계는 효용을 극대화한다.

③ 총수요 충격이 경기변동의 원인이다.

④ 일부 시장은 불완전한 경쟁구조이다.

[해설] 실물경기변동이론에서는 불경기에서도 가계는 효용 극대화를 추구한다.
  ①·④ 실물경기변동이론에서는 모든 완전경쟁적이고 재화가격과 임금은 신축적이라고 보기 때문에 산출량은 항상 완전고용산출량 수준이 유지된다고 본다.
  ③ 실물경기변동이론에서는 경제의 실물부문에 미치는 충격은 총공급곡선에 미치는 충격과 생산물시장의 수요측면인 IS곡선에 영향을 미치는 충격으로 나눌 수 있으며, 가장 중요시하는 것은 생산성 충격이라고 본다.

답 ②

04 다음 중 경기변동 국면에서 나타나는 정형화된 사실(stylized facts)과 부합하지 않는 것은? (2018년)

① 소비와 투자는 경기순응적(procyclical)이다.

② 투자의 변동성은 소비의 변동성보다 크다.

③ 내구재 소비지출의 변동성은 비내구재 및 서비스 소비지출 변동성보다 크다.

④ 재고투자의 변동성은 설비투자의 변동성보다 작다.

[해설] 재고투자가 설비투자보다 경기의 영향을 많이 받기 때문에 재고투자의 변동성이 설비투자의 변동성보다 크다.
  ① 민간소비와 투자는 경기순응적이며, 경기에 선행한다.
  ② 투자는 소비보다 훨씬 변동폭이 크다.
  ③ 내구재 소비는 비내구재보다 경기의 영향을 크게 받는다.

답 ④

05 실물경기변동(real business cycle)이론과 새케인즈(new Keynesian) 경제학에 관한 설명으로 옳지 않은 것은? (2019년)

① 실물경기변동이론은 가격이 신축적이라고 가정한다.

② 실물경기변동이론은 경기변동에서 공급충격이 중요하다고 주장한다.

③ 새케인즈 경제학에서는 화폐의 중립성이 성립하지 않는다.

④ 새케인즈 경제학은 경제주체의 최적화 행태를 가정하지 않는다.

[해설] 새케인즈 경제학에 의하면 경제주체의 최적화 행태를 가정하였다.
  ① 실물경기변동이론에서는 가격과 임금이 신축적이라 가정한다.
  ② 실물경기변동이론은 신고전학파의 방법론에 기초를 둔 것으로 실물요인의 불규칙한 변화, 특히 기술변화 등 공급측면의 변화에 따라 경기변동이 일어난다고 본다.
  ③ 실물경기변동이론에서는 화폐의 중립성이 성립한다고 보았지만 새케인즈 경제학에서는 화폐의 중립성이 성립하지 않는다고 보았다.

답 ④

06 경기변동에 관한 설명으로 옳지 않은 것은? (2020년)

① 확장국면과 수축국면이 반복되어 나타나는 현상이다.
② 확장국면과 수축국면의 기간과 강도가 다르다.
③ 루카스(R. Lucas)는 거시경제변수들이 공행성(comovement)을 보인다고 했다.
④ 케인즈(J. Keynes)는 경기변동의 주기적인 규칙성을 강조했다.

[해설] 케인즈(J. Keynes)는 경기변동이 주기적이지 않은 것으로 보았다.

답 ④

07 합리적 기대하의 총공급곡선은 $Y = Y^* + r(\pi - \pi^e)$ 이고, 중앙은행은 π를 이용하여 정책목표함수 $W = (Y - Y^*) - \frac{1}{2}a\pi^2$을 극대화한다. $\pi^e = \pi$일 때와 $\pi^e = 0$일 때 각각 최적 인플레이션은?(단, Y는 생산, Y^*는 잠재생산, π는 인플레이션, π^e는 기대인플레이션, α, γ는 각각 0보다 큰 상수이다) (2020년)

① 0, 0
② γ/a, 0
③ 0, γ/a
④ γ/a, γ/a

[해설] • $\pi^e = \pi$일 때

$Y = Y^* + r(\pi - \pi^e) = Y^*$ 따라서 $W = (Y - Y^*) - \frac{1}{2}a\pi^2 = -\frac{1}{2}a\pi^2$ 이다.

$W = -\frac{1}{2}a\pi^2$의 극댓값을 알기 위해 π로 미분하여 0이 되는 π값을 구해보면 $\frac{dW}{d\pi} = -a\pi = 0$으로 $\pi = 0$이다.

• $\pi^e = 0$일 때

$Y = Y^* + r(\pi - \pi^e) = Y^* + r\pi$ 따라서 $W = (Y - Y^*) - \frac{1}{2}a\pi^2 = r\pi - \frac{1}{2}a\pi^2$ 이다.

$W = r\pi - \frac{1}{2}a\pi^2$의 극댓값을 알기 위해 π로 미분하여 0이 되는 π값을 구해보면 $\frac{dW}{d\pi} = r - a\pi = 0$으로 $\pi = \frac{r}{a}$ 이다.

답 ③

08 1980년대 등장한 실물경기변동이론(real business cycle theory)에 관련된 설명으로 옳지 않은 것은?

① 경기변동을 경제 전체의 충격(aggregate shock)에 대한 개별 경제주체들의 동태적 최적화 및 시장청산 결과 나타나는 균형현상으로 파악하는 이론이다.

② 경기변동을 유발하는 요인으로 총요소생산성(TFP)이나 기술의 변화와 같은 실물적 요인을 강조한다.

③ 케인즈의 화폐환상을 합리적 기대에서의 물가예상 착오로 발전시켰으며, 적응적 기대에서의 자연실업률 이론을 합리적 기대에서의 필립스 곡선으로 발전시켰다는 점에서 그 의의를 찾을 수 있다.

④ 일회적인 실물충격에 의해 균형수준 자체가 내생적으로 변화하게 되므로 경기변동이 지속성을 보인다고 주장한다.

[해설] ③ 루카스(R. Lucas)의 화폐경기변동이론에 대한 설명이다.
화폐경기변동이론 : 정보가 불확실한 상황에서 예상하지 못한 통화정책의 결과로 나타난 물가수준의 변화에 대해 예상 착오를 일으킬 수 있다. 그 결과 단기적으로 명목임금의 변화를 실질임금의 변화로 착각하여 노동공급을 조정함으로써 경기변동이 시작된다는 주장이다.

답 ③

09 실물경기변동이론(real business cycle theory)에 관한 설명으로 옳은 것을 모두 고른 것은?

> ㄱ. 임금 및 가격이 경직적이다.
> ㄴ. 불경기에는 생산의 효율성이 달성되지 않는다.
> ㄷ. 화폐의 중립성(neutrality of money)이 성립된다.
> ㄹ. 경기변동은 시간에 따른 균형의 변화로 나타난다.

① ㄱ, ㄴ   ② ㄱ, ㄷ
③ ㄴ, ㄷ   ④ ㄷ, ㄹ

[해설] ㄴ. 불경기에도 모든 주체가 합리적으로 행동한다고 가정하므로 생산의 효율성이 나타난다.
실물경기변동이론 : 고전학파 계열의 새고전학파의 주장으로 고전학파의 기본 가정을 수용한다. 즉 임금 및 가격의 신축성과 화폐의 중립성(neutrality of money)을 기본 전제로 한다. 또한 경기변동은 시간의 변화에 따른 균형의 변화로 나타나는 현상으로 파악한다.

답 ④

10 각 경제학파별 경제안정화 정책에 관한 설명으로 옳지 않은 것은?

① 고전학파는 구축효과, 화폐의 중립성을 들어 경제안정화 정책을 쓸 필요가 없다고 주장한다.

② 경제학자 케인즈(Keynesian)는 IS곡선이 가파르고, LM곡선은 완만하므로 적극적인 재정정책이 경제안 정화 정책으로 바람직하다고 주장한다.

③ 통화주의자(Monetarist)는 신화폐수량설, 자연실업률가설을 들어 재량적인 경제안정화 정책을 주장 한다.

④ 새고전학파(New Classical School)는 예상치 못한 경제안정화 정책은 일시적으로 유효할 수 있다는 점을 인정한다.

[해설] ③ 통화주의자(Monetarist)는 신화폐수량설, 자연실업률가설을 들어 재량적인 경제안정화 정책을 비판하고, 준칙(rule) 을 도입해야 한다고 주장한다.

답 ③

11 다음 중 옳은 것만을 모두 고른 것은?

ㄱ. 프리드먼(M.Friedman)은 통화량을 일정률로 증가시키는 통화준칙을 주장한다.
ㄴ. 새고전학파(New Classical School)는 예측되는 정책은 항상 긍정적인 효과가 있다고 주장한다.
ㄷ. 새케인즈학파(New Keynesian School) 이론 중에는 메뉴비용(menu cost)의 존재로 총수요관리정책 이 효과가 있다는 주장이 있다.
ㄹ. 실물경기변동론자들은 기술충격에 의한 총공급의 변동으로 경기변동을 설명한다.
ㅁ. 케인즈학파(Keynesian School)는 총공급의 변동이 경기변동의 가장 중요한 원인이라고 주장한다.
---

① ㄱ, ㄴ, ㅁ   ② ㄱ, ㄴ, ㄷ

③ ㄱ, ㄷ, ㄹ   ④ ㄴ, ㄷ, ㅁ

[해설] ㄴ. 루카스(R. Lucas) 등 새고전학파(New Classical School)는 경제주체가 예상한 정책은 단기에도 효과가 없다고 주장한다(정책무력성의 명제).
　　　ㅁ. 케인즈학파(Keynesian School)는 총수요의 변동이 경기변동의 가장 중요한 원인이라고 주장한다.

답 ③

12 다음은 재정정책과 통화정책의 유효성에 대해 설명한 것이다. 올바르게 기술된 것은? 단 정책의 목표는 GDP를 증가시키는 것이다.

① 투자의 이자율탄력성이 0이라면 통화정책의 효과는 매우 강력하다.

② 화폐수요의 이자율탄력성이 무한대이면 구축효과는 100%가 되어 통화정책은 효과가 전혀 없다.

③ 화폐수요의 소득탄력성이 작을수록 통화정책의 효과는 작고 재정정책의 효과는 강력하다.

④ 한계저축성향이 클수록 통화정책의 효과는 크고 재정정책의 효과는 작다.

[해설] 화폐수요의 소득탄력성이 작을수록 LM곡선의 기울기는 완만하므로 재정정책을 통해 IS곡선을 우측으로 이동시키면 국민소득은 크게 증가한다.

답 ③

13 물가수준이 고정되어 있고 국민경제의 생산능력에 여유가 있다고 가정하자. 다음 중 화폐공급의 증가가 이자율을 하락시키고, 투자와 국민소득을 가장 많이 증가시키는 경우를 바르게 설명한 것은?

① 화폐수요가 이자율에 대해 탄력적이고, 투자수요가 이자율에 대해 탄력적이며, 승수의 크기가 클 경우

② 화폐수요가 이자율에 대해 비탄력적이고, 투자수요가 이자율에 대해 비탄력적이며, 승수의 크기가 클 경우

③ 화폐수요가 이자율에 대해 비탄력적이고, 투자수요가 이자율에 대해 탄력적이며, 승수의 크기가 작을 경우

④ 화폐수요가 이자율에 대해 비탄력적이고, 투자수요가 이자율에 대해 탄력적이며, 승수의 크기가 클 경우

[해설] 확장적 통화정책의 효과가 크려면 IS곡선이 완만하게 우하향하고, LM곡선이 가파르게 우상향해야 한다. 즉 화폐수요가 이자율에 대해 비탄력적이고, 투자수요가 이자율에 대해 탄력적이어야 한다. 또한 이자율이 하락할 때 투자가 증가하면 소득이 큰 폭으로 증가해야 하므로 승수의 크기가 클수록 확대효과가 크다.

답 ④

14 경제안정화 정책에 관한 학파별 입장을 설명한 것 중 옳지 않은 것은?

① 케인즈학파는 투자수요의 이자율탄력성이 작고 화폐수요의 이자율탄력성이 크기 때문에 재정정책의 효과가 크다고 본다.

② 통화주의학파는 투자수요의 이자율탄력성이 크고 화폐수요의 이자율탄력성이 작기 때문에 통화정책을 재량적으로 운영할 것을 주장한다.

③ 고전학파는 안정화 정책에 대해 부정적인 입장이지만 기간이 지극히 짧은 단기에는 효과가 있다는 점을 인정한다.

④ 새고전학파는 합리적 기대를 도입하여 안정화 정책이 불필요하다는 입장이지만 예상하지 못한 경제정책이 실물변수에 영향을 미칠 수 있다는 점을 인정한다.

[해설] 통화주의학파는 투자의 이자율탄력성이 크고 화폐수요의 이자율탄력성이 작기 때문에 통화정책의 효과가 크게 나타날 수 있음을 인정한다. 그러나 그 효과가 정부가 원하는 시점에서 나타나는 것이 아니라 시차(time-lag)를 두고 엉뚱한 시점에서 나타남으로써 오히려 경기변동을 가져올 수 있다고 보고 재량적인 운영보다는 준칙(rule)에 따른 운영을 주장한다.

답 ②

15 1980년대 영국의 대처정부는 인플레이션을 억제하기 위하여 긴축정책을 실시하였고 그 결과 인플레이션율은 크게 낮아졌다. 그러나 자연실업률이 종전보다 크게 높아져 장기적인 경제의 균형 자체가 변화하였다. 이에 대한 이유로 볼 수 없는 것은?

① 불황으로 해고된 사람들의 생산성이 낮아져 직장을 구하기가 어렵기 때문이다.

② 실업자들의 기대인플레이션율 상승으로 더 높은 임금을 요구하여 취업이 어렵기 때문이다.

③ 경기가 회복되는 데 시간이 걸리고 그 기간 동안 새로운 노동력이 시장에 진입하기 때문이다.

④ 실업기간이 길어지면 구직활동을 아예 포기하는 실망실업자가 크게 늘어나기 때문이다.

[해설] ② 소수의 내부자(노동자)들이 더 높은 임금을 요구하여 한 번 실직한 외부자(실업자)는 취업이 어렵기 때문이다.
기억효과 또는 이력현상(hysteresis) : 문제에서처럼 자연실업률이 종전보다 크게 높아져 장기적인 경제의 균형 자체가 변화하고 장기 필립스 곡선의 모양을 변화시킬 수 있다. 이처럼 불황 이후 실업이 지속적일 수 있는 현상을 기억효과 또는 이력현상이라고 한다. 이러한 현상이 나타나는 이유를 설명하는 주장에는 불황이 해고된 사람들의 생산성에 영구적인 영향을 미친다는 주장, 노동에 대한 태도 변화(실망실업자), 내부자-외부자 모형 등이 있다.

답 ②

09 | 경제성장

제1절 경제성장과 그 요인

1. 경제성장의 의의

(1) 경제성장의 뜻

① 경제성장(economic growth)은 시간의 흐름에 따라 경제활동규모(실질GDP로 측정)가 확대되는 현상을 의미한다. 따라서 경제성장의 속도, 즉 경제성장률은 실질GDP의 증가율을 의미한다.

$$실질경제성장률 = \frac{금년도\ 실질GDP - 전년도\ 실질GDP}{전년도\ 실질GDP} \times 100$$

② 여기서 실질GDP가 항상 증가만 하는 것은 아니고 증가와 감소가 반복(순환)되는 형태를 취하지만 장기적으로 보면 추세적 성장(trend growth), 즉 동태적 성장(dynamic growth)이 이루어진다.

(2) 경제성장의 표현

비교정태분석에서는 경제성장을 생산함수의 상방이동, 생산가능곡선(PPC)의 확장, AD곡선과 AS곡선의 오른쪽 이동으로 설명한다.

2. 경제성장의 요인

(1) 생산요소의 양(요소부존량)

① 토지 등 자연자원은 공급이 고정되어 있다. 따라서 자본이나 노동의 증가, 또는 노동생산성의 향상이 경제성장의 주요 요인이 된다. 생산요소의 증가는 수확체감의 법칙의 지배하에서도 총생산량을 증가시킨다. 고전학파가 중요시하는 요인이다.

② 여기서 자본과 노동의 성장기여도는 생산요소의 한계생산성(MP)에 의해 결정되므로 생산요소의 부존도(endowment)에 따라 자본과 노동의 성장기여도는 차이가 있다.

(2) 기술의 진보(기술적 지식의 진보)

① 기술진보(technological progress)는 생산요소의 생산성을 향상시키는 요인으로 슘페터(J.A. Schumpeter)가 중요시하는 요인이다.

② 기술진보는 생산함수 자체의 상방이동 또는 생산가능곡선(PPC)의 확장을 의미한다.

① 인적자원(또는 인간자본) : 단순한 노동공급량뿐만 아니라 노동자들이 교육, 훈련, 경험, 동기 부여 등을 통해 얻은 지식과 기술 등 노동의 질적인 측면도 포함된다. 예컨대 기업가정신(entrepreneurial spirit)도 인적자원이다.

② 자연자원 : 토지, 광물, 기후 등 자연에 의하여 제공된 생산투입물을 말한다. 자연자원은 재생가능 자연자원과 재생불가능 자연자원으로 나누어진다.

③ 자본형성(또는 실물자본) : 기계, 공장처럼 재화와 서비스를 생산하기 위해 사용되는 설비나 구조물의 총스톡을 말한다. 자본이라고 할 때는 도로, 항만, 공항, 댐 등 사회간접자본(SOC : social overhead capital) 또는 경제하부구조(infrastructure) 등도 포함한다.

④ 기술 : 성장을 결정하고 생산성을 높이며 따라서 생활수준을 결정하는 가장 중요한 요소는 기술진보 또는 기술적 지식의 진보이다. 기술혁신을 위해서는 기업가정신의 부양이 무엇보다 중요하다.

제2절 경제성장이론

1. 경제성장에서의 규칙성

(1) 의의

① 1958년 칼도(N. Kaldor)는 1880년대 이후 선진자본주의 국가의 경제성장 과정을 분석한 결과 경제성장 과정에서 나타나는 네 가지의 장기적인 규칙성을 발견하였다. 이를 경제성장에서의 정형화된 사실 (stylized facts of growth)이라고 한다.

② 이는 경제성장률, 생산요소 증가율, 자본과 노동의 상대적 분배율 간에 나타나는 규칙성으로 이 규칙성을 이론적, 논리적으로 해명하는 것이 경제성장이론의 과제이다. 그 내용은 다음과 같다.

(2) 정형화된 사실의 내용

① 자본-산출비율(capital-output ratio), 즉 자본계수는 일정하다. 자본-산출비율(K/Y)은 자본계수 (capital coefficient)라고도 하는데 산출량 1단위 생산에 필요한 자본량을 나타낸다. 자본의 평균생산 (AP_K)의 역수이다.

② 자본량 증가율($\Delta K/K$)은 대체로 일정하고, 따라서 ①, ②에서 자본량 증가율($\Delta K/K$)=산출량(국민소 득) 증가율($\Delta Y/Y$)이며 또한 일정하다.

③ 자본-노동비율(1인당 자본, K/Y)과 1인당 소득(L/Y)은 일정 비율로 증가한다. 이는 자본량 증가율 ($\Delta K/K$)과 국민소득 증가율($\Delta Y/Y$)은 같으며 노동량 증가율($\Delta L/L$)보다 크다는 것을 의미한다. 자본-노동비율이 증가하는 것을 자본의 심화(deepening of capital)라고 한다.

④ 실질이자율은 지속적으로 증가하거나 감소하는 추세를 보이지 않는다.

⑤ 자본(K)과 노동(L)의 상대적 분배율(=노동소득/자본소득)은 대체로 일정하다. 이는 경제성장 과정에서 분배상태는 큰 변동이 없다는 것을 의미한다.

2. 고전학파의 성장이론

(1) 의의

스미스(A. Smith)와 리카도(D. Ricardo) 등 고전학파는 경제성장의 원동력으로 자본축적을 중시한다. 이와 함께 인구의 증가, 즉 노동력의 증가도 성장의 원동력으로 중시한다.

(2) 스미스의 성장이론

Smith는 경제성장의 원동력으로 자본축적을 특히 중요시하였다. 스미스는 노동가치설에 근거하여 국민경제에서 부를 생산하는 근원은 노동인데, 자본축적이 이루어지면 노동수요가 증가하여 총인구 중 생산적 노동이 증가하고, 또한 분업이 확대되어 노동생산성이 증대됨으로써 경제성장이 이루어진다고 보았다.

3. 신고전파의 성장이론 : 솔로우 모형

(1) 신고전파 성장이론의 의의

① 솔로우(R.M. Solow)는 이전의 성장이론을 발전시켜 오늘날 경제성장이론의 기초를 마련했다. 솔로우 성장모형을 신고전파적 성장모형(neoclassical growth model)이라고 한다. 신고전파 모형의 새로운 요소는 자본과 기술변화이다.

② 솔로우 모형은 자본주의 경제를 안정적인 성장경로로 이끄는 내재적인 힘이 작용하고 있다고 본다.

③ 그리고 그러한 내재적인 힘을 자본과 노동 등 생산요소의 대체가능성과 생산요소 가격의 신축적인 조정, 그리고 한계생산체감의 법칙이라는 신고전파적 전제에서 찾고 있다.

(2) 솔로우 모형의 가정

솔로우는 노동과 자본 간의 대체가능성을 전제로, 경제의 자율적인 시장조정을 통한 완전고용을 상정하고, 규모에 대한 보수가 불변인 생산함수를 가정한다.

(3) 기본적 사고

솔로우 모형의 기본적 사고는 노동과 자본 중 자본은 완전고용되고 노동이 과잉상태에 있으면 노동의 가격이 하락하여 노동수요가 증가하고 이에 따라 노동의 완전고용이 이루어짐으로써 두 생산요소 모두 완전고용된다는 것이다.

(4) 모형의 내용

① 노동 한 단위당 산출량을 y, 자본-노동비율을 k라고 하면 $y = Y/L$이므로 $Y = yL$이고, $k = K/L$이므로 $K = kL$이다. 규모에 대한 보수 불변이므로 노동 한 단위당 산출량은 자본-노동비율에만 의존하게 되므로 생산함수 $Y = F(K, L)$는

$$y = f(k)$$

로 나타낼 수 있다.

② 한편 소득의 일부는 저축되고 저축은 투자와 같다고 하면, 투자는 자본의 증가분이므로 $S = I = \Delta K = s Y$ 이 된다. 따라서 자본증가율은

$$\frac{\Delta K}{K} = \frac{s Y}{k L} = \frac{sf(k)}{k}$$

이 된다.

③ 따라서 자본(K)과 노동(L)이 완전고용을 이루면서 경제가 성장하기 위해서는 $sf(k)/k = n$, 또는 $sf(k) = nk$의 조건이 충족되어야 한다.

▶ 신고전학파(R. solow)의 성장모형

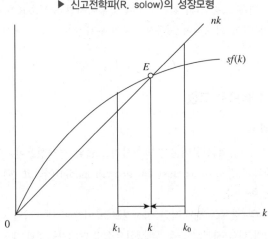

〈그림〉에서 가로축은 자본-노동비율(k)이므로 이를 45°선으로 나타낼 수 있다. 자본-노동비율이 증가함에 따라 $f(k)$곡선이 체감하는 것은 한계생산체감의 법칙이 작용하기 때문이다.[18]

④ $sf(k) > nk$인 경우에는 자본증가율이 더 크므로 자본이 상대적으로 과잉상태에 있게 되고 따라서 자본의 가격이 하락하여 자본의 고용이 증가한다. 이에 따라 1인당 자본량 k가 증가하여 $sf(k) = nk$가 된다. 반대로 $sf(k) < nk$인 경우에는 노동증가율이 더 크므로 노동이 상대적으로 과잉이고, 따라서 노동의 가격이 하락하여 노동의 고용이 증가한다. 이에 따라 1인당 자본량 k가 감소하여 $sf(k) = nk$가 된다.

⑤ 즉 조건이 충족되지 못해도 경제는 자율적인 조정을 통해 조건을 만족시키는 자본-노동비율인 k^*(신고전파 성장모형의 균형)로 수렴한다. 노동과 자본의 완전고용이 동시에 달성되는 상태를 균제성장경로(steady growth path)라고 하고, 일단 이 상태에 도달하면 그 다음에는 이에 따른 성장이 계속된다.

(5) 솔로우 모형의 한계

① 솔로우 모형에서 1인당 소득증가율을 결정하는 유일한 요소는 기술진보율이다. 그러나 솔로우 모형은 이러한 결론만 제시하고 기술진보를 가져오는 원인에 대해서는 언급하지 않고 있다.

② 즉 기술이라는 성장의 원동력을 외생변수로 취급하고 있는 것이다. 그렇기 때문에 솔로우의 모형을 외생적 성장이론(exogenous growth theory)이라고 한다.

---

18) 솔로우의 모형에서 자본 - 산출비율(v)이 일정하고 자본증가율도 일정하다면 경제성장률 = 자본증가율이다. 한편 자본 - 노동비율(k)과 1인당 소득은 일정한 비율로 증가하는데 솔로우는 이 비율을 기술진보율로 보았다. 따라서 경제성장률 = 인구증가율 + 기술진보율이다. 따라서 솔로우에 의하면 장기에 1인당 실질소득의 증가율을 결정하는 것은 인구증가율과 기술진보율이다.

③ 이 모형에서는 화폐의 역할이나 물가변동, 그리고 금융시장이나 자본시장이 야기하는 여러 가지 심리적
   요소 등이 고려되고 있지 않다는 것이다.

4. 내생적 성장이론

(1) 등장 배경

① 솔로우 모형의 균형성장 조건에 따르면 각국의 경제성장률은 비슷해야 하고 개발도상국의 경제성장률이
   선진국보다 높아야 한다. 그렇지만 현실세계에서는 나라마다 경제성장률이 크게 다르고 선진국과 후진국
   간의 생활수준의 격차가 오히려 확대되고 있다.

② 그리고 솔로우 모형은 기술진보율이 어떻게 결정되는가에 대해서는 언급하지 않고 있다. 이러한 한계를
   극복하기 위해 1980년대에 등장한 이론이 내생적 성장이론(endogenous growth theory) 또는 새 성장이
   론(new growth theory)이다.

(2) 내생적 성장이론

① 내생적 성장이론은 로머(Paul Romer)와 루카스(R. Lucas)에 의해 처음 제기된 후 비약적인 연구가
   이루어지고 있다.

② 내생적 성장이론의 접근방법은 크게 두 가지로 구분할 수 있다. R&D 모형은 솔로우 모형처럼 수확체감의
   법칙과 경제성장의 원동력으로 기술진보를 인정하면서, 기술진보가 내생적이고 지속적으로 유도되도록
   하는 모형이다.

③ AK모형은 솔로우 모형과는 달리 경제성장의 원동력으로 자본축적을 인정하는 한편, 수확체감이 발생하
   지 않도록 모형을 구성한다. AK모형은 생산함수가 $Y = AK$의 형태를 갖기 때문에 붙여진 이름이다.

④ 내생적 성장이론에 의하면 기술진보의 핵심은 새로운 지식의 창출이다. 따라서 내생적 성장이론은 저축
   률의 제고, 교육과 훈련, 사회간접자본 투자, 연구 개발 등을 위해 정부가 적극 지원해야 한다는 정책처방
   을 제시하고 있다.

09 | 실전대비문제

01 경제성장이론과 관련된 설명 중 옳은 것을 모두 고른 것은? (2016년)

> ㉠ 솔로우 모형은 절대적 수렴가설을 주장하였다.
> ㉡ 내생적 성장이론은 국가 간 1인당 경제성장률의 지속적 격차를 설명하고자 도입되었다.
> ㉢ 솔로우 모형에서 저축률의 상승과 인구증가율의 하락은 단기적으로 1인당 국민소득을 증가시킨다.

① ㉠, ㉡
② ㉡, ㉢
③ ㉠, ㉢
④ ㉠, ㉡, ㉢

[해설] ㉠ · ㉡ 솔로우 모형에 따르면 소득이 낮은 국가는 소득이 높은 국가보다 빨리 성장한다. 따라서 기본적 여건이 다른 나라들과 소득격차가 줄어드는 절대적 수렴현상을 주장하였다. 하지만 절대적 수렴현상은 나타나지 않았다. 현실에서의 국가들 사이에 소득격차는 커지는 경우가 확인된다. 이처럼 소득격차가 커지는 이유, 즉 국가 간에 경제성장률의 차이가 나타나는 이유를 설명하기 위해서 내생적 성장이론이 도입되었다.

㉢ 솔로우 모형에서 저축률의 증가는 저축의 증가를 이끌고 저축이 증가하면 1인당 자본량(k)이 증가하게 된다. 1인당 자본량이 증가하게 되면 1인당 소득이 증가한다. 또한 인구증가율이 하락하게 되면 1인당 자본량이 증가해 1인당 소득이 증가한다.

답 ④

02 인구증가와 기술진보가 없는 솔로우(Solow) 경제성장모형에서 1인당 생산함수가 $y = 4k^{0.5}$ 이며, 저축률이 0.25, 감가상각률이 0.1일 때, 1인당 생산량의 황금률(golden rule) 수준은?(단, y는 1인당 생산량, k는 1인당 자본량이다) (2017년)

① 40
② 80
③ 100
④ 400

[해설] 1인당 생산함수 $y = f(k) = 4k^{0.5}$ 따라서 $f'(k) = 2k^{-0.5} = \dfrac{2}{\sqrt{k}}$

감가상각률이 d로 주어져 있을 때 감가상각에 따른 1인당 자본량의 감소분은 dk이므로 감가상각이 있는 경우에 1인당 자본량을 일정하게 유지하기에 필요한 투자의 크기는 인구증가율을 n이라 할 때 $(n+d)k$가 된다.

따라서 $f(k) = (n+d)k$가 되며 문제에서 인구증가와 기술진보가 없다고 했으므로 $f(k) = dk$가 된다.

그러므로 $f'(k) = d = 0.1 = \dfrac{2}{\sqrt{k}}$ 가 됨을 알 수 있다.

따라서 $k = 400$이 된다.

$k = 400$을 1인당 생산함수에 대입하면 $y = 4 \times 400^{0.5} = 80$

그러므로 1인당 황금률 수준은 80이 됨을 알 수 있다.

답 ②

03 A국가의 생산함수는 $Y = K^{0.7}L^{0.3}$이다(K는 자본, L은 노동, Y는 생산량). 이 국가의 노동증가율은 2%, 저축률은 60%, 감가상각률은 10%일 때, 균제상태(steady state)에서 자본 1단위당 생산량(Y/K)은? (2018년)

① 0.2 　　　　　　　　　　　② 0.4

③ 0.6 　　　　　　　　　　　④ 0.8

[해설] A국가의 생산함수는 $Y = K^{0.7}L^{0.3}$이다.

따라서 1인당 생산함수는 $y = f(k) = k^{0.7}\left(\because\ y = \dfrac{Y}{L},\ k = \dfrac{K}{L}\right)$이다.

균제상태의 1인당 자본량을 $sf(k) = (n+d)k$라 하면

$0.6k^{0.7} = (0.02 + 0.1)k$, 따라서 $k = 5k^{0.7}$가 된다.

1인당 자본량 $\dfrac{K}{L} = k = 5k^{0.7}$, 1인당 생산량 $\dfrac{Y}{L} = y = k^{0.7}$이다.

따라서 자본 1인당 생산량 $\dfrac{Y}{K} = \dfrac{Y}{L} \div \dfrac{K}{L} = k^{0.7} \div 5k^{0.7} = 0.2$가 된다.

답 ①

04 솔로우(Solow) 모형에서 생산함수는 $Y = K^{0.5}(E \times L)^{0.5}$이다($K$는 자본, L은 노동, E는 노동의 효율성, Y는 생산량). 이 경제에서 저축률은 20%, 노동증가율은 5%, 노동효율성 증가율은 5%, 감가상각률은 10%일 때, 현재 균제상태(steady state)에 있는 이 경제에 대한 설명으로 옳은 것은? (2018년)

① 이 경제는 황금률(golden rule) 자본수준에 있다.

② 황금률 자본수준으로 가기 위해서는 저축률을 높여야 한다.

③ 황금률 자본수준으로 가기 위해서는 현재 효율노동 단위당 소비를 증가시켜야 한다.

④ 황금률 자본수준에 도달하면 효율노동 단위당 소비가 현재 균제상태보다 낮아진다.

[해설] 생산함수 $Y = K^{0.5}(E \times L)^{0.5}$를 효율노동 EL로 나누면

$\dfrac{Y}{EL} = \dfrac{K^{0.5}(EL)^{0.5}}{EL} = \left(\dfrac{K}{EL}\right)^{0.5}$이다.

효율노동 1단위당 생산량 $y = \dfrac{Y}{EL}$, 효율노동 1단위당 자본량 $k = \dfrac{K}{EL}$이라 하면

1인당 생산함수 $y = k^{0.5} = \sqrt{k}$가 된다.

균제상태에서 1인당의 자본량을 $sf(k) = (n+d+g)k$라 하면 $0.2\sqrt{k} = (0.05 + 0.1 + 0.05)k$

따라서 $k = 1$이 된다.

효율노동 1인당 생산함수를 k에 대해 미분하면 $MP_K = 0.5k^{-0.5} = \dfrac{1}{2\sqrt{k}}$

기술진보가 있을 시 황금률의 1인당 자본량은 $MP_K = n + d + g$

따라서 $\dfrac{1}{2\sqrt{k}} = (0.05 + 0.1 + 0.05)$ ∴ $k = \dfrac{25}{4}$

① 균제상태의 1인당 자본량이 1이고, 황금률에서의 1인당 자본량이 $\frac{25}{4}$이다. 그러므로 현재는 과소자본 상태이다.

②, ③ 과소자본인 현 상태에서 황금률 수준으로 가기 위해서는 저축률을 자본소득분배율과 동일한 50%로 높여야한다. 저축률을 높일 경우 현재의 소비는 줄어들지만 황금률에 도달하면 효율노동이 1인당 소비가 현재 균제상태보다높아지게 된다.

④ 현재의 균제상태에서 효율노동 1단위당 자본량 $k=1$이므로 효율노동 1단위당 생산량 $y=1$이 된다. 저축률 20%로현재 균제상태에서 효율노동 1단위당 저축은 $1 \times 0.2 = 0.2$, 소비는 $1 \times (1-0.2) = 0.8$이 된다.

황금률에서는 1인당 자본량 $k=\frac{25}{4}$이므로 효율노동 1단위당 생산량 $y=\sqrt{\frac{25}{4}}=\frac{5}{2}$

저축률이 50%이므로 황금률에서 효율노동 1단위당 저축과 소비는 $\frac{5}{2} \times 0.5 = 1.25$가 된다.

답 ②

05 A국의 생산함수는 $Y=K^{\alpha}(EL)^{1-\alpha}$이다. 효율적 노동당 자본($K/EL$)의 한계생산은 0.14이고, 자본의 감가상각률은 0.04이며, 인구증가율은 0.02이다. 만약 이 경제가 황금률 균제상태(golden-rule steady state)라면 노동효율성(E) 증가율은?(단, Y는 총생산, K는 총자본, E는 노동효율성, L은 총노동을 나타내며 $0 < \alpha < 1$이다) (2020년)

① 0.08
② 0.10
③ 0.12
④ 0.14

[해설] • 기술진보(노동효율성)가 있을 경우 균제상태에서 효율노동 1인당 소비
$C=f(k)-(n+d+g)k$(n : 인구증가율, d : 감가상각률, g : 기술진보율(노동효율성 증가율))
• 효율노동 1인당 소비가 극대가 되는 황금률 균제상태(golden-rule steady state)
$MP_K=n+d+g$
• $0.14=0.02+0.04+g$ ∴ g(노동효율성 증가율)=0.08

답 ①

06 솔로우(R. Solow) 경제성장모형에 관한 설명으로 옳지 않은 것은? (2020년)

① 저축과 투자는 항상 균형을 이룬다.
② 생산함수가 규모에 대한 수확불변이라고 가정한다.
③ 저축률이 상승하면 균제상태의 1인당 소득은 증가한다.
④ 인구증가율이 하락하면 균제상태의 1인당 소득은 감소한다.

[해설] 인구증가율이 하락하면 균제상태의 1인당 소득은 증가한다.

답 ④

07 표는 A국의 통계자료이다. A국의 생산함수가 $Y = AK^\alpha L^{1-\alpha}$일 때, 성장회계(growth accounting)에 따른 노동생산성(Y/L)의 증가율은?(단, A는 총요소생산성, K는 자본, L은 노동, $0 < \alpha < 1$이다)

(2020년)

지표	값
자본-노동비율(K/L) 증가율	4%
총요소생산성 증가율	1%
노동소득분배율	0.75
자본소득분배율	0.25

① 1.75% ② 2.00%

③ 3.25% ④ 4.00%

[해설] $Y = AK^\alpha L^{1-\alpha}$

양변을 L로 나누면

$$\frac{A}{L} = A\left(\frac{K}{L}\right)^\alpha$$

미분하여 증가율로 표시하면

$$\Delta\left(\frac{A}{L}\right) = \Delta A + \alpha \times \Delta\left(\frac{K}{L}\right) = 1\% + (0.25 \times 4\%) = 2\% \ (\because \ \alpha 는 \ 자본소득분배율로 \ 0.25)$$

답 ②

08 실업자 중 직장을 구하는 비율(구직률)이 23%이고 취업자 중 직장을 잃는 비율(실직률)은 2%일 때, 구직자수와 실직자수가 일치하는 균제상태(steady state)에서의 실업률은?

(2020년)

① 5% ② 6%

③ 7% ④ 8%

[해설] • 경제활동인구(L) = 취업인구(E) + 실업인구(U)

• 균제상태

구직률(f) × 실업인구(U) = 실직률(s) × 취업인구(E)

0.23 × 실업인구(U) = 0.02 × 취업인구(E)

∴ 취업인구(E) = 11.5 × 실업인구(U)

• 실업률 = $\dfrac{실업인구}{경제활동인구} = \dfrac{실업인구}{취업인구 + 실업인구} = \dfrac{실업인구}{12.5 \times 실업인구} = 0.08$

답 ④

09 표는 A국의 전년도 실질GDP 관련 지표이다. 전년대비 소비증가율은 1%, 투자증가율은 3%, 정부지출 증가율은 2%일 때, A국의 금년도 경제성장률은?(단, C는 소비, I는 투자, G는 정부지출이다)

(2020년)

지표	값
실질GDP	1,000
민간소비(C)	500
투자(I)	300
정부지출(G)	200

① 1.2% ② 1.8%

③ 2% ④ 2.2%

[해설] A국의 금년도 실질GDP 관련 지표

지표	값
실질GDP	$505 + 309 + 204 = 1,018$
민간소비(C)	$500 \times (1.01) = 505$
투자(I)	$300 \times (1.03) = 309$
정부지출(G)	$200 \times (1.02) = 204$

∴ A국의 금년도 경제성장률 $= \dfrac{1,018 - 1,000}{1,000} = 0.018 = 1.8\%$

답 ②

10 솔로우(Solow) 성장모형이 다음과 같이 주어진 경우, 균제상태(steady state)에서 자본 1단위당 산출량은?(단, 기술진보는 없다)

(2021년)

- 총생산함수 : $Y = 2L^{1/2}K^{1/2}$(단, Y는 총산출량, K는 총자본량이다)
- 감가상각률 5%, 인구증가율 5%, 저축률 20%

① 0.2 ② 0.4

③ 0.5 ④ 0.8

[해설] • 1인당 생산함수 : $y = 2\sqrt{k}$
- 감가상각 존재 시 균제상태
  $sf(k) = (n+d)k$
  $0.2 \times 2\sqrt{k} = (0.05 + 0.05)k$
  ∴ $k = 16$
- $k = 16$을 1인당 생산함수에 대입하면 $y = 2\sqrt{16} = 8$
- 자본 1단위당 산출량 $= \dfrac{y}{k} = \dfrac{8}{16} = 0.5$

답 ③

11 자본, 노동 및 총요소생산성이 성장에 기여한 정도를 측정하는 성장회계식이 다음과 같다. $\alpha = 0.4$, $\dfrac{\Delta Y}{Y} = 2\%$일 때 성장률에 대한 자본의 성장 기여율이 80%라면 $\dfrac{\Delta K}{K}$는? (2021년)

$$\frac{\Delta Y}{Y} = \frac{\Delta z}{z} + \alpha \frac{\Delta K}{K} + (1-\alpha)\frac{\Delta L}{L}$$

(단, Y는 총생산, z는 총요소생산성, K는 자본, L은 노동, $0 < \alpha < 1$, Δ는 변수의 증가분을 의미한다)

① 2% ② 4%
③ 6% ④ 8%

해설
- 경제성장률$\left(\dfrac{\Delta Y}{Y}\right)$ = 2%, 자본의 성장 기여율 = 80%
- $\alpha\dfrac{\Delta K}{K}$ = 경제성장률 × 자본의 성장 기여율 = 2% × 80% = 1.6%
- $\alpha\dfrac{\Delta K}{K}$ = 0.4 × $\dfrac{\Delta K}{K}$ = 1.6% ∴ $\dfrac{\Delta K}{K}$ = 4%

답 ②

12 솔로우 경제성장모형에서 생산함수가 $Q = L^{0.5}K^{0.5}$이고 연간 감가상각률은 10%, 저축률은 10%일 때 균제상태(steady state)에서 노동자 1인당 산출량, 자본, 소비에 관한 설명으로 옳은 것을 모두 고르면? (단, Q는 산출량, L은 노동자수, K는 자본이다) (2022년)

ㄱ. 노동자 1인당 소비는 0.9이다.
ㄴ. 노동자 1인당 산출량과 자본은 1이다.
ㄷ. 저축률이 20%로 상승할 때, 노동자 1인당 소비는 1.80이다.
ㄹ. 저축률이 20%로 상승할 때, 노동자 1인당 산출량과 자본은 2배로 증가한다.

① ㄱ, ㄴ ② ㄴ, ㄷ
③ ㄴ, ㄹ ④ ㄷ, ㄹ

해설
- 생산함수 : $Q = L^{0.5}K^{0.5}$
- 1인당 생산함수 : $y = f(k) = k^{0.5} = \sqrt{k}$
- 감가상각이 있을 경우 균제상태에서의 관계식 : $sf(k) = (n+d)k$ (s : 저축률, n : 인구증가율, d : 감가상각률)
ㄱ·ㄴ. (○) 감가상각이 있을 경우 균제상태의 관계식을 이용해 k를 구하면 다음과 같다.
  $0.1\sqrt{k} = 0.1k$ ∴ $k = 1$
  $k = 1$을 1인당 생산함수에 대입하면 1인당 생산함수의 값은 1이다. 저축률이 10%이므로 저축은 0.1, 소비는 0.9가 된다.
ㄷ. (×) 저축률이 20%로 상승할 경우 감가상각이 있을 경우 균제상태의 관계식을 이용해 k를 구하면 다음과 같다.
  $0.2\sqrt{k} = 0.1k$ ∴ $k = 4$
  위에서 구한 $k = 4$를 1인당 생산함수에 대입하면 1인당 생산함수의 값은 2가 된다.
  저축률이 20%이므로 저축은 0.4, 소비는 1.60이 된다.
ㄹ. (×) 저축률이 20%로 상승할 경우 1인당 산출량은 2배 증가하고, 자본은 4배 증가한다.

답 ①

13 경제성장이론에 관한 설명으로 옳은 것은? (2018년)

① 내생적 성장이론(endogenous growth theory)에 따르면 저소득 국가는 고소득 국가보다 빨리 성장하여 수렴현상이 발생한다.

② 내생적 성장이론에 따르면 균제상태의 경제성장률은 외생적 기술진보 증가율이다.

③ 솔로우 경제성장모형에서 인구증가율이 감소하면, 균제상태에서의 1인당 소득은 감소한다.

④ 솔로우 경제성장모형에서 균제상태에 있으면, 총자본스톡 증가율과 인구증가율이 같다.

[해설] ① 솔로우(Solow) 모형에서는 수렴가설(절대적 수렴가설)이 성립하지만, 내생적 성장이론(endogenous growth theory)에서는 경제성장률이 국가들의 구조적인 차이(기술수준 또는 총요소생산성, 생산함수, 저축률, 인구증가율 등의 차이)에 의해 성립하므로 국가 간 소득수준의 수렴이 발생하지 않을 수 있다.

② 내생적 성장이론에서 경제성장률은 기술진보 증가율과 일치하는 것은 아니다.

③ 솔로우 경제성장모형에서 인구증가율이 감소하면 1인당 자본량(k)이 증가하므로 1인당 소득(y)이 증가한다.

답 ④

14 A국의 생산함수는 $Y = AK^{\alpha}L^{\beta}$ 이다. 다음 자료를 바탕으로 성장회계에 의한 총요소생산성의 경제성장 기여율을 계산하면 얼마인가?(단, Y는 총소득, A는 총요소생산성, K는 자본스톡, L은 노동, α는 자본소득분배율, β는 노동소득분배율이다)

• 연간 경제성장률 : 5%	• 연간 자본스톡 증가율 : 7%
• 연간 노동증가율 : 1%	• $\alpha = 0.5$
• $\beta = 0.5$	

① 10%
② 15%
③ 20%
④ 25%

[해설] 생산함수를 성장회계방정식으로 나타내면 $\dfrac{\Delta Y}{Y} = \dfrac{\Delta A}{A} + \alpha\dfrac{\Delta K}{K} + \beta\dfrac{\Delta L}{L}$ 이고, 여기에 주어진 자료를 대입하면

$5\% = \dfrac{\Delta A}{A} + 0.5(7\%) + 0.5(1\%)$ 이다. 따라서 TFP증가율 $\dfrac{\Delta A}{A} = 1\%$이다. 이는 연간 경제성장률의 5%의 $\dfrac{1\%}{5\%} = 20\%$ 에 해당한다.

답 ③

15 모든 시장이 완전경쟁 상태인 경제에서 총생산함수는 $Y = AL^{2/3}K^{1/3}$이다. 매년 L, K, A가 각각 3%씩 증가하는 경제에 관한 설명으로 옳은 것을 모두 고른 것은?(단, Y는 국내총생산, L은 노동량, K는 자본량, A는 상수이다)

(2018년)

> ㄱ. 총생산함수는 규모 수익 불변이다.
> ㄴ. 노동소득분배율은 2/3이다.
> ㄷ. 경제성장률은 6%이다.

① ㄱ   ② ㄷ
③ ㄱ, ㄴ   ④ ㄱ, ㄴ, ㄷ

[해설] 총생산함수 $Y = AL^{2/3}K^{1/3}$는 1차 동차 생산함수이므로 규모에 대한 수익 불변이다. 노동소득분배율은 2/3이고, 자본소득분배율은 1/3이다. 규모에 대한 수익 불변이므로 L과 K가 모두 3% 증가하면 Y는 3% 증가하고, 또 A가 3% 증가하면 Y는 3% 증가하므로 매년 L, K, A가 각각 3%씩 증가하면 경제성장률은 6%이다.

답 ④

16 경제성장모형에서 생산함수가 $Y = AK$일 때 다음 설명 중 옳은 것만을 모두 고른 것은?(단, Y는 생산량, A는 생산성 수준이며 0보다 큰 상수, K는 자본량)

> ㄱ. 자본량의 한계생산물은 일정하다.
> ㄴ. 자본량이 증가할 때 생산량은 증가한다.
> ㄷ. 노동량이 증가할 때 생산량은 증가한다.
> ㄹ. 자본의 증가율과 생산량의 증가율은 같다.

① ㄱ, ㄴ   ② ㄱ, ㄴ, ㄹ
③ ㄱ, ㄷ, ㄹ   ④ ㄴ, ㄷ, ㄹ

[해설] 생산함수가 $Y = AK$이면 생산량은 총요소생산성과 자본량에 의해서만 결정된다. 자본투입량이 증가하면 생산량은 비례적으로 증가한다. 즉 자본의 증가율과 생산량의 증가율은 같다. 자본의 한계생산은 $MP_K = \dfrac{dY}{dK} = A$로 일정하다.

답 ②

17 솔로우(Solow) 단순경제성장모형에서 총생산함수가 $Y = 2L^{0.5}K^{0.5}$이고, 다음과 같은 조건이 주어진 경우 균제상태(steady state)에서 1인당 국민소득(y)의 값은?(단, Y는 총국민소득, L은 노동투입량, K는 자본투입량, $y = \dfrac{Y}{L}$, $k = \dfrac{K}{L}$, $y > 0$, $k > 0$)

- 민간부문만 있는 폐쇄경제이다.
- 인구증가율은 0이다.
- 저축함수는 S=0.2Y(S는 저축)
- 각 기간의 저축과 투자는 일치한다.
- 자본의 감가상각률은 0.1이다.

① 2   ② 4

③ 8   ④ 12

[해설] 총생산함수 $Y = 2L^{0.5}K^{0.5}$의 양변을 L로 나누어 1인당 생산함수를 구하면 $y = f(k) = 2\sqrt{k}$이다. 균제상태(steady state)에서는 $sf(k) = (n+d)k$가 성립하므로 제시된 수치를 대입하면 $0.2 \times 2\sqrt{k} = (0+0.1)k$이다. $0.4\sqrt{k} = 0.1k$이고 $k = 16$이다. 이를 1인당 생산함수에 대입하면 $y = 8$이다.

답 ③

18 솔로우(R. Solow) 성장모형에서 1인당 생산함수는 $y = k^{1/2}$, 저축률은 12%, 인구증가율은 1%, 자본의 감가상각률은 2%이다. 다음 설명 중 옳은 것을 모두 고른 것은?(단, y는 1인당 생산량, k는 1인당 자본량이다)

ㄱ. 균제상태(steady state)에서 1인당 산출량은 4이다.
ㄴ. 자본소득분배율과 노동소득분배율은 같다.
ㄷ. 균제상태에서 황금률(golden rule)이 달성되고 있다.

① ㄱ   ② ㄴ

③ ㄱ, ㄴ   ④ ㄴ, ㄷ

[해설] ㄱ. 솔로우 모형의 균제상태 $sf(k) = (n+d)k$에 문제에 제시된 수치를 대입한다. $0.12\sqrt{k} = (0.01 + 0.02)k$이다. $4\sqrt{k} = k$에서 $\sqrt{k} = 4$이고 $k = 16$이다. 따라서 균제상태에서의 1인당 산출량 $y = \sqrt{k} = \sqrt{16} = 4$이다.

ㄴ. 1인당 생산함수가 $y = k^{1/2}$이므로 총생산함수는 $Y = K^{\frac{1}{2}}L^{\frac{1}{2}}$이다. 따라서 자본소득분배율과 노동소득분배율은 같다.

ㄷ. 자본축적의 황금률에서는 $f'(k) = n + d$가 성립한다. 먼저 1인당 생산함수 y를 k에 관해서 미분하면 $\dfrac{dy}{dk} = \dfrac{1}{2}k^{-\frac{1}{2}}$ $= \dfrac{1}{2\sqrt{k}}$이므로 황금률에서는 $\dfrac{1}{2\sqrt{k}} = (0.01 + 0.02)$가 성립한다. 여기서 $\sqrt{k} = \dfrac{1}{0.06}$이고, $k = \dfrac{1}{0.0036} = 278$이다. 균제상태에서의 자본량 $k = 16$은 황금률의 자본량에 미치지 못한다.

답 ③

19 솔로우(Solow) 경제성장모형에서 1인당 생산함수는 $y = 2k^{1/2}$이다. 감가상각률이 0.2, 인구증가율과 기술진보율이 모두 0이라면, 이 경제의 1인당 소비의 황금률 수준(golden rule level)은?(단, y는 1인당 생산, k는 1인당 자본량이다)

① 2

② 5

③ 10

④ 25

[해설] 솔로우(Solow) 경제성장모형에서 인구증가율과 기술진보율이 모두 0인 경우 자본축적의 황금률에서는 $MP_K = d$가 성립한다. $MP_K = k^{-\frac{1}{2}} = \dfrac{1}{\sqrt{k}}$ 이다. 황금률에서의 1인당 자본량을 구하기 위해 $MP_K = d$로 하면 $\dfrac{1}{\sqrt{k}} = 0.2$이고 $k = 25$이다. 이를 1인당 생산함수에 대입하면 1인당 생산량은 $y = 10$이다.

1인당 생산함수를 기초로 총생산함수를 구하면 $Y = 2K^{\frac{1}{2}}L^{\frac{1}{2}}$ 이다. 노동소득분배율은 50%이므로 황금률에서의 1인당 소비는 $10 \times \dfrac{1}{2} = 5$이다.

답 ②

20 기술진보가 없는 솔로우(Solow)의 경제성장모형에서 1인당 생산함수는 $y = k^{0.2}$, 저축률은 0.4, 자본의 감가상각률은 0.15, 인구증가율은 0.05이다. 현재 경제가 균제상태(steady state)일 때 다음 중 옳은 것을 모두 고른 것은?(단, y는 1인당 생산량, k는 1인당 자본량이다)

ㄱ. 현재 균제상태의 1인당 자본량은 황금률 수준(golden rule level)의 1인당 자본량보다 작다.
ㄴ. 황금률을 달성시키는 저축률은 0.20이다.
ㄷ. 인구증가율이 증가하면 황금률 수준의 1인당 자본량도 증가한다.
ㄹ. 감가상각률이 증가하면 황금률 수준의 1인당 자본량은 감소한다.

① ㄱ, ㄴ

② ㄱ, ㄷ

③ ㄴ, ㄹ

④ ㄱ, ㄴ, ㄹ

[해설] 1인당 생산함수가 $y = k^{0.2}$ 이므로 $\left(\dfrac{Y}{L} \right) = \left(\dfrac{K}{L} \right)^{0.2}$ 이고, 양변에 L을 곱해 주면 총생산함수는 $Y = K^{0.2}L^{0.8}$ 이다. 황금률에서는 노동소득분배율이 소비율과 같으므로 저축률은 0.20이다. 제시된 저축률은 0.4이므로 황금률보다 높은 수준이다. 1인당 생산함수를 k에 대해 미분하면 $f'(k) = 0.2k^{-0.8} = \dfrac{0.2}{k^{0.8}}$ 이다. 황금률에서의 1인당 자본량을 구하기 위해 $f'(k) = n + d$로 두면 $\dfrac{0.2}{k^{0.8}} = (n + d)$ 이다. 이로부터 $k^{0.8} = \dfrac{0.2}{n + d}$, $k = \left(\dfrac{0.2}{n + d} \right)^{\frac{5}{4}}$ 의 관계가 도출된다. 이 관계로부터 n이나 d가 상승하면 황금률에서의 1인당 자본량이 감소한다는 것을 알 수 있다.

답 ③

21 인적자본과 실물자본이 갖는 경합성과 배제가능성을 바탕으로 R&D 모형만으로 설명하기 어려웠던 국가 간 지속적인 성장률 격차를 설명하는 데 유용한 모형은?

① 물적 · 인적자본의 동시축적 모형

② 지식자본의 외부효과 모형

③ 학습효과 모형

④ 루카스(Lucas)의 인적자본 모형

[해설] R&D 모형만으로 설명하기 어려웠던 국가 간 지속적인 성장률 격차를 설명하는 데 유용한 모형은 루카스의 인적자본 모형이다.

답 ④

22 다음 중 내생적 성장이론에 대한 설명으로 옳지 않은 것은?

① 루카스(R. Lucas)의 인적자본 모형에 의하면 교육 또는 기술습득의 효율성이 장기 경제성장률에는 영향을 미치지 못한다.

② 각국의 지속적인 성장률 격차를 모형 안의 내생변수의 상호작용에 의해 설명하는 이론이다.

③ 로머(P. Romer)의 R&D모형에 의하면 연구인력의 증가만으로도 장기 경제성장률을 높일 수 있다.

④ AK모형에서 지속적인 성장이 가능한 것은 자본의 외부경제성으로 인해 자본의 한계생산을 체감하지 않기 때문이다.

[해설] 루카스는 인적자본의 축적이 장기 경제성장률을 결정하는 중요요인이라고 주장한다.

답 ①

제3편

국제경제학

01 | 국제무역

제1절 국제경제학의 과제와 흐름

1. 국제무역

(1) 국제무역의 특징

국제무역(international trade)은 국내거래와는 달리 다음과 같은 몇 가지 차이점을 지니고 있다.
① 거래 당사자 간에 화폐단위의 차이가 있기 때문에 이로 인해 각국 화폐 간의 교환비율, 즉 환율문제가 발생한다.
② 생산물의 국가 간 이동은 비교적 자유로우나 생산요소의 국가 간 이동은 제한적이다. 그러므로 전통적인 국제경제이론은 생산요소의 비이동성(immobility)을 가정한다.
③ 국제무역은 국민경제에 대해 국제수지의 문제를 야기한다. 대부분의 국가에서 국제수지의 균형은 주요 경제정책 목표의 하나이다.

(2) 국제무역의 분류

국제무역, 즉 국제거래는 크게 재화 및 서비스의 거래와 생산요소의 거래로 구분할 수 있다. 재화 및 서비스의 거래는 다시 재화(상품)의 거래와 서비스의 거래로 구분한다. 흔히 재화의 거래를 보이는 무역(visible trade)이라고 하고 서비스의 거래를 보이지 않는 무역(invisible trade)이라고 한다. 그리고 생산요소의 거래는 노동이나 자본, 기술의 이동 등을 의미한다.

2. 국제무역의 발생원리

(1) 국제경제의 형성

교환(exchange)은 교환당사자 모두에게 이익을 주기 때문에 발생한다. 국제무역에서는 분업의 정도가 더 현저하므로 국내교역에 비해 더 큰 이익을 준다. 국제경제(international economy)는 자본주의의 발전, 교통 및 통신의 발전, 산업혁명으로 생산 및 교환의 영역이 확대되고 국가 간의 교역이 증대함에 따라 형성되었다.

(2) 국제무역의 발생 원리

국제무역이 발생하는 가장 큰 이유는 무역을 통해 무역 당사국이 모두 이익을 얻기 때문이다. 무역 당사국이 모두 이익을 얻게 만드는 요인으로는 생산조건의 차이, 규모의 경제, 기호의 차이 등을 들 수 있다.

① 나라마다 토지, 천연자원, 노동 등 생산요소 부존량과 기술수준 등 생산조건의 차이가 있기 때문에 무역은 당사국 모두에게 이익을 준다. 스웨덴의 경제학자인 헥셔(E. Heckscher)와 올린(B. Ohlin)은 두 나라 사이에 다른 모든 조건이 같더라도 생산요소의 부존량이 다르면 무역이 일어난다는 것을 보였다.

② 수출을 위해 생산량을 늘리면 규모의 경제가 발생하여 평균생산비를 감소시킨다. 규모의 경제는 산업 내 무역(intra-industry trade), 즉 한 산업 안에서도 수출과 수입이 일어나는 것을 설명할 수 있다.[1]

③ 모든 국가에서 생산조건이 같다고 해도 재화에 대한 소비자의 기호(taste)가 다르면 무역을 통해 이익을 얻을 수 있다.

제2절 국제무역의 이익

1. 절대우위설

(1) 절대우위설

스미스의 절대우위설(theory of absolute advantage)은 각국이 다른 나라에 비해 생산비가 적게 드는 상품만을 생산하여 교환하면 무역 당사국 모두 이익을 얻는다는 것이다.

(2) 절대우위의 예

한 나라가 어떤 상품 1단위를 생산하는 데 다른 나라보다 적은 양의 생산요소를 사용할 때 그 나라는 다른 나라에 대하여 그 상품생산에 절대우위를 가진다고 한다. 예컨대 영국과 포르투갈이 옷감과 와인 1단위를 생산할 때 투입되는 노동량이 다음 [표]와 같다고 하자.

	옷감	와인
영국	8단위	10단위
포르투갈	12단위	9단위

이 경우 영국의 옷감생산비는 포르투갈의 2/3 수준이고, 포르투갈의 와인생산비는 영국의 9/10 수준이다. 따라서 영국은 옷감생산에 절대우위를 가지고 포르투갈은 와인생산에 절대우위를 가진다고 한다. 그러므로 영국은 옷감만 생산하고 포르투갈은 와인만 생산하여 두 나라가 교환하면 두 나라 모두 이익을 얻는다는 이론이 절대우위설이다.

> **더 알아보기** 교역조건
>
> 교역조건(T/T : terms of trade)은 수출품 1단위와 교환되는 수입품의 단위수를 말한다. 교역조건은 보통 '수출품 가격지수 / 수입품 가격지수'로 나타내는데 100을 넘으면 수출국에 유리한 것이다.

---

[1] 전통적으로 국제무역은 산업 간 무역이 중심을 이루었다. 그러나 근래에는 산업 내 무역이 보편적으로 행해지고 있다. 산업 간 무역(inter-industry trade)은 예컨대 미국의 자동차와 우리나라의 섬유제품을 서로 교환하는 형태이다. 반면 산업 내 무역(intra-industry trade)은 미국이 자동차와 섬유제품을 우리나라에 수출하고, 우리나라도 마찬가지로 자동차와 섬유제품을 미국에 수출하는 경우를 말한다.

2. 비교우위설

(1) 비교우위

① 한 나라가 다른 나라보다 어떤 상품을 상대적으로 적은 기회비용으로 생산할 수 있을 때 그 나라는 그 상품생산에 비교우위(comparative advantage)가 있다고 한다.

② 절대우위는 두 나라의 생산성을 비교하는 개념인 데 비해 비교우위는 두 나라의 기회비용을 비교하는 개념으로 사용된다.

(2) 비교우위설

① 리카도(D. Ricardo)의 비교우위설(theory of comparative advantage)은 생산비에 절대우위가 없어도 상대적인 우위, 즉 비교우위가 있는 상품생산에 전문화 또는 특화(specialization)하여 교환(무역)을 하게 되면 무역 당사국이 모두 이익을 얻는다는 것을 말한다.

② 비교우위는 노동생산성의 차이에서 발생하지만, 실제로는 기술이나 생산요소 부존(endowment)의 차이로 인한 상대적 생산비의 차이가 원인이 된다.

(3) 비교우위의 예

① 영국과 포르투갈이 각각 옷감과 와인 1단위를 생산할 때 투입되는 노동량이 다음 [표]와 같다.

	옷감	와인
영국	8단위	9단위
포르투갈	12단위	10단위

② 이 경우 영국은 옷감생산과 와인생산 모두에 절대우위를 가지고 있다. 스미스의 절대우위설에 따르면 한 나라가 두 재화생산 모두에 절대우위를 가지고 있으므로 무역은 일어나지 않는다.

③ 그러나 리카도의 비교우위설에 따르면 포르투갈과 비교할 때 영국의 옷감생산비는 8/12(=67%)이고 와인생산비는 9/10(=90%)이므로 영국은 옷감생산에 23%의 비교우위가 있다.

④ 반면 영국과 비교할 때 포르투갈의 와인생산비는 10/9(=111%)이고 옷감생산비는 12/8(=150%)이므로 포르투갈은 와인생산에 39%의 비교우위가 있다.

⑤ 이제 두 나라는 비교우위가 있는 상품생산에 특화하여[2] 두 나라가 교환하면 두 나라 모두 이익을 얻게 된다.

(4) 비교우위론의 평가

리카도의 비교우위설은 주어진 가정, 즉 임금과 가격이 신축적으로 조정되고, 생산요소의 이동성(mobility)이 완전하며, 비자발적 실업이 없는 경우에는 타당하지만 다음과 같은 한계를 가지고 있다.

① 이 이론은 노동가치설에 입각하여 생산요소로서 노동만이 투입된다는 가정에 입각하고 있는데 이는 비현실적이다.

② 생산요소 투입에서의 수확체감의 법칙을 무시하고 있다는 한계가 있다.

---

2) 이처럼 비교우위가 있는 상품만 생산하고 비교열위가 있는 상품은 전혀 생산하지 않는 것을 완전특화(complete specialization)라고 한다. 반면 비교우위가 있는 상품을 주로 생산하면서 비교열위가 있는 상품도 함께 생산할 때 부분특화라고 한다. 스미스의 절대우위설과 리카도의 비교우위설은 완전특화를 전제로 한 이론이다. 그리고 헥셔-올린 정리는 부분특화를 전제로 한다.

③ 교역국 전체에는 이익이지만 교역국의 국민은 이익을 보지 못하고 실업이 발생할 가능성이 있다.

④ 오늘날의 무역 추세는 산업간 무역(inter-industry trade)에서 산업 내 무역(intra-industry trade)으로 변화하고 있기 때문에 비교우위설의 이론적 타당성은 줄어든다.

⑤ 비교우위가 있는 상품생산에만 특화하는 경우 후진국은 1차 산업만 육성해야 하는데 그렇다면 후진국의 공업화는 어려워진다.

⑥ 비교우위설은 정태(static) 이론이다. 그러나 비교우위는 계속 변화하므로 설득력이 떨어진다.

3. 헥셔-올린 정리

(1) 헥셔-올린 정리의 의의

① 스웨덴의 경제학자인 헥셔(E. Heckscher)와 올린(B. Ohlin)은 리카도의 노동가치설에 입각한 비교우위설을 발전시켜, 노동 이외에도 자본 등 모든 생산요소를 투입한다고 했을 때 무역이 이루어지는 원리를 설명하는데 이를 헥셔-올린 정리(Heckscher-Ohlin theorem)라고 한다.

② 리카도는 노동생산성의 차이로부터 비교우위가 발생한다고 했지만, 헥셔-올린 정리에서는 각국의 서로 다른 생산요소의 부존량의 차이와 요소집약도의 차이에서 비교우위가 발생한다고 본다.

(2) 헥셔-올린 정리의 가정

① 2국가-2재화-2생산요소의 무역모형을 전제로 한다.

② 두 나라의 생산기술, 즉 생산함수는 동일하다.

③ 생산함수는 규모에 대한 보수 불변의 생산함수이고 수확체감의 법칙이 작용한다.

④ 두 나라는 어느 한 상품에 완전특화하지는 않는다. 즉 부분특화한다.

⑤ 생산물시장과 생산요소시장은 완전경쟁시장이다.

⑥ 두 나라 사이에 생산요소의 부존량은 다르고, 양국 간 생산요소의 이동은 없다.

⑦ 두 나라의 수요패턴은 같다.

(3) 헥셔-올린 정리의 내용

헥셔-올린 정리의 결론은 두 가지로 요약해 볼 수 있다.

① 노동이 상대적으로 풍부한 국가는 노동집약적 상품생산에 특화하여 수출하고 자본이 상대적으로 풍부한 국가는 자본집약적 상품생산에 특화하여 수출하면 두 나라는 모두 무역을 통해서 이익을 얻게 된다.

② 생산요소가 국가 간에 이동하지 않더라도 상품의 교환에 의해 생산요소의 가격이 국가 간에 같아져 생산요소의 이동이 있는 것과 동일한 결과를 가져온다. 이를 요소가격 균등화 정리라고 한다.

4. 기타 무역이론

(1) 스톨퍼-새뮤얼슨 정리

① 스톨퍼-새뮤얼슨(Stolper-Samuelson) 정리는 어느 한 재화의 상대가격이 상승하면 그 재화에 집약적으로 사용된 생산요소의 가격을 재화가격의 상승에 비해 더 높게 상승시키며, 다른 생산요소의 가격은 절대적으로 하락하게 된다는 자본과 노동의 실질소득 변화에 관한 이론이다.

② 따라서 자유무역을 하게 되면 노동집약적인 상품을 수출하는 국가에서는 노동자의 실질소득이 증가하고, 자본집약적인 상품을 수출하는 국가에서는 자본가의 실질소득이 증가한다는 것이다.

(2) 립진스키 정리

립진스키(Rybczynski) 정리는 모든 재화의 상대가격이 일정불변인 경우에 어느 한 생산요소의 공급이 증가하면 그 생산요소를 집약적으로 사용하는 재화의 생산량은 증가하고, 다른 요소를 집약적으로 사용하는 재화의 생산량은 감소한다는 이론이다.

제3절 무역정책

---

1. 자유무역주의

(1) 자유무역주의의 뜻

① 자유무역주의는 비교우위설에 입각하여 국가가 간섭하지 말고 무역을 자유롭게 방임해야 한다는 주장이다. 전통적인 경제학, 즉 고전학파와 신고전학파의 기본 입장이다.

② 그 이론적 근거는 스미스(A. Smith)의 절대우위설, 리카도(D. Ricardo)의 비교우위설, 헥셔-올린(Hecksher-Ohlin) 정리 등에 두고 있다.

(2) 자유무역의 이점

① 자유무역은 각국이 비교우위를 가진 상품만을 생산하여 교환하므로 국제분업의 이익이 실현되고 국가 간에 자원의 효율적인 배분이 이루어진다. 또한 소비자 후생이 증가하고 사회 전체의 후생도 증가한다.

② 자유무역의 이익을 다음 [그림]을 통해서 살펴보자.

▶ 자유무역의 이익

③ 무역이 없는 경우 E에서 균형을 이루고 P_0의 가격으로 Q_0만큼의 거래가 이루어진다. 수입이 개방되면 P_1의 세계시장 가격으로 수입이 이루어지는데 여기서 P_1은 국내수요에 의해 영향을 받지 않으므로 수평이다. 국내상품의 가격도 P_1으로 하락하고, P_1의 가격에서 국내기업은 $0Q_1$을 생산하여 판매한다. 수요자들은 $0Q_2$를 수요하므로 따라서 공급부족량 Q_1Q_2를 수입한다.

④ 이 경우 소비자잉여는 $B+D$만큼 증가하고, 생산자잉여는 B만큼 감소하므로 따라서 D만큼의 순수한 사회후생 증가가 발생한다.

2. 보호무역주의

(1) 보호무역주의의 의미

보호무역주의는 국가산업을 보호, 육성하기 위하여 국가가 적극적으로 수출을 장려하고 수입을 제한해야 한다는 주장을 말한다.

(2) 보호무역론의 근거

① 유치산업 보호론 : 독일의 역사학파 경제학자인 리스트(F. List)는 유치산업(infant industry)이 국제경쟁력(비교우위)을 갖게 될 때까지 국가가 수입제한을 통해 보호해야 한다고 주장한다.

② 정부 관세수입의 증대 : 정부의 관세수입 증대를 위해 수입상품에 대해 관세를 부과해야 한다는 주장이다.

③ 교역조건의 개선 : 수입관세를 부과하여 교역조건(terms of trade)을 개선해야 한다는 주장이다. 이 경우 상대국도 보복관세를 부과하면 관세전쟁이 일어나고 무역규모가 축소될 수도 있다.

④ 비경제적 목적 : 대외의존도의 심화 방지, 국방산업의 확보, 국민의 자존심이 걸린 산업 등의 보호 등도 보호무역의 근거가 된다.

(3) 신보호주의

1970년대 중반 이후 선진국들이 주로 신흥공업국(NICs)을 상대로 유치산업이 아닌 자국의 산업을 보호하기 위해 보호무역정책을 실시하였는데 이를 신보호주의라고 한다. 신보호주의는 주로 비관세 수단을 통해 보호무역을 실시하였다.

(4) 보호무역 정책수단

보호무역의 정책수단은 크게 간접 통제수단과 직접 통제수단으로 구분한다.

① 간접 통제수단은 수출상품과 수입상품의 가격조정을 통해 무역을 규제하는 것으로 관세, 과징금, 보조금, 복수 환율제 등이 있다.

② 직접 통제수단은 특정한 상품의 수출입량을 직접 규제하는 것으로 수입허가제, 수입할당제, 국영무역 등이 있다. 직접 통제수단은 국가 간의 자원배분을 비효율적으로 만드는 결과를 초래한다.

3. 관세

(1) 관세의 의의

관세(tariff)는 수입을 억제하기 위해 높은 세율로 수입상품에 대해 부과된다. 후진국의 소비억제를 위해서도 관세가 이용된다. 관세는 일반적으로 수입품의 수입가격에 일정 비율로 과세하는 종가세(ad valorem tax)의 형태이다.

(2) 관세의 경제적 효과

아래 [그림]에서와 같이 수입품 단위당 t원씩의 관세를 부과하면 세계공급곡선은 P_1에서 수평이 된다. 관세만큼 가격이 상승했기 때문에 국내기업의 공급량은 Q_3에서 Q_1만큼 증가했고 수요량은 Q_4에서 Q_2 만큼 감소하여, 수입량은 Q_3, $Q_1 + Q_2$, Q_4만큼 감소하였다. 관세부과의 효과를 정리해보면 다음과 같다.

▶ 관세부과의 효과

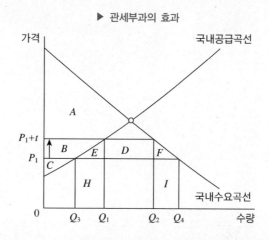

① 산출량 증가효과 : 관세를 부과하면 국내생산량은 Q_1Q_3만큼 증가하고 고용도 증가한다. 이를 관세의 고용증대 효과, 국내산업 보호 효과라고 한다.

② 소비억제효과 : 관세가 부과되어 수입상품의 국내가격이 높아짐에 따라 Q_4Q_2만큼 국내소비가 감소한다.

③ 재정수입 증대효과 : 정부의 재정수입이 사각형 D만큼 증가한다.

④ 국제수지 개선효과 : 관세부과로 수입이 $Q_1Q_3 + Q_4Q_2$만큼 감소하여 수입액도 $H + I$만큼 감소하는데 그만큼 국제수지가 개선된 것이다.

⑤ 교역조건 개선효과 : 관세가 부과되면 교역조건은 개선된다.

⑥ 소비자잉여 및 사회후생의 손실효과 : 관세가 부과되면 수입상품의 가격이 P_1으로 상승하므로 소비자잉여는 $C + D + E + F$만큼 감소한다. 그러나 이중 C는 국내 생산자잉여의 증가, D는 재정수입이므로 사회후생의 순손실(deadweight loss)이 $E + F$만큼 발생한다.

⑦ 소득의 재분배효과 : 관세부과로 소비자 부담은 증가하지만 생산자나 정부는 이익을 본다. 따라서 관세는 소득을 소비자로부터 정부와 생산자로 재분배한다.

(3) 탄력관세제도

탄력관세제도는 국제경제의 변화에 민감하게 대응할 수 있도록 관세율의 범위를 정해놓고 필요에 따라 관세율을 변화시킬 수 있는 제도를 의미한다.

① 상계관세(countervailing duties) : 수출국이 수출산업에 주는 수출 장려금, 보조금을 상계하기 위한 관세이다.

② 보복관세(retaliatory duties) : 상대국이 자국의 수출상품에 대해 차별대우를 하는 경우, 상대국의 수입상품에 대해 보복적으로 부과하는 관세이다.

③ 반(反)덤핑관세(anti dumping duties) : 생산원가 이하로 수출하는 수출국의 상품에 부과하는 관세이다.

④ 기타 : 긴급관세, 물가평형 관세, 관세할당제 등이 있다.

01 | 실전대비문제

01 무역에 관한 다음 설명 중 옳은 것을 모두 고른 것은?

(2016년)

> ㄱ. 어떤 나라의 교역규모는 그 나라의 상품 및 서비스의 수출액과 수입액의 합계를 말한다.
> ㄴ. 무역의존도는 수출액과 수입액의 합계를 국내총생산으로 나누어서 얻어지는 비율을 나타낸다.

① ㄱ
② ㄴ
③ ㄱ, ㄴ
④ 모두 옳지 않다.

[해설] ㄱ. 교역규모 = 수출액 + 수입액

ㄴ. 무역의존도 $= \dfrac{\text{교역규모}}{\text{국내총생산(GDP)}} = \dfrac{\text{수출액} + \text{수입액}}{\text{국내총생산(GDP)}}$

따라서 ㄱ, ㄴ 둘 다 맞는 지문이다.

답 ③

02 A국은 B국에 비해 운동화의 생산에 비교우위를 가진다. 이에 기초한 다음 설명 중 옳은 것을 모두 고른 것은?

(2016년)

> ㄱ. A국은 운동화 생산의 기회비용이 B국에 비해 낮다.
> ㄴ. A국은 B국에 비해 더 적은 생산비용으로 운동화를 생산한다.
> ㄷ. A국과 B국 간에 교역이 이루어지는 경우 A국은 운동화 수출국, 그리고 B국은 운동화 수입국이 된다.

① ㄱ, ㄴ
② ㄴ, ㄷ
③ ㄱ, ㄷ
④ ㄱ, ㄴ, ㄷ

[해설] ㄱ・ㄷ. 기회비용이 낮은 재화생산에 비교우위를 가지는데 A국이 운동화 생산에 비교우위를 가진다는 것은 A국이 B국보다 운동화 생산의 기회비용이 낮다는 의미가 되며 A국이 운동화 생산에 비교우위를 가지므로 A국은 운동화 수출국, B국은 운동화 수입국이 됨을 알 수 있다.

ㄴ. 기회비용이 낮다는 내용과 재화의 생산비용이 낮다는 내용은 일치한다고 할 수 없다. 따라서 운동화 생산에 비교우위인 A국이 B국보다 적은 비용으로 운동화를 생산한다고 할 수 없다.

답 ③

03 소규모 개방경제인 K국의 국내 컴퓨터 수요곡선과 공급곡선은 각각 $Q_d = -\dfrac{P}{2} + 3,000$, $Q_s = \dfrac{P}{2}$ 이고, 컴퓨터의 국제가격은 1,500이다(단, Q_d는 수요량이고 Q_s는 공급량, P는 가격이다). K국 정부가 국내 컴퓨터 생산자를 보호하기 위해 단위당 500의 수입관세를 부과한다면 관세부과로 인한 경제적 순손실은?(단, 관세 이외의 무역장벽은 없다) (2017년)

① 62,500 ② 125,000

③ 250,000 ④ 381,250

[해설]

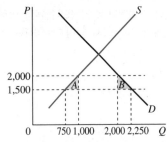

$P=1,500$일 때 수요량은 2,250, 공급량은 750이므로 수입량은 1,500($\because$ 2,250 - 750)이다.
500원의 관세를 부과하면 $P=2,000$으로 상승하여 수요량 2,000, 공급량 1,000으로 수입량은 1,000($\because$ 2,000 - 1,000)이 된다.

따라서 후생손실은 그래프 삼각형의 면적으로 $2 \times \dfrac{1}{2} \times 250 \times 500 = 125,000$이 된다.

답 ②

04 소규모 개방경제에서 관세부과와 수입할당(import quota)정책이 동일한 수입량을 발생시킨다고 할 때, 이에 대한 설명으로 옳은 것은?(단, 국내 공급곡선은 우상향, 국내 수요곡선은 우하향) (2018년)

① 수입할당으로 인한 경제적 순손실(deadweight loss)은 관세부과로 인한 경제적 순손실보다 작다.
② 관세부과의 경우에 비해 수입할당은 수입재 국내가격을 덜 인상시킨다.
③ 관세부과로 인한 소비자잉여 감소는 수입할당으로 인한 소비자잉여 감소보다 크다.
④ 관세부과로 인한 정부의 관세수입과 수입할당으로 인한 수입업자의 이익은 동일하다.

[해설] ①, ②, ③ 관세를 부과할 때와 수입할당제를 시행할 때의 수입량이 동일하다면 국내가격 또한 동일하게 상승함을 알 수 있다. 그러므로 두 경우의 소비자잉여의 감소분과 생산자잉여의 증가분의 크기는 같으며, 따라서 총잉여의 감소분 또한 같음을 알 수 있다.
④ 관세부과 시 정부가 얻는 재정수입과 수입할당제 시 수입업자가 얻는 수입은 동일하다.

답 ④

05 재화 1단위당 세금을 4만큼 부과했더니, 균형수량이 2,000에서 1,700으로 감소하였다. 이 경우 조세부과로 인한 경제적 순손실은?(단, 수요곡선은 우하향하는 직선이고, 공급곡선은 우상향하는 직선)

(2018년)

① 200

② 400

③ 600

④ 1,200

해설

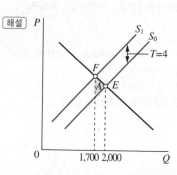

단위당 조세액이 4이고, 거래량의 감소는 300(∵ 2,000 − 1,700 = 300)이므로 조세를 부과함으로써 발생하는 경제적 순손실은 $600\left(\dfrac{1}{2} \times 4 \times 300\right)$이 된다.

답 ③

06 국가 A는 시간당 2톤의 철강을 생산하거나 4대의 자동차를 생산할 수 있고, 국가 B는 시간당 1톤의 철강을 생산하거나 1/3대의 자동차를 생산할 수 있다. 이 두 국가는 서로 손해를 보지 않는 범위 내에서 하나의 제품에 특화하여 무역을 하고 있다. 국가 B가 무역으로부터 최대의 이득을 얻는 자동차 1대에 대한 철강의 교환비율은?

(2018년)

① 1/3톤

② 1/2톤

③ 2톤

④ 3톤

해설 교역조건이 A국과 국내가격비가 같아질 때 B국이 최대의 이득을 얻게 된다. 따라서 A국이 시간당 2톤의 철강을 생산하거나 4대의 자동차를 생산할 수 있으므로 자동차 1대는 철강 $\dfrac{1}{2}$톤이 된다. 그러므로 B국이 무역으로 최대의 이득을 얻기 위해선 자동차 1대에 철강 $\dfrac{1}{2}$톤의 교환비율이 되어야 한다.

답 ②

07 X재의 가격은 P, 수요곡선은 $Q_d = 1,000 - P$, 공급곡선은 $Q_s = P$이다. 소비자에게 개당 100의 세금을 부과했다. 세금으로 인한 경제적 순손실(deadweight loss)은? (2019년)

① 2,000　　　　　　　　　　② 2,500

③ 3,000　　　　　　　　　　④ 3,500

해설

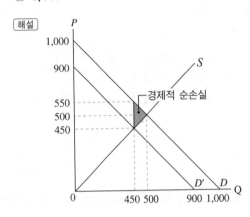

세금부과 전 균형생산량과 균형가격을 구하면

$1,000 - P = P$

$\therefore P = 500, \ Q = 500$

소비자에게 개당 100의 세금부과 시 균형생산량과 균형가격을 구하면 $900 - P = P$

$\therefore P = 450, \ Q = 450$

따라서 세금으로 인한 경제적 순손실은

$100 \times 50 \times \dfrac{1}{2} = 2,500$이다.

답 ②

08 그림은 A국과 B국의 생산가능곡선이다. 비교우위에 특화해서 교역할 때 양국 모두에게 이득을 주는 교환은? (2020년)

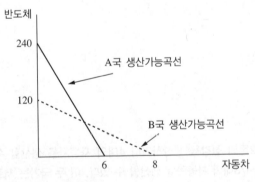

① A국의 자동차 1대와 B국의 반도체 50개

② A국의 자동차 1대와 B국의 반도체 40개

③ A국의 반도체 20개와 B국의 자동차 1대

④ A국의 반도체 14개와 B국의 자동차 1대

해설 • 생산가능곡선의 기울기 절댓값은 자동차 생산의 기회비용이다.
• A국 생산가능곡선의 기울기 절댓값은 40, B국 생산가능곡선의 기울기 절댓값은 15이다.
• 자동차 생산의 기회비용은 B국이 더 낮기 때문에 B국이 자동차 생산에 우위를 갖는다.
• A국과 B국의 교역으로 인한 이득은 양국의 기회비용 사이에서 결정할 때 발생한다.
• 따라서 B국의 자동차 1대와 A국의 반도체 15개 초과 40개 미만 사이에서 결정될 때 이득이 발생한다.

답 ③

09 폐쇄경제 거시경제모형이 다음과 같이 주어져 있다. $\alpha=0.8$, $\beta=0$일 때 다음 중 옳은 것은?

(2021년)

- 소비함수 : $C=a+\alpha Y_d$, $Y_d=Y-T$
- 투자함수 : $I=b-\beta r$
- 정부재정 : $G=\overline{G}$, $T=\overline{T}$
- 화폐수요함수 : $l^d=v+\gamma Y_d-\eta r$
- 화폐공급함수 : $l^s=\overline{l^s}$
- 시장청산조건 : $Y=C+I+G$ 및 $l^d=l^s$

(단, C는 소비, Y_d는 가처분소득, Y는 생산, T는 조세, I는 투자, r은 실질이자율, G는 정부지출, l^d는 화폐수요, l^s는 화폐공급, a, b, v, α, β, γ, η, $\overline{G}$, $\overline{T}$, $\overline{l^s}$는 양의 상수이다)

① 정부지출승수는 4이다.
② 균형재정승수는 1이다.
③ 통화량을 늘리면 생산이 증가한다.
④ 통화량을 늘리면 이자율이 상승한다.

해설 균형재정승수 = 정부지출승수 + 조세승수 = 5 + (−4) = 1

① 정부지출승수 $= \dfrac{1}{1-\alpha} = \dfrac{1}{1-0.8} = 5$

조세승수 $= -\dfrac{\alpha}{1-\alpha} = -\dfrac{0.8}{1-0.8} = -4$

③·④ $\beta=0$으로 투자는 이자율에 영향을 받지 않는다. 따라서 통화량 증가로 인한 이자율이 하락이 투자에 영향을 주지 않는다. 그러므로 통화량이 증가해도 생산은 불변이다.

답 ②

10 A국과 B국에서 X재, Y재 각 1단위를 생산하는 데 필요한 노동 투입 시간은 아래와 같다.

구분	X재	Y재
A국	100시간	50시간
B국	20시간	40시간

양국은 노동만을 투입하여 생산하며, 가용 노동시간은 1,000시간으로 동일하다. 무역은 양국 사이에서만 자유롭게 이루어지며 거래 비용은 없다. X재와 Y재의 1 : 1의 교역조건으로, 비교우위론에 따른 자유무역 후 B국이 소비하는 X재와 Y재의 조합으로 옳은 것은?

(2022년)

	X재	Y재
①	10	10
②	10	40
③	40	10
④	40	40

해설

[기회비용]

구분	X재	Y재
A국	$\dfrac{100시간}{50시간}=2$	$\dfrac{50시간}{100시간}=0.5$
B국	$\dfrac{20시간}{40시간}=0.5$	$\dfrac{40시간}{20시간}=2$

- A국은 Y재에 대한 기회비용이 B국보다 낮고, B국은 X재에 대한 기회비용이 A국보다 낮으므로 Y재는 A국이, X재는 B국이 특화해야 한다.
- A국이 Y재를 특화하면 생산가능한 생산량은 20(=1,000시간 ÷ 50시간)개, B국이 X재를 특화하면 생산가능한 생산량은 50(=1000시간 ÷ 20시간)개이다.
- 각 국의 교환비율이 1 : 1이므로 10개씩 교환을 하게 되면 A국은 X재와 Y재 각각 10개씩 소비가 가능하며, B국은 X재 40개, Y재 10개를 소비할 수 있다.

답 ③

11 A국은 자본이 상대적으로 풍부하고 B국은 노동이 상대적으로 풍부하다. 양국 간의 상품이동이 완전히 자유로워지고 양 국가가 부분 특화하는 경우, 헥셔-올린(Hecksher-Ohlin) 정리와 스톨퍼-새뮤얼슨 (Stolper-Samuelson) 정리에서의 결과와 부합하는 것을 모두 고른 것은?

> ㄱ. 두 국가의 자본가격은 같아진다.
> ㄴ. B국 자본가의 실질소득이 증가한다.
> ㄷ. A국 노동자의 실질소득이 감소하는 반면, B국 노동자의 실질소득은 증가한다.

① ㄱ   ② ㄱ, ㄴ   ③ ㄱ, ㄷ   ④ ㄴ, ㄷ

해설 ㄱ. 헥셔-올린 정리(Heckscher-Ohlin theorem)의 내용 중 하나인 요소가격 균등화 정리에 의하면 생산요소가 국가 간에 이동하지 않더라도 상품의 교환에 의해 생산요소의 가격이 국가 간에 같아져 생산요소의 이동이 있는 것과 동일한 결과를 가져온다.

ㄴ, ㄷ. 스톨퍼-새뮤얼슨(Stolper-Samuelson) 정리는 자유무역을 하게 되면 노동집약적인 상품을 수출하는 국가에서는 노동자의 실질소득이 증가하고, 자본집약적인 상품을 수출하는 국가에서는 자본가의 실질소득이 증가한다는 것이다. 노동이 풍부한 B국 노동자의 실질소득은 증가하지만 자본가의 실질소득은 감소한다.

답 ③

12 A국은 자본이동이 완전히 자유로운 소규모 개방경제이다. 변동환율제도하에서 A국의 거시경제모형이 다음과 같을 때, 정책효과에 관한 설명으로 옳지 않은 것은?(단, Y, M, r, e, p, r^*, p^*는 각각 국민소득, 통화량, 이자율, 명목환율, 물가, 외국이자율, 외국물가이다)

> • 소비함수 : $C = 1000 + 0.5(Y - T)$ • 투자함수 : $I = 1200 - 10000r$
> • 순수출 : $NX = 1000 - 1000\epsilon$ • 조세 : $T = 1000$
> • 정부지출 : $G = 2000$ • 실질환율 : $\varepsilon = e\dfrac{p}{p^*}$
> • 실질화폐수요 : $L^D = 40 - 1000r + 0.01Y$ • 실질화폐공급 : $L^S = \dfrac{M}{P}$
> $M = 5000$, $p = 100$, $p^* = 100$, $r^* = 0.02$

① 정부지출을 증가시켜도 균형소득은 변하지 않는다.

② 조세를 감면해도 균형소득은 변하지 않는다.

③ 확장적 재정정책을 실시하면 e가 상승한다.

④ 확장적 통화정책을 실시하면 r이 하락한다.

해설 제시된 내용으로 IS곡선이나 LM곡선을 계산할 필요는 없다.

④ 자본이동이 완전히 자유로운 변동환율제도하의 소규모 개방경제에서 재정정책은 국민소득에 아무런 영향을 미칠 수 없지만 통화정책은 매우 효과적이다. 즉 확장적 통화정책 결과 고용과 국민소득(Y)이 증가하고, 소비(C)가 증가한다. 주어진 국제이자율이 변하지 않는 한 투자(I)는 불변이고 r도 불변이다.

①, ②, ③ 변동환율제도하에서 확장적 재정정책(정부지출 증가, 조세 감면)은 환율하락으로 인한 순수출 감소로 국민소득 불변, 소비·투자 불변, 쌍둥이 적자(재정적자와 경상수지 적자)를 야기한다. 변동환율제도에서 확장적 통화정책은 국민소득 증가, 소비 증가, 투자 불변, 경상수지 호전을 야기한다.

답 ④

13 甲과 乙만으로 구성된 A국에서 두 사람이 각각 하루 10시간 일하며, X재와 Y재만을 생산한다. 甲은 시간당 X재 2단위 또는 Y재 1단위를 생산할 수 있으며, 乙은 시간당 X재 1단위 또는 Y재 2단위를 생산할 수 있다. 다음 설명 중 옳지 않은 것은?

① A국의 X재 하루 최대 생산량은 30이다.

② A국의 Y재 하루 최대 생산량은 30이다.

③ A국의 생산가능곡선은 기울기가 −1인 직선형태를 지닌다.

④ 두 사람 모두 하루에 5시간씩 X재와 Y재를 생산하는 것은 비효율적이다.

해설 ③ 주어진 조건에 따라 생산가능곡선(PPF)을 그려보면 X, Y재 (20, 20)의 배합점으로부터 Y절편(0, 30)과 X절편 (30, 0)이 직선으로 이어진다. 따라서 X, Y재 (20, 20)의 배합점까지 기울기는 $-\frac{10}{20} = -\frac{1}{2}$ 이고, X절편까지의 기울기는 $-\frac{20}{10} = -2$인 직선형태이다.

④ 두 사람 모두 하루에 5시간씩 X재와 Y재를 생산하면 (15, 15) 단위가 생산되어 생산가능곡선 내부에 있게 되므로 비효율적이다.

답 ③

14 A국과 B국의 무역 개시 이전의 X재와 Y재에 대한 단위당 생산비가 다음과 같다. 무역을 개시하여 두 나라 모두 이익을 얻을 수 있는 교역조건(P_X/P_Y)에 해당하는 것은?(단, P_X는 X재의 가격이고, P_Y는 Y재의 가격이다)

	X재	Y재
甲국	5	10
乙국	8	13

① 0.45   ② 0.55

③ 0.65   ④ 0.75

해설 Y재로 표시한 X재의 기회비용(생산가능곡선의 기울기)이 X재의 상대가격$\left(\frac{P_X}{P_Y}\right)$으로 나타낸 교역조건이다. A국에서 X재의 기회비용은 $\frac{5}{10} = 0.50$이고 B국의 X재의 기회비용은 $\frac{8}{13} = 0.62$이다. $0.5 < \frac{P_X}{P_Y} < 0.62$에서 교역조건이 결정되어 야 두 나라 모두 이익을 얻을 수 있다. 이에 해당하는 것은 ② 0.55이다.

답 ②

15 유일한 생산요소인 노동을 90단위 가지고 있는 국가를 상정해 보자. 이 국가는 치즈와 포도주를 생산할 수 있는데, 1kg의 치즈와 1리터의 포도주를 생산하기 위해 각각 2단위와 3단위의 노동량이 필요하다. 다음의 설명 중 가장 옳지 않은 것은?

① 치즈의 최대 생산가능량은 45kg이다.

② 치즈로 표시한 포도주의 기회비용은 3/2이다.

③ 세계시장에서 치즈로 표시한 포도주의 상대가격이 2/3라면, 이 국가는 포도주의 생산에 완전특화한다.

④ 생산가능곡선은 우하향하는 직선의 형태로 나타난다.

[해설] 국제시장에서 포도주 가격은 치즈가격의 2/3에 불과한 반면 포도주의 생산비용은 치즈의 생산비용보다 높으므로 포도주를 생산하는 것은 불리하다. 따라서 이 국가는 치즈생산에 완전특화하는 것이 유리하다.

답 ③

02 | 국제수지와 환율

제1절   국제수지

---

1. 국제수지의 의의

(1) 국제수지의 정의

국제수지(balance of payments)란 일정기간 동안에 한 나라의 거주자와 다른 나라에 있는 비거주자 사이에 이루어진 모든 경제적 거래에서의 수지를 말한다.

(2) 국제수지의 개념상 주의할 점

① '일정기간 동안에'라는 말은 국제수지가 유량(flow) 개념이라는 것이다. 반면 국제대차(balance of international indebtness)는 어느 한 시점에서 한 나라의 거주자가 다른 나라에 있는 비거주자에 대해 가지고 있는 채권과 채무의 잔고를 말하므로 저량(stock)이다. 이 경우 채권의 잔고를 대외채권, 채무의 잔고를 총외채라고 하고 총외채에서 대외채권을 뺀 나머지를 순외채라고 한다.

② '한 나라의 거주자와 다른 나라에 있는 비거주자'라는 말은 경제주체들의 국적을 따지지 않고 경제활동에서의 이익의 중심이 어디에 있는가를 기준으로 구분한다는 것이다. 외국기업이 우리나라에서 영업활동을 하고 있다면 거주자(resident)가 된다. 그러나 정부기관은 해외에 있어도 우리나라의 거주자로 본다.

③ '모든 경제적 거래'라는 말은 국제수지에는 재화 및 서비스의 거래, 자본거래, 외환거래 및 국가 간의 증여 등 일체의 대외거래를 포함한다는 것이다.

2. 국제수지표

(1) 경상수지

경상수지는 상품수지, 서비스수지, 본원소득수지, 이전소득수지로 구성된다.

① 상품수지와 서비스수지는 상품과 서비스의 수출입을 의미한다. 상품수출액과 상품수입액의 차이를 상품수지라고 한다. 서비스수지는 운수·여행·통신·보험·특허권 등 각종 서비스의 수출입을 의미한다.

② 본원소득수지는 노동이나 자본과 같은 생산요소를 공급하거나 사용한 대가로 수취하거나 지급하는 임금, 이자, 배당 등을 기록한다.

③ 이전소득수지는 나라 간의 무상 증여·국제기구 출연금·상금·장학금처럼 반대급부 없이 일방적으로 이루어지는 거래를 말한다.

(2) 자본&금융수지

① 자본·금융수지는 다시 자본계정과 금융계정으로 구성된다. 자본계정은 국가 간 부채의 탕감, 이민에 따른 자산의 국제이동, 군대주둔지의 소유권 이전과 같은 국가 간 자산의 이전거래를 기록한다.

② 금융계정은 투자수지라고도 하는데 금융자산을 포함한 자산의 국제거래를 기록한다. 금융계정은 거래되는 자산의 성격에 따라 직접투자, 증권투자, 팽생금융상품, 기타 투자, 준비자산증감으로 나뉜다.

(3) 준비자산 증감

① 준비자산 증감은 중앙은행이 국제수지의 불균형을 바로 잡기 위해 사용할 수 있는 대외자산의 증감을 기록한다. 중앙은행의 대외자산은 금, 현금·예금 및 증권 등의 외화자산의 형태로 보유한다.

② 국제거래에서 경상수지가 흑자이면 여유자금을 다른 나라에 빌려주거나 빚을 갚는 데 사용하므로 자본수지는 흑자가 된다. 반면 경상수지가 적자이면 부족한 외화를 외국에서 빌려오게 되므로 자본수지는 흑자이다. 빌려온 것으로도 경상수지의 적자를 메우지 못하면 부족한 외화는 통화당국이 가지고 있는 외환보유액에서 충당한다. 따라서 중앙은행의 대외자산은 감소하는데 준비자산의 증감은 그 부호가 양(+)이 된다.

③ 따라서 준비자산 증감란이 양수이면 중앙은행의 대외자산이 감소한 것을, 음수이면 중앙은행의 대외자산이 그만큼 증가한 것이다.

3. 국제수지의 원리

(1) 국제수지의 원리

① 앞에서 본 내용에 따르면 다음의 관계가 성립한다.

> 경상수지 + 자본수지 = 준비자산 증가

경상수지와 자본수지의 합이 양이면 준비자산은 그만큼 증가하고 경상수지와 자본수지의 합이 음이면 준비자산은 그만큼 감소한다.

② 따라서 앞의 식은 다음과 같이 바꾸어 쓸 수 있다.

> 경상수지 + 자본수지 + 준비자산증(-)감(+)=0

이 식은 항상 성립해야 한다. 그러나 현실의 국제수지표에서는 이 식이 항상 성립하는 것이 아니기 때문에 '오차 및 누락'이라는 조정항목을 둔다.

③ 따라서 국제수지표에서는 항상 다음의 관계가 성립한다.

> 경상수지 + (자본수지 + 준비자산 증감 + 오차 및 누락)=0

일반적으로 경상수지와 자본수지의 합이 0이라고 할 때 자본수지는 광의의 자본수지로 자본수지와 준비자산 증감, 오차와 누락을 포함하는 개념이다.

(2) 경상수지와 자본수지, 저축 및 투자

① 앞에서 본 바와 같이 다음의 관계가 성립한다.

$$GDP = C + I + G + NX$$

여기에 국외순수취요소소득을 더하면 국민총소득(GNI)이 된다. 그리고 여기에 국외순수취경상이전을
더하면 국민총처분가능소득(GNDI)이 된다. 즉, 다음과 같다.

$$GNDI = C + I + G + 경상수지$$

이 관계식을 정리하면 경상수지는 다음과 같다.

$$경상수지 = S - I$$

② 따라서 한 나라의 총저축이 국내총투자보다 많으면 경상수지 흑자가 이루어진다. 반대로 총저축보다
국내총투자가 많으면 경상수지는 적자가 된다.

③ 그렇기 때문에 정부가 재정적자를 시현하면 정부저축이 마이너스가 되어 총저축이 감소하고 경상수지는
적자를 보이게 된다.[3]

④ 총저축이 국내총투자보다 많으면 그 차액만큼이 국외투자로 나타나고, 이 국외투자는 흔히 순해외투자
(NFI : net foreign investment)라고 한다.

⑤ 해외순투자가 있게 되면 자본수지는 적자가 된다. 즉 S-I만큼이 자본수지의 적자가 되므로 다음과 같은
관계가 성립한다.

$$경상수지 = -자본수지$$
$$경상수지 + 자본수지 = 0$$

4. 국제수지가 경제에 미치는 영향

국제수지는 일반적으로 경상수지를 의미하는데, 경상수지의 흑자가 국민경제에 미치는 영향은 다음과 같다.

(1) 생산 및 고용 증가

상품수지가 흑자인 경우, 즉 수출이 수입을 초과하는 경우에는 순수출이 증가하므로 총수요가 증가하고
이에 따라 국내생산과 고용을 증가시킨다.

(2) 외채 감소

경상수지의 흑자가 발생하면 대외채무를 상환할 수 있기 때문에 외채가 감소한다. 또는 외환자산이 증가
한다.

---

3) 정부의 재정적자는 결과적으로 경상수지의 적자로 귀결되기 쉽다. 즉 재정적자와 경상수지의 적자가 함께 나타나게 되는 것이 일반적인데
이를 쌍둥이 적자(twin deficits)라고 한다.

(3) 원자재의 안정적 공급 확보

외화자산이 증가하므로 주요 원자재의 안정적인 공급을 확보할 수 있고 해외 직접투자가 증가한다.

(4) 인플레이션 유발

경상수지의 흑자는 중앙은행의 외환매입액을 증가시키고 이에 따라 국내 통화량이 증가하며 인플레이션이 유발된다.

(5) 무역마찰 증대

경상수지의 흑자는 교역 상대국에 대해 무역마찰을 유발할 수 있다.

제2절 환율

1. 환율의 결정

(1) 환율의 뜻

① 환율(exchange rate)은 두 나라 화폐 간의 교환비율을 말한다. 즉 환율은 한 나라의 화폐단위로 표시한 외화의 가격으로 화폐의 대외가치를 표시한다.

② 결국 환율은 외환의 가격이므로 외환에 대한 수요와 공급에 의해서 결정된다.

(2) 명목환율과 실질환율

① 실질환율(real exchange rate)은 한 나라의 환율이 다른 나라의 환율과 교환되는 비율을 말한다.

② 명목환율(nominal exchange rate)은 통화단위로 표시되는 데 비해 실질환율은 교환되는 상품수량으로 표시된다.

$$실질환율 = \frac{명목환율 \times 해외가격}{국내가격}$$

위와 같은 공식이 성립하므로 우리나라 상품수량으로 표시한 외국상품의 가치를 나타낸다. 국제무역이론에서는 명목환율보다 실질환율을 더 중요한 가격변수로 본다.

(3) 환율의 결정

① 외환에 대한 수요

㉠ 외환수요는 외국의 생산물에 대한 수요, 외국의 금융자산 및 실물자산에 대한 수요에 의해 결정된다.

㉡ 즉 수입대금의 지급, 외국의 금융자산 구입, 해외투자, 외채상환, 외화송금을 위해 외환수요가 발생한다.

ⓒ 환율이 상승하면 수입이 감소하고 외환수요는 감소하므로 환율과 외환수요는 음(−)의 관계에 있고
　　외환수요곡선은 우하향한다.
② 외환공급
　　㉠ 수출대금의 수취, 외자 도입, 해외로부터의 송금에 의해 외환공급이 발생한다.
　　ⓒ 환율이 상승하면 수출이 증가하고 외환공급이 증가하므로 환율과 외환공급은 양(+)의 관계에 있고
　　　외환공급곡선은 우상향한다.
③ 균형환율의 결정
　　㉠ 외환시장을 균형시키는 균형환율은 외환에 대한 수요와 공급이 일치하는 E점에서 결정된다.

▶ 환율의 결정

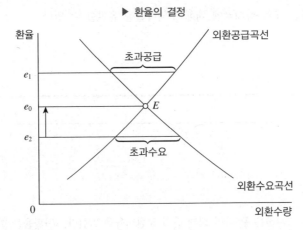

ⓒ 환율이 e_1인 경우에는 외환수요량보다 외환공급량이 많으므로 외환에 대한 초과공급, 즉 국제수지의
　흑자가 발생하여 환율은 하락한다.
ⓒ 반면에 환율이 e_2인 경우에는 외환수요량이 외환공급량을 초과하므로 외환에 대한 초과수요, 즉
　국제수지의 적자가 발생하여 환율은 상승한다.
ⓔ 환율이 e_0인 경우 외환수요량과 외환공급량이 일치하므로 균형환율이 결정된다.

2. 균형환율의 변동

외생적 요인에 의해 외환에 대한 수요와 공급이 변화하면 외환수요곡선과 외환공급곡선이 이동하고 이에 따라
균형환율은 변동한다.

(1) 두 나라 간의 경제성장의 차이(또는 국민소득의 차이)

예컨대 외국의 성장이 둔화되면 국내로부터의 수입이 감소한다. 이로 인해 국내 수출이 감소하면 외환공급이
감소하여 환율은 상승한다.

(2) 두 나라 간의 물가상승률의 차이

국내의 물가상승률이 외국의 물가상승률보다 높으면 외국의 상품가격이 상대적으로 싸지므로 국내수입이
증가하고 수출은 감소한다. 따라서 외환수요가 증가하고 외환공급은 감소하므로 환율은 상승한다.

(3) 이자율의 차이

이자율의 차이는 국가 간에 자본이동을 야기하여 환율을 변동시킨다. 즉 국내 이자율이 외국의 이자율보다 높으면 외국자본의 국내유입이 증가하여 외환공급을 증가시키므로 환율이 하락한다.

(4) 예상(또는 기대)

경제주체들의 예상이 외화의 수요와 공급에 영향을 미쳐 환율을 변화시킨다. 예컨대 환율이 상승할 것으로 예상되면 수출은 가급적 늦추고 수입은 앞당기는(leads and lags) 현상이 나타난다. 이에 따라 외환공급은 감소하고 외환수요는 증가하여 환율은 상승한다.

(5) 정부의 정책

확대통화정책을 실시하면 이자율이 하락하므로 환율은 상승한다. 확대재정정책은 이자율을 상승시키므로 환율은 하락한다.

3. 환율상승과 환율하락[4]

(1) 환율상승

환율이 상승하면 자국화폐로 표시한 외국화폐의 가격은 상승한다. 즉 자국화폐의 가치가 하락하므로 이를 절하(depreciation)라고 한다. 환율상승이 미치는 영향은 다음과 같다.
① 수출업자의 수출경쟁력이 높아져 수출은 증가한다. 그러나 수입업자가 지급해야 하는 원화가격이 높아지므로 수입은 감소한다. 이에 따라 경상수지는 개선된다.
② 해외에 수입하는 수입상품이나 수입원자재의 국내가격이 높아지므로 국내물가가 상승한다. 이를 환(換)인플레이션이라고 하는데 넓게는 비용상승 인플레이션에 포함된다.
③ 대외채무에 대한 상환부담이 증가한다.

(2) 환율하락

① 환율이 하락하면 자국화폐로 표시한 외국화폐의 가격이 하락한다. 즉 자국화폐의 가치가 상승하므로 이를 절상(appreciation)이라고 한다.
② 환율하락, 즉 원화절상이 미치는 효과는 절하와 반대로 이해하면 된다. 즉 수출이 감소하고 수입이 증가하여 경상수지는 악화되고, 국내물가는 하락하며, 대외채무의 상환부담은 줄어든다.

---

4) 고정환율제도하에서는 필요한 경우 정부가 개입하여 환율을 올리거나 내리므로 환율인상, 환율인하라는 표현을 사용하고 이에 따른 원화가치의 변동도 평가절하(devaluation), 평가절상(revaluation)이라고 한다. 그러나 변동환율제도하에서는 시장에서 환율이 결정되고 변동하므로 환율상승, 환율하락이라고 하고 이에 따른 원화가치의 변동도 절하(depreciation), 절상(appreciation)이라고 쓰는 것이 올바르다.

4. 구매력평가설

(1) 구매력평가설의 의의

카셀(G. Cassel)이 제시한 구매력평가설(purchasing power parity theory)은 장기에서의 균형환율의 결정과 변동을 두 나라 간의 간 화폐의 구매력의 차이로 설명하려는 가장 고전적이고 단순한 환율결정 이론이다.

(2) 구매력평가

① 구매력평가(PPP : purchasing power parity)는 다음의 식으로 나타낼 수 있다. 즉 다음과 같다.

$$국내가격(P) = 해외가격(P') \times 환율(e)$$

② 따라서 국내가격을 국내물가로, 해외가격을 해외물가로 보면 다음의 식이 성립하는데 이를 구매력평가설이라고 한다.

$$환율상승률(= 원화절하율) = 국내물가상승률 - 해외물가상승률$$

(3) 구매력평가설

① 앞의 식에서 본 것처럼 구매력평가설은 환율상승이 국내외 인플레이션율의 차이만큼 같은 비율로 이루어진다는 이론이다.
② 즉 두 나라 간의 환율은 두 나라의 물가수준의 차이를 반영하여 조정된다는 주장이다.
③ 이에 따라 자유무역하에서는 장기적으로 같은 재화를 어느 나라에서 구입하든지 가격이 같아지도록 환율이 조정된다.[5]
④ 따라서 환율은 양국의 물가수준, 즉 화폐의 구매력을 반영하게 되는데 이 이론은 인플레이션이 장기적으로 환율에 미치는 영향을 예측하는 데 이용된다.

(4) 구매력평가와 빅맥지수

① 영국의 시사주간지 이코노미스트(The Economist)는 1986년부터 여러 나라에서 팔리는 맥도날드의 빅맥 가격을 미국의 빅맥가격과 비교하여 구매력평가설에 따른 빅맥지수(명목환율)와 각국의 실제 환율을 비교하여 발표하고 있다.
② 예컨대 한국에서 빅맥 1개의 가격이 2,600원이고 미국의 경우 2.56달러라면 구매력평가에 따른 환율은 2,600원/2.56달러로 1달러당 1,016원이다.
③ 그러나 실제 통용환율은 1달러당 1,474원이라면 우리나라의 원화 가치는 구매력평가가 시사하는 것보다 약 31% 저평가되고 있다는 것이다.

---

[5] 구매력평가설은 기본적으로 일물일가의 법칙(law of one price)에 바탕을 두고 있다. 일물일가의 법칙은 한 상품에는 하나의 가격만 있어야 한다는 것으로 완전경쟁시장에서 성립될 수 있다.

1. 변동환율제도

(1) 의미

① 변동환율제도(flexible exchange rate system)는 각국의 정부나 중앙은행에 의한 시장개입이 없이 자유롭게 외환이 매매되도록 하는 제도를 말한다.

② 자유변동환율제도와 관리변동환율제도로 구분하는데 일반적으로 변동환율제도라고 하면 자유변동환율제도를 말한다.

③ 반면 관리변동환율제도는 환율이 외환시장에서 자유롭게 결정되도록 하고 필요에 따라 수시로 정부나 중앙은행이 외환시장에 개입하는 제도이다.

(2) 장단점

① 변동환율제도하에서는 외환시장의 수요와 공급에 의해 균형환율이 결정되므로 국제수지의 불균형이 자동적으로 조정된다는 장점이 있다.

② 그러나 교역당사자에게 환위험(exchange rate risk)을 부담하게 함으로써 국제거래를 위축시킨다. 또한 외환시장에 투기가 발생함으로써 환율을 불안정하게 만들기도 하는 문제점이 있다.

2. 고정환율제도

(1) 의미

① 고정환율제도(fixed exchange rate system)는 각국의 환율을 일정 수준에 고정시키는 제도이다.

② 1870년대 이후의 금본위제도[6]와 제2차 세계대전 이후 국제통화기금(IMF)에 의해 운영된 브레튼우즈(Bretton Woods) 체제가 대표적인 고정환율제도이다.

③ 금본위제도(gold standard system)에서는 각국의 환율이 금을 통해 고정되어 있었고, 브레튼우즈 체제에서는 미국의 달러화가 금과 일정한 교환비율을 유지하고, 각국의 통화는 달러화와 일정한 교환비율을 유지함으로써 환율이 고정되었다.

(2) 장단점

① 고정환율제도에서는 환율의 일정한 수준에 고정되어 있으므로 국제거래가 안정되고 이에 따라 국제거래가 촉진되어 국제시장이 확대된다. 실제 제2차 세계대전 이후 자본주의의 고도성장은 고정환율제도하에서 이루어진 것이다.

② 그러나 고정환율제도는 국제수지의 만성적인 불균형을 초래한다. 따라서 이 경우에는 다른 방법으로 국제수지를 조정해야 한다.

---

6) 금본위제도(gold standard system)는 1870년대 이후 세계 주요 국가들이 채택했던 국제통화제도이다. 1930년대 세계대공황을 계기로 붕괴되었는데 금의 일정량을 화폐단위로 하는 제도이다. 이 제도하에서는 각국 간의 환율이 금을 통하여 고정된다.

(3) 고정환율제도하에서의 국제수지 조정방법

예컨대 국제수지가 적자인 경우 국제수지의 조정방법을 보면 다음과 같다.

① 강력한 긴축정책

강력한 긴축정책을 실시하면 수입수요가 감소하여 국제수지가 개선된다. 그러나 국민경제에 불황과 실업을 야기할 위험이 있다.

② 수입규제 정책

수입을 줄이기 위한 각종 규제정책을 실시하여 수입을 줄일 수 있다. 그러나 이 경우 장기적으로는 국가 간의 자원배분을 왜곡시키고 무역마찰을 초래할 수 있다.

02 │ 실전대비문제

01 이자율 평형가설은 $i = \dfrac{\Delta s^e}{s} + i^f$ 이다. 이에 관한 설명으로 옳은 것은?(단, i는 국내 명목이자율, i^f는 해외 명목이자율, s는 명목환율, $\Delta s^e = s_{t+1}^e - s_t^e$는 예상 명목환율 변화이다) (2020년)

① $i = i^f$이고 $\Delta s^e > 0$이면 해외자본 유출이 발생한다.

② 예상환율 s_{t+1}^e가 주어져 있을 때 이자율과 현재환율은 비례관계를 갖는다.

③ 해외투자자가 국내에 투자할 때 수익률은 $(i - i^f) + \dfrac{\Delta s^e}{s}$ 이다.

④ $i > i^f$일 때 국내화폐의 가치는 미래에 상승할 것으로 예측된다.

해설 $i = i^f$이고 $\Delta s^e > 0$이면 해외투자 시 수익이 더 좋기 때문에 해외에 투자하고자 하는 투자자의 증가로 해외자본 유출이 발생한다.

② 예상환율 s_{t+1}^e가 주어져 있을 때 이자율과 현재환율은 반비례 관계를 갖는다.

③ 해외투자자가 국내에 투자할 때 수익률은 $i - \dfrac{\Delta s^e}{s}$ 이다.

④ $i > i^f$일 때 국내 화폐의 가치는 상황에 따라 상승할 수도 있고 하락할 수도 있다.

답 ①

02 국내와 해외에서 화폐교환방정식 $MV = PY$와 $M_f V_f = P_f Y_f$에 따른 화폐수량설이 성립하고 환율이 구매력평가설 $e = \dfrac{P}{P_f}$에 따라 결정되는 경우 다음 중 옳은 것은? (2021년)

① 국내 이자율이 해외 이자율보다 높으면 환율이 상승한다.

② 국내 통화량이 증가하면 환율이 하락한다.

③ 국내 국민소득이 증가하면 환율이 하락한다.

④ 국내 화폐유통속도가 상승하면 환율이 하락한다.

해설 국내 통화량(M)과 국내 화폐유통속도(V)가 일정할 경우 국내 국민소득(Y)이 증가하면 국내 물가수준(P)은 감소하므로 구매력평가설에 따른 환율은 하락함을 알 수 있다.

① 화폐교환방정식에 의하면 이자율의 변화는 국내 물가수준에 영향을 주지 않으므로 구매력평가설에 따른 환율에 영향을 주지 않는다.

② 국내 통화량(M)이 증가하면 국내 물가수준(P)이 상승하므로 구매력평가설에 따른 환율이 상승한다.

④ 국내 화폐유통속도(V)가 상승하면 국내 물가수준(P)이 상승하므로 구매력평가설에 따른 환율이 상승한다.

답 ③

03 대국 개방경제모형의 대부자금시장 및 외환시장에서 국내 금리와 환율(국내통화/외국통화) 결정에 관한 설명으로 옳은 것은? (2019년)

① 국내 정치 상황이 불안정해지면 금리와 환율이 상승한다.

② 국내 투자수요가 증가하면 금리와 환율이 상승한다.

③ 수입 쿼터 부과로 수입이 감소하면 금리는 상승하고 환율은 하락한다.

④ 해외투자의 예상 수익률이 상승하면 금리와 환율이 하락한다.

[해설] 국내 정치 상황이 불안정해지면 해외로 자본이 유출되므로 금리와 환율이 상승한다.

② 국내 투자수요가 증가하면 국내로 자본이 유입되므로 금리와 환율이 하락한다.

③ 수입이 감소하면 자본유출이 감소하고, 자본유출의 감소로 금리와 환율이 하락한다.

④ 해외투자의 예상 수익률이 상승하면 자본유출이 발생하여 금리와 환율은 상승한다.

답 ①

04 자본이동이 자유로운 소규모 개방경제인 A국가는 변동환율제도를 시행하고 있다. 먼델-플레밍(Mundell-Fleming) 모형에 의하면, 균형생산량을 감소시키기 위한 효과적인 정책은? (2018년)

① 정부지출 증가 ② 세금 증가

③ 정부지출 감소 ④ 통화공급 감소

[해설] 먼델-플레밍 모형에 따르면 변동환율제도하에서는 재정정책은 효과는 없고 금융정책은 효과적이다. 따라서 균형생산량을 감소시키려면 긴축적인 통화정책(통화공급 감소)을 실시해야 한다.

답 ④

05 현재 한국에서 햄버거 가격이 5,000원이고 미국에서 햄버거 가격이 4달러이며 외환시장에서 환율이 1,200원/달러이다. 장기적으로 구매력평가설이 성립한다면 다음 중 옳은 것은?(단, 각국의 햄버거 국내 가격은 변화가 없다고 가정한다) (2019년)

① 향후 환율하락이 예상된다.

② 달러에 대한 수요가 증가할 것이다.

③ 거래비용이 없다면 현재 재정(arbitrage) 거래의 기회는 존재하지 않는다.

④ 실질구매력으로 평가한 원화 가치는 현재 저평가되어 있다.

[해설] 한국의 햄버거는 5,000원, 미국의 햄버거는 4달러로 시장에서의 환율은 1달러에 1,250원이다. 따라서 현재 환율 1달러에 1,200원은 1,250원으로 상승할 것이라 예상되므로 환율상승에 대한 수익을 위해 달러에 대한 수요가 증가할 것이다.

① 향후 환율은 상승하리라 예상된다.

③ 거래비용이 환율상승 폭보다 작다면 재정 거래는 존재한다.

④ 실질구매력으로 평가한 원화 가치는 현재 고평가되어 있다.

답 ②

06 완전자본이동하의 소규모 개방경제에서 먼델–플레밍 모형에 관한 설명으로 옳지 않은 것은?

(2020년)

① 국내이자율은 해외 이자율에 의해 결정된다.
② 변동환율제하에서는 확장적 재정정책으로 총수요를 증가시킬 수 없다.
③ 변동환율제하에서는 확장적 통화정책으로 총수요를 증가시킬 수 있다.
④ 변동환율제하에서는 수입할당과 관세 등의 무역정책으로 총수요를 증가시킬 수 있다.

해설 변동환율제하에서는 수입할당과 관세 등의 무역정책으로 총수요를 증가시킬 수 없다.

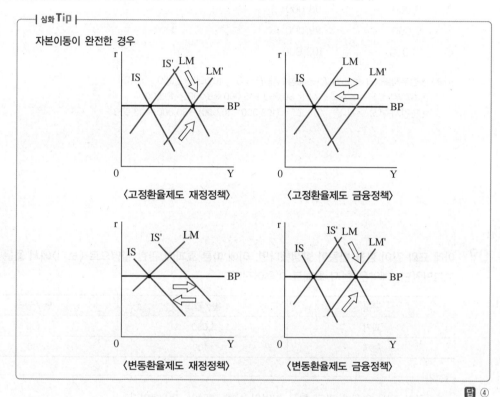

심화Tip

자본이동이 완전한 경우

〈고정환율제도 재정정책〉　　〈고정환율제도 금융정책〉

〈변동환율제도 재정정책〉　　〈변동환율제도 금융정책〉

답 ④

07 우리나라 국채의 명목이자율이 3%이고, 미국 국채의 명목이자율이 2%일 때, 투자자 갑은 미국 국채에 투자하기로 결정하였다. 두 국채 모두 신용위험이 없다면 환율(원화/달러화)에 대한 투자자 갑의 예상으로 옳은 것은?

(2022년)

① 1% 이상 평가절상
② 1% 이상 평가절하
③ 0.5% 이상 1% 미만 평가절상
④ 0.5% 이상 1% 미만 평가절하

해설 • 미국 국채에 투자한다는 것은 미국 국채의 명목이자율과 환율상승률의 합이 국내 국채의 명목이자율보다 크다는 의미이다.
• 미국 국채 명목이자율 2%+환율상승률 ≥ 우리나라 국채 명목이자율 3%
∴ 환율상승률 1% 이상이 되어야 한다. 즉 원화가 1% 이상 평가절하되어야 한다.

답 ②

08 폐쇄경제인 A국의 거시경제 상황이 아래와 같을 때, 민간저축과 GDP의 크기를 옳게 짝지은 것은?

(2022년)

- 조세=10,000
- 민간소비=80,000
- 민간투자=15,000
- 재정수지=2,000

	민간저축	GDP
①	4,000	94,000
②	8,000	98,000
③	9,000	99,000
④	13,000	103,000

[해설] • 정부지출(G) = 조세(T) − 재정수지$(T-G)$ = 10,000 − 2,000 = 8,000
  • $GDP = Y = C + I + G = 80,000 + 15,000 + 8,000 = 103,000$
  • 민간저축$(S_P) = (Y-T) - C = (103,000 - 10,000) - 80,000 = 13,000$

답 ④

---

09 아래 표와 같이 환율 변동이 발생했다면, 이에 따른 효과에 관한 설명으로 〈보기〉에서 옳은 것을 모두 고르면?(단, 계약은 현지 화폐로 이루어진다)

(2022년)

구분	원 / 달러	엔 / 달러
과거	1,050	100
현재	1,100	110

┤보기├

ㄱ. 달러 표시 외채를 가진 한국 기업의 상환 부담이 감소하였다.
ㄴ. 부품을 한국에서 수입하는 일본 기업의 생산비가 상승하였다.
ㄷ. 한국에 수출하는 미국 제품의 가격 경쟁력이 하락하였다.
ㄹ. 미국에 수출하는 일본 제품의 달러 표시 가격이 상승하였다.

① ㄱ, ㄹ ② ㄴ, ㄷ
③ ㄴ, ㄹ ④ ㄷ, ㄹ

[해설] ㄱ. (×) 1달러가 1,050원에서 1,100원으로 환율이 상승하여 달러 표시 외채를 가진 한국 기업의 상환 부담이 증가하였다.
  ㄴ. (○) 과거에는 1달러가 1,050원, 100엔으로 1엔이 10.5원이었으나 현재는 1달러가 1,100원, 110엔으로 1엔이 10원으로 과거에 비해 엔화가치가 하락하여 부품을 한국에서 수입하는 일본 기업의 생산비가 상승하였다.
  ㄷ. (○) 1달러가 1,050원에서 1,100원으로 환율이 상승하여 미국 제품의 가격이 상승하여 한국에 수출하는 미국 제품의 가격 경쟁력이 하락하였다.
  ㄹ. (×) 1달러가 100엔에서 110엔으로 10엔 상승하여 미국에 수출하는 일본 제품의 달러 표시 가격이 하락하였다.

답 ②

10 국제수지표의 금융계정(financial account)에 포함되는 거래가 아닌 것은?

① 한국 기업이 외국인 투자자에게 배당금을 지불한다.

② 한국 기업이 베트남 기업에 대해 50% 이상의 주식지분을 매입한다.

③ 외국 금융기관이 한국 국채를 매입한다.

④ 한국은행이 미국 재무성 채권을 매입한다.

해설 ① 한국 기업이 외국인 투자자에게 배당금을 지불한 것은 경상계정(current account) 중 본원소득수지에 포함된다.

국제수지표 : 국제수지표는 크게 경상계정(상품수지, 서비스수지, 본원소득수지, 이전소득수지), 자본계정(기타자본수지), 그리고 금융계정으로 구성된다. 금융계정은 직접투자, 증권투자, 파생금융상품, 기타 투자 및 준비자산으로 구성된다.

답 ①

11 국민소득 항등식을 기초로 하여 경상수지가 개선되는 경우로 옳은 것을 모두 고른 것은?

ㄱ. 민간소비 증가	ㄴ. 민간저축 증가
ㄷ. 민간투자 감소	ㄹ. 재정적자 감소

① ㄱ, ㄴ

② ㄴ, ㄷ

③ ㄱ, ㄷ, ㄹ

④ ㄴ, ㄷ, ㄹ

해설 국민소득 항등식 $Y = C + I + G + (X - M)$을 저축과 투자의 관계로 정리하면 다음과 같다.

$(X - M) = S_p + (T - G) - I$이다.

ㄱ. 민간소비가 증가하면 민간저축(S_p)이 감소하고 $(X - M)$이 감소하여 경상수지는 악화된다.

답 ④

12 국제수지표의 경상수지에 포함되는 거래가 아닌 것은?

① 외국인의 국내주식 구입

② 해외교포의 국내송금

③ 재화의 수출입

④ 정부 간 무상원조

해설 ① 외국인의 국내주식 구입은 금융계정의 증권투자에 기록된다. 자본계정은 자본계정과 금융계정으로 세분된다. 자본계정에는 해외이주비 같은 자본이전을 포함한다. 금융계정은 직접투자, 증권투자, 파생금융상품(순자산), 기타투자, 준비자산으로 구분된다.

답 ①

13 자본이동이 자유로운 소규모 개방경제가 자유변동환율제도를 채택하고 있으며 정책변화가 있기 전에는 균형상태를 유지하고 있다. 먼델-플레밍(Mundell-Fleming) 모형에 의하면?

① 통화량을 증가시키면 자본이 국내로 유입된다.

② 통화량을 증가시키면 국내통화의 대외가치가 상승한다.

③ 정부지출을 증가시키면 자본이 해외로 유출된다.

④ 정부지출을 증가시키면 국내통화의 대외가치가 상승한다.

해설 먼델-플레밍(Mundell-Fleming) 모형은 국가 간 자본이동을 고려한 IS-LM 모형을 말한다.

　　④ 정부지출을 증가시키면 국민소득의 증가, 화폐수요의 증가로 이자율이 상승하므로 외화자본이 국내로 유입된다. 외환공급이 증가하면 환율이 하락하므로 국내통화의 대외가치는 상승한다.

　　① 통화량을 증가시키면 이자율이 하락하므로 자본이 국외로 유출된다.

　　② 통화량을 증가시키면 국내통화의 대외가치가 하락한다.

　　③ 정부지출을 증가시키면 이자율이 오르므로 자본이 국내로 유입된다.

 ④

14 환율에 관한 다음의 내용 중 바르지 못한 것은?

① 구매력평가설에 의하면 차익거래(arbitrage)가 균형환율을 결정한다.

② 미국의 물가상승률이 EU의 물가상승률보다 높으면 미국의 달러 가치는 하락한다.

③ 거래비용과 비교역재가 존재하지 않고 상품이 동질적이라면 환율은 각국 화폐의 구매력을 반영하여 결정될 가능성이 크다.

④ 구매력평가설은 환율결정에서 국제자본의 이동이 가장 중요하다는 입장이다.

해설 ④ 구매력평가설은 환율결정에서 물가의 변동이 가장 중요하다는 입장이다. 환율결정에서 국제자본의 이동이 가장 중요하다는 것은 이자율평가설이다.

 ④

15 달러화에 대한 원화의 실질환율과 명목환율에 관한 설명으로 옳지 않은 것은?

① 명목환율이 일정할 때 실질환율이 상승(절하)하면 미국 제품에 비해 우리나라 제품의 가격이 더 비싸진다.

② 양국의 물가수준이 일정할 때 명목환율이 상승(절하)하면 실질환율도 상승(절하)한다.

③ 실질환율이 하락(절상)하면 장기적으로 우리나라의 순수출은 감소한다.

④ 구매력평가설에 따르면 미국의 물가수준이 상승하고 우리나라의 물가수준이 하락할 때 명목환율이 변한다.

해설 실질환율은 자국통화로 표시된 외국재화의 물가(eP^f)와 국내재화의 물가(P) 간의 비율 $\dfrac{eP^f}{P}$ 로, 외국재화 1단위와 교환되는 국내생산재화의 수량(두 나라에서 생산된 재화의 상대가격)을 나타낸다. 따라서 실질환율의 상승은 국내에서 생산된 재화의 상대가격이 하락하였다는 것이다.

답 ①

16 고정환율제도인 먼델-플레밍 모형에서 해외이자율이 상승할 경우, 자국에 나타나는 경제변화에 관한 설명으로 옳은 것은?(단, 자국은 자본이동이 완전히 자유로운 소규모 개방경제국이다)

① 환율은 불변이고, 생산량은 감소한다.
② 환율은 불변이고, 무역수지는 증가한다.
③ 환율은 불변이고, 국내투자수요가 증가한다.
④ 환율에 대한 하락압력으로 통화량이 증가한다.

[해설] IS-LM-BP 모형에서 해외이자율이 상승하면 수평인 BP곡선은 상방으로 이동한다. 또한 해외이자율 상승으로 자본유출이 이루어져 외환수요가 증가하여 환율상승 압력이 발생한다. 고정환율제도하에서 환율을 일정하게 유지하려면 중앙은행이 외환을 매각해야 한다. 중앙은행이 외환을 매각하면 통화량이 감소하므로 LM곡선은 왼쪽으로 이동한다. 따라서 환율은 불변이고 국내이자율은 상승하며 생산량(국민소득)은 감소한다.

답 ①

17 자본이동이 완전한 소규모 개방경제의 먼델-플레밍(Mundell-Fleming) 모형에서 변동환율제도인 경우, 긴축 통화정책을 시행할 때 나타나는 경제적 효과를 모두 고른 것은?(단, 물가수준은 고정이다)

ㄱ. 소득 감소	ㄴ. 경상수지 개선
ㄷ. 자국 통화가치 절하	ㄹ. 해외자본 유입

① ㄱ, ㄴ
② ㄱ, ㄷ
③ ㄱ, ㄹ
④ ㄴ, ㄷ

[해설] 먼델-플레밍(Mundell-Fleming) 모형은 국가 간 자본이동을 고려한 IS-LM-BP 모형이다. 변동환율제도인 경우 통화량을 줄이면 이자율이 상승하므로 투자가 감소하여 소득은 감소하고, 해외자본이 유입된다. 통화량을 줄이면 자국통화의 대외가치는 상승(절상)하고 경상수지는 악화된다.

답 ③

18 현재 우리나라 채권의 연간 명목수익률이 5%이고 동일 위험을 갖는 미국 채권의 연간 명목수익률이 2.5%일 때, 현물환율이 달러당 1,200원인 경우 연간 선물환율은?(단, 이자율평가설이 성립한다고 가정한다)

① 1,200원/달러
② 1,210원/달러
③ 1,220원/달러
④ 1,230원/달러

[해설] 이자율평가설에 의하면 선물환 프리미엄(forward premium)은 두 나라의 이자율 차이와 같다. 즉 $i = i_f + \dfrac{f_t - e_t}{e_t}$ 의 관계가 성립한다. 따라서 $0.05 = 0.025 + \dfrac{f_t - 1,200}{1,200}$ 에서 $f_t = 1,230$ 이 된다.

즉 우리나라의 명목이자율이 미국의 명목이자율보다 2.5% 높으므로 선물환율이 현물환율보다 2.5% 높아야 한다. 따라서 선물환율 = $1,200 \times 1.025 = 1,230$원이다.

답 ④

19 한국과 미국의 연간 물가상승률은 각각 4%와 6%이고 환율은 달러당 1,200원에서 1,260원으로 변하였다고 가정할 때, 원화의 실질환율 변화는?

① 3% 평가절하 ② 3% 평가절상

③ 7% 평가절하 ④ 7% 평가절상

[해설] 실질환율 변화율 = 명목환율 변화율 + 외국의 물가상승률 − 국내 물가상승률이다.

명목환율 변화율 $= \dfrac{1,260 + 1,200}{1,200} = 5\%$이므로, 실질환율변화율 = 5% + 6% − 4% = 7% 상승이다.

7%의 환율상승은 곧 평가절하를 의미한다.

답 ③

20 다음은 개방경제에서 거시경제정책의 유효성을 설명한 것이다. 바르지 못한 것은?

① 변동환율제도에서 정부지출의 증가는 수요측면에서 국민소득을 증가시키는 데 효과가 없다.

② 변동환율제도에서 통화량의 증가는 수요측면에서 국민소득을 증가시키는 데 효과가 있지만, 이 경우 경상수지는 악화된다.

③ 고정환율제도에서 확장적 재정정책은 수요측면에서 국민소득을 증가시키는 데 효과가 있다.

④ 자본이동이 자유로운 고정환율제도에서 확장적 통화정책은 국민소득을 증가시키는 효과가 없고 경상수지도 변화가 없다.

[해설] ② 변동환율제도에서 통화량의 증가는 수요측면에서 국민소득을 증가시키는 데 효과가 있다. 이 경우 환율이 상승하므로 순수출이 증가하여 경상수지는 호전된다.

답 ②

21 다음은 개방경제의 균형에 대해 설명한 것이다. 바르지 못한 것은?

① 국가 간에 불완전한 자본이동이 이루어지는 경우 BP곡선은 우상향의 기울기를 보인다.

② 변동환율제도에서의 LM곡선의 기울기는 폐쇄경제에 비해 더 완만하다.

③ 변동환율제도에서 국제수지의 흑자가 발생하면 LM곡선은 우측으로 이동한다.

④ 폐쇄경제에 비해 IS곡선의 기울기는 더 가파르다.

[해설] ② 변동환율제도에서의 환율변동에 따른 영향으로 LM곡선의 기울기는 폐쇄경제에 비해 더 가파르다.

답 ②